한글의 탄생

한글의 탄생 〔개정증보판〕
— 인간에게 문자란 무엇인가

노마 히데키 지음 | 박수진·김진아·김기연 옮김

2022년 10월 9일   개정증보판 1쇄 발행

2011년 10월 9일   초판 1쇄 발행
2020년 12월 28일   초판 17쇄 발행

펴낸이 한철희 | 펴낸곳 돌베개 | 등록 1979년 8월 25일 제406-2003-000018호
주소 (10881) 경기도 파주시 회동길 77-20 (문발동)
전화 (031) 955-5020 | 팩스 (031) 955-5050
홈페이지 www.dolbegae.co.kr | 전자우편 book@dolbegae.co.kr
블로그 blog.naver.com/imdol79 | 트위터 @Dolbegae79 | 페이스북 /dolbegae

편집 이경아
표지디자인 민진기 | 본문디자인 이은정·이연경
마케팅 심찬식·고운성·김영수·한광재 | 제작·관리 윤국중·이수민·한누리
인쇄·제본 한영문화사

ⓒ 노마 히데키, 2022

ISBN 979-11-91438-83-3 (03710)

책값은 뒤표지에 있습니다.

개정증보판

한글의 탄생

인 간 에 게 문 자 란 무 엇 인 가

노마 히데키
지음

박수진 · 김진아 · 김기연
옮김

한국어판 출간에 즈음하여

개정증보판『한글의 탄생』이 한국에서도 간행되었다. 마음을 새롭게 다잡고 한없는 감사의 뜻을 전한다.

초판을 선보인 2011년 이후 한글의 위상은 극적으로 변화했다. 극동의 변방에서 이제는 전 지구를 누비는 문자가 되었다. 한글이 세계로 뻗어 나가는 데 있어 일본어권은 그 최전선이라 할 만하다. 이제 일본어권에서 한글을 접해 보지 못한 사람은 없다. 초판에서 언급한 이야기도 지금은 널리 공유되는 일이 많다.

특히 일본어권의 지식인이나 앞서가는 독자들은, 한글이 거대한 문화적 표상일 뿐 아니라 사람이 살아가고 생각하는 인간 존재의 깊은 곳과 관련되어 있다는 점을 알게 되었다. 10년 전에는 지식인이라 할지라도 한글의 그러한 깊은 면모에 대해서는 거의 알지 못했다. 시대가 확실히 변한 것이다. 감개무량할 따름이다.

이번 개정증보판『한글의 탄생』은 그런 변화를 반영하고 있다. 또 한편으로는, 실로 오랜 세월 저자 자신이 한글과 한글의 세계에 있는 사람들로부터 받은 각성의 기록이기도 하다. 지적인 각성과 동시에, 한국어권과 일본어권 사이에 있는 존재라는 저자 자신의 인생에 얼마나 많은 용기를 주었는지 이루 헤아리기 어렵다.

한국어권의 독자는 이 책이 일본어권 독자들을 향해 과연 한글의 어떤 점을 뜨겁게 설명하고 있는지 주목해 주시기 바란다. 한글이라는 존재가 우리에게 가르쳐 주는 것은 이미 한국어권의 문자 체계 그 이상이다. 〈인간에게 문자란 무엇인가〉라는 부제를 단 것도 그러한 생각에서 비롯된 것이다.

마지막으로 개정증보판의 번역을 맡아 주신 박수진 님과 편집을 담당하신 이경아 님께 깊이 감사드린다.

헤이본샤 라이브러리판 출간에 즈음하여

먼저 이 책을 펼쳐 주신 독자 여러분께 진심어린 감사의 말씀을 전하고 싶다.

2010년 헤이본샤平凡社에서 신서新書로 간행된 『한글의 탄생―〈문자〉라는 기적』이 헤이본샤 라이브러리 시리즈의 『신판新版 한글의 탄생―인간에게 문자란 무엇인가』라는 제목으로 다시 태어났다. 많은 분들이 이 책을 읽어 주신 덕분에 이렇게 새로운 탄생이 가능했다. 이것이 가장 먼저 독자 여러분께 감사를 드리는 이유다.

헤이본샤 신서판은 한국어로도 번역되어 선진적 인문서를 다수 출간해 온 한국 출판사 '돌베개'를 통해 일본어판 출판 이듬해인 2011년 단행본으로 간행되었다. '돌로 만든 베개'라니, 참으로 단단한 느낌의 사명이다. 판매 부수는 한국과 일본에서 거의 비슷한데, 일본어판이 8쇄, 한국어판이 17쇄를 기록했다. 감사할 따름이다.

그 사이 10년이 훌쩍 지났다. 한글이라는 문자 체계의 위상 등 지난 신서판에서 밝힌 내용의 근간은 여전히 굳건하다. 그러나 해야 할 이야기의 내용은 변함이 없다 해도 그 서술 방식이 진보해서 나쁠 것은 없을 것이다.

한편, 한글을 둘러싼 오늘날의 환경도 극적이라 할 만큼 크게 변하고 있다. "컴퓨터 시대를 맞아 더욱 풍부한 가능성을 자랑하게 되었다"고 신서판에서 서술한 바 있는데, 역시 말 그대로 가능성은 더욱 활짝 열렸다.

다양한 언어권의 인터넷상에서 한글이라는 문자를 만나는 일은 어렵지 않다. 영상 속에서도, 그 영상 아래 달린 글에서도 도처에서 한글이 출몰한다. 스마트폰으로 상징되는 한국 IT산업의 발달, K-POP을 비롯한 한국 음악의 세계적인 인기, 영화, 드라마, 그리고 일본어권에서 보이는 K문학에 대한 공감 등 한국 문화의 융성이 한글을 전 세계에 전파시켰다고 할 수 있다. 한반도의 남북정상회담이라는 정치적 사건도 생생한 기억으로 남아 있다.

일본어권에서는 대학이나 고교 등에서의 한국어 수업을 비롯해 독학까지 포함하면 매년 1만 명 이상이 한국어 공부를 새로 시작하고 있다. 대형 온라인 서점 사이트에서 '한국어 입문'으로는 1,000건 이상이, '한글 입문'으로도 200건 이상이 검색된다. 역 이름 표기 등에도 한글이 사용되고 있어 일본에서는 한글을 접한 경험이 없는 사람을 찾기가 어려울 것이다.

신서판이 출판되기 이전에는 한국이나 북한에 관심이 있는 일본인이더라도 언어를 배운 경험이 없다면 대체로 한글이 '가나와 비슷하지 않나?'라는 인식을 갖고 있었고, 지식인이나 학자들도 한글에 대해 황당한 발언을 하기 일쑤였다. 그러나 지금은 그런 일이 매우 감소했다. '한글은 함부로 단언하기 어려운 문자다, 좀 〈굉장한〉 문자다.' 적어도 이 정도로 한글의 존재감은 강해졌다고 할 수 있다.

이렇게 해서 신판으로 독자 여러분과 만날 충분한 배경이 마련되었다.

신서판의 도입부나 본문 말미 부분은 전면 수정되었다. 본문도 곳곳을 손봤지만 골격은 그대로다. 연표나 문헌 안내, 문헌 일람, 용어 소사전을 견한 색인은 대폭 가필하고 수정했다. 도면 등도 일부 개편하거나 추가했다. 결과적으로 100면 가까이 늘어나 전혀 새로운 책으로 다시 태어났다.

또한 권말에 규슈九州대학의 쓰지노 유키辻野裕紀 선생님이 해설을 써 주신 것이 이번 신판 출간에 있어 가장 기쁜 일이었다. 그야말로 〈엄청난〉 해설이어서 혹시나 독자 여러분이 이 해설을 읽는 것만으로도 만족을 얻어 본문까지는 읽어 주시지 않으면 어쩌나 하는 저자로서의 걱정이 생길 정도다.

부디 『한글의 탄생』을 구석구석까지 즐겨 주시기를 바란다.

한국어판 출간을 맞이하여 [초판 서문]

『한글의 탄생 —〈문자〉라는 기적』이 한국어가 되어 세상 사람들과 만났다. 한글이 태어난 바로 그 땅에서 그 언어로 읽어 주신다. 행복한 일이다.

이 책의 원저는 일본어권 독자를 대상으로 쓰인 것이다. 언어학적인 시각에 입각하여 쓰긴 했으나 언어학의 전문서가 아니라 인문서로서 광범위한 독자, 그것도 한국어나 한글을 전혀 모르는 독자들을 위해 쓴 것이다.

그것을 그대로 번역하면 한국어권 독자들에게는 지루한 부분이나 반대로 생소한 부분이 생길 것이다. 그러므로 한국어판을 위해 약간의 가필을 하였다. 단, 원저가 일본어권 독자들에게 어떤 식으로 이야기하고 있는가를 한국어권 독자가 알 수 있도록 가필은 최소한에 그쳤다. 한국어권 독자를 위해서는, 번역자가 자세한 각주와 해설도 부가하였다.

책으로 완성되어 가는 과정을 보고 있노라면, 거기에 담긴 생각과 뜻은 원저와 같아도 새로 한국어판을 세상에 낼 수 있도록 교시나 조언을 주신 분들, 번역자, 편집자, 출판인 분들, 많은 분들의 뜻이 이 책 구석구석까지 넘쳐흐르고 있음을 알 수 있다. 원저를 옮긴 번역서라기보다 완전히 새로운 책으로 탄생하고 있다. 기쁜 일이다.

한국어판을 만드는 데 있어서 훈민정음 연구의 최고 권위자인 강신항姜信沆 선생님과 정양완鄭良婉 선생님 내외분의 가르침을 직접 받을 수 있었던 것은 더없는 기쁨이다. 특히 『훈민정음』이나 『조선왕조실록』 등 한문의 인용에서는 한자로만 표기할 것이 아니라 한국에서 행해져 온 한문훈독의 전통에 입각한 정확한 현토를 제시하고 싶다는 저자의 소원이, 이 두 분 선생님의 가르침에 의해 공고하게 이루어졌다. 젊었을 때부터 저자에게 주신 두터운 정에도 진심으로 감사를 드린다.

그리고 이 분야의 태두泰斗, 한국을 대표하는 언어학자인 이기문李基文 선생님께 이 자리를 빌려 감사 말씀을 드려야 한다. 원저가 간행되자 상세하게 읽어 주셨을 뿐만 아니라 여러 귀한 조언을 주셨다. 말씀을 듣고 있으면 몽환夢幻 같은 석년昔年 서울대학교에서의 강의가 생생하게 떠오른다.

서울대학교에서의 공부는 성백인成百仁 선생님 그리고 고故 안병희安秉禧 선생님의 혜려惠慮에 의한 것이었다. 시간은 흘렀으나 그곳에서 배운 것들이 이 책에서 얼마나 많이 숨 쉬고 있는지 모른다.

신세를 진 분들은 적지 않으나 한국어판 출판에 있어서 서울대학교 국어국문학과의 권두환權斗煥 선생님, 송철의宋喆儀 선생님은 직접 원고를 읽어 주셨을 뿐만 아니라 많은 귀한 조언을 주셔서 한국어판 완성에 결정적인 도움을 주셨다. 영광이다. 오직 감사의 마음뿐이다.

그리고 국립국어원 권재일權在一 원장님의 따뜻한 조언과 성원은 결코 잊을 수 없다. 남기심南基心 선생님, 고영근高永根 선생님, 김주원金周源 선생님, 이현희李賢熙 선생님, 고동호高東昊 선생님의 성원에도 감사를 드린다.

일본에서도 많은 선생님들께 후의를 받았다. 특히 우메다 히로유키梅田博之 선생님, 후지모토 유키오藤本幸夫 선생님, 쓰지 세이지辻星兒 선생님께는 뭐라 감사 말씀을 드려야 좋을지 모른다. 이분들의 따뜻한 마음을 생각하면 눈물을 금할 수 없다.

그리고 우와노 젠도上野善道 선생님, 마쓰오 이사무松尾勇 선생님, 김예곤金禮坤 선생님, 요로 다케시養老孟司 선생님, 나카지마 미네오中嶋嶺雄 선생님, 가메야마 이쿠오龜山郁夫 선생님, 요시다 미쓰오吉田光男 선생님, 니시타니 오사무西谷修 선생님, 다나카 아키히코田中明彦 선생님, 가와무라 미나토川村湊 선생님, 하타노 세쓰코波田野節子 선생님, 요시다 겐사쿠吉田研作 선생님의 격려야말로 이 책을 가능케 하였다. 진심으로 감사를 드린다.

그리고 원저 출간 후에 "한국어판을 꼭"이라는 말씀과 함께 후의를 베풀어 주신 분들도 잊을 수 없다. 도쿄 한국문화원의 강기홍姜基洪 원장님, 유진환柳珍桓 전 원장님, 시미즈 주이치清水中一 씨, 한국국제교류재단의 최현수崔玄洙 씨, 도쿄 한국교육원의 신승인辛承寅 원장님, 일한문화교류기금의 사메지마 아키오鮫島章男 씨, 아베 다카야阿部孝哉 씨, 아이카 마리코秋鹿まり子 씨, 아스쿠 출판의 아마야 오사미天谷修身 씨, 오구리 아키라小栗章 씨, 국제문화포럼의 나카노 가요코中野佳代子 씨, 나카노 아쓰시中野敦 씨, 일본 에스페란토학회의 이시노 요시오石野良夫 씨, 쇼지 게이코東海林敬子 씨께도 감사를 드린다.

다카시게 하루카高重治香 씨, 세키 유코關優子 씨, 신강문辛岡紋 씨, 정우자鄭優子 씨, 박일분朴日粉 씨, 김시문金時文 씨, 박사유朴思柔 씨, 오카자키 요코岡崎暢子 씨를 비롯해 각 신문 서평·방송·잡지 등으로 원저를 소개해 주신 많은 분들께도 이 자리를 빌려 진심으로 감사를 드린다.

정현실鄭玄實 선생, 이선희李善姬 선생, 김진아金珍娥 선생, 나카지마 히토시中島仁 선생, 스가이 요시노리須賀井義敎 선생을 비롯해 대학에서 교편을 잡고 있는 열네 명의 제자들은 일본에서의 제22회 아시아태평양상 수상을 축하하는 자리를 공동으로 마련해 주었다. 변함없는 그 뜨거운 정은 잊히지 않는다. 그리고 권재일 선생님, 고토 히토시後藤齊 선생님을 비롯해 서울·도호쿠·간사이·시코쿠 등 멀리서 그 자리로 달려와 주신 많은 선생님들, 도쿄외국어대학東京外國語大學의 여러 선생님들, 출판인 여러분, 그 두터운 정은 한 분 한 분의 모습과 함께 떠오른다.

아시아태평양상을 주최하는 마이니치 신문사每日新聞社의 아사히나 유타카朝比奈豊 사장님과 아시아조사회의 구리야마 다카카즈栗山尙一 씨, 오사다 다쓰지長田達治 씨와 심사위원 선생님들께도 진심으로 감사를 드린다.

나의 스승님이신 간노 히로오미菅野裕臣 선생님, 고故 시부 쇼헤이志部昭平 선생님께는 오직 감사의 마음뿐이다. 스승이 없으면 제자 또한 존재하지 않는다.

한국어판 출판에 있어서는 원저자의 이것저것 자세한 요망을 미소와 함께 실현해 주신 돌베개 대표 한철희韓喆熙 씨, 편집을 성심껏 늘 밝은 표정으로 수행해 주신 인문고전팀 팀장 이경아李京兒 씨와 인문고전팀 최혜리崔蕙梨 씨께 심심한 사의를 표하고 싶다.

돌베개와의 인연은 원저의 출판사인 헤이본샤平凡社의 동양문고 편집장 세키 마사노리關正則 씨 덕택이다. 헤이본샤에서는 헤이본샤 신서平凡社新書 편집장 마쓰이 준松井純 씨와 신서 편집부의 후쿠다 유스케福田祐介 씨의 배려를 받았다.

마지막으로 이분들, 번역을 맡아 주신 분들께 진심으로 감사를 드리고 싶다. 원저자의 미흡함을 보충하고도 남음이 있는 분들, 김진아 선생님, 김기연金奇延 선생님, 박수진朴守珍 선생님―이분들의 경탄할 만한 역량, 성의와 정열, 이것이야말로 이 책이 간직하고 있는 참된 진가眞價이다.

　서문이 감사의 글이 되어 버렸다. 그렇다, 이 책은 그 성함을 다 들 수도 없을 만큼 많은 분들의 지知와 정情에 대한 감사로 이루어져 있다.

　이 책으로 만나게 될 분들과 한글을 둘러싼 지知의 기쁨을 조금이라도 함께할 수 있다면 그것은 더없는 행복일 것이다.

한글의 탄생

책머리에

'한글'은 15세기 한반도에 태어난 문자 체계의 명칭이다. '훈민정음'訓民正音 혹은 '정음'正音이라고도 불린다. 이 책에서는 한글이라는 문자가 어떠한 것이며 어떠한 구조로 이루어져 있고 역사 속에서 어떻게 태어났는가, 그리고 〈쓴다는 것〉과 〈지知=앎〉의 얼마나 깊은 곳에서 한글이 탄생했는가를 짚어 보며 〈언어〉와 〈문자〉를 둘러싼 물음들을 생각해 보고자 한다.

한글이라는 문자를 안다는 것은 동아시아에서 태어난 하나의 독특한 문자 체계를 아는 일에 그치는 것이 아니다. 음音, 즉 소리로 성립된 〈말〉을 도대체 어떻게 해서 〈문자〉로 만들어 낼 수 있는지, 생각해 보면 정말 신비로운 일이 아닐 수 없다.

한글이 태어나는 모습을 본다는 것은 그 신비로움 속으로 파고들어 가는 일이다. 공기의 떨림을 우리는 언어음으로 듣는다. 이러한 과정에서 성립된 〈말해진 언어〉는 도대체 어떻게 해서 〈문자라는 시각적인 장치〉를 통한 〈쓰여진 언어〉가 되는 것일까?

한글의 구조를 보고 있노라면 우리는 〈음이 문자가 되는〉 놀라운 시스템을 발견하게 된다. 그래서 한글을 들여다보는 일은 하나의 문자 체계를 뛰어넘어 언어와 음과 문자를 둘러싼 보편적인 모습까지도 보는 일이 된다.

〈언어〉란? 〈음〉이란? 〈문자〉란 무엇인가? ─ 이렇게 넓은 언어학적 시야에서, 그리고 더 나아가 〈지〉知의 범위 안에서 한글이라는 문자를 조망하는 것. 이것이 바로 이 책의 시좌視座이다.

"언어학저 시야에서"라고 이야기하였으나 이 책을 읽어 나가는 데 언어학이나 한국어에 대한 지식은 딱히 필요하지 않다. 이 책의 제목에 한순간이나마 눈길을 주었다면 그 순간부터 우리는 이 물음을 함께하고 있는 것이다.

책의 뒷부분에는 이 책을 계기로 삼아 확장해 읽을 수 있는 문헌을 소개하고, 용어집을 겸한 색인과 간단한 연표를 덧붙였다.

독자 여러분께서 이 책을 읽으며 언어학을 혹은 한국어를, 일본어를 생각하는 즐거움에 빠져 무심코 입가에 미소를 띨 수 있었으면 한다.

언어나 문자보다 한글이 태어난 역사적 배경에 더 흥미를 느끼는 독자라면 제4장부터 읽어도 좋겠다.

이 책은 다음과 같은 순서로 엮여 있다.

먼저 한글을 낳은 한국어라는 언어의 특징을 일본어와 대조해 본다. 또한 한글이란 어떤 문자인가를 살펴보고, 그 구조를 본다. 일본어를 표기할 때 널리 사용되는 〈가나〉와 〈한자〉, 〈로마자〉 등 다른 문자와의 비교를 통해 더욱더 넓은 시야에서 〈문자란 무엇인가?〉라는 물음을 제기할 수 있을 것이다.

또한 중국에서 태어나 한국과 베트남 그리고 일본에서도 사용된 〈한자〉와 고전 중국어인 〈한문〉에 맞서 한국어권과 일본어권이 각기 어떻게 대치對峙하였는가를 주목하는 것도 〈문자 만들기〉의 원리와 한글에 대해 생각해 보는 데 많은 도움이 될 것이다.

한글의 구조를 살펴본 뒤에는 한글이 어떻게 탄생했는가로 눈을 돌려 보자. 한글이 탄생하는 과정에서는 〈문자를 만든다〉는 일 자체가 그 시대와 그 시대의 〈지〉知 안에서 의문의 대상이었다. 한글을 만들려는 지성들이 있던 한편에는, 〈문자를 만든다〉는 것은 있어서는 안 될 일이라며 자기 존재를 걸고 항의하는 또 다른 지성들이 있었다. "이런 구조의 문자는 존재해서는 안 된다", "그러한 구조의 문자는 〈지〉의 파괴를 초래한다"고 주장하는 지성들이었다. 그들의 물음이란 어떤 것이었을까.

또 한 가지 중요한 것은, 문자가 만들어졌다고 해서 누구나 그것을 사용할 수 있는 것도 아니고 누구에게나 사용될 수 있는 것도 아니라는 점이다. 문자가 있다고 해서 곧 〈문장〉(sentence)이나 〈텍스트〉text가 성립되는 것은 아니다. 문자는 〈문장〉으로 그리고 〈텍스트〉로 비약하지 않으면 안 된다. 이것은 단순한 성장을 뜻하는 것이 아니다. 문자가 텍스트가 되려면 전혀 다른 지평을 획득해야 한다. 옛 현인의 말을 빌린다면 〈목숨을 건 비약〉이 필요한 것이다. 텍스트가 되지 못한 문자는 각인된 흔적이나 먹의 농담濃淡일 뿐 문자로서의 존재를 유지하기도 어렵다. 문자를 만든 지성들은 과연 이에 어찌 대처할 것인가.

한편 〈쓰기〉를 위한 문자의 모든 시스템과 기법도 전부 물음의 대상이 되어야 한다. 신체가 있고 붓이 있고 먹이 있고 종이가 있고 서법이 있고 인쇄술이 있고 책이 있다. 이러한 것들은 텍스트가 숨 쉬기 위한 필요조건이다. 문자는 이것들까지 움직이게 한다. 그리고 마침내 그 문자로 쓰여지는 것 자체가 사색이 되고 사상이 되고 사조思潮가 되고 정치(politics)가 된다. 문자의 탄생과 언어를 둘러싼 질문이 때로는 인간의 생명을 위협하기도 한다.

한글이라는 문자를 만들어 낸다는 것. 거기에는 단순히 문자를 둘러싼 물음을 뛰어넘은, 〈쓰기〉라는 영위와 〈쓰여진 것〉, 즉 〈에크리튀르〉écriture를 둘러싼 물음이 존재한다. 더 나아가 여기에는 인간의 〈지〉를 둘러싼 거대한 물음이 넓게 가로놓여 있다. 한글의 탄생이 이렇게 〈지〉를 둘러싼 드라마이기도 함을 알게 될 것이다.

그러고는 한글을 세계사 안에 등장시킨 『훈민정음』이라는 책을 파헤쳐 볼 것이다.

〈훈민정음〉이란 문자 체계의 명칭인 동시에 책의 명칭이기도 하다. 『훈민정음』이라는 책에는 먼 훗날인 21세기를 예언이라도 한 듯한 오래된 지혜가 살아 숨 쉬고 있다. 『훈민정음』이라는 책이 민족주의적인 맥락에서 칭송받는 일은 적지 않으나, 이 책은 그보다 훨씬 큰 보편적인 맥락 안에서 〈지〉 성립의 근원을 비추고 있음을 독자 여러분이 읽어 내 주신다면 더 바랄 것이 없겠다.

『훈민정음』이 출간된 이후로도 한글은 그 성장의 역사 속에서 극적인 순간을 몇 번이고 맞이한다. 그 모습 또한 〈말〉을 둘러싼 귀중한 물음을 던져 줄 것이다.

한글의 탄생—그것은 문자의 탄생이자 〈지〉를 구성하는 원자 原子의 탄생이기도 하고, 〈쓰는 것〉과 〈쓰여진 것〉, 즉 〈에크리튀르〉의 혁명이기도 하다. 또한 새로운 미를 만들어 내는 〈게슈탈트 Gestalt = 형태〉의 혁명이기도 하다.

이 책이 그러한 거대한 탄생의 드라마 속으로 파고들어 가는 데 작은 계기가 될 수 있다면 그보다 기쁜 일은 없을 것이다.

차례

한국어판 출간에 즈음하여 5

헤이본샤 라이브러리판 출간에 즈음하여 7

한국어판 출간을 맞이하여 [초판 서문] 10

책머리에 15

일러두기 22

서장   **한글의 소묘**

1   한글의 구조   25

2   『훈민정음』이라는 책   29

제1장   **한글과 언어**

1   한글이라는 이름   35

2   한국어의 세계   40

3   말과 문자   45

4   한국어는 어떠한 언어인가   62

제2장   **〈정음〉 탄생의 자장**

1   문자를 〈만든다〉 – 한자의 자장 안에서   81

2   자기 증식 장치로서의 한자   91

3   〈한문훈독〉 시스템   101

4   한국어의 〈한문훈독〉 – 〈구결〉의 구조   112

5 〈질량을 가진 텍스트〉 126

6 서방에서 온 길 〈알파벳로드＝자음문잣길〉의 종언 132

제3장 〈정음〉의 원리

1 문자를 〈만든다〉─ 공기의 떨림에서 음을 잘라 낸다 143

2 〈음〉에서 〈게슈탈트〉로 158

3 단음＝음절문자 시스템의 창출 181

4 사분법 시스템의 충격 188

5 음의 변용을 〈형태화〉하다 ─ 형태음운론으로의 접근 204

제4장 〈정음〉 에크리튀르 혁명 ─ 한글의 탄생

1 〈정음〉 혁명파와 한자한문 원리주의의 투쟁 227

2 〈용음합자〉 사상 ─ 〈지〉의 원자를 묻는다 241

3 〈정음〉이여, 살아 있는 것들의 소리를 들으라 248

4 〈정음〉이여, 〈나·랏:말쏨〉을 ─ 에크리튀르 혁명 선언 255

제5장 〈정음〉 에크리튀르의 창출

1 〈정음〉이여, 음을 다스리라 ─ 『동국정운』 267

2 〈정음〉이여, 삼천세계를 비추라 ─ 유불도의 길 279

3 〈정음〉이여, 천지 우주를 배우라 ─ 『천자문』 289

4 〈정음〉이여, 우리의 가락을 ─ 『두시언해』와 시조 292

5 〈정음〉이여, 이야기하라, 읊으라 그리고 노래하라

─ 〈정음〉 문예와 판소리 296

6 고유어 혈맥과 한자한문 혈맥의 이중나선 구조 298

7 〈정음〉 반혁명을 넘어서 302

제6장 〈정음〉 ─ 게슈탈트의 변혁

1 〈형태〉란 무엇인가? 311

2 정음의 〈모양〉과 〈형태〉 316

3 신체성을 얻은 정음의 아름다움 〈궁체〉 327

제7장 〈正音〉에서 〈한글〉로

1 鬪爭하는 〈正音〉, 투쟁하는 〈한글〉 333

2 다시 게슈탈트를 묻는다 ─ 근대에서 현대로 340

3 비상하는 21세기 한글 345

종장 보편을 향한 계기 〈훈민정음〉

『훈민정음』을 읽는다는 일 375

문헌 안내 379

저자 후기 [일본어판] 396

저자 후기 [한국어판] 399

해설 ─ 아폴로적 지성과 디오니소스적 감성의 결실 · 쓰지노 유키 402

해설 ─ 『한글의 탄생』의 탄생 · 김진아 411

부록 한글 자모표/반절표 428 · 일본어 50음표 한글로 쓰기 430

현대어의 초성자음 18종과 초성자모 19종 432 · 모음삼각형 433

한글 역사 연표 434 · 문헌 일람 446

찾아보기 479

일러두기

1. 본문 중의 한자는 한국어 표기에 쓰는 한자로 통일하였다. 꼭 필요한 경우에는 일본어 표기에 쓰는 한자나 중국어 표기에 쓰는 간체자 등을 병기하였다.
2. '쓰다'의 피동사는 저자의 뜻에 따라 '쓰여지다'(書)와 그 외의 '쓰이다'로 구분해 썼다.
3. 본문에 사용된 문장 부호는 다음을 의미한다.
   〈 〉: 통상적인 ' ' 부호보다 강한 강조
   「 」: 작품·논문명
   『 』: 책·화첩명
   / /: 음소
   [ ]: 발음기호
4. 인용 문헌의 정보는 다음과 같이 표시하였다.
   저자명(책①출판연도;재판연도:면수❶~면수❷, 면수❸, 책②출판연도)
5. 인명은 원칙적으로 한글로 표기하되, 한 사람의 저자가 두 가지 이상의 언어로 저서를 썼을 경우에는 노마 히데키(2004), 野間秀樹(2005)와 같이 구분하였다.
6. 본문 중의 단어와 같은 발음을 나타내는 글자는 작은 글씨로 병기하고, 그 외의 설명은 괄호 안에 넣어 작은 글씨로 병기하였다. 단, 가독성을 위해 병기하는 한글은 같은 발음을 나타낼 때에도 괄호 안에 넣었다.
7. 한문에 토를 단 문장에는 한문 원문에 있는 구두점을 '。', '、'로 달았다.
8. 이 책의 일본어 원저는 참고 사항을 문헌 안내에서 일괄하여 제시하고 있다. 모든 각주는 한국어판 독자의 편의를 위해 새롭게 단 것이다.

서장

한글의 소묘

『훈민정음』해례본解例本(1446)
'해례'解例의 '용자례'用字例 부분. 간송문고 소장

1

한글의 구조

한글이란 어떤 문자인지 매우 간단히 살펴본 후 우리의 여정을 시작하자.

소쉬르Ferdinand de Saussure(1940;1972:42)*는 세계에 존재하는 수많은 문자를 '표의表意문자'와 '표음表音문자'라는 두 종류로 구분했다. 여기서 '표의'와 '표음'이라는 단어는 본서에서 다루는 정의와는 조금 거리가 있는데, 대략 그 글자 하나가 의미를 나타내느냐 음을 나타내느냐로 구분하는 것이 일반적이다. 표의나 표음과 같은 단어 자체가 문자를 고찰하는 데 있어서는 여러모로 흥미롭지만, 그에 관한 상세한 설명은 뒤로 미루고 여기서는 먼저 그 대략적인 구분법에 입각해 살펴보기로 한다. 그 기준에 따르면, 한자나 고대 이집트의 상형문자 등은 표의문자, 한글은 음을 나타내는 표음문

---

*   페르디낭 드 소쉬르Ferdinand de Saussure(1857~1913)는 스위스의 언어학자로 현대 언어학의 설립자로 여겨지며, 기호학의 기초를 세운 사람이기도 하다. 구조주의와 언어철학에도 큰 영향을 끼쳤다. 저자는 이 책뿐만 아니라 野間秀樹(2007) 등 다른 많은 저서에서도 〈선조성〉을 비롯한 소쉬르의 사상을 언급하고 있다.

자로 분류될 것이다.

한글은 로마자와 같은 알파벳식 문자다.

'ㅂ'은 p를 나다내고, 'ㅏ'는 a를 나타내고, 'ㅁ'은 m을 나타내는 식으로, 하나의 자모字母가 하나의 음을 나타내는 것이다. 또, 이들 자모를 '밤'pam과 같이 하나의 음절 단위로 조합하여 한 글자로 만든다. 로마자는 p나 a나 m이라는 하나의 자모 자체가 한 글자가 되므로 조합하여 한 글자로 만드는 한글과는 이 점에서 상이하다.

자모를 조합할 때, 자음을 나타내는 자모와 모음을 나타내는 자모 두 종류로 나누는 점도 로마자에는 없는 구조다.

그림으로 살펴보자. 자음 p는 'ㅂ', 모음 a는 'ㅏ', 자음 m은 'ㅁ'이라는 자모로 나타내고, 이들을 합쳐서 '밤'pam이라는 하나의 글자를 만든다. 자음자모와 모음자모의 위치는 글자상에서 각각 정해져 있어 보는 순간 구별할 수 있다.

모음 a를 나타내는 자모 'ㅏ'를 모음 o를 나타내는 자모 'ㅗ'로 대체하면 '봄'pom이라는 별개의 문자가 된다. 'ㅣㅏㅓㅕ'와 같이 세로획 중심으로 만들어진 모음자모는 '비바버벼'와 같이 자음자모의 오른쪽에 쓰고, 'ㅡㅗㅛㅠ'와 같이 가로획 중심으로 만들어진 모음자모는 '브보뵤뷰'와 같이 자음자모 아래에 쓴다.

합하여 만들어진 한글 한 자 한 자는 한 음절을 나타낸다. 일본어의 히라가나平仮名 'か'나 가타카나片仮名 'カ'는 기본적으로 하나의 음절을 나타낸다. '한 글자=한 음절'이라는 성격에서 보면 한글도 가나도 모두 음절문자다.

'이 음절은 p+a+m이라는 소리로 구성되어 있구나'라고 알 수 있도록, 한글은 음절의 내부 구조가 항상 문자상에 시각적으로 드러나 보인다. 가나는 'か'의 내부 구조가 k+a라는 음으로 구성되어 있다는 것이 눈에 보이지는 않는다. 글자와 소리의 관계에 있어서

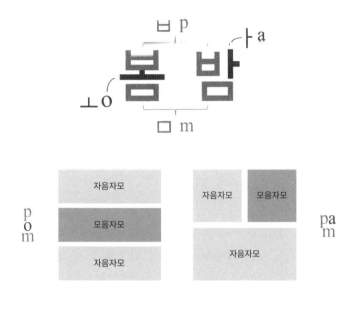

한글은 자음자모와 모음자모를 조합하여 한 글자를 만든다.

한글과 가나의 이러한 차이점도 흥미롭다. 이 점에 관해서도 뒤에서 찬찬히 들여다보기로 하자.

즉 한글은 알파벳과 같은 단음문자이기도 하고, 음절별로 구분하여 적고 음절의 내부 구조가 드러나 보이는 음절문자이기도 하다.

문장으로 만들 때는 세로쓰기도 가로쓰기도 가능하다. 현대에는 가로쓰기가 주류가 되었다. 단음문자이기도 해서 '밤'을 'ㅂㅏㅁ'과 같이 풀어서 써도 읽을 수가 있으며, 디자인 등에서는 종종 이러한 표기법도 사용되고 있다.

어떤 자모가 어떤 음을 나타내는지는 권말 428면에 실린 '한글 자모표/반절표'를 참조하자.

자모 각각의 모양도 의도적으로 체계화해 만들었다. 자음 m은 입술을 다물어 만드는 음이므로 입술 모양을 본떠 'ㅁ'이라는 형태로 만들었다. 자음 p도 역시 입술을 다물었다 여는 음이므로 m을 나타내는 'ㅁ'의 세로획을 길게 늘여 'ㅂ'이라는 형태의 자모가 되었다. 이처럼 발음 방법과 자음자모의 형태는 항상 관련을 맺고 있다. 후에 자세히 서술하겠으나 이 부분도 감탄사가 절로 나올 정도로 재미있다.

예로 든 '밤'pam과 '봄'pom은 하나의 음절로도 뜻을 나타낼 수 있다. 한 음절로 이루어진 단어의 경우, 이처럼 한 글자로도 단어가 될 수 있다는 점에서 한글이 '표의문자'와 같은 기능을 일부 담당하고 있는 셈이 된다.

지금까지의 간단한 설명의 배경에는 언어와 문자 그리고 의미를 둘러싼 매우 깊이 있는 재미가 흘러넘친다. 살짝만 언급했기 때문에 여러 가지 질문이 떠오를지 모르겠다. 그 의문을 여기서는 소중히 간직해 두기 바란다. 흥미도, 해답을 찾는 즐거움도 이제 시작될 여정에서 차분히 만끽하기로 하자.

2

『훈민정음』이라는 책

〈한글〉은 조선의 제4대 임금인 세종世宗의 명으로 1443년 음력 12월에 창제되어 1446년 음력 9월에 『훈민정음』이라는 책의 형태로 반포되었다.

　『훈민정음』은 다음과 같은 내용으로 구성되어 있다.

　① 세종 어제御製 서문 ┐
　② 예의例義 ┘ ── 본문
　③ 훈민정음 해례解例
　④ 정인지鄭麟趾 서문

　①은 '어제'御製 서문, 즉 임금인 세종이 직접 쓴 서문이다. ②의 '예의'例義는 자모의 정의와 문자의 구성, 방점에 대한 해설을 간결하게 서술한 부분이다. ③의 '해례'解例는 한글의 제자制字 원리 등을 밝힌 '제자해'制字解 및 '초성해'初聲解, '중성해'中聲解, '종성해'終聲解, '합자해'合字解와 실제 단어로 사용된 용례를 제시한 '용자례'

用字例로 구성되어 있다. 양적으로 가장 많은 부분을 차지한다.『훈
민정음』에는 몇 종류의 이본異本이 있는데,* 그 가운데 '해례'가 포
함된 것을 '해례본'이라고 부른다. ④는 〈훈민정음〉 창제에 관한

---

* 　『훈민정음』의 원간본原刊本으로 인정되는 '해례본' 이외의 이본으로는 한문으로
쓰여진 〈한문본〉漢文本과 한문을 한국어로 번역하고 풀이한 〈언해본〉諺解本의 두 가지
계통이 있다.『세종실록』세종 28년인 1446년 9월 조條에, 세종의 서문과 예의例義 및 정
인지의 서문이 보인다. 이것을 흔히 '실록본'實錄本이라고 부른다. 해례본이 발견되기까
지는 이 실록본이 가장 널리 알려진 판본이었다.『조선왕조실록』은 태백산본太白山本과
정족산본鼎足山本이 현존한다. 한문본으로는 또한『배자예부운략』排字禮部韻略 권두본
(1679),『열성어제』列聖御製본(17세기),『경세훈민정음도설』經世訓民正音圖說본(17세
기)이 있다. 〈언해본〉 계통으로서는『월인석보』月印釋譜(1459) 권1의 모두冒頭에 세종의
서문과 예의가 수록되어 있는 것이 있다. 서강대학교 도서관에 소장되어 있어 이것을 '서
강대본'이라고 부른다. 또한『월인석보』권1을 번각한 '희방사본'喜方寺本이 있다. 희방
사는 경상북도 영주시의 절이다. 서강대본과 희방사본을 통틀어 '월인석보 권두본'이라
고 부르기도 한다. 언해본으로는 한국어학자 박승빈朴勝彬(1880~1943)이 소장했던 '박
승빈 소장본'이라고 불리는 책이 있다. 현재 고려대학교 아세아문제연구소 육당문고六堂
文庫에 소장되어 있어 '육당문고본'이라고도 한다. '육당'은 최남선崔南善(1890~1957)
의 호이다. 언해와 '언해본'에 대해서는 이 책의 제4장에서 다룬다.『훈민정음』에는 위의
인쇄된 판본들 외에도 붓으로 쓴 필사본으로 일본 궁내청宮內廳에 소장된 책이 있고, 또
한국어학자 가나자와 쇼자부로金澤庄三郎(1872~1967)가 소장했던 책이 일본 고마자와
대학駒澤大學에 있다.

한글의 탄생

정인지(1396~1478)의 서문으로, 세종의 서문과 구별하기 위해 '후서'後序라고도 한다. 정인지의 서문에는 해례본 집필자들의 이름도 기록되어 있다. 해례본에서 한글 이외의 부분은 모두 한자한문으로 쓰여져 있다.

이『훈민정음』해례본은 전 33장張, 즉 66면 분량의 선장본線裝本* 1책으로 장정된 목판본이다. 안병희安秉禧(1997:193)에 의하면, 가로 20.1cm에 세로 29.3cm이고, 사각으로 둘러싼 광곽匡郭**이 가로 16.1cm 세로 22.6cm이므로 책 자체는 A4 크기 정도이다. ①의 세종 서문과 ②의 예의는 반엽半葉 즉 한 면이 7행으로 구성되어 있어 글자가 크다. ①과 ②가 본문에 해당되며 7면 분량이다. ③의 해례와 ④의 정인지 후서는 반엽 8행으로 글자 크기는 앞에 있는 본문보다 작다.

〈훈민정음〉은 책의 명칭이면서 동시에 문자의 이름이기도 하다. 우리가 이 책에서 살펴볼 것은 이『훈민정음』이라는 책으로 시작되는 〈훈민정음〉, 줄여서 〈정음〉이라는 문자 체계를 둘러싼 이야기이다.

---

*   선장본: 책의 오른쪽에 나란히 구멍을 뚫고 실로 꿰매는 장정법으로 만들어진 책을 말한다. 옛 책의 선장본은 대개 필사되거나 인쇄된 면이 나오도록 종이의 가운데를 접고, 접은 변邊의 반대쪽 변을 묶었다. 이 방식을 대철袋綴이라 한다. 바로 이 선장과 대철이『훈민정음』해례본을 보는 중요한 단서가 된다는 사실을, 이 책의 제2장 '〈질량을 가진 텍스트〉'에서 밝힐 것이다.

**   광곽: 서책 책장의 네 테두리를 둘러싸고 있는 검은 선을 가리킨다.

제1장

한글과 언어

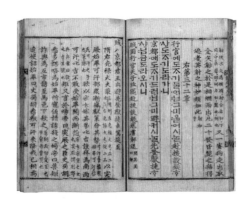

『용비어천가』龍飛御天歌(1447)
조선 왕조의 건국을 노래한 서사시.
〈훈민정음〉창제 후 편찬된 최초의 한글 문헌이다.

1

한글이라는 이름

한글이란 문자 체계의 명칭이다

〈한글〉은 언어의 명칭이 아니라 문자 체계의 명칭이다. 〈한자〉, 〈로마자〉를 비롯해 일본어의 〈히라가나〉, 〈가타카나〉 등과 같은 평면에서 다루어져야 할 문자의 명칭인 것이다.

한글을 탄생시킨 언어는 일본어로 〈조센고〉朝鮮語 또는 〈간코쿠고〉韓國語라고 불린다. 일본어로 〈간코쿠〉韓國는 일반적으로 대한민국(이하 '한국')과 조선민주주의인민공화국(이하 '북한') 즉 한반도 전체를 가리키는 것은 아니기 때문에, 간코쿠고(한국어)라고 부르지 않고 학술적으로는 〈조센고〉라고 부르는 경우가 많다. 대학의 강의명 등으로도 〈조센고〉와 〈간코쿠고〉 둘 다 사용되고 있다. 대학에서는 간혹 〈코리아고〉Korea語나 〈간코쿠·조센고〉(한국·조선어) 등과 같은 호칭도 사용된다. 호칭이야 어떻든 동일한 하나의 언어임에 틀림없다.

일본에서는 이 〈한글〉이라는 명칭을 종종 언어명으로 사용하는 경우가 있다. '한글 강좌'라고 되어 있는데 실제로는 '한국어 강좌'를 가리키는 식이다. 이는 '일본어 강좌'를 '히라가나 강좌'나 '가타카나 강좌'로 부르는 것과 같다. 〈조센고〉로 부르는가, 〈산고쿠고〉로 부르는가에는 정치적인 의도가 얽혀 있을 수 있다. 이를 피하기 위해 종종 〈한글〉이 언어명으로 사용되고 있는 사정도 이해할 수 없는 것은 아니다. 물론 〈한글〉이라고 부르는 것 자체도 왠지 정치적이기는 마찬가지이다. 아무튼 〈한글〉이라는 명칭을 언어명으로 사용하는 것은 이름이 실체를 제대로 나타내지 못하는 것이다. 언어와 문자의 명칭 구별은 반드시 짚고 넘어가야 한다.

한글과 한국어를 모어화자는 어떻게 부르는가

그러면 이 〈한글〉과 한국어를 모어화자母語話者, 흔히 말하는 네이티브 스피커들은 어떻게 부르는가. 한국에서는 〈한글〉이라는 이름이 사용되고 있다. 북한에서는 〈한글〉도 사용되기는 하나 〈조선글〉이라는 호칭도 쓰이고 있다. 언어에 대해서는 한국에서는 〈한국어〉가 일반적이다. 〈한국말〉이라고도 한다. 북한에서는 〈조선어〉, 〈조선말〉이라고 한다. 남과 북 모두 〈우리말〉이라는 호칭도 사용한다. '한국어 대사전'에 『우리말 큰사전』이라는 이름을 붙이는 것이 그 예라 하겠다.

한국에서 〈조선〉朝鮮이라는 호칭은 고대의 '고조선'古朝鮮이나 근세 국가 '조선'을 가리키는 역사 용어로 사용되는 경우가 대부분이며, '조선일보' 등 고유명사 이외에는 거의 사용되지 않는다. 그러나 일본어의 '조센'朝鮮이라는 명칭은 한반도 전체를 가리킨다. 일본의 학계에서는 학술적인 입장에서 한반도의 언어를 '조센고'

라고 부르는 경우가 많다. 그런 점에서 일본어의 '조센'과 한국에서 사용되는 '조선'은 의미하는 바가 조금 다르다.

최근에 일본에 와 있는 한국 사람들을 보면 일본어의 '조센'이라는 단어에서 조선 왕조 시대뿐 아니라 일본의 식민지 시대를 떠올리는 경우가 많고, 좋지 않은 인상을 받는 이도 있다.

이 책의 한국어판에서는 언어명으로 〈한국어〉를 사용하기로 한다. 조선 왕조 시대를 기술할 때는 〈조선어〉라는 명칭을 쓰는 경우도 있다.

훈민정음에서 한글로―주시경

15세기에 〈한글〉이 탄생했을 때는 이를 〈훈민정음〉訓民正音 또는 〈정음〉正音이라 불렀다. 언문諺文이라는 호칭도 쓰였다. 여기서 '언'諺은 '속담'이라는 뜻이 아니라 중화中華를 중심으로 하는 세계어＝한문에 대한 local, vernacular로서의 우리말이라는 뜻이다. 그러나 '언'이 스스로를 비하하는 말이라 하여 오늘날 이 호칭은 피하는 경향이 있다.

현재 널리 사용되고 있는 〈한글〉이라는 명칭은 근대의 선구적인 한국어학자, 주시경周時經(1876~1914)이 명명했다고 전해지고 있다. '한'은 '위대한', '글'은 '문자' 혹은 '문장'이라는 뜻이므로 '한글'은 '위대한 문자'라는 뜻이다. '한'은 '대한제국'大韓帝國의 '한'韓이라는 설도 유력하다.

주시경은 1908년에 『국어문전음학』國語文典音學을, 1910년에 『국어문법』國語文法을 저술하였고, 이후의 한국어 연구에 커다란 영향을 미쳤다. 서재필徐載弼(1864~1951) 등이 결성한 사회정치 단체인 독

〈한글〉의 명명자, 한국어학자 주시경(왼쪽)과 한국어학자 최현배(오른쪽)

립협회獨立協會에 소속되어 한국 최초의 한글 신문인 『독립신문』의 표기를 총괄했으며, 이후에 만들어질 한글 정서법의 기초를 세웠다. 또 38세의 젊은 나이에 병으로 세상을 떠날 때까지 교육에도 힘을 기울여 최현배崔鉉培(1894~1970), 김두봉金枓奉(1889~1960?)을 비롯한 많은 한국어학자를 양성한 것으로도 알려져 있다.

그의 제자인 최현배는 해방 후 한국의 한국어학을, 그리고 김두봉은 북한의 조선어학을 이끈 학자이다. 최현배 등 '포스트-주시경학파'라 할 수 있는 학자들은 후일 조선어학회라는 학술연구 단체를 만들어 크게 활약했다. 1942년에는 조선어학회사건이 일어났다. 이는 일본 관헌이 조선어학회 학자들을 체포, 투옥한 사건이다. 최현배 등의 학자들은 해방되기까지 3년간 투옥되었고, 그중 한국어학자 한징韓澄(1886~1944)과 이윤재李允宰(1888~1943)는 해방을 보지 못하고 옥사했다. 조선어학회를 계승한 오늘날의 한글학회 학자들은 이를 조선어학회사건이 아닌 '조선어학회수난'이라고 부른다.

한국 최초의 한글 신문인 『독립신문』
1896년에 창간되었다. 주 3회 간행되다가 후에 일간
신문이 되었다.

　일반적으로 근대 이후 학자들의 경우, 이데올로기적인 문제 등
으로 남북 양쪽에서 좋은 평가를 받는 이가 그리 많지 않다. 그러
나 주시경은 한국과 북한 양쪽에서 높이 평가받는다. 한국에서는
10월 9일을 '한글날'로 정하고 그날에는 다양한 행사를 열고 있는
데, 그러한 자리에서도 주시경은 경칭을 붙여 '주시경 선생'으로
불리며, 그의 말이 인용되는 광경도 드물지 않다. 주시경은 민족의
위인이 된 것이다. 한편 북한에서는 1월 15일을 훈민정음 기념일
로 정하고 있다.

2

한국어의 세계

세계로 확대되는 한국어

우선 한국어 화자話者에 대해 살펴보자. 뒤에 자세히 설명하겠지만, 일본인이 반드시 일본어 모어화자라고는 하기 어렵기 때문에 국가별 인구통계 등으로 언어의 화자를 정확히 파악할 수는 없다. 이 점을 전제로 대략적인 수치를 가늠하기 위해 통계를 참고해 보자. 한국의 국가 통계 포털인 KOSIS에 의하면, 2021년 기준 한국 인구는 5,182만 명이다. 2019년 세계보건기구(WHO)의 통계로는, 한국이 5,122만 5,000명이고, 북한이 2,566만 6,000명으로, 남북을 합하면 7,689만 1,000명에 이른다. 합산하면 세계 20위의 인구 규모가 된다. 이로써 추측하건대 한반도에서만 이미 상당한 수의 화자가 존재한다는 것을 알 수 있다.

중요한 것은 한국어는 한반도에서만 사용되는 언어가 아니라는 점이다. 한국 외교부의 '2019 재외동포현황'에 의하면, 해외 거주 또는 체류 중인 한국의 해외 교포는 749만 4,000명에 달한다. 그중

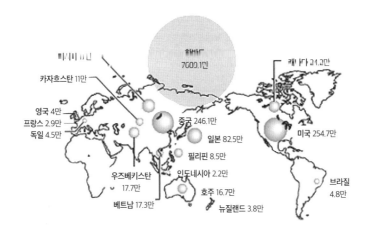

한국어 화자의 확대(2019년 통계, 단위: 명)

268만 7,000명이 한국 국적이고, 480만 6,000명은 해당 외국 국적의 교포이다. 재외 인구는 2013년에 701만 3,000명이었고 매년 증가 일로에 있다.

일본의 해외 체류 일본인 통계와 비교해 보면 그 규모가 어느 정도인지 짐작할 수 있을 것이다. 총 135만 8,000명, 그중 장기 체류자가 82만 8,000명, 영주권자가 53만 명이다(2020년 외무성).

한국의 해외 교포를 지역별로 보면, 중국이나 일본 등 동북아시아가 328만 6,000명으로 전체 해외 교포의 43.9%, 미국이나 캐나다 등 북미가 278만 9,000명으로 37.2%를 차지하고 있다.

국가별로 살펴보자. 2019년 기준으로 미국이 가장 많아 254만 7,000명이고 그중 한국 국적이 106만 5,000명, 나머지는 미국 국적이다. 다음으로 많은 중국은 246만 1,000명이고, 그중 한국 국적을 가진 재외 국민이 30만 8,000명, 그 밖의 215만 3,000명이 중국 국적이다. 세 번째로 많은 나라는 일본으로 총 82만 5,000명이고, 그

소비에트연방 시대 공산당 사할린 위원회의 한국어 기관지 『레닌의 길로』 표제(1984) 조선어학과연구실朝鮮語學科研究室(1991)에서 인용

중 한국 국적의 재외 국민이 44만 9,000명, 일본 국적을 가진 교포가 37만 6,000명이다. 이 세 나라에서만 583만 3,000명으로 해외 교포 전체의 4분의 3을 넘는 수치다.

이하, 캐나다 24만 2,000명, 우즈베키스탄 17만 7,000명, 베트남 17만 3,000명, 러시아 17만 명, 호주 16만 7,000명, 카자흐스탄 11만 명, 브라질 4만 8,000명, 독일 4만 5,000명, 영국 4만 명, 프랑스 2만 9,000명의 순서다.

중국에는 지린성吉林省 옌볜조선족자치주延邊朝鮮族自治州라는 행정단위가 있다. 두만강을 사이에 두고 북한과 국경을 접한 이 지역은 과거에 간도間島라고 불렸으며, 청나라 때도 이미 많은 조선족이 거주하고 있었다. 참고로 현대 한국의 국민적 시인인 윤동주尹東柱도 이 지방 출신이다. 한국이나 상하이 등 중국 동남부로의 이주가 늘면서 최근 10년간 20% 가까운 조선족 인구의 유출이 발생해 2020년 조사에서는 이 지역의 조선족 인구 비율이 30.77%로 감소했다고 한다(https://www.koreaworldtimes.com/topics/news/9560/ 2021년 7월 4일, 고미 요지五味洋治 작성).

일본의 재일 한국인 및 조선인의 존재에는, 징용을 비롯해 오늘

한글의 탄생

날까지 여러 문제를 남긴 일본 제국주의 시대의 그림자가 드리워져 있음을 잊어서는 안 된다. 한편, 20세기 말부터 한국에서 유입된 뉴커머newcomer가 보이는 이들의 존재도 있다.

분포상 특이한 것은 우즈베키스탄, 러시아, 카자흐스탄 등 구소련 지역에도 많은 조선족이 거주하고 있다는 점이다. 한반도로부터 멀리 떨어진 중앙아시아에 조선족이 다수 거주하는 것은 구소련 시절 스탈린의 강제 이주 정책 때문이다. 중앙아시아의 조선족을 고려인, 그들이 쓰는 말을 고려말이라 부르기도 한다.

복수언어 상태에서의 한국어

해외 거주자들은 한국어라는 단일언어 상태에서 생활하는 경우는 드물고 대부분은 이중언어二重言語 상태, 경우에 따라서는 그 이상의 다언어多言語 상태에 놓여 있는 것이 보통이다. 한국어를 알고 있는 재일 한국인·조선인의 경우 보통은 일본어와의 이중언어 사용 환경에서 생활한다. 중국의 옌볜조선족자치주에서는 한국어와 중국어라는 두 개 언어의 사용이 매우 자연스러운 형태가 된다. 중앙아시아에 있는 한국인의 경우, 예를 들면 우즈베크어와 러시아어, 거기에 한국어가 추가되는 상황이 생길 수 있는 것이다.

이중언어, 즉 바이링궐bilingual 상태라 하더라도 두 언어를 똑같이 자유로이 구사하는 것이 아니라 각각의 경우에 따라 어느 한쪽의 언어 사용에 편중된 모습을 보이는 것이 보통이다. 한국어 모어화자인 제1세대라면 몰라도 그 자녀인 2세, 나아가 3세, 4세가 되면 한국어 환경이 아주 잘 갖춰져 있지 않는 한, 대개는 현지 언어의 모어화자로 자라게 된다. 재일 한국인·조선인도 3세·4세는, 민족학교에 다니는 경우를 제외하면 한국어를 자유롭게 구사하는 화자가 거의 드물다고 볼 수 있다.

같은 지역에 두 개의 언어나 방언 등 다른 인어 형태가 존재히면 대개 각 언어에 대한 사회적인 평가나 지위가 달라지는데, 이를 다이글로시아diglossia라고 한다. 세 개 이상의 언어가 있는 경우는 폴리글로시아polyglossia라고 한다. 한국어도 다른 많은 언어와 마찬가지로 다이글로시아와 폴리글로시아의 환경에서 살아가고 있다.

이처럼 한국어는 이미 한반도만의 언어가 아니며 다양한 형태로 서서히 세계의 언어와 교차하며 확대되고 있다. 일본과의 관계는 특히 긴밀하여 한국과 일본을 오가는 사람은 하루 1만 명을 넘어서고 있고, 하루 2만 명 시대도 곧 도래할 것으로 여겨진다. 일본의 한국어 학습자도 1990년대 이후 급격히 증가하고 있다. 그리고 한국어가 있는 곳에 한글이라는 문자가 살아 숨 쉬고 있다.

3

밀과 문자

모어 그리고 모국어, 국어, 외국어

〈모어화자〉母語話者라는 말을 사용하였으니 여기서 또 하나 중요한 전제를 확인해 두자.

〈모어〉母語란 사람이 태어나 듣고 자란 언어이다. 말에 담긴 자신의 사고나 감정을 통제하는 것은 기본적으로 바로 이 모어이다. 모어는 대개 10대 전반기 이전에 형성되어 10대 후반이 지나면 더 이상 모어가 바뀌는 일은 없다. 영어로는 모어를 'mother tongue'라 하며 언어습득론에서는 이를 '제1언어'first language라 부른다. 모어 이외에 나중에 배운 언어는 많든 적든 모어의 영향을 받는다고 한다.

성인의 모어는 바뀔 수 없지만 어릴 때의 모어는 취학 연령 정도라면 얼마든지 바뀔 수 있다. 부산에서 태어나 초등학교 1학년 때까지는 부산말이 모어였는데 초등학교 2학년 때부터 서울에서 자라게 되어 모어가 서울말로 바뀌는 것은 극히 자연스러운 일이다. 이처럼 어린아이의 모어는 바뀔 수가 있다. 경우에 따라서는 방언이 아니라 한국어에서 일본어로, 일본어에서 한국어로 바뀌는 변용을 보이는 일도 있고, 단일언어 화자가 두 언어를 모어로 하는 화자로 자라는 일도 지구상에서는 얼마든지 일어나고 있다. 이러한 점에서는 'first language'를 어느 하나로 잘라 말할 수 없는 화자도 존재하는 것이다.

〈모어〉와 '모국어'는 다른 개념이다. 두 단어의 구별은 중요하다. 모국어는 일반적으로 자신이 소속된 '국가'의 언어를 가리킨다. 재일 한국인이라면 모국어는 한국어일 것이나, 모어는 사람에 따라 한국어일 수도 있고 일본어일 수도 있으며, 경우에 따라서는 둘 다일 수도 있다. 물론 또 다른 언어일 수도 있다.

소속된 '국가'의 언어라고 했지만 사실 이 '모국어'라는 개념은 '국어'라는 개념과 마찬가지로 위험한 개념이다. 일본의 '국어'가 일본어라고 말하는 순간, 예를 들면 일본에 존재하는 언어인 아이누어Ainu語*는 배제되고 만다. '국어'라는 개념 장치에 관해서는 문헌 안내에 서술한 바와 같이 이미 몇몇 책에서 중요한 논의가 이루어져 있으므로 여기에서는 반복하지 않겠다. 참고로 1944년에 설립된 일본의 국어학회가 일본어학회로 명칭을 바꾼 것은 2004년의 일이다.

위험한 '외국어'

'외국어'라는 개념도 위험한 개념이다. 일본어를 모어로 하는 재일 한국인·재일 조선인과 같이 일본에 있는 '외국인' 국적의 사람들

---

* 　아이누어: 일본의 혼슈本州 동북 지방, 홋카이도北海道, 지시마千島 열도(쿠릴 열도), 사할린 남부 등에서 널리 사용되던 언어이다. 언어의 계통 관계는 분명치 않다.

에게는 한국어가 '외국어'라고는 할 수 없다. 오히려 일본어가 '외국어'가 된다. 일반적으로 모어가 아닌 언어, 즉 비모어非母語를 외국어라고 하는 경우가 많으나 이는 피하는 것이 좋다. 실제로는 비모어 교육, 비모어 학습인데, 이를 외국어 교육 또는 외국어 학습이라고 부르는 것은 정확성의 측면에서나 이념적인 측면에서나 문제가 된다. 일본어 모어화자를 대상으로 한 한국어 교육이 '외국어 교육'으로 불리는 순간, 학습자 중에서 재일 한국인이 배제되는 구도가 된다. 재일 한국인에게 한국어는 외국어가 아니다. 조국의 언어이기 때문이다. 설사 그 언어로 전혀 말할 줄 모르고 조국의 땅을 한 번도 밟은 적이 없다 하더라도. '외국어 교육'이라는 말은 거기서 배제되는 사람들의 슬픔을 헤아리지 못한다.

일본어 교육 전문가도 정확하게는 '일본어 모어화자는 이러이러하다'라고 말해야 할 것을, 종종 '일본인은 이러이러하다'라고 말한다. 한국의 비모어화자를 대상으로 한 한국어 교육 현장에서도 마찬가지이다. 이는 고쳐야 할 습관이다. 유튜브상에 넘쳐흐르는 콘텐츠 중에 '일본인의 영어, 이 점이 이상하다!'라든가 '일본인의 영어 발음이 어쩌니 저쩌니' 하는 말들은 원리적으로 틀린, 성립할 수 없는 발화이다. 이런 발언은 유튜브뿐 아니라 영어 교육 등 언어 전문가들 사이에서도 들을 수 있다. 일본인이 반드시 일본어 모어화자라는 법은 없다. 일본인 영어 모어화자도 얼마든지 존재하고, 미국인 일본어 모어화자도 존재한다. 애초에 '○○인'이냐에 따라서 그 사람의 언어가 결정되지 않는다.

언어 교육 현장에서 '일본인', '한국인' 등과 같은 개념이 정말 필요한 경우는 극히 한정적이라 해도 좋을 것이다. 언어를 가르치고 배우는 자리에서 '일본인' 또는 '한국인'이라고 말하는 경우 대부분은 '일본어 모어화자'나 '한국어 모어화자'를 가리키는 것이다.

한편, 언어습득론에서는 비모어의 습득을 제2언어 습득이라 부른다. 그것이 제3언어이든 제4언어이든 일반적으로 제2언어 습득이라 한다.

'언어＝민족＝국가'라는 환상 속의 등식

정리해 보자. 원리는 이렇다. 언어와 민족과 국가, 이들이 반드시 대응하는 것은 아니다. 오히려 대응하지 않는 것이 지구상의 원리에 맞는 존재 형태이다.

이른바 '단일민족 국가'라고 종종 잘못 인식되는 일본이나 한반도에서는 이러한 원리가 잘 드러나지 않는다. '일본에서는 일본인이 일본어를 말한다'와 같은 의제의 이데올로기가 은연중에 자리 잡기 쉬운 것이다. '일본인이 일본어도 못하다니' 혹은 '여기는 일본이니까 일본어로 말해야지' 같은 발언이 횡행한다. 이런 발언은 말 자체가 원리적으로 잘못된 것이며, 성립 불가능할 뿐 아니라 언어에 의한 차별 구조를 만들고 증폭시킨다는 점에서 옳지 않다.

〈언어＝국가〉라는 등식에 의문을 제기하는 사람들도 때때로 〈언어＝민족〉이라는 등식에는 관용을 베푼다. '언어는 민족의 혼이다'와 같은 19세기 낭만주의적 발언도, 타자로부터 빼앗기기 직전의 언어를 지켜 내야 하는 상황이라면 공감은 하겠지만 원리적으로는 틀린 말이다. 똑같은 발언을 나치의 연설에서 듣는 상황을 상상해 보면 그 말이 내포한 위험성이 이해될 것이다. '언어는 민족의 혼이다'라는 발언은, 사실상 '그 언어를 말하지 못하는 사람들은 같은 민족으로 인정하지 않겠다'는 생각과 어딘가에서 연결되어 있다.

이렇듯 언어를 집단 귀속의 문제와 직결시켜 이용해서는 안 된다. 언어를 빼앗기는 국면은 지구상에 얼마든지 존재한다. 언어가 민족의 혼이라서 빼앗겨서는 안 되는 것이 아니라, 언어는 그 사람의 것이기 때문에 빼앗겨서는 안 된다고 해야 한다.

무릇 인간에게 있어 그것이 어떠한 언어라도, 어떠한 방언이라도, 혹은 예컨대 타인이 보기에 아무리 '부자연스러운' 언어라 해도, 그 개인의 모어는 어떤 집단에 귀속되어 있는지와는 상관없이 무조건 누구도 침범해서는 안 된다. 집단 귀속의 문제나 정체성 문제와 관련해 언어를 이야기할 때는 세심한 배려가 필요하다. 결코 그것과 언어를 안일하게 직결시켜서는 안 된다. 언어는 개인에게 속한다. 어머니와 자식 간에도 언어는 다를 수 있다.

역사적인 조건이나 '글로벌화' 등으로 인해 〈언어=민족=국가〉라는 등식이 깨져 현재에 이른 것이 아니다. 이 점에도 유의할 필요가 있다. 오히려 이 세 가지가 대응하지 않는 것이 보다 깊은 곳에 존재하는 원리이며, 디폴트default 즉 초기 상태이다.

언어는 전 세계에 수천 가지가 존재한다. 반면, 국가라고 불리는 것은 기껏해야 200개 정도이다. 숫자만 고려해 봐도 애초에 일치할 리가 없지 않은가. 국가는 이스라엘처럼 만들어지기도 하고 한반도처럼 타의로 인해 두 개의 국가로 조각나기도 한다. 또는 남의 나라를 맘대로 빼앗아 버젓이 자기 나라의 일부로 만들어 버리는 일도 있다. 사쓰마薩摩의 침략 이래 류큐琉球 왕국은 오랜 세월 일본의 일부가 된 채로 남아 있다. 물론 한국과 타이완도 일본 제국주의 시기 일본의 무단통치를 당했다. 이처럼 언어와는 달리 국가는 철저하게 작위적인 개념이다. 그리고 국가는 종종 통한의 작위 안에 존재한다.

언어, 민족, 국가는 대체로 그 순서대로 탄생했다. 게다가 민족이나 국가는 기나긴 인류사의 여정을 생각할 때 극히 최근의 개념

언어와 민족과 국가는 원리적으로 일치하지 않는다.

이다. 총괄해 보자. 〈언어≠민족≠국가〉, 이것이 바로 언어를 둘러싼 원리이다.

말은 의미를 〈가지지〉 않는다, 그것은 의미가 〈되는〉 것이다

〈언어＝민족＝국가〉라는 등식이 원리적으로 성립되지 않는다는 사실을 확인하려면 말의 본질적인 모습에 대해서도 생각해 보아야 한다. 말은 커뮤니케이션의 도구이며, 의미를 전달하는 수단이라고들 한다. 물론 여기서 말하는 '의미'란 〈말이 매개媒介하는 의미〉이지, 종이 울리는 것은 수업이 시작된다는 것을 '의미'한다고 할 때의 '의미'나, 인생이나 역사의 '의미', 존재의 '의미' 등에서 다루고 있는 '의미'는 아니다.

〈말이 매개하는 의미〉라는 조건을 붙인다 해도 말을 의미 전달의 수단이자 커뮤니케이션의 도구로 생각하는 것은 언어학이나 언어 교육에서 거의 흔들리지 않는 정설定說과 같다. 그러나 특히 복수언어를 사용하는 환경에서는, 어떤 말을 한다고 해서 항상 그것이 통한다고 볼 수는 없다.

　가령, 빗물에 젖어 반짝이는 손을 바라보며 소녀가 '아메'라고 말했다. 소년이 그것을 듣고 반드시 '비'라는 의미도 이해하리라고 볼 수는 없다.* 소녀의 언어와 소년의 언어가 서로 다를 수도 있다는 것, 말에 있어서는 이것이 모든 것의 전제이다. 즉 발화된 말이 항상 의미로 실현된다고 할 수는 없다. 말은 의미가 되기도 하고 그러지 못하기도 하는 것이다. 여기서는 말이 이미 의미를 〈가지고〉 있어서 그 의미를 주고받는 구도가 아니라, 말이 각각의 사람에게 의미가 〈되는〉 양상을 보인다. 대화는 의미를 가진 말을 주고받는 캐치볼 같은 것이 아니다. 말은 의미를 가지지 않는다. 말은 의미가 〈되는〉 것이다. 그래서 슬프게도 말이 의미가 〈되지 못하는〉 경우도 있다.

　유라시아를 살펴보자. 사람과 사람이, 또 부족과 부족이 뒤섞이는 지구상의 대지에서 발화되는 언어의 모습은 이처럼 〈말이 통하기도 하고 통하지 않기도 하는〉 것이 디폴트(초기 상태)라 해도 좋을 정도이다. 이는 방언을 살펴보면 바로 알 수 있다. 엄마와 아이, 아빠와 아이 사이에조차 모어가 각기 다른 방언인 경우는, '단일언어 국가'라 일컬어지는 한국이나 일본에서도 전혀 드문 일이 아니다. 말에 대해 고찰할 때, 마치 실험실에서처럼 단일언어 상태로 가정한다면 우리는 커다란 오류를 범할 수도 있다.

---

*　　아메: 일본어로 비를 '아메'라고 한다.

타 언어를 표기하는 한글

앞서 "한국어가 있는 곳에 한글이라는 문자가 살아 숨 쉬고 있다"고 서술하였다. 이는 한글이라는 문자가 한국어의 세계에서 태어나 한국어를 표기하는 데 사용되고 있기 때문이다. 그러나 한국어를 표기하는 데 사용되고 있다고 해서 한글이 한국어만 표기할 수 있는 것은 아니다. 한글은 일본어나 영어를 비롯한 다양한 언어를 표기할 수가 있다. 일본의 대도시에 있는 역에서는 한글로 적힌 일본어 지명을 볼 수 있다.

인도네시아의 소수민족이 쓰는 찌아찌아Cia-Cia어는 문자를 사용하지 않았다. 그런데 2009년 8월, 찌아찌아어의 표기 수단으로 한글이 공식적으로 채택되었다는 뉴스가 있었다. 술라웨시주州 부탄섬 바우바우시의 초등학교 등을 취재한 뉴스가 한국에서 대대적으로 보도되었다. 찌아찌아어는 6만 명 정도의 화자가 있다고 한다. 교과서에 한글로 쓰인 민간설화를 한국어 화자인 기자가 의미도 모르는 채 낭독하자 현지 모어화자인 노인들이 듣고 줄거리를 이해하여 웃어야 할 곳에서 웃고 있는 모습도 방송되었다. 이호영李豪榮 등 서울대학교 언어학과 학자들을 비롯하여 한국의 훈민정음학회가 학문적으로 협력한 결과였다. 15세기에는 사용되었으나 현재의 한국어 표기에는 사용되지 않는 'ㅸ'[β]라는 한글 자모도 사용되었다.

부족 회의에서 한글 도입이 결정되고 10여 년이 지났다. 바우바우시에는 여러 부족이 살고 있어 모든 초등학교에서 한글을 가르치지는 않았다. 찌아찌아족이 집중되어 있는 초등학교에서 교육을 시작해 이후 인근 두 개 초등학교로 확대되었고, 현재는 유치원에서도 가르치는 곳이 있다고 한다. 거리의 안내판 등에서 한글을 볼

한글의 탄생

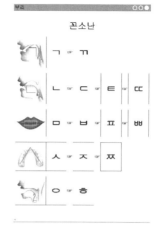

한글로 쓰여진 찌아찌아어 교과서
이호영李豪榮·황효성黃敦惺·아비딘Abidin(2009)에서 인용

수 있지만 졸업 후에는 대체로 한글을 사용하지 않는 생활을 하게
되어 전면적인 한글의 일상화까지는 이르지 못했다. 그럼에도 교
육 현장에서의 온갖 어려움, 우여곡절을 겪으면서도 보도에 따르
면 지금까지 약 2,000명 정도가 한글을 배웠다고 한다. 흥미롭게도
졸업생 중에 언어학을 전공하는 학생들이 배출되어 그들의 주도하
에 한글에 의한 찌아찌아어 정서법 개정이 이루어졌다고 한다. 찌
아찌아어 사전 편찬도 추진되고 있다.

정치·행정적, 사회적, 문화적, 경제적, 인적 등 다양한 조건이 조
성되어야 비로소 문자는 사용될 수 있다. 그 필요성의 전제하에,
어려운 조건 속에서 문자 보급을 위해 고투하는 사람들에게 응원
을 보내고 싶다.

언어와 문자는 다른 존재다

'문자'를 실펴볼 때 반드시 전제로서 확인해 두어야 할 것이 있다. 한글로 한국어 이외의 언어를 표기할 수 있다는 사실만 봐도 알 수 있듯이 언어와 문자는 다른 존재라는 점이다. 바꿔 말하면 언어와 문자는 다른 평면에 있다. 당연한 이야기 같지만 사실 이것이 갖는 의미는 중요하다. 한글은 한국어 표기를 위해 태어났지만, 전술했듯이 한국어만 표기할 수 있는 것은 아니다. 한글로 일본어를 표기할 수도 있고 영어를 표기할 수도 있다. 정확하게, 혹은 효율적으로 표기할 수 있는가 어떤가의 여부를 떠나 한글뿐 아니라 히라가나나 가타카나 역시 영어든 프랑스어든 고전 그리스어나 라틴어, 에스페란토든 어떤 언어라도 표기하고자 하면 할 수 있는 것이다. 실제로 일본어에서는 외국어 지명을 보통 가타카나로 표기하지 않던가. 한국어의 세계에서 외국의 지명은 모두 한글로 표기하고 있다.

이렇게 비교적 표기가 쉬운 것은 한글이나 히라가나, 가타카나가 언어의 음을 나타내는 문자 즉 〈표음문자〉表音文字이기 때문이다. 한자와 같은 이른바 〈표의문자〉表意文字의 경우, 외국의 지명을 표기하려면 일본어 화자에게는 만만찮은 노력이 필요하다. 倫敦(윤돈)=런던, 巴里(파리)=파리, 歐羅巴(구라파)=유럽 정도라면 경험으로 어떻게 넘어갈 수 있다 하더라도, 華盛頓(화성돈)=워싱턴이라든가 牛津(우진)=옥스퍼드, 巴格達(파격달)=바그다드 정도가 되면 모두가 똑같이 읽어 낼 수 있다고 보기는 매우 힘들다. 한편 라틴어를 표기하는 로마자도 전 세계의 다양한 언어를 표기하고 있고, 아랍문자도 아랍어뿐 아니라 계통 관계가 다른 다양한 언어를 표기하고 있다. 로마자나 아랍문자도 표음문자이다. 로마자 즉 라틴문자가 꼭 라틴어만을 표기하는 것이 아닌 것처럼 한글도 역시 한국어만 표기하는 것이 아니다. 언어와 문자는 등가 관계도 아니고 일대일로 대응하지도 않는다.

언어의 존재 양식과 표현 양식의 구별

이쯤에서 중요한 사실 하나를 짚고 넘어가야겠다. 〈말해진 언어〉와 〈쓰여진 언어〉를 구별하는 일이다. 이것은 언어와 문자를 생각하는 데 있어 결정적으로 중요하다.

양자의 차이는 〈말해진 언어〉는 소리로 실현되고, 〈쓰여진 언어〉는 빛으로 실현된다는, 그 물리적 존재 양식의 차이다. 즉 실현 방식이 다른 것이다.

〈말해진 언어〉는 음의 세계에 드러나 실현된다. 사람이 내뱉는 소리 중 일부가 언어음으로 기능하게 된다. 어떤 소리가 말의 형태를 만들지는 언어나 방언별로 달라진다.

〈쓰여진 언어〉는 빛의 세계에 드러나 실현된다. 방 안의 조명을 끄거나 디스플레이의 전원을 끄면 문자는 형태를 잃는다. 이렇게 생각할 때, 종이로 만든 책이나 손으로 쓴 메모일지라도 〈쓰여진 언어〉의 물리적 실체는 빛이라는 사실을 이해할 수 있다. 빛의 밀도가 빚어내는 형태가 문자로서 기능한다.

간략히 말하자면, 〈말해진 언어〉는 소리의 밀도에 의해, 〈쓰여진 언어〉는 빛의 밀도에 의해 〈형태〉를 갖춘다.

언어의 존재 양식	=	실현 형태로 보기
〈말해진 언어〉	→	소리의 세계에 실현
〈쓰여진 언어〉	→	빛의 세계에 실현

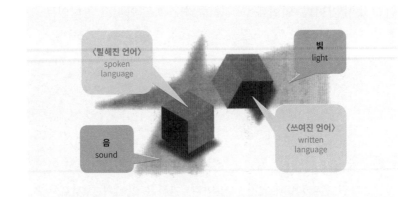

소리의 세계에 실현되는 〈말해진 언어〉와 빛의 세계에 실현되는 〈쓰여진 언어〉

'하나는 소리, 하나는 빛', 이처럼 물리적인 존재 양식이 다르기 때문에 한쪽에는 있으나 다른 쪽에는 없는 성격이 각기 나타난다. 〈말해진 언어〉는 태어나자마자 소실된다. 그러나 〈쓰여진 언어〉는 빛만 유지된다면 소실되지 않는다.

그런데 예를 들어, '있잖아, 그거' 혹은 '진짜요? 대박!'과 같은 말은 〈말해진 언어〉에서 자주 등장하는 표현이라고 할 수 있다. 이와 같이 〈말해진 언어〉에 주로 출현하는 표현, 문체를 〈입말체〉라고 한다. '전자에 대해서는 전게서前揭書 351면을 참조 바람'이나 '사계斯界의 태두泰斗라 할 수 있다' 등은 〈쓰여진 언어〉에서 자주 나타나는 표현이다. 〈쓰여진 언어〉에 주로 등장하는 표현, 문체를 〈글말체〉라고 한다.

언어의 존재 양식으로서의 〈말해진 언어〉·〈쓰여진 언어〉와, 언어의 표현 양식으로서의 〈입말체〉·〈글말체〉는 이처럼 긴밀하게 구별되며 출발한다. 이 구별은 언어에 관한 다양한 사고에 반드시 필요한 출발점이다.

한글의 탄생

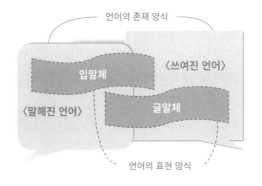

언어의 존재 양식과 표현 양식의 구별

언어의 표현 양식으로 보기

〈입말체〉 → 〈말해진 언어〉에 주로 나타나는 표현, 문체

〈글말체〉 → 〈쓰여진 언어〉에 주로 나타나는 표현, 문체

따라서 '헐!', '그니까'처럼 아무리 〈입말체〉 성격이 강한 문체라도 그것이 문자로 쓰여졌다면 〈쓰여진 언어〉이고, '우리가 비정한 대하大河를 건널 때', '벗이 있어 멀리서 찾아오니' 등과 같이 아무리 〈글말체〉 성격이 강한 문체라 할지라도 그것이 구두로 발화된다면 〈말해진 언어〉이다. '구어'口語라는 용어도, 그것이 언어의 실현 형태로서의 〈말해진 언어〉를 가리키는지, 표현 양식으로서의 〈입말체〉를 가리키는지 반드시 확인해야 한다. 언어학에서 다룰 때조차도 언어의 존재 양식과 표현 양식은 종종 모호하여 자칫 혼용되기 쉽다. 우리는 명확히 구별해 두자.

이렇게 생각하면 알 수 있듯이 한글이라는 문자 체계를 만든다는 행위는 단순히 문자의 형태를 만드는 것을 의미하지 않는다. 그것은 음의 세계에서 전개되는 〈말해진 언어〉와는 존재 양식이 전혀 다른 〈쓰여진 언어〉를 빛의 세계에서 과연 어떻게 실현시킬 것인가에 관한 문제이며, 나아가 〈글말체〉라고 하는, 그때까지 아무도 본 적이 없는 전혀 새로운 표현 양식을 어떻게 창조할 것인가에 대한 장대한 작업인 것이다.

말은 먼저 〈말해지는 것〉으로 존재한다

지상에는 3,000개, 5,000개 혹은 8,000여 가지의 언어가 존재한다고 한다. 세계 최대의 언어학 사전인 『언어학대사전』(가메이 다카시龜井孝·고노 로쿠로河野六郎·지노 에이치千野榮― 편저, 1988~1996)은 약 3,500종의 언어를 수록했다고 적고 있다. 조사되지 않은 언어는 수없이 많으며 언어 수를 헤아리는 것도 쉬운 일이 아니다. 한편 화자의 수가 급격히 줄어들고 있는, 이른바 사멸하는 언어도 적지 않다. 화자인 사람의 수뿐만 아니라 언어의 수 또한 매일 움직이고 있다.

어쨌든 언어 수는 방대한 데 비해 널리 사용되는 문자 체계는 세세하게 분류해도 수백 가지라고 하니, 이 한 가지만 보더라도 언어가 먼저 존재하고 그 뒤에 문자가 생겨난다는 것을 알 수 있다. 좀 더 정확하게 말하면 음성언어 즉 언어음에 따라 〈말해진 언어〉가 먼저 실현되고, 문자언어 즉 문자에 의해 〈쓰여진 언어〉는 나중에 생겨나는 것이다.

유적 존재類的存在* 로서의 인간 역사에서 〈말해진 언어〉로부터

---

* 유적 존재: 독일어 'Gattungswesen'의 번역어로, 말 그대로는 〈인류로서의 존재〉라는 뜻이다. 현대 독일어에서 '종류'라는 뜻으로 많이 사용되는 'Gattung'은 독일어

언어와 문자는 다른
평면에 있다.

〈쓰여진 언어〉로 진행되는 이 순서는, 개체로서의 인간 성장사成長
史에서 〈말해진 언어〉로부터 〈쓰여진 언어〉로 진행된다는 언어 습
득 순서와도 일치한다. 모든 어린아이가 기본적으로 그렇듯이 사
람은 말을 먼저 〈듣고〉·〈말하는〉 것으로써 배우고, 그 후에 〈읽
고〉·〈쓰는〉 것으로써 배운다.

　문자로 쓰여지고, 표기법과 정서법을 갖춘 문자 체계가 구축되
어 〈쓰여진 언어〉로서 실현되는 혜택을 받은 언어는 많은 언어 중
에서 아주 소수에 지나지 않는다. 대부분의 언어는 〈말해진 언어〉
로서만 존재하며, 어느 사이엔가 소멸되어 가곤 한다.

　언어가 항상 쓰여지는 것은 아니라는 점은 지방별 언어 즉 방언

동사 'gatten'(결합하다, 부부로 만들다)과 어원이 같은데, 영어의 'gather'(모이다) 등
과 어근語根을 같이하는 단어이다. 'Wesen'은 '존재', '본질'을 가리킨다. 〈유적 존재〉
는 독일의 신학자 슈트라우스David Friedrich Strauß(1808~1874)가 사용하고, 카를
마르크스(1818~1883)가 그의 소외론疎外論의 주요 개념으로 사용한 것이 널리 알려
져 있다. 마르크스의『경제학 철학 수고』에 보인다.『경제학 철학 수고』의 영어 번역에
서는 'Gattungswesen'이 흔히 'species being'이라는 말로 번역되기도 하지만 마르크
스의 독일어 원문에서는 일부러 영어의 단어 'species'(種, 種族)를 따로 사용하여 이를
'Gattung'(類)과 구별하고 있다.

을 보면 잘 알 수 있다. 일본어 방언 중에도 순수하게 방언의 음운 체계에 따라 표기되고, 그렇게 쓰여진 말을 그 방언의 화자들이 다 힘께 사용하는 경우는 거의 예를 찾아보기 힘들다. 지문地文까지 간사이關西 방언으로 쓰인 소설이 있다면 그것은 아주 보기 드문 성과일 것이다. 보통은 대화문이나 대화문류의 문장까지만 방언이 쓰인다. 그렇다고 공식적인 정서법이 있는 것도 아니다. 〈말해진 언어〉는 간사이 방언이더라도 〈쓰여진 언어〉는 이른바 공통어인 이중언어 상태가, 간사이 방언 화자의 기본적인 구도일 것이다. 휴대전화 문자메시지에 간사이 방언이 아무리 깊이 침투한다 해도 공식적인 〈쓰여진 언어〉는 이른바 공통어인 것이다.

따로따로 움직이는 언어의 평면과 문자의 평면

한편 방언도 군대를 가지면, 종종 언어라 불린다. 에스파냐어와 포르투갈어는, 견해에 따라서는 도쿄 방언과 오사카 방언 이상으로 가까운 형제 관계라 할 수 있는 언어들이다. 그러나 서로 일곱 개의 바다를 놓고 싸울 정도의 군대 및 경찰·감옥이라는 폭력 장치를 가지고, 국가를 형성하고, 정서법을 구축했기 때문에, 이 두 언어는 방언으로 불리지 않고 서로 다른 언어로 취급되고 있다. 문자를 보면, 두 언어 모두 로마자=라틴문자를 사용하며, 로마자에 각각 조금씩 다른 부호를 붙여서 쓰고 있다.

영어는 영국에서 북아메리카로 건너가 선주민의 언어를 석권하였고 미국 국내에서는 가장 우세한, 사실상 지배적인 언어가 되었다. 일본에서는 그 미국식 영어를 미어米語라고 부르는 경우가 있다. 또 영미어英米語와 같은 말도 생겼다. 그러나 '아메리칸 잉글리

한글의 탄생

시'라는 말이 있기는 해도, 당사자인 미어 모어화자들은 아메리칸을 말한다고는 하지 않고 잉글리시를 말한다고 한다. 미국뿐 아니라 캐나다나 호수노 마잔가시여서 넝어에노 나앙안 횡태가 있다. 그러나 문자는 모두 로마자를 사용한다.

문자로 쓰여지는 언어도, 때로는 쓰는 문자가 바뀌는 경우가 있다. 몽골어는 주로 세로쓰기 몽골문자로 쓰여졌으나, 몽골공화국 수립 이후 소비에트연방의 영향으로 러시아어를 적는 데 쓰이는 키릴문자로 표기하게 되었다. 소련 붕괴 후 1990년대 전반에는 몽골문자를 부활시켜 공용화를 추진하고자 하였으나, 현재는 키릴문자권이라고 할 수 있다.

몽골문자는 만주어를 표기하는 데 사용되어 만주문자가 되었고, 권점圈點이라 불리는 부호 등 만주문자의 새로운 형태도 만들어졌다. 아랍문자로 쓰여지던 터키어는 근대의 개혁으로 로마자를 채택하게 되었다. 문자로 쓰여지는 행운을 잡은 언어라도 이처럼 언어와 문자는 다른 위상에 있다는 것을 알 수 있다.

언어와 문자가 서로 다른 위상에 있다는 사실을 인지할 때 비로소 한글 등 문자가 보여 주는 진정한 재미를 느낄 수 있을 것이다.

4

한국어는 어떠한 언어인가

한국어의 문법적인 구조는 일본어와 매우 비슷하다

언어와 문자가 다른 위상에 있다는 것을 확인했으니 여기서 한국어는 어떤 언어인지 간단히 살펴보도록 하자. 한국어의 대략적인 성격을 알면 한글을 살펴보는 데 큰 도움이 됨은 물론이고, 무엇보다 성격을 알아보는 일 자체가 상당히 흥미롭다.

한국어를 일본어와 비교하자면, 한마디로 말해 발음은 상당히 다르지만 문법적인 구조는 아주 비슷한 언어라고 할 수 있다.

발음은 문자와 함께 뒤에서 살펴보기로 하고, 여기서는 문법적인 특징을 살펴보자.

우선, 무엇보다도 한국어는 문장을 만들 때의 어순이 일본어와 매우 비슷하다. '저는'(私は) + '순두부를'(スンドゥブを) + '먹어요'(食べます)와 같이 '주어+목적어+서술어' 순인 SOV형이다. '저'(私) + '-는'(…は), '순두부'(スンドゥブ) + '-를'(…を)에서 볼 수 있는 '-는'(…は)이나 '-를'(…을)과 같이 명사류 뒤에 오는 〈てにをは〉teniwoha에 해당

하는 조사들도 있다. 주어, 목적어, 서술어 등과 같은 문장성분뿐 아니라 성분의 내부 구조까지 비슷한 것이다.

수식어는 피수식어 앞에 위치한다. 프랑스어 등에서 볼 수 있는 '몽블랑'mont+blanc(산+하얀)이나 '물랑루즈'moulin+rouge(풍차+빨간) 같은 형식이 아니라 일본어나 영어 등에서처럼 '하얀+산', '빨간+풍차'의 어순이다.

말을 이루는 순서가 거의 같다는 것

어순이 거의 같다는 것은 일본어와 한국어 화자가 서로의 언어를 배울 때에 아주 고마운 일이다. 흔히 예로 드는 문장이 '나는 너를 사랑한다'가 중국어로는 '我愛你'이고, '군자는 근본에 힘쓴다'가 고전 중국어로는 '君子務本'(『논어』論語)이라는 것인데, '주어+동사+목적어'로 이루어진 이런 단순한 문장으로는 그 고마움을 잘 알 수 없다. 그러나 '어제요, 제가 서클에서 같이 기타 치는 친구하고 시부야에서 산 CD가 정말 좋더라구요'라는 문장처럼, 영어에서라면 관계대명사 같은 장치가 사용될 복잡한 구문일수록 어순의 유사성은 위력을 발휘한다. 요컨대 자신의 머릿속에 모어로 떠오르는 단어를 학습 언어의 단어로 바꿔 나가면 되기 때문에 학습이 진행될수록 고마움을 실감하게 되는 것이다. 물론 항상 일대일로 단어를 바꿀 수 있는 것은 아니고, 일단 의미가 통하는 문장을 만들 수 있다고 해서 그것이 자연스러운 문장이 되는 것은 더욱 아니다. 일본어의 단어를 하나하나 한국어로 바꿔 놓으면 오히려 훌륭한 한국어 문장이 되지 않는다. 비슷하지만 어딘가 다른 느낌이라 하겠다.

조사—한국어에서도 코끼리는 코가 길다!

또 한 가지, 조사助詞의 존재 또한 일본어 모어화자 입장에서는 놀라울 정도로 비슷하다. 조사는 일본어와 한국어뿐만 아니라 알타이 제어諸語*라 불리는 몽골어나 터키어, 만주어 등의 언어에서는 매우 익숙한 존재이다. 단, 한국어에서 놀라운 것은 일본어의 '…は'wa와 '…が'ga에 해당하는 조사 '-은/는'과 '-이/가'가 존재한다는 것이다. 이 두 가지를 갖춘 언어는 다른 알타이 제어에서도 거의 찾아보기 어렵다.

'-은/는'('…は')과 '-이/가'('…が')가 있으면 '코끼리는 코가 길다'라고 말할 수 있다. '코끼리'(象) + '-는'('…は') + '코'(鼻) + '-가'('…が') + '길다'(長い). 일본어 화자에게 이것은 다행스러운 일이다. '코끼리는 코가 길다'라고 말할 수 있다면, 곧 '코끼리가 코는 길다', '코끼리는 코는 길다', '코끼리가 코가 길다', '코가 코끼리는 길다', '코가 코끼리가 길다', '코는 코끼리가 길다'를 한국어로도 그대로 말할 수 있다는 뜻이다. 앞서 말한 요소를 각각 조합하면 되는 것이다. 물론 '길지, 코끼리는 코가'라든가 '-은/는', '-이/가'가 없는 변형인 '코끼리, 코 길다' 같은 것도 가능하다. 시험 삼아 이들의 뉘앙스를 영어로 구별해서 말해 보자. 제아무리 영어에 능통한 사람이라도 뒤로 넘어갈 일이다.

---

* 　알타이 제어諸語: 터키어를 비롯한 튀르크 제어, 몽골어를 비롯한 몽골 제어, 만주어滿洲語 등 퉁구스 제어를 총칭하는 말이다. 유형론적으로 교착어膠着語에 속하고 모음조화(177~179면 참조)라는 현상이 있으며, 어두에 /r/ 음이 오지 않는 것을 비롯해 몇 가지 공통된 성격을 지닌다. 종전의 언어학에서는 '알타이 어족語族'이라는 말로써 지칭하여 같은 계통을 이루는 하나의 어족으로 보고 있었으나 현재의 학계에서는 그 견해에 부정적이다. 또한 한국어와 일본어를 '알타이 어족'에 포함시키는 학설도 있었으나 이 두 언어는 계통 불명으로 보는 학설이 현재는 주류를 이루고 있다.

덧붙이자면, 한국어로는 '코끼리는 긴 코를 가지고 있다'는 식으로 에둘러 말할 필요가 없다. 물론, 말하려고 하면 못할 것도 없다는 것이 또 놀랍다. 참고로, '가시고 + 있다'라고 힐 때의 '있다'외 '코끼리가 + 있다' 할 때의 '있다'도 일본어와 마찬가지로 같은 단어이다.

일본어 모어화자에게 한국어의 문법적인 재미를 들자면 책 한두 권은 쓰고도 남을 것이다. 한글이라는 〈문자〉에 대해 생각하는 것이 이 책의 목적이므로 언어 자체의 문법적 특징에 대해서는 ① 어순이 거의 같다는 점, ② '-은/는', '-이/가'를 포함한 조사의 존재, 이 두 가지를 기억해 두자. 재차 강조하지만, 비슷하지만 어딘지 모르게 다르다는 것을 부디 잊지 말기 바란다.

일본어와 한국어의 어휘를 이루는 세 개의 층

문법을 살펴보았으니 이제 어휘도 일본어와 대조하면서 살펴보자. 일본어의 어휘는 그 유래를 기준으로 다음의 세 가지 어종語種으로 이루어져 있다.

① 예부터 일본어에 있었다고 여겨지는 '야마토大和말', 즉 〈화어〉和語
② 중국에서 유입된 한자를 기초로 만들어진 〈한어〉漢語
③ 유럽이나 미국 등에서 유입된 〈외래어〉

'메'me目(눈)*나 '히토쓰'hitotu一つ(하나), '야마'yama山(산), '스루'suru(하다) 등은 ① 화어이다. '이치'iti一(일), '후보'hubo父母(부모), '온묘

지'onmyôzi陰陽師(음양사), '조주'zyôzyu成就(성취), '세이코'seikô成功(성공), '산린'sanrin山林(산림), '아이'ai愛(사랑) 등은 ②한어이다. '판'pan(빵), '파파'papa(아빠), '곤퓨나'konpyûtâ(컴퓨터), '기무치'kimuti(김치) 등은 ③외래어이다. 한어에는 '데쓰가쿠'tetugaku哲學(철학)처럼 일본에서 만들어져 중국어나 한국어로 유입된 단어도 있다. 이들을 조합한, '바팟코'papa-kko(유독 아빠를 따르는 아이), '곤퓨타쓰'konpyûtâ-tû(컴퓨터에 대해 잘 아는 사람), '아이스루'ai-suru(사랑하다)와 같은 하이브리드hybrid형 단어도 있다. 일상에서 쓰이는 기초적인 단어는 대개 화어이고, 추상적인 어휘일수록 한어가 많다.

한국어 어휘도 일본어와 마찬가지로 세 가지 어종으로 이루어져 있다.

① 한국어 고유의 단어로 생각되는 〈고유어〉
② 한자를 기초로 만들어진 〈한자어〉
③ 유럽이나 미국 등에서 유입된 〈외래어〉

* 이하, 일본어의 한글 표기는 기본적으로 한국어 어문규정 외래어 표기법에 근거하였다. 일본어의 로마자 표기에는 훈령식訓令式=군레이kunrei식 로마자 표기를 사용하였다. 일본의 현행 일본어 로마자 표기는 주로 (1)일본의 문부성 훈령식 로마자 표기와 (2)헤본ヘボン식=헵번Hepburn식의 두 가지 방식이 많이 사용된다. 제임스 커티스 헵번James Curtis Hepburn(1815~1911)은 미국의 선교사이자 교육자로서 일본에서 큰 업적을 남긴 인물이며, '헤본'은 그의 일본식 이름이다. 헵번은 일본 최초의 일본어-영어 사전인 『화영어림집성』和英語林集成을 편찬했으며, 헤본식 로마자 표기는 이 사전에서 사용되었다. 이광수李光洙가 유학했던 메이지학원明治學院을 창립한 이도 헵번이다. 일본 외무성의 로마자 표기를 비롯해 일본어 로마자 표기에는 헤본식 계통이 많이 사용되지만, 일본어학 등 언어학에서는 훈령식 로마자 표기가 주로 사용된다. 그런 이유로 이 책에서도 모두 훈령식 표기를 채택하였다. 예를 들어 '조주'成就(성취)라는 단어라면 훈령식 표기는 'zyôzyu', 헤본식은 'joju' 혹은 'johju'로 차이가 난다. 훈령식 표기에 사용되는 글자 위의 부호 'ˆ'는 장모음長母音의 표시이다. 한국어와 일본어의 로마자 표기에 대해서는 김진아金珍娥(2007)를 참조할 것.

한글의 탄생

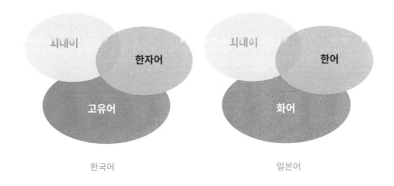

고유어 한자어 외래어

한국어   일본어

고유어 한어 화어

어휘의 세 개의 층

'눈'(目), '하나', '어머니', '하다' 등은 ①고유어이고, '일'ー, '부모', '산', '성공', '불교', '철학' 등은 ②한자어이며, '빵', '컴퓨터' 등은 ③외래어이다. 또한 '김치'는 원래 한자어에서 유래한 단어였으나 현재는 한자어 기원이었다는 의식은 사라졌다.

한국어에서도 일상적인 기초어휘는 고유어인데, 그중에는 '뫼' 혹은 '모이'로 상정되는 고유어가 사라지고 '산'이라는 한자어로 대체된 것도 있다. 일본어에서도 합성이나 지명에는 고유어인 'やま'yama를 써서 '후지야마'라고 하는 대신 '후지산'이라고 하는 등 한어가 힘을 발휘하고 있으나, 한국어에서는 이에 머물지 않고 '저 뫼는 무슨 뫼입니까'라고 하는 대신 '저 산은 무슨 산입니까'라고 말하는 식이다. 화어를 한어가 대체하는 셈인, 고유어를 한자어가 대체하는 대세가 느껴질 것이다. 한국어 '강'江 역시 'ᄀ름'이나 '내ㅎ'라는 고유어가 한자어로 대체된 것이다.

재미있는 것은 수사數詞인데, '히토쓰'hitotuーっ와 '이치'itiー, '하나'와 '일'ー처럼 일본어나 한국어나 각각 고유어 계열의 단어와 한자어 계열의 단어가 병존竝存하고 있다. 언어의 계통 관계를 고

찰하는 비교언어학에서 수사는 타 언어로 대체되기 어려운 어휘군語彙群으로 여겨지고 있는데, 일본어와 한국어에서는 한자어 수사가 고유어 수사를 크게 잠식하고 있는 것이다.

한자어의 마력

한국어의 어휘가 고유어, 한자어, 외래어라는 세 개의 층(layer)으로 이루어져 있다는 점은 일본어 화자와 한국어 화자가 서로의 언어를 배울 때, 다음의 두 가지 점에서 대단한 위력을 발휘한다.

① 한자의 발음을 알면 그 한자로 구성되어 있는 한자어의 발음을 알 수 있다.
② 고유어는 전혀 다른 형태를 하고 있는 데 비해, 한자어나 외래어는 음이 나름대로 비슷하여 일정한 음의 대응 관계를 찾아낼 수 있다.

예를 들어 '회사원'이라는 단어가 '會kai·社sya·員in'이라면, '회사'는 '會kai·社sya', '사원'은 '社sya·員in'인 것이야 당연하다 치더라도, '회원'은 '會kai·員in', 나아가 '사회'는 '社sya·會kai'라는 것까지 알 수 있다. 이것이 ①의 이점이다. 영어로 '회사'는 company이다. 그러면 '사회'는 pany-com일까? 한자어의 이러한 구성에 대해 영어 모어화자나 독일어 모어화자에게 설명하려면 그조차 쉬운 일이 아닐 것이다. 그러나 일본어 모어화자라면 한자어는 하나를 들으면 열, 백을 알 수 있다.

고유어에서 일본어와 비슷한 단어를 찾는 것은 쉽지 않다. 일본어와 한국어가 계통을 같이하는 언어라면 어딘가 조금은 비슷할 텐데 유감스럽게도 너무나 다르다. 한자어나 외래어는 아무래도 기원이 같기 때문에 비슷한 것이 당연하다. 이것이 ②의 이점이다.

한자어의 예를 들자면 '도쇼칸'tosyokan圖書館이 '도서관', '고소쿠도로'kôsokudôro高速道路가 '고속도로', '신분키샤'sinbunkisya新聞記者가 '신문기자', '고쿠사이칸케이론'kokusaikankeiron國際關係論이 '국제관계론'이다. 외래어는 '곤퓨타'konpyûtâコンピューター가 '컴퓨터', '인타넷토'intânettoインターネット가 '인터넷', '마쿠도나루도'makudonarudoマクドナルド가 '맥도날드', '맛킨톳슈'makkintossyuマッキントッシュ가 '매킨토시'가 된다. 그중에는 고유명사 '맛카사'makkâsâマッカーサー가 '맥아더'가 되는 것처럼 같은 단어라고 상상하기 힘든 단어도 있지만 그런 예는 많지 않다.

한국한자음, 베트남한자음, 일본한자음

한자어에 해당하는 것은 일본어와 한국어 그리고 베트남어에도 존재한다. 이들 언어권을 흔히 〈한자 문화권〉이라고 부른다.

일본어의 한어나 한국어의 한자어 모두 각각의 한자음으로 구성되어 있다. 중국에서 기원한 한자의 음이 한국어식 읽기로 굳어져 전해진 것이 〈한국한자음〉이며, 일본어식 발음으로 정착되어 전해진 것이 〈일본한자음〉이다. 베트남에도 〈베트남한자음〉이 있다.

현재는 도시명이기도 한 베트남 혁명가의 이름 '호·찌·민'Hồ Chí Minh은 한자로 쓰면 '胡志明'이 되는데, 일본한자음으로 읽으면 '고·시·메이'コ·シ·メイ 또는 '고·시·민'コ·シ·ミン이고, 한국한자음으로는 '호지명'이다. 또 베트남의 '보·응우옌·잡'Võ Nguyên Giáp 즉

'武元甲' 장군은 일본한자음으로는 '부·겐·고우'ブ·ゲン·コウ, 한국한자음으로는 '무원갑'이다. '甲'이 베트남한자음으로 '잡', 한국한사음으로 '갑'인 깃에 비해 일본한자음은 '고우'コウ이니 발음의 차이가 매우 큰 것 같지만, 〈자음字音 가나 쓰기〉, 즉 〈구舊 가나 쓰기〉로 하면 '甲'은 '가후'カフ여서 조금만 거슬러 올라가도 상당히 비슷해진다는 것을 알 수 있다.

일본한자음과 한국한자음은 얼핏 보면 다른 듯해도 각각 서로 일정하게 대응되는 음을 찾아낼 수 있다. 한자음을 의식하면서 상대 언어를 배우면 초급 학습자라도 음의 대응을 이해할 수 있어 한자어를 배우는 데 크게 도움이 된다.

훈독의 선율 그리고 전율

일본어에서는 한자에 화어를 대응시켜 〈훈독〉訓讀 즉 〈훈 읽기〉를 한다. 일본에 들어온 '山'이라는 한자에 기존의 화어 '야마'yamaや ま를 대응시켜 읽는 것 등이 그 예이다. 중국어에서 온 음을 일본어 발음으로 읽는 〈음독〉音讀에 비해, 화어를 대응시켜 〈훈독〉이라는 양식을 만들어 낸 것은, 말하자면 한자에 화어의 선율을 부여한 것이다.

이 훈독 덕분에 일본어의 한자 읽기 방법은 아주 복잡해졌다. '生'이라는 한자를 한음漢音으로는 '세이'sei, 오음吳音으로는 '쇼'syô 라 읽고* 이를 다시 '쇼즈루'syôzuru生ずる 등으로 동사화하여 읽는

---

* 일본한자음에는 한음漢音, 오음吳音, 당송음唐宋音이라는 세 가지 읽기 방법이 있다. 268~270면 참조.

정도까지는 그렇다 치더라도, '이키루'ikiru生きる, '우마레루'umareru
生まれる, '하에루'haeru生える, '오우'ou生う, '나마모노'namamono生もの
라느가, '기잇폰'kiippon生一本이나, '우부니 야쓰'ubuna yatu生なやつ 따
위로 읽는 다양한 법이 계속 이어진다. 이 밖에도 고유명사 표기에
이르면 '미부'mibu壬生, '오고시'ogosi生越, '이고모리'igomori生守, '우
루카미'urukami生神, '하다카주쿠'hadakazyuku生子宿 등과 같이 '生' 한
글자만도 수백 가지로 읽힌다고들 한다.

　인명人名 또한 굉장하다. 『JIS한자사전』(시바노 고지芝野耕司 편, 1997)
에 따르면 일본 최대의 통신회사 NTT의 전화번호부에 등록된 약
3,043만 6,000여 가지 이름 중 가장 용례가 많은 것은 '히로시'로, 약
62만 개의 예가 나타나 있고 표기 종류는 '博, 弘, 宏, 浩', '博司,
應志', '比呂志' 등을 비롯해 음독하는 경우까지 합하면 2,008종류
가 있다고 한다. 한자음이라 하면 단독자單獨字의 음독만을 말하는
것이라 이러한 훈독이나 숙어의 훈독은 포함되지 않는다.*

　한국어는 현재 한자를 훈독하는 습관은 없고 음으로만 읽으며,
그마저도 대부분의 한자는 한 가지 방법으로 읽는다. '金'은 고유
명사인 성姓일 때는 '김'으로 읽고, gold를 뜻할 때와 지명을 나타
낼 때는 '금'으로 읽는 두 가지 한자음을 가지고 있으나 이러한 예
는 많지 않다. 일본어 모어화자가 한국어를 배울 때는 이것만으로
도 학습 시간이 수백 시간은 줄었다고 생각해도 좋을 것이다.

　반대로 한국어 모어화자를 비롯한 일본어 비모어화자가 일본어
를 배울 때, 이 음독까지 섞인 아찔한 한자 읽기가 얼마나 전율을
느끼게 할지 상상해 보라. 쓰는 것만으로도 기절할 노릇일 것을!

＊　　참고로 이 책의 원서에서는 인명 읽기의 어려움을 감안하여, 원칙적으로 처음 나오
는 인명에는 가나를 달아 읽는 방법을 표기하고 있다.

고유어가 선방하고 있는 한국어

일본어에서, 추상적인 개념을 나타내는 새로운 단어를 화어로 만드는 것은 상당히 어려운 일이다. 예를 들어 '언어학'을 '말 배우기'라든가 '말 조사하기', '말 생각하기', '말 알기' 등에 해당하는 일본어로 번역한다면 유감스럽게도 좀 느낌이 살지 않을 것이다. 화어를 적극적으로 사용하고자 한 에도江戶 시대의 학자 모토오리 노리나가本居宣長(1730~1801)*식 전통은 사라졌다고 해도 좋을 것이다. 독일어에서는 '언어학'이라는 뜻으로 외래어인 'Linguistik'(링귀스틱)이라는 라틴어 계열의 단어도 쓰이지만 'Sprachwissenschaft'(슈프라흐비센샤프트)라는 고유의 게르만어 계열 단어가 널리 쓰이고 있다. '말-앎', '말-학學' 정도의 뜻이다. 러시아어의 경우에도 'лингвистика'lingvistika(린그비스티카)라는 라틴어 계열의 단어가 들어왔으나, 고유의 슬라브어로 'языкознание' jazykoznanie(야지코즈나니예)라고도 한다. 유럽 언어에서 라틴어는 동양의 한자어와 비슷한 측면이 있지만 각각의 고유 단어 또한 위력을 발휘하고 있는 것이다.

　이런 유럽의 언어처럼 한국어로도 종종 고유어로 추상적인 개념을 만들고 있다. 일본어에서 '單語'라는 단어는 화어가 아닌 한어이다. 'ひとえことば'hito-e-kotoba(한겹말)와 같은 말은 아무래도 와닿지 않는다. 반면 한국어에서는 '단어'라는 한자어도 존재하지만 근대에 '낱말'이라는 고유 용어가 등장하여 지금까지 사용되고 있다.

---

*　모토오리 노리나가: 일본 에도 시대 중기의 의사이자 일본어 학자로 일본 고유 문학의 중요성을 강조한 대표적인 일본 국학자이다. 그는 8세기에 완성된 『고사기』古事記를 해독하고 『고사기전』古事記傳을 집필했으며, 헤이안平安 시대 작품인 『겐지모노가타리』源氏物語에 주석을 다는 등 많은 저작을 남겨 일본 국학의 중요한 초석을 쌓았다.

고유 용어의 선구자 주시경

이렇게 고유어로 된 문법 용어를 쓰게 한 선구자는 바로 〈한글〉이라는 명칭을 지은 주시경이었다. 〈훈민정음〉이라는 오랜 전통을 가진 한자어 명칭을 단호히 고유어 명칭인 〈한글〉로 바꿔 놓은 것이다. 이 자체가 전통에 대한 엄청난 도전이기도 했다. 주시경은 품사명 등을 고유어로 만들어 냈으며, 포스트-주시경학파의 핵심이었던 김두봉이나 최현배의 학통에서도 그러한 정신을 계승하여 품사명 등에 많은 고유어를 사용하였다. 고유어 '움직이다'의 어근인 '움직'을 이용하여 '동사'를 '움직씨'라고 하는 것을 그 예로 들수 있다. 한국어 고유어의 조어력造語力은 놀라울 따름이다.

일반적인 용어, 예컨대 컴퓨터 용어 등을 살펴보아도 일본어의 경우 외래어 일색인 것에 비해 한국어는 외래어를 피하고 고유어를 사용하는 예가 빈번하다. '폰트'font 대신 '글꼴', 즉 '문자의 모양새'라는 뜻을 가진 말을 사용하기도 하는 것이 그 예라 하겠다. 그렇다, '글꼴'의 '글'은 '한글'의 '글'(문자, 문장)과 같은 말이다. 프랑스에서 들어온 외래어로, 일본어 인문 분야에서는 널리 사용되고 있는 '에크리튀르'écriture(쓰는 것, 쓰기)도 한국어로는 이 '글'을 사용하여 '글쓰기'(문장·쓰기)라 번역되기도 한다.

뒤에서 살펴보겠지만, 고유어·한자어·외래어와 같은 어종이 층을 이루고 있다는 것 또한 한글이라는 문자를 둘러싼 중요한 전제가 된다.

오노마토페의 이상향 〈오노마토피아〉로서의 한국어를 향해

한국어 어휘의 특징을 말하자면, 〈오노마토페〉onomatopée, 즉 〈의성의태어〉가 놀라울 정도로 풍부하다는 사실을 언급하지 않을 수 없다. 일본어도 오노마토페가 풍부한 언어로 알려져 있으나 한국어는 그 이상으로 풍부한 오노마토페를 보여 준다. 한국어야말로 오노마토페의 〈장소〉(topos)이며 의성의태어가 꽃피는 이상향(Utopia)으로, 요즘 식의 조어造語로 말하자면 오노마토페의 이상향인 〈오노마토피아〉라고 해야 할 것이다. 사실 이 오노마토페는 뒤의 제4장에서 보듯, 〈훈민정음〉의 탄생과도 깊이 연관되어 있다. 한국어의 오노마토페를 표기하기, 이것은 문자를 만드는 사람들에게는 결정적인 과제가 될 수 있기 때문이다.

외계의 소리나 동물이 우는 소리 등을 언어음으로 묘사한 '꼬끼오'(일본어로는 '고케콧코'kokekokkôコケコッコー)와 같은 단어를 〈의성어〉擬聲語라 한다. 의음어擬音語라 부르는 학자도 있다.

　簪をぷすりとpusuri-to山へ初ざくら
　비녀를 쑥 꽂은 듯 산에 첫 벚꽃

마사키 유코正木ゆう子*

　小春日やりんりんとrinrin-to鳴る耳環欲し
　가을 따사로운 날씨에 딸랑딸랑하는 귀고리를 원하나니

구로다 모모코黒田杏子

---

* 　이하, 일본어 의성의태어의 예를 여기서는 하이쿠俳句로 제시하고 있다.

みしみしと<u>misimisi-to</u>蟹喰ふ人に盆の月

우적우적 게 먹는 사람에게 우란분잿날의 보름달

나카하시 누쓰오^{高橋睦男}

ふつふつと<u>hutuhutu-to</u>楓にあたる霧の音

<u>토독토독</u> 단풍에 부딪치는 안개 소리

하라 세키테이^{原石鼎}

또한 소리 없는 사물의 모습을 마치 소리가 들리는 듯 언어음으로 묘사한 '무럭무럭'(일본어로는 '스쿠스쿠'sukusukuすくすく)과 같은 단어를 〈의태어〉擬態語라 한다.

春の海ひねもす<u>のたりのたり notarinotari</u>かな

봄 바다 종일토록 <u>넘실넘실</u>하는구나

요사 부손^{與謝蕪村}

水枕<u>ガバリとgabari-to</u>寒い海がある

물베개 <u>출렁</u> 추운 바다가 있다

사이토 산키^{西東三鬼}

肉體は死して<u>びっしりbissiri</u>書庫に夏

육체는 죽어 서고에 <u>빽빽이</u> 들어찬 여름

데라야마 슈지^{寺山修司}

의성어와 의태어를 합쳐 의성의태어 또는 오노마토페라 한다.

한국어에 한자어가 존재한다는 것을 살펴보았는데, 의성의태어

에 준하는 한자어도 많다. '유유토'yûyû-to悠々と는 '유유悠悠히'. 그렇다, 이런 부분도 일본어와 비슷하다.

天渺々byôbyô笑ひたくなりし花野かな
하늘 묘묘하니 웃고 싶어지는 꽃밭이로구나

와타나베 스이하渡邊水巴

しんしんとsinsin-to肺碧きまで海のたび
침침히 폐 깊숙이 푸르게 바다 나그넷길

시노하라 호사쿠篠原鳳作

　이러한 한자어를 넣지 않더라도 한국어의 고유어 오노마토페는 어휘 수도 풍부할 뿐 아니라 실제로 사용되는 빈도도 매우 높다. 작은 사전에만도 수천은 족히 수록되어 있다. 음상징어音象徵語라 일컫는 단어군까지 포함하고 있는 『조선어 상징어 사전』(아오야마 히데오青山秀夫 편저, 1991)은 문학 작품에서 수집한 음상징어 약 8,800단어를 수록하고 있다.
　다른 여러 언어에도 나름대로 의성어가 존재하지만 의태어가 특히 풍부하다는 것이 한국어와 일본어의 특징이다. 영어나 독일어, 프랑스어와 같은 유럽의 언어도 조어祖語인 인도-유럽어로 어원을 찾아 거슬러 올라가 보면 사실은 의외로 의태어였던 단어가 존재한다. 단 그 언어의 모어화자는 그 단어가 의태어였다는 사실을 지식으로써만 알 수 있는 것이다. 한국어나 일본어의 의태어는 그렇게 모호한 것이 아니다. 많은 모어화자 사이에, 직관적으로 이것은 틀림없는 의태어라는 공통된 인식이 있다. 그만큼 일목요연한 형태로 존재하고 있는 것이다. 바꿔 말하면 한국어에는 모어화자가 한눈에 알 수 있는 의태어가 많이 존재한다는 뜻이다.

일본어와 한국어 오노마토페의 큰 차이는, 일본어는 문학에서 오노마토페를 다용多用하면 종종 가벼운 문체, 입말체적인 문체가 되는 경향이 있지만, 한국어는 중후한 묘사적 문체에도 오노마토페가 흔히 사용된다는 점이다.

한국어 어휘에는 문법 이상의 즐거움이 있어 책 두세 권으로도 그 즐거움을 형용하기에 부족하다.

이 정도로 문자를 보기 위한 전제가 되는 내용을 확인하였다.

제1장에서는 한글의 명칭, 언어와 문자가 다른 존재라는 점, 모어, 한국어의 개략 등 문자를 고찰하는 전제가 되는 사항들에 대해 살펴보았다. 제2장에서는 마침내 한글이 태어나려는 공간이 과연 어떠한 곳이었는가를 살펴보도록 하자. 바로 한글 전사前史다.

제2장

〈정음〉 탄생의 자장

세종의 상상도로 디자인한 1만 원 지폐

1

문자를 〈만든다〉
한자의 자장 안에서

문자를 〈만든다〉는 것

제1장에서 살펴본 바와 같이 언어와 문자는 서로 다른 위상에 있으며, 말은 먼저 〈말해진 언어〉로서 존재하는 것이었다. 한반도에서 말해지던 한국어도, 고유명사나 한문을 읽기 위한 조사적 요소 등 극히 일부분이 한자로 쓰여지는 경우는 있었으나 언어가 전면적으로 문자로 쓰여지는 일은 없었다. 즉 한국어는 기본적으로 그 당시까지는 〈말해진 언어〉로서만 존재했던 것이다. 전면적으로 〈쓰여진 언어〉로서의 한국어는 역사 속에서 아직 그 어느 누구도 본 적이 없는 언어였다.

15세기에 조선 왕조 제4대 임금인 세종은 일찍이 누구도 본 적 없는 〈쓰여진 언어〉로서의 한국어를 이 세상에 출현시키고자 하였다. 〈훈민정음〉, 훗날 〈한글〉이라 불리게 된 문자 체계를 창출해 낸 것이다.

한번 생각해 보자. 일상생활 속에서 말하고 귀로 듣던 언어인

〈말해진 언어〉를 〈쓰여진 언어〉로 만들어 내야 한다. 대체 어떤 시스템으로 만들면 좋을까. 〈문자〉라는 것을 어떠한 구조로 만들어 내면 될까.

잠시 역사 속으로 들어가 조선의 지식인들과 함께 새로운 문자를 만들어 보자.

〈문자〉란 한자를 일컫는 것이었다

〈문자〉라는 것에 대해 생각할 때, 세종과 조선 왕조의 지식인들이 강력한 모델로 삼을 수 있는 것이 눈앞에 있었다. 바로 〈한자〉漢字다. '모델로 삼을 수 있는 것'이라고 했으나 한자는 단순히 모델로 삼을 수 있는 문자 중 하나로서 존재했던 것은 아니다. 한반도에서 모든 〈쓰여진 언어〉는 한자와 한문이었다. 왕조의 역사뿐만 아니라 역사가 기록되기 시작한 저 머나먼 시절부터, 그보다 앞서 신화적 상상력의 시대를 기록할 때조차 한자와 한문이야말로 정통적正統的인 〈문자〉였으며 한자와 한문으로 쓰여진 것만이 정통적인 〈쓰여진 언어〉였다. 즉 〈문자〉란 다름 아닌 〈한자〉 그 자체를 일컫는 것이었다.

바야흐로 문자를 만들려고 하는 우리의 주변을 둘러보자. 태어나면서부터 줄곧 말해 온 언어는 한국어이지만 〈문자〉는 기본적으로 〈한자〉밖에 없고, 〈글〉은 〈한문〉밖에 존재하지 않는 상황이다. 이러한 역사와 환경이 그 출발점이다. 〈훈민정음〉의 탄생을 살펴보려 할 때 이 점은 반드시 확인하고 넘어가야 할 전제이다.

한자는 어떻게 만들어졌는가
―〈육서〉의 원리와 〈형음의〉

〈훈민정음〉 창제자들이 제일 먼저 주목하고 맞서서 대치對峙한 것도 이 〈한자〉 시스템이었다. 한자는 일상이었고 삶 그 자체였으니 말이다.

우리도 〈문자를 만든다〉는 입장에 서서 〈한자〉를 잘 살펴보자.

한자는 어떻게 만들어졌을까? 앞서 〈표의문자〉表意文字라고 했으나, 사실 〈표의〉表意라는 말로는 한자의 본질을 나타냈다고 하기 어렵다. 정말 중요한 것은 '표의'의 〈의〉意란 무엇이고, 그 〈의〉는 한자의 형태나 음과는 어떠한 관계가 있느냐이다. 한자의 형태·소리·의미를 전통적으로 〈형形·음音·의義〉라 불렀다. 한자의 본질에 접근하려면 반드시 이 〈형·음·의〉의 상관관계를 살펴보아야 한다.

한자의 조자법造字法을 알아보려면 중국의 주周나라 시대부터 알려져 있던 〈육서〉六書라는 분류법을 살펴보는 것이 좋다. 서기 100년경 후한後漢 시대에 허신許愼이 편찬한 『설문해자』說文解字는 〈육서〉를 다음과 같이 정리하였다. 예를 들어 도식화하면 다음과 같다.

상형象形	⊡	→	日
지사指事	⌒	→	上
회의會意	人 + 言	→	信
형성形聲	氵+ 可	→	河
전주轉注	樂(음악 악)	→	樂(즐거울 락)
가차假借	求(가죽 구)	→	求(구할 구)

한자의 근원 〈상형〉과 추상화된 상형 〈지사〉

〈상형〉象形이란, 글자 그대로 '모양(形)을 본뜨는(象)' 것으로, '日'(일), '月'(월) 등의 글자가 이렇게 만들어졌다. 구체적으로 모양이 있는 대상을 형상화한 것이다. 이 〈상형〉이야말로 한자의 근간을 이루는 조자법이라 할 수 있다. 문자를 만든다는 관점에서나 이후 한글과 비교하여 살펴보는 데 있어서도 반드시 기억해 두어야 할 중요한 원리이다.

〈지사〉指事는 '일(事)을 가리킨다(指)', 즉 물질적인 대상이 아니라 추상적인 〈일〉을 가리킨다는 뜻으로, 말하자면 추상화된 상형이라고 할 수 있다. 후한 시대인 78년경에 완성됐다는 『한서』漢書 「예문지」藝文志에서는 〈지사〉를 〈상사〉象事라 했다. 글자 그대로 '일(事)을 본뜬다(象)'는 의미이다. '上', '下' 등의 자형字形은 이렇게 생겨났다고 한다. '一', '二', '三' 등도 마찬가지다. 〈지사〉는 추상적인 대상을 형상화하는 것이다. 이 역시 기억해 두자.

〈회의〉와 〈형성〉─〈상형〉과 〈지사〉의 한계를 넘어

〈회의〉會意는 '뜻(意)을 모으는(會)' 것, 즉 상형문자나 지사문자를 조합하는 것을 말한다. 『한서』 「예문지」에서는 '뜻(意)을 본뜨는(象)' 것, 즉 〈상의〉象意라 하였다. 『설문해자』에서는 '戈'(창 과)와 '止'(그칠 지)로 '武'(굳셀 무)를 만들고, '人'(사람 인)과 '言'(말씀 언)으로 '信'(믿을 신)을 만든 것을 예로 들고 있다. 다만 시라카와 시즈카白川静(1970:126)*

---

* 　시라카와 시즈카(1910~2006): 저명한 한자학자이자 한문학자로 교토대학京都大

는, 한자의 가장 오래된 형태를 지닌 복문卜文이나 금문金文*을 보면 '武' 자의 자형이 창(戈)을 들고 나아가는 모습인 것으로 보아『설문해자』의 '止戈(창을 멈춤)를 武로 한다'는 해석은 실못이나 아니다. 도도 아키야스藤堂明保**도『갓켄 한화대자전』學研漢和大字典(1978)에서, 『춘추좌씨전』春秋左氏傳에서 '창(戈)을 멈추는(止)'것을 '武'로 한다고 본 것은 잘못이라고 지적하고 있다.

〈형성〉形聲은 음을 나타내는 '음부'音符와 의미의 카테고리를 나타내는 '의부'義符를 조합하는 방법이다. 예를 들면 '水=물'을 나타내는 의부 'ǐ'와 음을 나타내는 음부 '可'(가)를 조합하여 '河'(강 하)를 만드는 것이다.『한서』「예문지」에서는 이를 〈상성〉象聲이라고 했다.

생각해 보면 바로 알 수 있듯이 〈상형〉과 〈지사〉만으로는 곧 한계에 부딪힌다. 대상이 구체적이든 추상적이든, 가리키는 대상에 대해 일대일로 자형字形을 만들어 간다면 다양한 형태를 만들어 내

學 문학박사였으며, 리쓰메이칸대학立命館大學 명예교수를 역임했다.『자통』字統·『자통』字通·『자훈』字訓 등의 한자사전,『시라카와 시즈카 저작집』白川靜著作集 등이 모두『한글의 탄생』원서를 출간한 헤이본사에서 간행되었다. 한국어로 번역된 저작도 있다.

* 　복문, 금문: 고대 중국에서는 짐승의 뼈나 거북이 배딱지를 불에 태워 생기는 금으로 점을 쳤다. 이 금을 복卜이라 하였고, 후에 점을 치는 것을 가리켜 일반적으로 복卜이라 하게 되었다. 복문卜文이란 그러한 갑골甲骨에 새겨진 문자나 문장을 일컫는다. 한국어의 '복점'卜占, '점복'占卜이라는 한자어에 보이는 '복'卜은 이것이다. 금문金文은 청동기靑銅器에 새겨진 은殷나라, 주周나라 시대 등의 명문銘文을 가리킨다. 금문은 한자의 옛 모양을 유지하고 있으며, 복문을 보면 더 오래된 모양을 알 수 있다. 즉 복문과 금문은 현존하는 가장 오래된 한자한문이다. 복문은 19세기 말엽에 처음으로 하남성河南省에서 발견되어 널리 알려지게 된 것으로,『설문해자』가 성립된 후한 시대에는 아직 알려져 있지 않았던 것이다. 시라카와 시즈카(1970)를 참조할 것.

** 　도도 아키야스(1915~1985): 일본의 저명한 중국어학자로 도쿄대학東京大學에서 문학박사를 받았다. 시라카와 시스카의 저서『한자』漢字를 비판하여 논쟁이 있었다. 이 책에서는 시라카와와 도도를 모두 언급함으로써, 견해를 크게 달리했던 두 학자가 이 점에 대해서는 공통된 인식을 가지고 있었음을 보여 주고 있다.

기도 어려울뿐더러 방대한 양의 형태를 기억해야 하는데 인간의 기억력에는 한계가 있다. 그리고 무엇보다 한정된 〈작은 공간〉 안에서 형태가 구별되도록 해야 한다는 난점이 있다. 글자 외부에 이것저것 자획字劃을 추가하여 점점 거대하게 만들거나, 내부에 세밀화를 그려 넣듯 많은 자획을 되는 대로 추가할 수도 없다. 문자는 그것이 문자인 이상 눈에 보여야 하고 쓸 수 있어야 한다. 그 외부에건 내부에건 무한정 형태를 추가해 만들 수는 없는 것이다. 인간의 지각知覺과 신체성身體性이 허락하는 한도 내에서만 문자가 문자로서 존재할 수 있다. 이런 의미에서 문자는 항상 신체身體 바로 옆에 존재한다.

참고로 하시모토 만타로橋本萬太郎(1980:279~283)*는, 현대 중국어에서 쓰이는 한자만으로도 일정 수준 이상의 내용을 쓰려면 5,000~6,000자는 알아야 하고, 불과 100만 자 정도의 텍스트 조사에서도 5,000종류 이상의 한자가 보인다며 그 부담이 얼마나 큰지를 지적하고 있다.

한자와 같이 기본적으로 대상을 일컫는 단위마다, 단어의 개수만큼 문자를 만들어 내려면 그 대상의 수만큼 문자를 무리 없이 생성하는 시스템을 내부에 마련해 놓아야 한다. 한자가 스스로 한자를 생성해 내는 구조를 한자 내부에 만들어 놓을 필요가 있는 것이다. 〈상형〉과 〈지사〉는 그러한 자기 증식 시스템이라고 하기는 어렵다.

〈회의〉와 〈형성〉이라는, 이원적 〈조합〉이라는 조자법은 〈상형〉

---

* 　하시모토 만타로(1932~1987): 일본의 언어학자이자 중국어학자이다. 도쿄외국어대학의 아시아·아프리카언어문화연구소 교수로 재직했으며, 저서로는 『언어유형지리론』言語類型地理論 등이 있다.

과 〈지사〉의 이러한 한계를 극복한 메커니즘이었다. 상대적으로 적은 유닛unit으로 보다 많은 한자를 만들 수 있게 된 것이다. 방대한 양의 단어에 대해 일대일로 형태를 부여하는 것이 아니라, 예를 들면 의부와 음부, 부수部首와 같은 한정된 요소에 형태를 부여하여 이를 이원적으로 조합하는 것, 이 또한 방대한 양의 대상을 형상화하는 방법 중 하나였다. 〈형성〉이라는 이원적 조자법은 오늘날 한자의 80%를 차지하고 있다.

〈가차〉 그리고 〈전주〉에 대한 고찰―고노 로쿠로의 문자론

〈전주〉轉注와 〈가차〉假借에 관해서는 일본을 대표하는 언어학자, 고노 로쿠로河野六郎(1912~1998)*의 말을 들어 보자. 육서 중 〈전주〉만은 그 내용을 잘 알 수 없어 예로부터 여러 설이 혼재했는데, 고노 로쿠로가 「전주고」轉注考라는 논고에서 〈가차〉와 〈전주〉를 고대 이집트의 성각문자聖刻文字(hieroglyph)나 고대 오리엔트의 쐐기문자(cuneiform script)와 비교 대조해 다음과 같이 정연한 해석을 내렸다.

'求'(구) 자는 원래 '가죽옷'을 뜻하는 상형문자였다. 그런데 이 글자가 고전 중국어에서 '가죽옷'을 뜻하는 단어와 같은 발음인 '구하다'라는 의미의 단어로 〈가차〉되어 '求'를 '구하다'라는 의미로 사용하게 되었고, 결국에는 '求'가 '구하다'라는 의미로 전용轉

*　　고노 로쿠로: 일본의 대표적인 언어학자로 중국어학·한국어학·문자론 등을 연구하였다. 도쿄교육대 명예교수이자 학사원學士院 회원이었다. 세계 최대의 언어학 사전인 『언어학 대사전』言語學大辭典의 편찬자이다. 선3권의 『고노 로쿠로 지작집』河野六郎著作集은 『한글의 탄생』 원서를 출판한 헤이본샤에서 간행되었다. 본서의 저자 노마 히데키는 고노 로쿠로의 제자의 제자이다.

用되어 버렸다. '求'는 '구하다'라는 뜻만을 나타내고 더 이상 '가죽옷'을 의미하지 않게 되었으므로, '가죽옷'을 나타내기 위해서는 '求'에 '衣'(옷 의) 변을 덧붙여 '裘'(갖옷 구)라는 문자를 따로 만들기에 이르렀다. 〈가차〉란 이처럼 원래 의미가 다른 글자를 같은 음이나 비슷한 음의 단어에 맞추어 사용하는 것이다. 말하자면 '동음이자'同音異字 용법이라 하겠다.

〈전주〉는 하나의 문자를 서로 다른 여러 의미를 나타내는 데 사용하는 방법이다. '동자이어'同字異語(homograph)를 만들어 내는 용법이라 할 수 있다. '樂' 자는 '음악'音樂을 뜻할 때는 '악', '즐겁다'의 뜻일 때는 '락'이 된다. 같은 문자를 다른 의미로 사용하고 있는 것이다. 또 의미의 차이가 크지 않으나 '車' 자는 '自動車'(자동차)나 '汽車'(기차)일 때는 '차', '自轉車'(자전거) 등은 '거'로 구분하여 발음한다. 이제는 거리에서 볼 수 없지만 '人力車'(인력거)도 '거'로 읽는다.

즉 고노 로쿠로의 「전주고」를 간략하게 정리하면, 〈가차〉는 같은 〈음〉이 다른 〈의〉義로 전용轉用된 것이며, 〈전주〉는 같은 〈형〉이 다른 〈의〉로 전용된 것이라는 도식으로 나타낼 수 있을 것이다.

〈육서〉 중 〈상형〉과 〈지사〉는 '단체'單體, 〈형성〉과 〈회의〉는 조합에 의한 '합체'合體라 한다. 이는 글자의 '체'體, 그러니까 형태 자체로 조자造字를 분류한 것이다. 조자 즉 문자 만들기 차원에서 한자는 기본적으로 이 사서四書의 틀로 모두 분류된다. 이에 비해 나머지 이서二書, 〈가차〉와 〈전주〉는 글자의 '쓰임'(用), 즉 사용법에 따른 분류이다. 그리하여 〈육서〉는 '두 가지의 단체單體, 두 가지의 합체合體, 두 가지의 운용運用'이라는 세 쌍의 정연한 분류로 여겨진다. 달리 말하면, 육서를 형태라는 관점의 조자법으로 분류할 때, 〈상형〉과 〈지사〉는 그 자체로 형태를 만드는 단일조자법, 〈회의〉와 〈형성〉은 형태상의 이원조자법, 〈가차〉와 〈전주〉는 어떤 형태를 다르게 전용하는 전용조자법이라고 부를 수도 있다.

　참고로 캐나다의 중국어학자 에드윈 풀리블랭크Edwin Pulleyblank (1922~2013)는 그의 서서(1995:8)에서, 이 〈육서〉 중 〈상형〉(imitating shapes), 〈지사〉(pointing to things), 〈회의〉(combined meanings), 〈전주〉 (transferred notation)는 비음성적非音聲的(non-phonetic)인 데 반해 〈형성〉 (form and sound)과 〈가차〉(borrowing)는 음성적音聲的(phonetic)인 원리에 근거하고 있는데, 이 음성적 타입이 한자에서 다수를 차지하고 있다고 서술하고 있다.

〈형음의〉 트라이앵글 시스템으로서의 〈표어문자〉

〈상형〉을 뿌리로 하는 〈육서〉의 원리로 만들어진 한자가 나타내는 것은 무엇일까. 단순히 '의미' 같은 것이 아니다. 고노 로쿠로는 이를 '어'語라 하였다. 즉 〈단어〉를 나타내는 것이야말로 한자의 본질적인 기능이며, 실은 한자뿐만 아니라 모든 문자의 기본적인 언어적 기능이라고 설명한 것이다. 〈표어문자〉表語文字야말로 문자가 태어날 때의 모습이며, 또 지향하는 모습이기도 하다. 고노 로쿠로의 문자론은 앞으로도 〈훈민정음〉을 살펴보는 데 있어 중요한 안내자 역할을 해 줄 것이다.

　子曰(자왈), 父在觀其志(부재관기지), 父沒觀其行(부몰관기행) — 공자께서 말씀하시기를, 아버지가 살아 계시면 그 뜻을 보고, 아버지가 돌아가시면 그 행한 바를 보라. 『논어』 등을 보아도 알 수 있듯이, 옛 중국어에서는 대부분 기본적으로 한 글자가 하나의 단어를 나타냈다. 子曰(자왈)의 曰은 일본어 발음으로 'エツ'(에쓰), 父在(부재)의 在는 'ザイ'(자이)로 읽히는 것처럼 일본한자음으로는 한 글자가 두 음절

이 되는 것도 있으나, 중국어에서는 한자漢字 한 글자가 항상 한 음절이며, 그것이 한 단어였다. 즉 옛 중국어는 음의 측면에서 보면 한 음절로 한 단어를 나타내는 단음절 언어의 성격이 매우 농후했다. 언어적으로 이러한 음 레벨의 성격 위에 문자 레벨의 한자가 성립되어 있는 것이다. 한자는 옛 중국어라는 언어가 가진 이러한 성격 위에 〈형음의〉가 하나의 유닛으로서 통일되어 있는 트라이앵글 시스템이었다.

한자는 음절의 경계를 시각적으로 보여 주는 문자다

여기서 한자에 대해 중요한 사실 하나를 확인해 보자. 한자와 관련된 논의에서 종종 간과되기 쉽지만, 한자는 단순히 '표의'表意나 '표어'表語의 기능만을 담당했던 것은 아니다. 중국어권에서는 하나의 한자라는 유닛이 하나의 음절을 나타내고, 한자와 한자 간의 공백은 〈음절의 경계〉라고 하는, 음의 평면의 결정적인 요소를 빛의 평면에 투영하고 있다. 하나의 단위가 하나의 음절을 나타낸다는 점에서는 중국어권의 한자는 가나 등과는 다른 양상의 〈음절문자〉이기도 하다. 한자는 소리의 세계의 음절 경계를 빛의 세계에서 선명히 보여 주는 장치이다.

이처럼 〈그 문자는 음절의 경계를 보여 주는가〉라는 질문은, 우리가 문자를 고찰함에 있어 자칫 간과하기 쉽지만 결코 가벼이 볼 수 없는 문제이다.

2

자기 증식 장치로서의 한자

한자의 자기 증식 장치인 〈형음의〉 트라이앵글과 〈육서〉

a라는 자모字母가 /a/라는 음을 나타내는, 〈형태〉와 〈음〉의 일대일 대응 시스템으로 이루어진 문자를 〈알파벳〉 또는 〈단음문자〉單音文字라 한다.

알파벳(단음문자)의 시스템

　한자는 이렇게 하나의 선으로 연결되어 일대일로 대응되는 시스템이 아니라, 〈형음의〉形音義가 통합된 상형 트라이앵글 시스템으로 이루어진다. '형-음-의'라는 일직선상에서 볼 것이 아니라 반드시 다음 그림과 같은 삼각형의 상관관계로 보아야 한자의 본질을 알 수 있다. 문자를 만들고자 하는 우리가 여기서 주목해야 할 것은, 이 트라이앵글 시스템은 한자 내부에 자기 증식이 가능한 장치를 내포하고 있다는 점이다.

한자의 〈형음의〉 트라이앵글 시스템

　〈형음의〉를 꼭짓점으로 하는 삼각형의 변邊이 변용하는 것이 바로 〈육서〉六書다. 이러한 관점에서 〈육서〉라는 한자의 자기 증식법을 다시 한 번 살펴보자.

　① 먼저 한자는 〈상형〉이라는, 〈형음의〉가 일체화된 시스템으로 탄생했다. '日'과 '月'이 그 예다. 〈상형 트라이앵글〉이라 할 수 있는 〈형음의〉의 균형을 바탕으로 성립된, 한자의 가장 원초적인 모습이다.

　② 다음으로 '上'과 '下' 등으로 증식된 〈지사=상사象事〉 시스템이란, 〈형〉과 〈의〉 축의 변용이었다. 〈의〉는 구체적인 객체에서 추상적인 객체로, 그리고 〈형〉(게슈탈트)은 더욱 추상화된 형태로 변이된다.

　③ 〈회의=상의象意〉란 '뜻(意)'을 만나게 하는(會)', 즉 상형자와 지사자를 조합하는 일이었다. '信'이 이렇게 세상에 나왔다. '사람'과 '말'이라는 〈뜻〉과 〈뜻〉을 〈형태〉상으로 조합한다. 그 결과, 〈형〉이 증식된다. 이 또한 〈형〉과 〈의〉 축에서 일어난 일이다.

　④ '물'을 뜻하는 '氵'와 음을 나타내는 '可'를 조합하여 '河'를

만드는 〈형성=상성象聲〉은 음을 나타내는 '음부'와 의미의 카테고리를 나타내는 '의부'를 조합하는 방법이며, 이는 말할 것도 없이 〈음〉과 〈의〉 축의 변용이다. 〈형〉의 단위는 그대로 둔 채 〈음〉과 〈의〉를 조합한 결과, 〈형〉이 증식된다.

⑤ 〈전주〉는 같은 문자로 다른 의미들을 나타내는 용법이었다. '樂' 자가 '음악'일 때는 '악', '즐겁다'는 뜻일 때는 '락'이 되는 것처럼, 하나의 〈형태〉를 여러 개의 〈뜻〉으로 전용하는 것이다. 그러므로 〈전주〉는 〈형〉과 〈의〉 축에서 일어나는 일이다.

⑥ 〈가차〉란 '동음이자'同音異字 용법, 즉 원래 의미가 다른 글자를 같은 음이나 비슷한 음의 단어에 대응시키는 용법이었다. 원래는 '구하다'라는 의미가 아니었던 '求'를 발음이 같다는 이유로 '구하다'라는 뜻으로 사용하는 것이 바로 그 예이다. 한자의 〈형〉 즉 형태는 증식되지 않지만 용법에 따라서 한자의 역할을 증식시키고 있다. 〈가차〉는 〈음〉과 〈의〉 축에서 일어난 일이다.

〈음-의〉 축, 〈형-의〉 축의 변용과 〈형-음〉 축의 견고함

한자의 자기 증식 시스템이라 할 수 있는 이 〈형음의〉 트라이앵글 시스템을 보면 〈형-의〉 축, 〈음-의〉 축만이 변용을 일으키고 있고, 기본적으로 〈형-음〉 축에서는 변용이 일어나지 않음을 알 수 있을 것이다. 〈형-음〉 축은 중국어권 땅에서는 그만큼 견고한 것이었다.

〈형〉과 〈음〉의 견고한 축 위에서 일어나는 변용, 즉 한자의 한 가지 〈형〉이 다른 〈음〉을 획득하는 일―예컨대 '山'이라는 형태가 'san'뿐만 아니라 'yama'라는 〈음〉도 더불어 갖게 되는 일―은, 중국어권이 아니라 한국어나 일본어와 같은 다른 언어권 사람

상형 트라이앵글 시스템과 〈육서〉에 따른 변용의 축

들에 의해 생겨났다. 일본어에서는 전통적으로 정해진 〈훈〉訓이라는 〈읽기 방식〉을 통해, 'san'이라는 음을 가진 '山'이라는 글자가 'yama'라는 새로운 〈음〉을 가지게 되었다. 그것이 바로 한자의 〈훈 읽기=석독釋讀〉*이다. 여기서 나아가 문자 하나하나뿐 아니라 고전 중국어의 문장, 즉 한문 텍스트까지도 〈훈 읽기〉를 이용하여 읽어 나간다. 이것이 〈한문훈독〉漢文訓讀이라는 시스템이다.

〈형-음〉 선상의 아리아 ─ 〈한문훈독〉

이 〈한문훈독〉과 〈훈 읽기〉라는 시스템이야말로 〈형음의〉 트라이앵글의 〈형-음〉 선상에서 일어난, 한자 에크리튀르 역사상, 나아가

---

* 일본어에서 한자漢字 한 글자를 일본어 고유어로 읽는 독법을 〈訓讀み〉(군-요미=훈 읽기)라고 한다. 이것을 이 책에서는 '훈 읽기'='석독'釋讀이라 부르기로 한다. 이에 대해 한문 문장 전체를 일본어로 해석하면서 '훈 읽기'를 섞어서 읽는 독법을 일본어에서는 '군도쿠=훈독'訓讀이라고 한다. 이것을 이 책에서는 '한문훈독'漢文訓讀이라 부르겠다. 즉 한국어 및 일본어에서 이루어지는 한자 한 글자씩의 독법은 '훈 읽기' 내지는 '석독'으로, 문장 전체의 독법은 '한문훈독'으로 구별해 부르겠다는 것이다. 일본과 한국의 학회에서는 한국어로 이 두 가지를 구별하지 않고 둘 다 '훈독'이라고 하는 경우가 있다. 여기서는 구별해 둔다.

세계 문자사상의 획기적인 사건이었다. 〈한문훈독〉과 〈훈 읽기〉는 말하자면 〈형-음〉 선상에서 다른 언어음으로 연주되는 초절超絶 기교이며, 〈형-음〉 선상의 아리아이다. 이는 한자권漢字圈 내부의 용법 증식 시스템인 〈전주〉와 〈가차〉를 전혀 다른 차원에서 초월한 용법 증식 시스템이었다.

중국어 방언의 존재를 생각해 보면, 〈음〉은 각 방언 간에 다를 수 있고 같은 한자가 방언에 따라 다른 음으로 읽힐 수도 있다. 그러나 이는 음가音價 자체가 방언별로 시프트shift하는 것이지 같은 방언 안에서 하나의 음 위에 또 다른 새로운 음이 획득되는 것은 아니다. 〈山〉이라는 문자가 〈산〉sanサン이라는 〈음〉 외에 〈야마〉yamaやま라는 새로운 〈음〉을 획득하는 〈훈 읽기〉, 즉 〈석독〉과는 다르며, 〈한문훈독〉과는 더더욱 다른 것이다.

앞에서도 언급했으나 언어의 평면과 문자의 평면은 서로 다르다. 언어의 평면이라는 측면에서 볼 때, 중국어라는 층에 일본어라는 새로운 층(layer)이 포개짐으로써 온존溫存되어 왔던 〈형-음〉 축까지 변용할 수 있게 된 〈형음의〉 트라이앵글 시스템은 극한까지 활용된다. 〈한문훈독〉이란 하나의 언어 평면에 또 하나의 새로운 언어 평면을 더하여 쌓음으로써 〈형음의〉 트라이앵글 시스템에 남겨져 있던 마지막 가능성을 실현하는 극한의 용법이었다. 그리고 여기서 살펴본 바와 같은, 문자의 평면과 언어의 평면을 오가는 다층적인 동적 변용이야말로 동태動態로서의 〈세계 에크리튀르사史〉를 형성하는 결정적인 계기가 되는 것이다.

〈형음의〉는 어떻게 존재하는가

한자가 〈형음의〉 트라이앵글 시스템이라는 점을 살펴보았다. 이 책에서는 기존의 수많은 한자론처럼 일직선상의 〈형-음-의〉가 아니라, 〈형음의〉를 트라이앵글 시스템으로 그 위치를 바꿔 왔다. 이제 한 걸음 더 나아가 이 〈형음의〉의 각 요소가 어디에서 실현되는가라는 질문을 던져 보자. 답은 다음과 같다.

문자의 형形은 빛의 세계에서 실현된다. 음音은 물론 소리의 세계다. 그렇다면 의義는?

여기서 절대 오해해서는 안 되는 것은, 의義=의미意味라는 것은 우리가 살고 있는 이 세상에 존재하는 대상 자체가 아니라는 점이다. '山'이라는 한자의 의義는 저 멀리 보이는 산, 여기저기 실재하는 산, '산'이라 불리는 그 모든 것들이 아니다. 물론 세상에 존재하는 그것들을 상기시킬 수는 있을 것이다. 그러나 어디까지나 세상에 실재하는 '산' 그 자체는 아니다. 즉 누군가 볼 수 있고, 느낄 수 있고, 접근할 수 있는, 이 세상에 존재하는 '산', 언어 외적 현실에 존재하는 '산'이 아니다. 그 '山'은 우리 머릿속에 떠오르는 '산'인 것이다. 따라서 그 '山'은 사람마다 서로 다른 모습일 수 있다. 의義, 즉 말의 의미란 우리 머릿속에 상기되는 것이다. 의미란 우리 머릿속에서―마음속이라 해도 좋다―형태로 그려지는 것이다.

다시 말해, 우리는 언어에 의해 의미를 마음속에서 형태화시키는 것이다. 이른바 언어적 대상 세계를 마음속에 산출한다.

'마음'이라는 단어를 쓰기는 했지만 이 말이 와닿지 않는다면 '뇌'라고 해도 좋다. 다만, 물질적인 뇌를 떠올렸다면 조금 다른 얘기다. 뇌 그 자체가 아니기 때문이다. 애초에 여기서 말하는 '마음'은 '정신' 혹은 '의식' 등 예로부터 여러 이름으로 불려 왔다. 너무

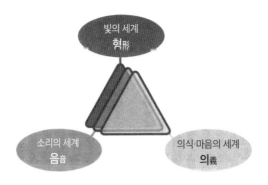

〈형음의 트라이앵글 시스템〉에서 형形은 빛의 세계, 음音은 소리의 세계, 의義는 의식·마음의 세계에서 일어나는 일이다. 이들 트리아데가 통합되어 기능하는 기제야말로 문자의 본질을 이룬다.

도 다양한 성격이 덧씌워져 있어 애매하지만 여기서는 '마음'이라고 부르자. 언어 외적 현실이 아니라는 점을 분명히 해 둔다.

문자의 원리로서 〈형음의〉

정리해 보자. 〈형〉은 빛의 세계에서, 〈음〉은 소리의 세계에서, 그리고 〈의〉는 마음의 세계에서 실현된다. 즉 이들 세 요소는 별개의 평면에 있다. 〈빛·소리·마음〉의 세계에서 실현되는 〈형음의〉, 이들 트리아데triade가 하나로 통합되어 기능하는 기제야말로 〈문자 체계〉의 일반 원리임에 틀림없다.

한자는 글자 하나가 유닛 하나를 이루어 〈형〉을 담당하는 문자 체계이다. 예컨대 한자라면 '山'이라는 글자가 담당하는 〈형〉을, 라틴문자=로마자와 같은 알파벳에서는 mountain(영어), Berg(독일어), montagne(프랑스어), gora(гора; 러시아어), monto(에스페란토), san(한국

어), yama(일본어) 등과 같은 문자열의 집합이 하나의 유닛이 되어 그
〈형〉을 맡고 있는 것이다.

왜 기존의 수많은 문자론으로는 문자의 원리론을 구축할 수 없는가

기존의 문자론은 글자 하나하나에 주목해 왔다. 그 자체는 좋다.
그러나 대부분의 문자론처럼 한 글자로 시작해 한 글자로 끝난다
면 표음이나 표의 같은 개념까지는 도달할 수 있어도 문자 체계의
이러한 원리는 영원히 볼 수 없다. 문자열이라는 집합이 하나의 유
닛이 되어 〈형〉을 담당한다는 알파벳의 시스템을 들여다봐야 하는
데, 우리는 자꾸만 단음문자라는 성격, 개개의 글자가 '항상 음을
나타내고 있다'는 환상에 사로잡혀 있다. 환상은 마침내 신앙으로
추락한다. 알파벳은 언제나, 그리고 영원히 개개의 음을 나타내고
있다는 신앙에서 벗어나지 못한다.

　문자에 대한 20세기 최고의 지성이라 불리는 자크 데리다Jacques
Derrida(1930~2004)의 여러 논고에서조차 이런 신앙의 흔적이 엿보인
다. 알파벳은 음에서 출발하기는 했지만 그것이 〈쓰여진 언어〉로
등장했을 때는 이미 개개의 음의 평면을 일찌감치 벗어나 있었다.
〈단어〉로서, 뒤에 설명할 〈형태소〉로서의 평면에 와서야 〈형〉을 이
루었고, 이런 〈형〉을 단서 삼아 우리는 마음속에 〈의〉를 만들기 시
작한 것이다.

　한자는 그 자체의 형태 안에 음이 드러나 보이지는 않는다. 그에
반해 알파벳은 쓰여진 단어 안에 음이 나타나 있다. yama라는 단
어에는 항상 y a m a라는 개개의 음이 드러나 보인다. 그러나 〈쓰
여진 언어〉 안에 음이 나타나 있다고 해서 그 음들이 〈의〉를 조형

해 주는 것은 아니다. 알파벳에서 개개의 글자는 아직 〈형〉이 아닌 것이다. 알파벳의 문자열 집합이야말로 빛의 세계에서 〈형〉이 되고, 〈음〉이니 〈의〉와 통합되면서 기능하는 것이다. 그렇다면 한글은? '읽'이라는 한 글자에 φilk이라는 음이 드러나 있다. 한글은 자신의 형태 안에서 음을 보여 준다. 그렇다. 이 흥미로운 이야기는 뒤에 다시 거론하겠다.

확인해 두자. 〈형음의〉 트리아데야말로 〈문자〉의 원리임에 틀림없다.

〈그림〉의 저편, 〈문자〉

말은 먼저 〈말해진 언어〉로 존재한다고 앞서 서술하였다. 예를 들어 갑골문자甲骨文字라는 형태로 한자가 막 태어나려 하던 고대에, 중국에서 중국 대륙의 사람들에 의해 〈말해진 언어〉는 한 음절이 한 단어로, 즉 한 음절이 하나의 뜻으로 실현되었다. 그러한 〈말해진 언어〉의 기초 위에서, 〈쓰여진 언어〉로서의 한자는 하나의 음절, 하나의 의미에, 하나로 완성된 형태, 즉 게슈탈트(형태)를 획득하는 시스템으로 성립되어 갔다. 〈상형〉이란 '日'이나 '月'과 같이 사람이 시각적으로 지각할 수 있는 객체를 본뜬 것이었고, 동시에 그 객체를 말하는 음을 객체의 형태를 통해 불러일으키는 장치였다. 말하자면, 인간은 갑골에 뜻(義)을 형태(形)로 새겨 넣으면서 입술로 음音을 노래했던 것이다.

〈그림〉과 〈문자〉의 구별도 바로 여기에 있다. 객체의 형태를 그린 것은 모두 그림일 수 있는 데 비해 문자는 객체를 일컫는 음과 형태가 연결되어 있어야 한다. 객체를 본뜬 형태만으로는 그림문자일 수는 있어도 문자가 될 수는 없다. 형태가 객체를 상기시킬 뿐, 말은 개재介在되지 않기 때문이다. 객체를 본뜬 형태는 객체를 일컫는 언어음을 불러일으킬 수 있는 형태가 되어야 비로소 문자의 자격을 갖추게 된다.

한자의 가장 원초적인 메커니즘인 〈상형〉에서는, 〈형〉이 〈음〉을 불러일으키고, 그 〈음〉은 〈주체 안에서 상기되는 객체〉인 〈의〉를 불러일으킨다. 〈형〉도 〈상기되는 객체인 의〉를 떠올리게 하고, 그 〈의〉는 그 뜻을 일컫는 〈음〉을 불러일으킨다. 한자의 이러한 〈형음의〉 트라이앵글이야말로 언어음이 문자가 되는, 즉 〈말해진 언어〉가 〈쓰여진 언어〉로 태어나는 결정적인 메커니즘이었다.

〈전주〉轉注의 자세한 내용은 차치하더라도, 한자 조자법의 이러한 원리는 15세기 조선 왕조의 지식인들도 알고 있는 바였고 문자를 만드는 데 있어서 제일 먼저 검토되었을 것이다. 그러나 놀랍게도 〈훈민정음〉 창제자와 그 이데올로그들은 한국에서도 천여 년에 걸쳐 소중히 유지해 왔던, 〈상형〉을 핵심으로 한 이 〈육서의 원리〉와 〈형음의〉 통일체라는 시스템에 결별을 고하였다.

3

〈한문훈독〉 시스템

〈한문훈독〉의 본질적인 메커니즘

〈한문훈독〉에 대해서는 앞에서 잠깐 언급하였으나 여기서 다시 확인하고 넘어가도록 하자. 문자를 만들고자 할 때 이 〈한문훈독〉이 무엇인지를 살펴보지 않는다면 중요한 전제를 빠뜨리는 셈이 되기 때문이다. 이는 누가 뭐래도 조선 지식인들의 지知의 원천을 지탱하는 시스템이다.

우선 일본어권의 사정부터 살펴보자. 한문에 훈점訓點 등을 찍어 일본어로 읽는 것을 〈한문훈독〉이라 한다. 예를 들면 한국에서나 일본에서나 예로부터 잘 알려진 『논어』의 권두에 이런 구절이 있다.

學而時習之不亦說乎

한자의 이런 문자열을, 마침표도 쉼표도 없는 이러한 한문 텍스트를 〈백문〉白文이라고 한다. 위 구절을 일본어로는 다음과 같이 읽는다.

學びて時に之を習う、亦た說ばしからずや

마나비테도키니고레오나라우, 마타요로코바시카라즈야

위의 텍스트는 '배우고 때때로 배운 것을 익힌다, 얼마나 기쁜 일인가' 정도의 뜻으로 알아 두자. 학파에 따른 해석이 다양하여 멋대로 해석을 써 놓으면 엄격한 분들께 혼이 날 수도 있다.

'요로코바시카라즈야'yorokobasikarazuya說ばしからずや는 '다노시카라즈야'tanosikarazuya說しからず 등으로도 읽힌다. 이는 학파에 따른 읽기 방식의 차이인데, 이 또한 재미있는 부분이기는 하다. 〈읽는 법〉은 꼭 한 가지만 있는 것은 아니라는 점을 기억해 두자. 사실 〈읽는 법〉뿐만 아니라 〈형태〉도 한 가지만 있는 것이 아니지만 이에 대해서는 한글의 형태를 생각하는 제6장에서 다시 다루기로 한다.

〈한문훈독〉의 통사론—역독점逆讀點

원문인 한문은 고전 중국어이므로, '之を習う'(이를 익히다)가 '習う 之'(익히다 이를)의 순서로 되어 있는 등 일본어와 한국어로 풀어 읽으려고 하면 어순이 다르다는 것을 알 수 있다. '之を習う'(이를 익히다)와 같은 '목적어+서술어'의 배열이 '習う之'(익히다 이를)와 같이 '서술어+목적어' 배열로 되어 있는 것이다.

'이를 익히다'로 배열할지 '익히다 이를'로 배열할지처럼, 문장을 구성할 때 문장성분이나 단어 등의 요소를 시간 순서로 어떻게 배열할지의 문제를 문법론에서는 통사론(syntax)이라는 분야에서 다루고 있다. 'syntax'란 함께(syn-) 배열한다(-tax)는 뜻이다. 〈말해진 언어〉는 반드시 시간적인 순서에 따라 생겨나며, 통사론은 그러한 시간 선상의 배열을 강구하는 영역이다. 반드시 시간순에 따라 생겨나서는 사라지는, 입에서 나오는 말의 이런 성격을 〈선조성〉線條性이라고 부른다. 언어의 선조성은 우리가 〈훈민정음〉을, 그리고 언어와 문자를 생각하는 데에 한 가지 중요한 키워드가 될 것이다.[*]

한편 시간 순서와 병렬적으로, '배우다', '배우면', '배워라' 등으로 단어가 형태를 바꾸는 문제는 형태론(morphology)이라는 분야에서 다룬다. 'morph'란 원래 그리스어 'μορφή=morphé'로 '형태'라는 뜻이다. 'morphology'가 처음에는 생물학 용어로 쓰이다가 후에 언어학 용어로 들어왔다는 점도 기억해 두면 앞으로의 논의에 재미있는 힌트가 될 것이다. 〈형태〉라는 말은 생명을 지닌 형태, 어디까지나 살아 있는 유기체로서의 〈형태〉를 가리켰던 것이다. 언어학의 〈형태〉란 문자가 아니라 〈음〉을 가리키는 말이라는 점도 확인해 두자.

문장 안에서 단어의 외부적 관계, 단어 간의 연결을 다루는 것이 통사론이고, 단어 내부의 형태를 다루는 것이 형태론인 셈이다. 통사론적인 통합을 '신탬syntagm = 신타그마syntagma'라 하고, 형태론적인 통합을 '패러다임paradigm = 파라디그마paradigma'라 한다. 형태론과 통사론은 문법론의 2대 분야로 여겨진다.

형태론과 통사론이라는 관점에서 보면, 중국어를 일본어로 한문훈독하기 위해서는 두 언어 간의 통사론적 차이를 먼저 극복해야만 하는 것이다. 앞서 서술한 바와 같이 한국어도 일본어와 같은

---

[*]   "〈말해진 언어〉는 반드시"로 시작되는 세 문장과 그다음 문단의 "'morphology'가 처음에는"으로 시작되는 두 문장은 저자가 한국어판에 새로 추가한 내용이다.

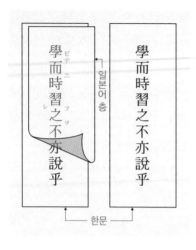

한문에 일본어라는 층을 포개다

유형에 속하므로 같은 문제를 안고 있다.

일본어라는 층을 포개다

이 단계에서 일본어권 사람들은 토를 달지 않은 한문 원문인 백문
白文에, 투명하고 얇은 종이와 같은 일본어의 층(레이어layer)을 새로
포개었다. 그리고 그 레이어 위에 부호를 붙임으로써 텍스트에 해
석의 단위와 순서, 즉 일본어의 통사법(syntax)을 부여했다.

　물론 이러한 레이어 겹치기는 〈읽는 법〉 안에서 이루어지는 것
으로, 얇은 종이가 물리적으로 존재하는 것은 아니다. 실체로서는
종이나 책 위에 부호만 기록된다. 통사론의 텍스트화를 물리적으
로 형상화하는 물리적인 부호는 붓으로 기록될 뿐 아니라 붓 이외
의 필기구, 예를 들어 끝부분을 깎은 상아나 회양목, 대나무 따위
의 〈각필〉角筆로 기록되기도 하였다. 현대에는 연필이나 볼펜으로
도 적어 넣는다.

'習之'를 '之習'으로 읽는 것처럼 앞뒤로 한 글자씩 순서를 바꾸어 읽는 부호로는 '레점'レ點(레텐) 혹은 '가리가네점'かりがね點(가리가네텐)이라 부르는 〈역독섬〉逆讀點을 사용하는데, 세로쓰기에서는 왼쪽 아래에 붙는다. '다음 한 글자를 먼저 읽고 위로 거슬러 올라가서 읽으라'는 부호이다. 두 자 이상을 바꿔 읽으려면 한자 'ㅡ', 'ㄷ', '三' 등을 사용한 '일이점'ㅡㄷ點(이치니텐)이라는 부호를 붙인다. 앞의 문장은 이렇게 된다.

　　學而時習レ之、不ニ亦說ㅡ乎

　　まな　　とき　これ　なら　　ま　よろこ
　　學びて時に之を習う、亦た說ばしからずや

　　마나비테도키니고레오나라우, 마타요로코바시카라즈야

　이 레점レ點과 일이점ㅡㄷ點만으로도 상당히 복잡한 신택스syntax＝통사 구조를 표현할 수 있다. 다시 『논어』를 인용한다.

```
　　吾　①
　　未　②⑦
　二
　　嘗　③
　　不　⑥
　ㅡ
　レ
　　得　⑤
　レ
　　見　④
　　也　⑧
```

　부호를 따라 읽어 보면 "吾(나는)未(아직껏)嘗(일찍이)見(뵙지)得不(못한 적이)未(없었던)也(것이다)"로, ①부터 ⑧의 순서로 일곱 개 한자를 오가며 여덟 개 문자처럼 읽게 된다. '未'는 "아직껏 … 없었다"로 두 번

읽게 되는데 이런 문자를 '재독문자'再讀文字라 한다. '재독'문자!
한 문자를 뒤에서 되돌아와 다시 한 번 읽는 일이 허용된다는 것이
다! 텍스트에 있어서 이는 놀랄 만한 일이다. 앞에서 뒤로 읽어 나
가는 지금까지의 텍스트적 체험에 근본적인 변용을 가져오게 된
것이다. 〈말해진 언어〉는 시간순을 절대적으로 지키지만 〈쓰여진
언어〉는 시간을 거슬러 올라갈 수가 있다.

　일이점一二點은 물론, 삼三이든 사四든 필요에 따라 얼마든지 사용
된다. 레점과 일이점으로 부족할 경우에 대비해 상중하점上中下點이
나 갑을병점甲乙丙點, 천지인점天地人點까지 갖추고 있다. 이 정도가
되면 거의 달인의 경지라고밖에 표현할 길이 없다. 그렇게까지 할
바에야 처음부터 중국어로 읽는 것이 낫겠다고 말할지도 모르겠지
만 옛사람들은 기어코 일본어의 신택스syntax에 집어넣어야만 제대
로 읽었다고 할 수 있었던 것이다.

　여기서 중요한 것은, 한문에 붙은 역독점의 위치가, 겹쳐진 〈일
본어라는 레이어〉 위였다는 점이다.

　그리고 그 레이어에는 통사론적인 정보뿐 아니라 형태론적인 정
보도 적어 넣을 수 있다.

〈한문훈독〉의 형태론—'오쿠리가나'

고전 중국어에서 단어의 형태는 변화하지 않는다. 예를 들면 '읽
는다', '읽으면', '읽어라' 등 어떤 의미로 쓰이든 '讀'의 〈음〉은 모
두 같다. 현대 중국어에서도 '읽는다', '읽으면', '읽어라' 모두 베
이징음으로 [dú]다. 도도 아키야스 편(1978:342)에 따르면 상고음上
古音이라 불리는 주周·진秦·한漢나라 시대의 한자음 형태는 [duk]

이었던 것으로 추정되고 있다. 고전 중국어에서 '食'이 '먹는다'는 뜻으로도, 또 '먹는 것'이나 '식사'의 뜻으로도 사용되는 것처럼 동사는 대개 그대로 명사로도 사용되나, 이 점은 현대 언어에서 'book', 'fax', 'telephone', 'e-mail' 등의 명사가 그대로 동사로도 쓰이는 것과 마찬가지이다. 단, 영어에서는 명사가 동사로 사용되면 그 형태, 음형音形이 바뀌지만, 중국어에서는 형태가 바뀌지 않는다는 점이 큰 차이이다. 중국어에서는 음형이 바뀌지 않으므로 결과적으로 이에 따라 문자의 형태도 바꿀 필요가 없다. 어떤 의미라도 '讀'은 '讀', 그대로인 것이다.

주의해야 할 것은 '단어의 형태는 변화하지 않는다'고 할 때의 '형태'(形)란, 〈음〉의 평면에서의 형태, 즉 〈음형〉音形이라는 점이다. 〈음〉의 평면과 〈문자〉의 평면은 혼동해서는 안 된다. 〈형음의〉形音義라는 관점에서 보면 〈의〉가 문장 안에서 바뀌어도 〈음〉은 바뀌지 않고, 이를 반영하여 〈형〉도 바뀌지 않는 것이다. 고전 중국어에서는 설령 동사라 해도 단어의 형태, 즉 단어의 〈음〉은 변화하지 않는다.

이에 비해 한국어나 일본어에서 '讀'에 해당되는 동사는 '읽는다', '읽어라', '읽어서'나 'よむ'yomu, 'よめ'yome, 'よみ'yomi와 같은 식으로 동사가 활용되는 등 단어의 형태가 변화한다. 〈음〉의 평면에서 단어의 형태가 변화한다. 즉 단어가 형태론적인 패러다임=어형語形 변화를 한다는 것이다. 한국어도 형태론적인 패러다임=어형 변화를 한다는 점에서는 일본어와 같다.

그런데 앞서 본 것처럼 한문 원문 위로 띄운 일본어 층에 통사론적 정보가 부여돼 있는 것만으로는 어형 변화와 같은 형태론적 정보는 얻을 수 없다. 이에 한문훈독에서는 '讀'을 'yomu'(읽는다)라고 발음할지 'yome'(읽어라)라고 발음할지, 혹은 'yomi'(읽어서)라고 발음

할지 하는 문제를 텍스트화한다. 즉 단어의 음형 위에서의 패러다
임적 차이, 형태론적인 차이를 텍스트화하는 것이다. 일본어의 한
문훈독에서는 한자 '讀'의 오른쪽 아래에 'む'mu, 'め'me, 'み'mi와
같은 가나假名를 붙여 읽는다. 이것이 〈오쿠리가나〉送り假名이다. 직
역하면 '다는 가나', '보내는 가나' 정도의 뜻이다.

學ビテ
而時ニ
習レフヲ
之、
不ニ
亦タ
說バシカラ
一
乎

　〈오쿠리가나〉란 영어로 예를 들면, walk(걷다)라는 단어의 어간을
'걸을 보' 자를 이용해 '步'라 쓰고, walks를 '步s', walked를 '步
ed', walking을 '步ing'으로 적는 식의 표기법이다. 한국어에 적용
해 보면 다음과 같다.*

---

*　　한국어 동사 '보다', '얻다' 활용 표기의 예는 한국어판에 저자가 가필한 부분이다.
'보다'는 어간이 모음으로 끝나는 동사, '얻다'는 어간이 자음으로 끝나는 동사이다. 이
책 123면에서 다루는 한국어의 말음 첨기末音添記와 비교해 보면 더욱 흥미로울 것이다.

　　　　　　　　한글의 탄생

見다 = 보다—見고, 見면, 見아요

得다 = 얻다—得고, 得으면, 得어요

이 〈오쿠리가나〉가 있으면 3인칭 단수나 과거형과 같은 형태론적인 패러다임을 잘못 쓸 일은 없는 것이다.*

〈한문훈독〉=투영되는 한자의 게슈탈트 그리고 〈번역〉

지금까지 살펴본 바와 같이, 〈한문훈독〉이란 한자로 쓰인 고전 중국어 텍스트에 다른 언어라는 층을 포개 읽는 것이라고 할 수 있다. 〈훈 읽기=석독〉이란 '山'이라는 하나의 한자에, 일본어라면 'やま'yama, 한국어라면 '뫼'와 같은 타 언어의 고유어를 대응시켜 그것을 단순히 〈뜻〉으로 파악하는 것이 아니라 실제로 그렇게 발음하여 읽는 것이다. 현대 한국어에서 '山'을 '뫼 산'이라고 부르는 '풀이'는 여기서 말하는 〈훈 읽기〉와는 다르다. 실제로 '山' 자를 '뫼'라고 읽지는 않기 때문이다. '그 山이 高다'를 '그 뫼가 높다'라고 읽는 식으로, 한자를 실제로 고유어로 읽는 것이 〈훈 읽기〉인 것이다.

〈훈 읽기=석독〉은 문자 단위의, 〈한문훈독〉은 텍스트 단위의 읽기 방식이다. 이런 의미에서 〈훈 읽기〉는 〈한문훈독〉을 가능하게 하

---

* 현대의 일본어 표기에도 이 〈오쿠리가나〉가 사용된다. 기본적으로는 동사나 형용사 등 활용하는 단어의 어간 부분을 한자로 표기하고, 활용하는 어미 부분을 가나로 적는 것이 원칙이다. '見ない'mi-nai(보지 않는다), '見ます'mi-masu(봅니다), '見る'mi-ru(본다)에서 'ない', 'ます', 'る'처럼 가나로 표기된 부분이 오쿠리가나이다. 이 문제에 대해서는 제3장 5절 215~216면의 '〈정음〉의 형태음운론적 표기로 일본어 써 보기'를 참조할 것. 어간이 자음으로 끝날 때 한글로 쓰는 경우와 가나로 쓰는 경우를 비교하였다.

는 한 가지 장치(device)라고 할 수 있다. 〈한문훈독〉에서는 〈훈 읽기〉가 이용될 뿐만 아니라 기호나 문자가 텍스트에 덧붙여지게 된다.

물론 〈한문훈독〉은 한 언어를 타 언어로 바꾸는 〈번역〉의 일종이다. 다만 일반 번역과 다른 것은 기본적으로 한문 원문을 그대로 살리면서 그 위에 번역이 겹쳐지는 구조가 된다는 점이다. 〈번역〉이란 다른 곳으로(trans-) 옮기는(-late) 일이다. 일반적으로 에크리튀르를 번역할 경우에는 그 옮겨지는 장소가 원문 옆의 종이인 데 비해 〈한문훈독〉의 경우에는 그것이 원문 위에 위치한 가상의 얇은 종이이다. 〈한문훈독〉은 한문을 베끼면서(寫しながらutusi-nagara) 옮긴다(移すutusu).* 이렇게 〈한문훈독〉에서는 항상 한문이 그 게슈탈트(형태)의 기억과 함께 투영되는 것이다.

한 겹 얇은 종이 너머로 비쳐 보이기에, 투영되어 나타나는 한자의 게슈탈트는 보다 심층적인 기억으로 사람들 안에 머문다. 한 겹 너머의 존재라는 공간적 구조는 때때로 사람들의 의식 속에서 그 심층에 있는 한문 텍스트의 거룩함과 신성함을 지키는 역할을 한다. 한문은 귀한 것, 한문은 범접하기 어려운 것, 한문은 신성한 것. 레이어는 대상을 베끼면서 대상을 경외하게 만드는 장치이기도 하다.

〈한문훈독〉의 의미 ― 〈타 언어라는 층〉

〈한문훈독〉에 대해 생각하는 일은 한글의 탄생을 살펴볼 때 두 가지 의미에서 중요한 전제지前提知가 된다.

---

* 일본어에서 〈베끼다〉와 〈옮기다〉는 같은 음을 가진 동사 〈うつす〉utusu이며 전자는 〈寫す〉, 후자는 〈移す〉로 한자 표기한다.

첫째, 〈한문훈독〉이라는 메커니즘을 해독하는 것은 언어의 음과 문자의 관계, 즉 〈말해진 언어〉와 〈쓰여진 언어〉의 본질적인 관계에 대한 접근이 된다. 이는 언어에 있어서 문자의 보편적인 모습에 대한 접근이다.

둘째로, 이는 〈훈민정음〉, 즉 한글 탄생 이전의 〈쓰여진 언어〉로서의 한국어에 대한 접근이라고 할 수 있다. 이는 개별 언어로서의 한국어에 있어 문자 본연의 모습에 대한 접근이다.

한문의 훈독은 일본어뿐만 아니라 한국어의 세계에도 존재했다. 조선의 지식인들에게 〈문자〉란 〈한자〉를, 〈쓰여진 언어〉란 〈한문〉을 의미하는 것이었다. 그러나 〈한문훈독〉은 단순히 〈한문〉이라는 이언어異言語를 〈읽는 법〉으로서만 실현되었던 것은 아니었다. 〈한문훈독〉은 〈쓰여진 언어〉로 실현된 한국어의 또 다른 형태였던 것이다.

〈한문훈독〉과 〈훈 읽기〉는 〈형음의〉 트라이앵글의 〈형-음〉 선상에서 일어난 사건이라고 앞서 말했다. 한자를 단위로 보았을 때 〈한문훈독〉과 〈훈 읽기〉의 본질적인 메커니즘은 〈형음의〉 트라이앵글 위에 〈타 언어라는 층〉을 포개어 놓는 것에 있다고 해야 할 것이다. 한자 주위에 훈점訓點을 찍는 것은 한자에 타 언어가 겹쳐진 것이 〈형태(形)=모양〉으로 나타난 것에 불과하다. 말하자면 〈한문훈독〉의 본질은 언어와 언어 사이를 연결하는 데에 있는 것이 아니라 언어에 언어를 겹쳐 투영시키는 데 있다. 예컨대 고전 중국어에 한국어나 일본어가 겹쳐져 언어의 중층화重層化가 일어남으로써 언어 간의 차이가 투영되어 드러난다. 다른 언어가 가진 통사론적 신타그마syntagma = 통사 구조의 분절과 배열의 차이가 한자한문 텍스트 위에 석출析出되는 것이다. 〈오쿠리가나〉는 이러한 석출의 신물이다.

한국어의 〈한문훈독〉
〈구결〉의 구조

한국어의 한문 읽기 〈구결〉—토와 현토문

한국어로는 한문을 어떻게 읽었을까? 일본의 〈한문훈독〉에 해당하는 한문 읽기 방식을 한국어로는 〈구결〉口訣이라 한다. 일본어로는 이를 '고케쓰'kôketuこうけつ 또는 '구케쓰'kuketuくけつ라고 읽는다. 아! 또다시 등장하는 일본어 한자 읽기의 다양함이라니!

　현재까지 전해지는 전통적인 한문의 독법讀法은 한국한자음으로 한문을 그 어순대로 읽어 내려가는 방법이다. 여기에 일본어의 훈점에 해당하는 〈토〉吐라는 문자나 기호를 붙여 읽는 방법이 널리 행해졌다. 한글을 토로 사용하면 다음과 같은 모습이 된다.

　學而時習之면不亦說乎아

　토를 단 한문을 〈현토문〉懸吐文이라 한다. 이 토나 현토문도 구결이라 불린다.

여기에 표기된 앞 쪽의 토 '면'은, 일본어로는 '…すれば'sureba (-하면)의 'ば'ba 정도에 해당한다. 마지막에 달린 토 '아'는 의문이나 반어를 나타내는, 일본식 한문 독법에 나타나는 'か'ka나 'や'ya와 같은 조사 및 어미의 일종이다. 이를 앞에서부터 음훈으로 읽어 나가는 것이다. 한자음과 함께 한글로 표기하면 다음과 같다.

學而時習之면不亦說乎아
학이시습지면 불역열호아

이를 일본어로 나타내면 대략 아래와 같다. 'バ'ba만 붙이면 일본어로는 읽기 힘들기 때문에 여기서는 'ナラバ'naraba나 'セバ' seba 정도를 붙여 보기로 한다. 모두 '-하면'이라는 뜻이다. 한자 부분은 체언으로 취급되기는 하지만 일본어 화자의 눈으로 보면 토가 마치 〈오쿠리가나〉처럼 사용되고 있다는 것을 알 수 있다.

學而時習之ナラバ不亦說乎カ

위의 어순과 구결을, 앞서 살펴본 일본어의 한문훈독과 비교해 보자. 원문인 한문 텍스트에 한국어와 일본어가 투영되었을 때 석출되는 토의 유사점과 차이점이 보일 것이다. 한자로 표기된 부분을 한국어에서는 〈음 읽기〉로, 일본어에서는 모두 〈훈 읽기〉로 읽고 있다.

學而時習之면不亦說乎아
학이시습지면 불역열호아

學ビテ而時ニ習フレ之ヲ、不ニ亦夕說バシカラ乎

마나비테도키니고레오나라후, 마타요로코바시카라즈야

〈순독구결〉─한국어의 층에 형태론적 정보를 덧붙이다

한국어의 이러한 읽기 방식은 중국어의 어순을 전혀 무너뜨리지 않고 있다. 통사론적으로는 본래의 구조를 그대로 답습하면서 한국어로 나타나는 형태론적 부가 요소인 '면'이나 '아' 등을 〈토〉로 달고 있는 것이다. '이를 익히다'로 바꾸어 읽은 것이 아니라 '익히다 이를'처럼 원문 그대로의 어순이므로, 말하자면 〈익히기 이를〉 하면'과 같이 용언에 사용되는 어미 'バ ba'를 체언에 붙이는 셈이다. 단, 용언은 활용시켜 읽는 것이 아니라 단순히 음으로만 읽기 때문에 형태는 어디까지나 '습·지·면'이다. 열심히 읽어 사서오경四書五經의 일부라도 암송할 수 있게 되면 토를 달지 않고 한국한자음으로 한문을 음독音讀해도 서로 한문으로 대화가 가능해진다고 한다. 그도 그럴 것이 고전 중국어를 한국한자음으로 발음하므로 단순히 음만 다를 뿐이니, 어휘만 많이 습득한다면 어느 정도는 가능하고도 남을 일이다.

한문 어순에 따른 이러한 읽기 방식을 〈순독구결〉順讀口訣이라 한다. 한자를 음독하되 어미나 조사를 덧붙이고, 거꾸로 읽지는 않는 한문훈독이다. 기본적으로 한자를 음독한다는 점에 주목하여 〈음독구결〉音讀口訣이라고도 한다. 순독구결이란 한문의 통사론적인 성격은 음독한 구句의 형태로 유지한 채, 한문에 겹쳐 놓은 한국어의 레이어에 한국어의 형태론적 정보를 덧붙인 읽기 방식이라 할 수 있다.

한자구결, 약체구결에서 한글구결로

지금 말 보면 것은 한글을 토로 사용한 구결이 있나. 15세기 〈훈민정음〉 탄생 이후에는 한글에 의한 이러한 구결과 현토문이 일반적으로 널리 쓰였다. 이런 부분에서도 〈정음〉의 편익을 알 수 있다. 한자한문이 공적으로 사용되던 조선의 에크리튀르 안에서도, 공적인 장소를 벗어나 한문을 배우거나 읽는 자리에서는 사실 〈정음〉이 커다란 역할을 하고 있었던 것이다.

그러면 〈정음〉 탄생 이전에도 있었던 한문 읽기 방식으로는 구결을 어떻게 표기했을까. 고노 로쿠로의 저서(1955;1979a:8~9)에서 그 예를 찾아보자.

다음에 여러 종류의 구결 쓰기를 열거하고 그 가운데서 한문의 원문은 고딕체로 표기하였다. 고딕체 사이의 명조체가 구결 부분이다.

한자, 한자 약체, 한글 세 종류의 구결

① 한자구결	鸚鵡是 能言爲那 不離飛鳥爲彌
② 약체구결	鸚鵡ヽ 能言ヽヵ不離飛鳥ヽホ
③ 한글구결	鸚鵡ㅣ能言ᄒ나不離飛鳥ᄒ며
④ 로마자 전사轉寫	鸚鵡-i能言hɐna不離飛鳥hɛmiə
⑤ 구결의 일본어 직역	鸚鵡ガ能言スルモ不離飛鳥シ
⑥ 일본어식 한문훈독	鸚鵡ハ能ク言フモ飛鳥ヲ離レズ 鸚鵡は能く言ふも飛鳥を離れず

예문은 '앵무새는 말을 할 수는 있어노 날개 날린 새에 지나지 않는다' 정도의 뜻이다. ①은 한문에 한자구결을 붙인 것이다. 작

은 한자가 구결이다. ②는 한자를 일부 생략한 약체略體를 구결로 사용한 것이고, ③은 한글을 구결로 사용한 것이다. ④는 고노 로쿠로식 로마자 전사轉寫, ⑤는 한글구결의 일본어 직역, ⑥은 역독점을 생략한 일본어식 한문훈독이다. 참고로, 일본 학교의 한문 교육에서 한문훈독의 〈오쿠리가나〉 부분에는 이른바 〈구舊 가나 표기〉(268면의 각주 참고)를 사용한다.

〈차자표기법〉─한자를 이용하여 한국어를 표기하다

앞에서 보면 알 수 있듯이 ①은 '是'(시)나 '爲那'(위나) 등의 한자를 그대로 구결로 사용하고 있다. 이러한 〈한자구결〉은 단순히 한자를 음독하는 것이 아니라 한자를 빌려 한국어 조사나 어미에 대응시켜 한국어의 고유어로 읽는다. '那'(어찌 나) 자는 한국한자음 '나'를 빌려 우연히 음이 일치하는 한국어의 고유어 어미 '-나'를 표기하고, '爲'(할 위) 자는 고유어 '하다'의 어간 '하-'로 읽는, 말하자면 〈훈 읽기=석독〉을 하여 한국어를 표기하고 있다. 즉 '爲那'는 '위나'가 아니라 '하나'로 읽는다. 구결자口訣字로 사용된 '爲' 자는 조사나 어미가 아니라 활용하는 용언의 어간에 해당하는 것이다.

그런데 일본어 훈독론에서는 한국어의 이러한 순독구결이 음을 빌려 표기하고 있을 뿐이므로 일본의 '한문훈독'과는 다르다고 오해하는 경우가 있다. 하지만 일부이기는 하나 조사나 어미뿐 아니라 동사 등의 실사實詞에 이르기까지 〈훈 읽기〉를 섞어서 읽고 있는 이상, 순독구결은 〈한문훈독〉의 일종으로 보아야 할 것이다.

위에서 본 구결은 조사뿐만 아니라 '하-다'와 같은 한국어의 고유어 동사를, 한자를 빌려 나타내는 것이었다. 한자를 이용한 한국어 표기 방식을 일반적으로 〈차자표기법〉借字表記法이라 한다. 구결 뿐만 아니라 한국어권에서 〈정음〉 이전에 쓰여진 한국어의 음은 모두 이 차자표기법에 의한 것이었다.

②는 한자의 해서楷書나 초서草書 중 일부를 취한 형태를 이용하여 구결에 사용하고 있다. 이를 〈약체구결〉略體口訣이라 한다. 'ヽ'는 한자 '是'의 해서 내지 초서의 마지막 오른삐침, 'ソ'는 한자 '為'(爲)의 맨 처음 2획이다. 'ㅋ'는 '邪'의 변방邊에서 가져왔다는 것을 알 수 있다. 'ホ'는 '彌'(미)의 초서체 '弥' 중 방旁에 해당하는 'ホ'에서 가져온 것이다. ③의 한글구결이 나타나기 전에 구결은 모두 이런 한자 아니면 약체로 쓰여졌다. ① ② ③ 모두에서, 고딕체로 표시한 한자는 한국한자음으로 〈음 읽기〉를 하고 구결은 고유어로 훈독하는 하이브리드식 읽기법, 즉 〈한문훈독〉을 한다.

한국어에는 〈역독〉逆讀이 없고, 이러한 순독구결만 존재한다고 오랫동안 여겨져 왔다. 불교나 유교 경전의 경우에도 한문은 모두 순독구결의 전통에 따라 읽도록 가르쳐 왔기 때문이다. 따라서 역독을 하는 한문훈독은 일본어권에만 존재하는 아주 뛰어난 기교라 여겨져 왔다. 그런데 갑자기 엄청난 사실이 드러나게 된다. 구결 연구사상 첫 번째 획기적인 발견이다.

한국어식 역독 〈한문훈독〉— 〈석독구결〉의 발견

1973년, 한국 충청남도 서산군 문수사文殊寺 금동여래상金銅如來像의 복장품腹臟品으로 목판 인쇄된 『불설인왕반야바라밀경』佛說仁王般若波羅蜜經의 일부가 발견되었다. 이를 약칭 『구역인왕경』舊譯仁王經이라 한다. 1346년이라는 연대 기록이 나와 있어 14세기 고려 시대의 것임을 알 수 있다. 바로 이『구역인왕경』의 본문 좌우에, 토와 함께 〈역독점〉逆讀點이 묵서墨書되어 있었던 것이다.

이렇게 해서 한국에서도 〈역독〉을 하는 〈한문훈독〉이 존재했음이 밝혀졌다. 〈쓰여진 언어〉의 세계에서는 일본어뿐 아니라 한국어에서도 〈시간을 거슬러 읽는〉 일이 행해졌고 또한 이것이 텍스트로서 형상화되고 있었다.

〈역독〉하지 않는 〈순독구결〉과 반대로, 일본어처럼 〈역독〉하는 이러한 〈한문훈독〉을 오늘날 〈역독구결〉이라 하여 구별한다. 한자를 음 읽기가 아닌 〈훈 읽기〉로 읽는다는 점에 주목한 〈석독구결〉釋讀口訣이라는 호칭도 널리 사용되고 있다.

| 한자를 읽는 순서에 주목한 명칭 | 순독구결 | 역독구결 |
| 음 읽기인가 훈 읽기인가에 주목한 명칭 | 음독구결 | 석독구결 |

구결 스타일의 명칭

석독구결로 쓰여진 텍스트는 부처의 보호를 받으며 600년을 잠들어 있다가 읽히게 되었다. 그리고 〈한문훈독〉과 관련된 한국어사뿐 아니라 일본어사까지도 바꿔 쓰게 된 것이다.

그 후에도 석독구결과 관련된 여러 자료가 발견되었다.

석독구결의 역독과 경어법

『구역인왕경』에서 석독구결의 예를 잠시 살펴보자.

기본적으로는 위에서 아래로, 한자 오른쪽에 구결이 달린 자구字句부터 읽어 간다. 다음의 예에서는 원으로 둘러싼 '丶'이 역독점이며 일본어식 한문훈독의 '一二點'(일이점) 중 '一'과 같은 역할을 한

다. 즉 '·'이 있는 바로 위의 자
구를 읽은 다음에 위로 거슬러
올라가서 읽으시는 것이나. 일관이락에서
는 '二'의 표시까지 올라가는데
이에 해당하는 것이 왼쪽에 있는
구결이다. 왼쪽에 구결이 달려
있는 가장 가까운 글자까지 돌아
가 읽는다. '量'의 오른쪽 아래
에 역독점 '·'이 있으므로 왼쪽
에 구결이 있는 가장 가까운 글
자 '無'로 돌아간다. 이렇게 해서
전체적으로는 '量[양]無[업]ᄉ化佛
[화불]이有(잇)겨시며'로 읽게 되며,
이는 '헤아릴 수 없는 화불化佛이
있으시며' 정도의 뜻이다. [ ]는
음으로, ( )는 훈으로 읽은 부분

원문

구결의 성음 표기　겨 ㄱ 시 며　　ᄉ은

한자를 읽는 순서　⑤　②　①　③④　이

『구역인왕경』의 일부
한자 좌우에 구결이 보인다.

이다. '有'자를 '잇'으로 〈훈 읽기〉하여 이어지는 구결 'ナハニゟ'와
함께 '잇격시며' 또는 '잇겨시며'로 읽는지, 아니면 읽지 않는 글
자로 보아 'ナハニゟ'라는 구결만으로 '격시며' 또는 '겨시며'로 읽
는지에 대해서는 견해가 나누어진다. 후자라면 이는 '有'자의 읽
는 법을 구결로 달아 놓은 셈이 된다. 어쨌든 '있다'의 높임말인 현
대어의 '계시다'에 해당되는 말이라는 것은 틀림없다. 한문 원문에
는 없는 구결로써 이렇게 높임말을 덧붙이는 점도 한국어 한문훈
독에서는 중요한 의미가 있다. 한국어는 이러한 경어법 시스템이
발달되어 있기에 이것이 한문에 꽂개 놓은 레이어 위에 어떻게는
표시되어야만 했던 것이다.

〈각필〉의 발견―〈점토 석독구결〉

한국어의 〈한문훈독〉, 즉 〈구결〉로서는 〈순독구결〉만 전해져 오던 중에, 〈석독구결〉의 존재가 나타나는 첫 번째 획기적인 발견이 있었음을 보았다. 그리고 두 번째 획기적인 발견이 바로 한국어 〈각필 문헌〉의 발견이다.

고바야시 요시노리小林芳規(2002:2, 2009b)에 따르면 〈각필〉이란 모필毛筆이 주로 사용되었던 메이지明治 시대(1868~1912) 이전에 모필과 함께 사용되던 필기구이며, 이것으로 필기를 하는 일을 말하기도 한다. 앞에서도 잠시 언급한 것처럼 상아나 회양목, 대나무로 만든 끝이 뾰족한 필기구로, 먹(墨) 따위를 사용하지 않고 지면에 직접 눌러 써서 문자나 부호 등을 기록하는 방법이다. 한문으로 쓰여진 서책 등에 각필을 사용하여 기입한 〈각필 문헌〉은 일본의 경우, 나라奈良 시대(710~794)부터 다이쇼大正 시대(1912~1926)의 것에 이르기까지 일본 전국에 분포되어 있다. 일본어 세계에서 각필이 갖는 의의와 그 실제에 관해서는 고바야시 요시노리(1989)에 상세히 서술되어 있다.

일본어에서는 각필로 점 등의 부호를 한자의 네 귀퉁이와 내부에 기입하여 한문훈독법을 표시했다. 그런데 한국에서 각필 문헌이 발견됨으로써 이러한 훈독법이 일본어뿐 아니라 한국어에서도 행해지고 있었다는 사실이 밝혀진 것이다. 이를 〈점토 석독구결〉點吐釋讀口訣이라 한다. 이는 일본어의 〈오코토점〉ヲコト點(오코토텐)에 해당한다.

11세기 고려 시대의 각필 문헌이 한국에서 니시무라 히로코西村浩子, 고바야시 요시노리 등에 의해 발견된 것은 2000년의 일이다. 그 후 한국의 남풍현南豊鉉 등 연구자들은 구결학회를 중심으로 관련 연구를 추진하고 있다. 발견된 한국어 각필 문헌의 형성 시기는

7세기부터 19세기에 이르고 있다. 한반도에 존재하는 각필의 발견은 한국어의 문자사文字史, 에크리튀르사, 언어사를 크게 바꿔 쓰는 계기가 되었다. 일본과 한국 연구자들의 활발한 교류 속에서 한문 훈독에 관한 연구가 진행되고 있는 것도 특기할 만한 일이다.

　이러한 일련의 구결 연구를 바탕으로 남풍현(2009a)은, 고려 시대인 13세기 중엽의 석독구결 시대까지를 고대로, 그 후 13세기 후반의 순독구결 시대부터 15세기의 정음 반포 시기까지를 전기 중세로, 정음 반포 이후 16세기 말엽까지를 후기 중세로 보는, 한국어사의 새로운 시대구분을 제기하였다.

약체구결―가타카나로 가는 길

한자의 일부를 취하여 만드는 약체구결略體口訣은 일본어의 가타카나와 매우 비슷하다. '多'라는 한자에서 생긴 가타카나 'タ'ta와 같은 형태의 약체구결은 한국어로도 '다'라고 읽는다. 이외에도 한자 '利, 伊, 尼, 古'를 이용한 약체구결은 각각 'ㅣ, イ, ヒ, ロ'로 쓰여지는 등 음은 차치하더라도 형태가 가타카나와 완전히 똑같다. 이를 보면 가타카나의 기원이 약체구결에 있는 것이 아닐까 하는 가설을 떠올리게 될 것이다. 최근 언어 자료의 발견과 연구의 진전에 따라 이러한 가설은 점점 신빙성을 더하고 있다.

차자표기법―이두

한자로 한국어를 표기하는 차자표기법 중 〈구결〉을 살펴보았으니

「임신서기석」 탁본
국립경주박물관 소장. 임창순任昌
淳 편(1975)에서 인용

이제 다른 차자표기법도 간단히 살펴보자.

또 다른 차자표기법으로 〈이두〉吏讀가 있다. 이두로 쓰여진 문장을 〈이두문〉이라 한다. 고구려 시대, 446년 혹은 556년의 것으로 추정되는 「고구려 성벽각서」高句麗城壁刻書 제1석이 현재 알려진 최고最古의 이두문이다. 신라 시대의 것으로는 552년 혹은 612년의 것으로 추정되고 있는 「임신서기석」壬申誓記石이 유명하다. 한국어 어순에 따라 한자로 쓰여져 있으며 어미와 조사가 없는 형식이다. 이러한 문체를 〈서기체〉誓記體라고 한다.

'壬申年六月十六日(임신년유월십육일) 二人幷誓記(이인병서기) 天前誓(천전서) 今自三年以後(금자삼년이후) 忠道執持(충도집지) 過失无誓(과실무서)'로 시작되는 두 젊은이의 맹세의 글이다. '충도忠道를 집지執持하고 과실過失 없음을 맹세한다' 등 명백하게 한국어 어순으로 되어 있다.

이후 조선 시대에 하급 관리의 공문 등에 사용되던 문체 중에도 이두라 불리는 것이 있다. 한국어 어순으로 쓰고 표기는 모두 한자이나, 대개 실사實詞는 한자어이고 어미나 조사가 고유어로 되어 있다.

이두는 신라의 설총薛聰이 만들었다고 전해진다. 『훈민정음』에도 설총의 이름이 등장하는 대목이 있는데, 이는 그러한 구전口傳을 바탕으로 한 것이다. 설총은 7세기에 활약했던 학자로 통일신라의 대학승大學僧이었던 원효元曉(617~686)의 아들이다.

차자표기법 — 향찰

또 다른 차자표기법을 볼피고자, 『삼국사기』三國遺事에 14수, 『균여전』均如傳에 11수 등 모두 25수가량이 전해지는 〈향가〉鄕歌라는 운문韻文이 있다. 이 표기에 사용된 것이 〈향찰〉鄕札이다. 실사實詞의 어간 부분을 〈훈 읽기〉하고, 어미 등을 〈음 읽기〉하는 것이 특징이다. 일본의 『만엽집』萬葉集*에 약 4,500수 이상의 와카和歌가 남아 있는 데 비해 향가는 불과 25수만 전해지고, 그 해독이 대단히 어렵다. 재미있는 것은 다음과 같은 표기가 보인다는 점이다.

夜音

15세기 한국어와 비교해 추정했을 때 '夜音'은 '밤'[夜]이라는 뜻의 /pam/으로 읽혔을 것이라 여겨진다.

한자 '夜'를 고유어로 〈훈 읽기〉하여 /pam/이라는 것을 나타내고 싶으나 '夜' 자만 있으면 〈음 읽기〉인지 〈훈 읽기〉인지 알 수가 없다. 그래서 고유어 /pam/의 끝소리 즉 종성 /m/를, 끝에 첨가한 한자 '音' 자의 음인 /im/을 빌려 나타냄으로써 고유어 /pam/으로 읽는다는 것을 보여 준 것이다. 이러한 방법을 〈말음 첨기〉末音添記라 한다. 한국어에서의 말음 첨기 경험은 〈정음〉을 만드는 데 있어서 음절에서 음절말 자음을 하나의 단위로 분리해 내게끔 하는,

---

* 『만엽집』萬葉集(만요슈)은 8세기에 편찬된 일본 최고最古의 가집歌集이다. 전 20권으로 일본 고유의 정형시인 '와카'和歌 약 4,500수와 약간의 한문시, 서한 등이 수록되어 있다. 수록된 와카에는 몇 가지 형식이 있는데 그중에서도 '단카'短歌라 불리는 형식이 가장 많다. 작자는 덴노天皇, 귀족, 관리부터 이른바 하층민에 이르기까지 다양하다. 표기에는 한자의 〈음 읽기〉와 〈훈 읽기〉를 이용한 〈만요가나〉萬葉假名가 사용되었다. 이 〈만요가나〉 자체는 6세기의 금석문金石文에도 사용된 것이다.

말하자면 유전자적인 작용을 초래했을 터이다.

1145년에 편찬된 사서『삼국사기』三國史記나 13세기 말엽에 지어진『삼국유사』에는 한자로 표기된 고대어 지명과 인명이 보인다. 이것도 차자표기법의 일종으로,〈사서 차자표기〉史書借字表記라 부를 수 있을 것이다. 8세기에 신라 경덕왕景德王은 고유어 지명을 한자어로 바꾸었는데『삼국사기』지리지는 이 두 가지 지명을 병기하고 있어 매우 흥미롭다.

결국, 한자로 한국어를 표기하는〈차자표기법〉에는 다음과 같이 네 가지가 있는 셈이다.

① 구결口訣
② 이두吏讀
③ 향찰鄕札
④ 사서 차자표기史書借字表記

언어의 선조성과 언어의 시간—한문훈독에서의 위상적 변용

소쉬르(1940:89~95, 1972:95~101)는 '시니피앙signifiant의 선적線的 특성'이라는 표현을 통해〈말해진 언어〉의〈선조성〉線條性이라는 성격을 강조했다. 그는〈선조성〉이 '언어기호의 본원적 성질'이며 '원리'라고까지 말하고 있다. 언어가 말해질 때, 그것은 시간과 함께 실현된다. 마치 하나의 선처럼 시간에 순종적인 모습으로 나타났다가 사라지는 것이다.

그러나〈말해진 언어〉와는 달리〈쓰여진 언어〉로서의 텍스트에서는 선조성이라는 언어의 근본적 성질이 종종 파괴된다.〈쓰여진

언어〉에서 사람은 읽으면서 때때로 〈멈춰 서고〉, 혹은 〈거슬러〉 읽고, 혹은 〈뛰어넘으며〉 읽는다. 일본어에는 〈비스듬히 읽기〉〈斜め讀〉라 수된이 간요 먼ㅣㄲㅣ기 준개핸다. 텍스트에서는 놀랍게도 〈시간을 비스듬히 읽어 나가는〉 것이다.

〈쓰여진 언어〉에 나타나는 시간의 이러한 비선조적非線條的 모습은 〈말해진 언어〉에서는 기본적으로 있을 수 없는 일이다. 단층 텍스트를 읽는 경우에조차 선조성은 이렇게 파괴된다. 〈말해진 언어〉와 〈쓰여진 언어〉는 시간, 선조성이라는 관점에서만 봐도 위상적으로(topologically) 완전히 다르다. 〈한문훈독〉과 같이 두 언어가 중층화된 텍스트에서는 선조성의 이러한 파괴가 더욱더 극적劇的이다. 읽는 이는 때로 갈 곳을 잃어 텍스트라는 미궁 속에서 방황한다. '吾未二嘗不一レ得レ見也'〈나는 아직 일찍이 뵙지 못한 적이 없었던 것이다〉*

〈한문훈독〉에서는 한 가지 언어 텍스트와는 달리 텍스트 문자 사이를 한 평면상에서 오갈 뿐 아니라 두 언어 간의 공간을 뒤틀어 가며 왕래(warp)한다. 이것이 〈한문훈독〉의 본질적인 구조이다. 〈한문훈독〉되는 텍스트가 불교 경전이라면 이러한 왕래의 시간은 실로 불교적이라 해야 할까. 〈한문훈독〉의 실현이란 〈쓰여진 언어〉의 존재론적 시간— 말이 의미로 실현되는 시간— 이 〈이언어 중층二言語重層 텍스트〉 안에서 위상적인 변용을 이루는 것이다.

---

* 〈말해진 언어〉와 〈쓰여진 언어〉의 차이를 비롯해 언어가 어떻게 실현되는가를 둘러싼 여러 문제에 대해 저자는 〈언어존재론〉(ontology of language)이라는 사상을 제기하였다. 노마 히데키(2008ab) 등 여러 편의 논고에서 논의되고 있다.

5

〈질량을 가진 텍스트〉

〈질량을 가진 텍스트〉를 읽다

〈각필 문헌〉의 발견은 또 한 가지 귀중한 사실을 가르쳐 준다.

각필로 종이에 〈쓰여진〉 흔적은 사진이나 인쇄로는 쉽게 알아볼 수 없다. 두께가 있고 질감이 있는 책 자체를 읽는 이가 반드시 직접 접해야만 한다. 살아 있는 책을 떠나서 기호로서의 텍스트 표층만 본다면 각필은 읽어 낼 수 없는 것이다.

종이를 눌러 자국을 새기는 형태로 기록하는 것. 이는 텍스트의 〈형태〉가 가진 고귀한 신성함을 묵서墨書나 주점朱點 등으로 손상시키지 않기 위한 읽는 이의 배려이기도 했을 것이다. 그리고 이는 읽는 이의 〈읽기〉 행위였을 뿐 아니라, 읽으면서 또다시 각필이라는 레이어를 겹치며 이언어 중층 텍스트를 생산하는 〈쓰기〉의 영위이기도 했다.

텍스트의 중층화. 이는 기호학적인 평면에서만 이루어진 것이 아니다. 갑골 등에 새겨져 등장한 한자가 종이에 쓰여지거나 인쇄되는 일이 확대되던 시대에, 〈각필〉은 놀랍게도 종이에 자국을 새기는, 이른바 한자 출현의 원초적인 모습으로 회귀하는 듯한 행위고 기록한 것이다. 인지를 문지르면 단서고 고안 페이지이지 깊게 말려진 권자본卷子本이나 반듯하게 묶인 선장본線裝本*과 같은, 텍스트의 질적이고 공간적인 존재 양식을 파악해야만 숨겨져 있던 텍스트의 중층화까지 볼 수 있게 된다.

살아 숨 쉬는 사람이 〈쓰여진 언어〉를 〈읽는〉 언어의 장場에서, 단순히 기호학적인 평면의 텍스트로서뿐만 아니라 글자 그대로의 촉감(texture)이 있고 질량(mass)이 있고 향기(scent)까지 있는 서적으로서의 텍스트를 살펴봄으로써 지금까지 보이지 않던 것이 드러나게 된 것이다.

레이어로 베껴지는 〈형〉

〈한문훈독〉에서 한자의 〈형음의〉 트라이앵글에 타 언어라는 층을 포갬으로써 읽히고 베껴진 것은 〈음〉과 〈의〉였다. 이때, 〈음〉과 〈의〉는 레이어 위에서 변용을 이룬다. 겹쳐진 것이 타 언어라는 이질적인 층이라면 당연한 일이다. 단순히 베끼는 것이 아니라 장소자체를 옮기는 일이기 때문이다. 〈음〉과 〈의〉가 변용을 이루면서도 레이어 위로 베껴지는 것. 그것이 〈번역〉이었다.

그렇다면 〈형〉은 어떨까. 〈형음의〉 트라이앵글의 꼭짓점인 〈형〉,

---

* 　권자본卷子本은 두루마리식으로 서적을 장정하는 방법이다. 종이의 한쪽 끝에는 둥근 막대기 모양의 권축卷軸을 달고 다른 한쪽에는 대나무 따위를 덧대고 끈을 달아서, 권축에 보관할 때에는 둥글게 말아 두었다가 읽을 때는 풀어 보도록 되어 있다. 선장본線裝本에 대해서는 31면의 각주를 참조하기 바란다.

즉 모양을 레이어로 베끼는 일은 없었을까?—있었다. 다만 그것은 타 언어의 세계에서뿐만 아니라 중국어권 내부에서 이미 이루어지고 있었다. 글자 그대로 물리적으로 베끼는 형태로 말이다. 〈음〉과 〈의〉는 물리적으로 〈베낄〉 수 없지만 〈형〉은 가능하기 때문이다.

예를 들어 〈탁본〉拓本이 그런 것이다. 돌에 새겨진 문자에 물 뿌린 화선지를 대고 먹을 묻힌 솜뭉치로 가볍게 두드려 문자의 형태를 베끼는 것을 습탁濕拓이라고 한다. 물을 뿌리지 않는 것은 건탁乾拓이다. 혹은 판에 먹을 묻히고 종이를 대어 바렌馬練(마련)으로 문지르는 목판화 기법도 있다. 예를 들어 맨홀 뚜껑에 종이를 대고 위에서 크레용으로 문지르는, 서양에서 말하는 〈프로타주frottage=문지르기〉 기법은 서양의 건탁이라고 할 수 있다.

서예 세계의 레이어—〈쌍구전묵〉

레이어를 겹쳐서 〈형〉을 베끼는 일은 서예書藝의 세계에서도 행해졌다. 베낄 대상 위에 얇은 종이를 대고 윤곽만을 베낀 후(이를 쌍구雙鉤라 한다) 윤곽 안을 먹으로 채운다(이를 전묵塡墨이라 한다). 바로 〈쌍구전묵〉雙鉤塡墨이라는 기법이다. 원본을 옆에 놓고 익히는 임서臨書나, 원본을 덮어 놓거나 보지 않고 쓰는 배임背臨과 비교하면 쌍구전묵은 너무나도 약삭빠른 방법으로 보이지만, 형태 자체를 베낀다는 점에서는 한없이 원본에 가까워질 수 있는 방법이다. 레이어를 겹쳐 놓는 것이기 때문이다. 계조階調 없는 사진으로 만드는 현대 서예의 법첩法帖 등은 말하자면 사진에 의한 쌍구전묵이다. 법첩으로는 먹의 농담濃淡이나 종이에 먹이 어떻게 스며들어 있는지는 보이지 않는다. 질감과 질량이 레이어에 의해 사라지는 것이다. 그럼에도 불구하고 허술한 인쇄의 법첩에서조차 때로는 베껴진 문자의 게슈탈트만으로써 형태로 나타난 획劃과 획 사이의 여백▥을 읽어 낼 수 있고, 필세▥를 읽어 낼 수 있고, 속도를 읽어 낼 수 있으며, 쓰여진 시간까지도 읽어 낼 수 있다는 것은 실로 놀랍다. 〈쓰기〉라는 행위가 글자의 게슈탈트에 깃들어 있는 것이다.

텍스트를 지탱하는 신체 ─ 촉감, 질량, 향기

추상화된 기호로서가 아니라 촉감, 질량, 향기를 가진 텍스트로서의 문자와 대치對峙하자 〈각필〉이 드러났다. 촉감, 질량, 향기란 텍스트를 지탱하는 〈신체〉身體이다. 텍스트는 추상화된 기호론적 공간에만 존재하는 것이 아니다. 텍스트는 우선 손으로 만지거나 문질러서 나타낼 수 있는 올록볼록한 요철을 가진 대상으로서, 또한 만지면 부서질지도 모를 시간까지도 내포하는 대상으로서 존재한다. 새겨진 형태를 베껴 낸다. 새겨진 텍스트를 부각시킨다. 이는 모두 텍스트가 질량을 가지고 있는 텍스트이기에 가능한 것이다.

　모든 텍스트는 그것을 지탱하는 신체와 함께 존재한다. 오늘날 디지털 공간의 텍스트조차도 그 신체성이 다를 뿐이지 신체성이 존재하지 않는 것이 아니다. 신체성이 뒷받침되지 않으면 텍스트는 텍스트로서의 전제 조건을 잃는 것이다. 이러한 사실은 소쉬르 기호학에 근원을 둔 관계론적 견해만으로는 텍스트 그리고 에크리튀르를 둘러싼 물음을 완전히 수행할 수 없음을 시사해 주고 있다.

〈질량을 가진 텍스트〉로서의 『훈민정음』 해례본

사실 『훈민정음』이라는 책이야말로 글자 그대로 이러한 〈질량을 가진 텍스트〉로서 존재하였다. '해례본'解例本이라 불리는, 거의 유일하게 현존하는 『훈민정음』의 원간본原刊本*은 목판으로 인쇄된 대철선장본袋綴線裝本이다. 그 본문 중 일부 종이의 뒷면에는 놀랍게도 정음으로 『십구사략언해』十九史略諺解가 필사되어 있었다.

즉 이 『훈민정음』의 접힌 일부 뒷면은 『십구사략언해』의 필사본으로 존재했던 셈이다. 『훈민정음』 해례본은 500년을 살아오는 동안 어느 시점부터 그 안에 『십구사략언해』의 단편斷片을 품고 있었던 것이다. 지금은 책이 다시 훌륭하게 제책되어 있기 때문에 그러한 사정을 많은 국어학자조차 잘 몰랐던 것이다.

제본 방식도 네 군데에 구멍을 뚫어 묶는 현재의 4침안정법四針眼訂法이 아니라 원래 조선의 전통적 제본법인 5침안정법으로 되어 있다. 조선의 책은 일본의 전통 책에 비해 일반적으로 크기가 크고 철한 구멍도 5안五眼인 경우가 많다.

또 『훈민정음』 해례본은 발견되었을 때에 처음 두 장, 즉 네 쪽 분량이 빠져 있었고, 그 부분의 텍스트만은 후에 다른 문헌을 참조하여 보완되었다고 알려져 있다. 따라서 세종의 서문 모두冒頭를 『훈민정음』 해례본을 소개하는 사진으로 사용하는 것은 피하는 것이 좋다.

김주원金周源의 최근 연구(2005a)에서는 위와 같은 『훈민정음』 해례본의 모습과 함께 다음과 같은 사실도 밝히고 있다. 『훈민정음』

---

* 해례본은 유일본으로 전해져 왔으나, 2008년에 상주尙州에서 새로 발견된 해례본이 있다고 한다.

해례본은 1940년 경상북도 안동의 고택에서 발견되었을 당시에 지붕 밑 나락에 섞여 있었나고 전해지고 있었으나, 실제로는 소장자에 의해 여성들의 한글 교육에 쓰이고 있었다는 것이다. 이 연구는 이렇게 적고 있다.

"『훈민정음』은 ― '사람마다 쉽게 익혀서 편히 쓰게 하고자' 했던 세종임금의 뜻대로 쓰이고 있었다."

『훈민정음』은 촉감을, 질량을, 향기를 가진 텍스트로서 사람들 사이에서

『훈민정음』 해례본 일부
뒷면에 정음으로 쓰여진 문자가 비쳐 보인다.

배우고 가르치는 일상의 영위 속에 존재했던 것이다.

이 책은 1962년 한국에서 국보로 지정되었고, 1997년에는 책 중의 세계유산이라 할 수 있는 유네스코의 〈세계기록유산〉(Memory of the World)에 등재되었다.

6

서방에서 온 길
〈알파벳로드 = 자음문잣길〉의 종언

〈훈민정음〉 창제자와 이데올로그들은 어떤 문자를 알고 있었나

우리는 지금 대담하게도 문자를 새로 만들고자 하고 있다. 이미 한
자의 조자造字 시스템과는 결별했다. 그렇다면? 달리 어떤 방법이
있을까? 〈훈민정음〉 창제자들은 한자 이외에 어떤 문자를 알고 있
었을까?

15세기 조선에서는 어떤 문자가 활보하고 있었을까. 중국에서는
1368년에 주원장朱元璋이 몽골 민족의 지배에서 벗어나 한족漢族의
나라, 명明을 건국했다. 한족의 세계는 두말할 것도 없이 압도적인
한자의 세계이다. 이에 반해 몽골 민족에게는 몽골Mongol문자와 파
스파'Phags-pa(八思巴)문자라는 두 가지 문자가 존재했다. 조선 이전의
고려 왕조(918~1392)는 한때 몽골의 영향하에 있었다. 당연히 조선에
서도 몽골문자, 파스파문자는 알고 있었다. 몽골 외에도 중국을 둘
러싼 이른바 정복왕조로 가깝게는 금金(1115~1234)이 있었다. 금나라
에는 거란契丹문자와 한자를 기초로 만들어진 것으로 보이는 여진

女眞문자가 있었다. 물론 일본이나 류큐琉球 왕국과도 교류가 있었으므로 히라가나와 가타카나도 알고 있었다.

이러한 다양한 문자 중 한글의 탄생을 일펴보는 데 한지 디음으로 주목해야 할 것은 몽골문자와 파스파문자일 것이다. 재미있는 것은 이 두 문자 모두 그 근원을 멀리 지중해에서 찾을 수 있다는 점이다. 중국 대륙에서는 한자가 탄생했고, 메소포타미아에서부터 지중해에 이르는 지역에서는 〈알파벳〉 즉 〈단음문자〉라는 시스템이 생겨났다. 몽골문자와 파스파문자는 그중 서쪽에서 들어온 알파벳의 유전 정보를 가진 문자였다.

〈단음문자의 길＝알파벳로드〉
─지중해에서 동방으로 온 〈자음자모 로드〉

가메이 다카시龜井孝·고노 로쿠로河野六郎·지노 에이치千野榮─ 편저 (1996:30, 1087)에 따르면, 알파벳은 기원전 20세기 전반에 시리아·팔레스타인 지방에 살던 북방 셈Sem족에 의해 발명되어 다음과 같은 두 경로를 통해 동방과 몽골에 이르렀다고 한다. 요약하면 다음과 같다.

① 북방과 이란Iran계 소그드Sogd를 거쳐 튀르크Türk계 위구르 Uyghur에 이르렀고, 위구르문자에서 칭기즈 칸에 의해 몽골문자가 만들어졌다.
② 셈Sem계 알파벳인 아람문자Aram文字가 인도에 들어와 인도에서 여러 종류의 문자를 탄생시켰으며, ⊥ 일파로부터 티베트Tibet문자가 만들어졌고, 이를 개량하여 파스파문자가

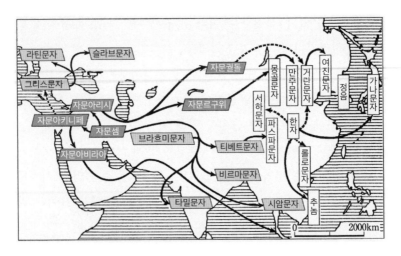

아시아의 문자 전파와 그 서법書法
□ 안의 것은 세로쓰기 문자, ▨ 안의 것은 왼쪽에서 오른쪽으로 써 나가는 가로쓰기 문자, ▩
안의 것은 오른쪽에서 왼쪽으로 써 나가는 가로쓰기 문자다. 가메이 다카시·오토 도키히코大藤時彦·야
마다 도시오山田俊雄(2007a:117)에서 그림을 일부 수정하여 인용

만들어졌다. 이 파스파문자는 원元나라 세조 쿠빌라이 칸의
명에 따라 티베트의 고승 파스파가 1269년에 만들었다.

지중해에서 중국 대륙에 이르는 이 두 개의 경로는 이른바 〈비
단길〉(실크로드)이 아닌 〈단음문자의 길〉(알파벳로드)이라 할 수 있는 것
이었다.

문자 구조상의 특징을 살펴보면, 히브리문자나 아랍문자와 같
은 알파벳은 기본적으로 자음만을 나타내는 문자였다.『구약성서』
나『코란』(쿠란)과 같은 경전의 경우, 잘못 읽지 않도록 식별 기호를
사용하여 모음을 나타내었다. 모음은 모음자모母音字母로서 완전한
자격을 갖추고 있다고는 할 수 없는 것이었다. 알파벳은 오늘날도
종종 자음만으로 표현된다. 예를 들어 영어라면, 'prsnl cmptr'가
'personal computer'라 읽히는 식이다. 오늘날 인터넷상의 영어

에서도 모음자를 생략하는 이러한 표기를 종종 보았을 것이다. 단어를 알고 있는 경우, 문자의 평면에서 자음자모가 부여되는 것만으로노 뮤의 평면에서는 닌너글 새생될 ✚ 있나긴 맛이니.

신이 선을 긋고 사람이 점을 찍었다―아랍문자

"신이 선을 긋고 사람이 점을 찍었다"―이렇게 쓰여진 아랍문자가 배치된 포스터는 대학이라는 공간 속에서 문자의 숭고함을 발하고 있었다. 길게 늘여진 아랍문자의 모습에서는 마치 소리가 들리는 듯하다. 위의 문장을 소개하고 있는 도쿄외국어대학 아시아·아프리카언어문화연구소 편(2005:45)은 아랍문자와 인도계 문자를 알기 쉽게 그림으로 풀이하고 있다. 이를 보면 다음과 같은 내용도 쉽게 이해할 수 있다.

서방에서 발생한 단음문자인 아랍문자는 선을 주체로 하여 자음을 표기한 문자이다. 아랍의 서예에서는 자음을 그려 내는 선이 자유자재로 늘어나기도 하고 줄어들기도 한다. 그리고 모음은 기본적으로 〈형태〉를 가지지 않는다. 아랍문자에서는 필요한 경우에 모음 기호를 붙이기 시작해 정확성이 요구되는 종교적 문헌이나 초등교육 교과서 등에만 모음 기호가 사용된다. 아랍문자는 아랍어 이외의 언어로도 확산되어 각각의 언어를 표기할 때에도 모음 기호가 보조적으로 사용되는데, 역시 주체는 자음자모이다.

기호 없음	파타하	카쓰라	담마	쑤쿤
b?	ba	bi	bu	b
ب	بَ	بِ	بُ	بْ

아랍문자는 모음을 나타내는 문자가 없고, 모음은 필요에 따라 기호를 붙여 표기한다.
도쿄외국어대학 아시아·아프리카언어문화연구소 편(2005²:50)에서 인용

아랍어에는 /a/, /i/, /u/ 세 가지 모음이 존재한다. 종종 사용되는 예를 살펴보면, K—T—B라는 세 자음의 조합을 축으로 모음을 교체시켰을 때 KaTaBa는 '그는 썼다', KāTiB-un은 '쓰는 자', KiTāB-un은 '책'이라는 뜻이 된다.

그렇다. 자음이 축이 되고 모음이 자유로이 변용한다. 이를 일본어의 오노마토페와 비교해 보자.

> からから karakara
> きりきり kirikiri
> くるくる kurukuru
> ころころ korokoro

k—r—k—r이라는 자음의 축이 모두 무언가가 회전하는 듯한 의미를 나타내고 있음을 알 수 있다.* 모음은 이들 단어군을 관통하는 이러한 기본적인 의미에 부차적인 의미를 덧붙여 한정 짓는 것이다.

그러면 이번에는 한국어의 오노마토페와도 비교해 보자.

> 말랑말랑 mallaŋmallaŋ
> 몰랑몰랑 mollaŋmollaŋ
> 물렁물렁 mullʌŋmullʌŋ

---

* 여기에 제시된 단어는 각각 다양한 의미를 나타내지만, 대표적인 용법을 하나씩 번역해 보면 다음과 같다. 'からから'karakara는 〈팔랑팔랑〉(바람개비가 도는 모양), 'きりきり'kirikiri는 〈쿡쿡〉(배가 송곳으로 쑤시듯이 아픈 느낌), 'くるくる'kurukuru는 〈빙글빙글〉(눈이 정신없이 돌아가는 모양), 'ころころ'korokoro는 〈대굴대굴〉(도토리가 구르는 모양).

자음을 축으로 한 이러한 구조는 많은 언어에 나타난다. 아랍어에서는 그 구조가 문법적인 역할까지 담당하는 등 매우 생산적으로 자용하고 있다. 여기까지는 류의 범벅에 난난 이야기이다. 문자의 평면에서 아랍문자가 모음자모의 〈형태〉를 가지고 있지 않은 데에는 필경 어떤 까닭이 있는 것이다. 아랍문자 등이 가진 자음자모 구조의 유전자는 몽골문자, 파스파문자로 계승되어 한국어의 세계에까지 도달했다고도 할 수 있다. 그리고 유전자는 변용을 이룬다.

'자음문자 로드'의 종언─ 모음에 〈형태〉를 부여하다

이러한 단음문자를 보면 문자의 평면에서 자음자모는 견고한 〈형태〉를 가지고 있는 데 비해 모음은 〈형태〉가 불분명하다. 모음과 자음이 서로 독립된 단위의 같은 자격으로서 문자상에 형상화되어 있지 않다. 말하자면 모음은 자음과 자음 사이의 빈 공간을 빠져나가는 바람이었다. 모음은 문자의 평면에서는 명확한 형태를 부여받지 못하며 어디까지나 음의 평면에서 비로소 생겨나는 것이다. 문자의 평면에서는 구조적으로 자음의 〈게슈탈트=형태〉가 배치된다. 사람이 그러한 문자를 〈읽는〉 행위를 수행할 때, 자음 사이의 동굴을 모음이라는 바람이 지나가면서 〈언어음〉이 생성된다. 자음자모들 사이에 숨어서 보이지 않던 모음이 자음과 어울려, 〈의미〉를 부르는 〈언어음〉이 되어 울려 퍼진다. 서방에서 아시아 깊숙이까지 들어온 단음문자=알파벳이란 그러한 음향 장치였다.*

---

* "이러한 단음문자를"로 시작하는 이 문단은 저자가 한국어판을 위해 수정하고 가필한 내용이다.

이렇게 해서 우리는, 동방을 향해 온 〈알파벳로드〉란 그 뿌리가 〈자음자모 로드〉였다는 사실을 알게 된다.

아시아를 가로지른 〈자음자모 로드〉의 종착지에서, 어슴푸레한 모음에 단호히 〈게슈탈트=형태〉를 부여한 것이 바로 〈훈민정음〉이었다.

훈민정음
— 〈자음문자=알파벳〉에서 〈전면적 단음문자=풀알파벳〉으로

중국 대륙에서 발생한 한자 시스템과 지중해에서 나타난 알파벳 시스템을 살펴보았다. 우리가 만들고자 하는, 한국어를 그려 낼 문자는 〈상형〉을 기초로 한 〈육서〉 시스템을 취하지 않고 〈음〉에서 출발하게 된다. 단음문자 시스템을 취하는 것이다.

단음문자. 알파벳. 지중해에서 자라난 단음문자는 북방 유럽으로 들어가면서 그리스문자, 키릴문자나 라틴문자=로마자처럼 모음자모와 자음자모를 일직선상에 배열하는 2차원적인 배열 시스템으로 꽃을 피웠다. 모음자모와 자음자모는 같은 자격으로 형상화되었으나 그들은 단지 한 줄로 배열될 뿐이었다. 모음용 자모가 적었던 라틴문자가 모음이 많은 언어로 들어가면 모음에 기호가 붙어 사용되기도 하였다. 반모음용의 j와 w가 나중에 만들어지기도 하였다. 자모는 변용되고 그 수가 많아져도 로마자로 대표되는 북방 알파벳은 기본적으로 2차원적인 구조였으며 거기에서 3차원적인 평면성은 찾아지지 않는다.

한편, 동쪽을 향해 온 단음문자는 가로 혹은 세로로 촉수를 뻗쳤다. 가로쓰기와 세로쓰기가 난립하였다. 아랍문자에서부터 인도계

문자나 파스파문자 등에 이르면 단음문자들은 단순한 2차원이 아니라 때로는 음절이라는 단위에 관심을 보이며 3차원적인 평면성을 획득하려 하였나, 나반 잎에서 딜피븐 이깁믄기기 그갰듯이, 돈쪽으로 아시아를 건너온 단음문자들은 모음과 자음에 같은 자격의 형태를 부여하지 않았고 '모음이 희미한' 유전자를 지니고 있었다. 바꾸어 말하면 모음과 자음이 각각의 자모로서 지닌 독립성獨立性과 단위성單位性이 희박했던 것이다.*

그렇다면 〈정음〉은? 중요한 것은 바로 이것이다. 〈정음〉은 단음문자=알파벳 시스템을 인지하고 있었으나 단순히 이를 받아들이는 데 머무르지는 않았다. 북방 알파벳과는 그 배열에서 결정적으로 달랐고, 모음에 형태를 주는 문제에 있어서는 동방 알파벳과 결정적으로 달랐다. 모호함을 완전히 거부했다는 점에서, 〈정음〉은 기존의 동방 단음문자=알파벳 시스템을 특별히 받아들이지 않았다기보다는 원리적으로 '거절'했다고 말하는 편이 정확할 것이다.

자음문자의 길은 이미 종착점에 이르렀다. 〈정음〉은 서방에서 찾아온 알파벳 시스템의, 천 년 이상 희미했던 모음의 공극空隙을 모음자모라는 선명한 게슈탈트로 충족시킨 것이다.

그리고 그 모음이 갖게 된 게슈탈트로서의 지위는 라틴문자 등에서와는 근본적으로 달랐다. 〈정음〉은 라틴문자처럼 모음자모와 자음자모가 단순히 직선상에 병렬된 2차원적인 배열 시스템이 아니다. 다음 장에서 살펴보겠지만 〈정음〉은 완전히 새로운 입체적 배치 시스템, 그것도 동적인 시스템을 확립하게 된다. 서방에서 발생한 자음문자=알파벳은, 극동에서 〈훈민정음〉이 탄생함으로써

---

* "단음문자. 알파벳."으로 시작하는 부분부터 여기까지 두 문단은 저자가 한국어판을 위해 가필한 내용이다.

역사상 유례없는 전면적 단음문자(풀알파벳full alphabet) 시스템으로 완성된다.

제3장

〈정음〉의 원리

『훈민정음』 언해본(1447년경)
1459년 간행된 『월인석보』의 권두에 수록. 서강대학교도서관 소장

1

문자를 〈민든다〉
공기의 떨림에서 음을 잘라 낸다

문자를 만든다─〈음〉이란 무엇인가?

이제 드디어 문자를 만든다. 전체적인 전략은 이미 정해졌다. 〈음〉音에서 출발할 것. 한자처럼 대상을 〈상형〉하여 형태를 부여하는 것이 아니라, 〈음〉에 형태를 부여할 것. 그리고 그 〈음〉, 즉 흘러서 사라져 가는 〈언어음〉을 구분해 단위를 만들고, 각 단위에 형태를 부여하는 〈단음문자〉로 할 것. 자음과 모음을 추출해 〈자음자모〉뿐 아니라 〈모음자모〉에도 게슈탈트(형태)를 줄 것.

총체적 전략이 이렇다면 우선 먼저 고찰해야 할 것은 표현해야 할 〈소리〉, 즉 〈음〉이다. 한국어는 어떤 음으로 이루어져 있는가? 지금까지 여기서는 설명을 위해 '모음'이니 '자음'이니 하는 단어를 쓰고 있지만, 15세기에 그러한 개념에 도달하여 각각에 〈형태〉를 부여하는 언어학이나 문자론은, 적어도 동아시아에는 존재하지 않았다. 동아시아에서 학문적 우위를 섬하고 있던 중국 음운학에서조차 모음을 〈형태화〉하지 못했고, 자음을 완전히 〈형태화〉하지도 못했다. 영어의 'vowel'(모음)이나 'consonant'(자음)라는 단어가 문헌에 등장한 것도 고작 14세기가 되어서의 일이다. 그마저 단어는 있어도 아직 개념이 불분명한 채로 말이다.

이러한 문제는 현대 언어학에서는 〈음성학〉(phonetics)과 〈음운론〉(phonology)이라는 분야에서 다루고 있다. 덧붙여, 언어음을 단위로 분할하는 것을 〈분절〉分節이라고 한다. 모음이나 자음은 〈분절음〉이다.

음의 단위를 나누다─음은 어떻게 문자가 되는가

그렇다면 본래 〈음〉이란 무엇인가? 지금 우리가 이야기하고 있는 이 공기의 진동, 떨림, 계속 이어져 나오는 목소리에서 〈음〉은 어떻게 추출할 수 있는 것일까? 도대체 〈언어음〉이란 무엇이란 말인가?

생각해 보자. 우리는 지금 문자를 만들려고 한다. 그리고 〈말해진 언어〉로서는 분명히 존재를 확인할 수 있는 언어, 음으로서만 실현되는 언어, 그러나 누구도 문자로는 쓴 적이 없는 언어, 이 상황에서 어떻게 음을 석출하면 좋을까? 대상에 형태를 부여하여 부르는, 〈상형〉을 기초로 하는 〈형음의〉形音義 트라이앵글 시스템은 이미 버렸다. 소리에서 출발한다고 했는데, 소리의 세계의 언어음은 대체 어떻게 빛의 세계의 문자가 될 수 있는 것일까? 문자로 만들기 위해서는 우선 일정한 단위로 나눠야만 한다. 그런 단위는 어떻게 구분해 낼 수 있을까? 우리는 지금 음이 문자로 변하는 순간을 지켜보고 있다.

스위스의 언어학자 페르디낭 드 소쉬르(왼쪽)와 폴란드의 언어학자 보두앵 드 쿠르트네(오른쪽)

20세기 언어학의 〈음소〉 발견

발성되었다가 사라지는 언어음으로부터 어떻게 단위를 구분 지을 것인가 하는 물음에 대해 20세기 언어학은 정연한 해답을 얻어 냈다. 20세기 언어학의 기초를 만들고 여러 인문학에 절대적인 영향을 미친 스위스의 언어학자 페르디낭 드 소쉬르Ferdinand de Saussure(1857~1913)와 러시아 구조주의의 선구자인 폴란드의 언어학자 보두앵 드 쿠르트네Baudouin de Courtenay(1845~1929)가 각기 도달한 〈음소〉音素(phoneme)라는 개념이 바로 그것이다.

　〈음소〉란, 어떤 언어 체계에서 단어의 의미를 구별할 수 있는 언어음의 최소 단위이다.

　한국어 서울말을 예로 〈음소〉에 대해서 살펴보자.

　"저번 날, 나 말 탔어"라는 문장에 나오는 난어 ‘날’과 ‘말’이라는 두 단어를 비교해 본다. 주의할 것은 지금은 문자의 평면이 아니라 음의 평면에서 논의를 하고 있다는 점이다. 발음을 나타내기 위해 만들어진 국제음성기호(International Phonetic Alphabet)로 이들을 표기해 보면 '날'은 [nal], '말'은 [mal]로 표기할 수 있다. 이 두 단어에서 음이 다른 부분은 [n]와 [m]뿐이다. 그렇다면 바로 이 [n]와 [m]라는 음이 이 두 단어의 의미를 구별하고 있는 셈이다. 이렇게 한국어 서울말에서는 [n]와 [m]를 단어의 의미를 구별하는 〈언어음〉의 최소 단위로 추출할 수 있다. 이 [n]와 [m]라는 음을 각각 한국어 서울말의 〈음소〉로 인정할 때 이를 /n/, /m/로 표기한다.

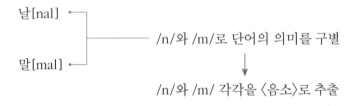

이 [n]와 [m]는 더 이상은 작은 언어음으로 분할되지 않는다. [nal]과 [mal]이라는 두 단어는 /n/와 /m/라는 음의 〈대립〉에 의해 의미가 구별되고 있다고 할 수 있다. 이 /n/와 /m/처럼 그것만으로 단어의 의미를 구별할 수 있는 언어음의 단위를 〈음소〉라고 부른다.

음소 = 단어의 의미를 구별할 수 있게 하는 언어음의 최소 단위

언어학에서 음소는 슬래시 '//' 안에 넣어 표현하는 습관이 있다. 여기서 '날'[nal], '말'[mal]에 '살'[sal]이나 '달'[tal]을 더하면 /s/와 /t/도 〈음소〉로서 추출할 수 있고, '말'[mal]과 '물'[mul]을 비교하

면 이번에는 /a/와의 대립으로 모음 /u/를 음소로 추출할 수 있다. /n/:/m/:/s/:/t/와 같은 대립, /a/:/u/와 같은 대립을 〈음소적 대립〉 또는 〈음운론적 대립〉이라고 한다. 음운론적 대립을 이용하여 해당 언어의 음소를 잇따라 추출할 수 있는 것이다.

〈현대 한국어 서울말〉, 〈현대 한국어 부산말〉과 같은 어떤 한 언어의 음소체계를 〈음운체계〉라고 한다.

예를 들어 일본어 도쿄東京 방언의 경우 음운체계를 보면 /a/, /e/, /i/, /o/, /u/의 5모음체계이고, 21세기 서울말의 음운체계는 대략 /a/, /e/, /i/, /ɯ/, /u/, /o/, /ʌ/의 7모음체계이다.[*] 한글로 표기하면 〈ㅏ, ㅔ/ㅐ, ㅣ, ㅡ, ㅜ, ㅗ, ㅓ〉에 해당한다. 구세대의 서울말 화자는 /게/와 /개/의 발음을 구별하고 있었고 그 둘은 서로 확실히 의미가 다른 단어였다. /ㅔ/와 /ㅐ/를 음소로서 구별하고 있었던 셈이다. 그러나 지금 세대에서는 /ㅔ/와 /ㅐ/ 발음의 구별이 거의 사라져 가고 있다. 단모음單母音의 음소가 하나 줄어들어 /게/와 /개/를 똑같이 발음하게 된 것이다. 사용 빈도가 아주 높은 1인칭 대명사 '내'와 2인칭 '네'의 발음도 서울말에서는 구별하지 않게 되었으므로 지금은 '네가' 대신에 '니가' 또는 '너가'라고 하게 되었다. 이처럼 음운체계는 시간의 흐름에 따라 변용을 일으키기도 한다. 그 변용 때문에 세대 간 차이도 생길 수 있다. 이러한 음운

---

[*]   서울말의 〈단모음〉單母音을 〈ㅏ, ㅑ, ㅓ, ㅕ, ㅗ, ㅛ, ㅜ, ㅠ, ㅡ, ㅣ〉의 '10개'로 보는 것은 옳지 않다. 이는 모음이 아니라 모음자모母音字母를 센 것이다. 즉 음의 평면과 문자 평면 사이의 혼동이다. 위의 열거에는 이미 〈ㅔ〉나 〈ㅐ〉도 빠져 있는 것이다. 뒤에서도 언급되듯이 〈ㅑ〉/ja/는 반모음 음소인 /j/와 단모음 음소인 /a/의 결합이고, 〈ㅘ〉/wa/는 반모음 음소인 /w/와 단모음 음소인 /a/의 결합이다. 또한 구세대에게는 '외국'의 〈ㅚ〉/ø/가 하나의 음소로 존재했지만 이 또한 지금의 세대에서는 사라졌다고 볼 수 있다. 한국어의 음성학과 음운론, 형태음운론 차원에서 이러한 문제를 다룬 저자의 논고로 노마 히데키(2007abc)가 있다.

체계의 변용에 주목하는 일 역시 우리가 〈훈민정음〉의 역사를 보는 데에 재미있는 시점을 제공해 줄 것이다.

현대 언어학은 미지의 언어를 기술할 때 제일 먼저 그 언어의 이러한 음운체계를 명확히 기술하는 작업에서 출발한다.

한국어의 예를 보았으므로 일본어 도쿄 방언의 예도 잠깐 보기로 하자. 도쿄 방언은 '공통어'共通語라고 불리는 일본어 표준어의 기초가 된 방언이다.

일본어 도쿄 방언의 '出る'[derɯ](데루)와 '照る'[terɯ](테루)*라는 두 단어를 비교해 보자.

도쿄 방언에는 단어의 어느 음절을 높게 또는 낮게 발음하느냐로 단어의 의미를 구별하는 시스템이 있는데, 이를 〈고저高低 악센트〉라 한다. '데루'(나오다)와 '테루'(비치다), 이 두 단어는 첫음절 '데'와 '테'가 높고 두 번째 음절 '루'에서 낮아지는 일명 '두고형'頭高型 악센트이다.** 이를 일본어 가나로 표기하면 'でる'(데루)와 'てる'(테

---

* 여기서는 '出る'와 '照る'를 한글로 구별하여 표기하기 위해 전자는 평음 즉 예사소리의 [t]를 나타내는 자모 'ㄷ'을 사용해 '데루'[teru]라고 쓰고, 후자는 격음 즉 거센소리 [tʰ]를 나타내는 자모 'ㅌ'을 사용해서 '테루'[tʰeru]로 표시했다. 그러나 전자 '出る'의 실제 발음은 [derɯ]로서 어두 자음이 유성음이며, 한글로 표기된 문자열 '데루'를 한국어식으로 발음한 [teru]에서처럼 무성음이 아니다. 또 후자 '照る'도 [terɯ]이지 거센소리로 시작하는 [tʰeru]가 아니다. 이 점은 오해하기가 쉬우나, 음운체계가 다르므로 한글로는 일본어의 어두에 오는 [d]와 [t]를 구별하여 표기할 수 없다. 참고로, 한국의 외래어 표기법으로는 일본어 어두의 'd', 't'를 양쪽 다 'ㄷ'으로 표기하도록 되어 있기 때문에 '出る'와 '照る'는 둘 다 '데루'로 표기한다.

** 본문에도 언급이 있듯이 일본어 도쿄 방언은 단어의 어느 음절을 높게 혹은 낮게 발음하느냐에 따라 단어의 의미가 구별되는 고저(높낮이) 악센트 언어이다. 악센트가 다르면 의미가 달라질 수 있는 것이다. 자음, 모음 같은 음소에만 주목하고 있으면 이 점은 일본어 모어화자도 잊어버리기 쉽다.

이는 악센트도 같고 나머지 음도 같은데 어두의 [d]와 [t]만이 다르다는 사실을 정확하게 제시하기 위해서 언급된 것이다. 앞에서 본 서울말은 일본어 도쿄 방언과 달라 고저 악센트 언어가 아니기 때문에 이러한 언급은 필요가 없었다. 만일 경상도 방언이나 함경도 방언으로 예를 들어서 기술한다면, 두 방언은 대개 일본어 도쿄 방언과 같은 고저 악센트

루)가 되어 'で'(데)와 'て'(테)라는 음절의 차이인 듯이 보인다. 그러나 발음기호로 소리를 표기하면 [derɯ]와 [terɯ]가 되어, 실제로는 [d]와 [t]나는 사음 부분이 다르다는 것을 알 수 있다. 이렇게 일본어도 한국어처럼 〈음소〉를 추출해 갈 수 있는 것이다.[*]

일본어 도쿄 방언에서 〈음소〉 추출하기 예

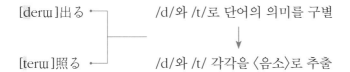

[derɯ]出る ──┐ /d/와 /t/로 단어의 의미를 구별
　　　　　　　│　　　　　↓
[terɯ]照る ──┘ /d/와 /t/ 각각을 〈음소〉로 추출

15세기 조선 〈정음학〉 ─ 〈음소〉에 가장 가까운 언어의 학문

〈음소〉를 탐구하는 언어학의 분야는 〈음운론〉(phonology)이라 불리며, 언어음 자체의 발음법이나 물리적 성질, 울림 등을 연구하는 〈음성학〉(phonetics)으로부터 독립했다. 이항 대립二項對立을 비롯한 20세기 음운론의 방법은 인문과학 전반에 커다란 영향을 미쳤다.

　문자를 만들기 위해서는 해당 언어의 모든 음소를 획정하고, 각각의 음소에 하나씩 자모字母로서의 형태를 할당해 주면 된다. 문자의 평면에서 서로 다른 자모는 음의 평면에서도 다른 소리가 되며,

언어이기 때문에 당연히 악센트에 관한 기술이 필요하다. 중요한 것은 언어음 중에서 어떤 요소가 의미의 구별에 관여하는가 하는 문제인데, 이 문제는 후에 보게 될 〈훈민정음〉 창제에 중요한 역할을 하고 있다.
[*]　145면의 "한국어 서울말을"에서부터 여기까지는 저자가 한국어판을 위해 수정·가필한 부분이다.

그것이 각각의 의미를 구별해 주는 것이다.

놀랍게도 15세기의 〈훈민정음〉은, 언어학이 20세기가 되어서야 마침내 조우한 〈음소〉라는 개념에 거의 도달해 있었다. 〈정음〉이 자모로서 하나하나 형태를 부여한 음의 단위는, 오늘날 우리가 〈음소〉라고 부르는 단위였던 것이다.

한국어와 일본어의 음절 구조

드디어 〈훈민정음〉의 시스템 안으로 깊이 들어가 본다. 조금 더 자세히 살펴볼수록 그 흥미는 배가倍加된다. 우선 음절 구조에 대해 알아보자.

발음하는 단위로 언어음을 나누면 〈음절〉音節이라는 단위를 추출할 수 있다. 한국어로 예를 들면 '어머니'라는 단어를 한국어 모어화자라면 모두 '어·머·니'라는 세 개 단위로 분절하여 발음한다. 아무도 '엄언이'처럼은—여기서 확인해 두자, 지금 우리는 문자의 평면이 아니라 음의 평면에서 이야기하고 있다—발음하지 않는다. '어머니'라는 단어는 '어·머·니'라는 세 개의 단위로 나눌 수 있다. 이것이 〈음절〉이다.

'나'·'형'은 1음절, '누나'·'오빠'는 2음절, '아버지'·'외삼촌'·'할머니'는 3음절, '할아버지' 즉 [하라버지]는 4음절, '고조할아버지'는 6음절의 단어이다. 〈음절〉의 수는 물론 연령 순서로 정해지는 것은 아니고, 한글로 쓰여진 문자의 수에 따라 결정되는 것도 아니다. 〈음절〉은 어디까지나 글자 수와는 관계없는 〈음〉의 단위이다. 한글 풀어쓰기로 표기하면 'ㄴㅏ'는 두 글자, 'ㅎㅕㅇ'은 세 글자가 되고, 로마자로 표기하면 '형'은 'hyeong'이므로 '아버지'

를 쓴 'abeoji'와 글자 수가 같아진다. 현행 모아쓰기 한글 표기법으로 인해 결과적으로 음절 수와 문자 수가 같아지는 것이지 일반적으로 문자 표기에서의 글자 수가 음절 수와 맞는 것은 아니다.[*]

일본어로 예를 들자면 — 이야기를 단순화하기 위해 여기서 말하는 일본어는 도쿄 방언으로 한정한다 — 'さくら'sakura(벚꽃)는 '사さ·쿠く·라ら'라는 3음절로 나눌 수가 있다. 로마자로 표기하면 'sakura'가 된다. 'あめ'ame(비)는 '아あ·메め'의 2음절, 'えん'en(인연)은 '엔'이라는 하나의 음절로 이루어진다.

일본어의 음절 구조는 매우 단순하며 거의 모음으로 끝난다. 모음으로 끝나는 음절을 개음절開音節이라 하고, 자음으로 끝나는 음절을 폐음절閉音節이라고 한다. 일본어는, 촉음促音 'っ'를 포함한 'やった'yatta(얏따)의 'やっ'yat(얏)이나 발음撥音 'ん'/N/으로 끝나는 음절 등을 제외하면 거의 모든 음절이 모음으로 끝나는 개음절 언어이다. 상세한 설명은 생략하고 개략적으로 보면 일본어 음절의 내부 구조를 다음과 같이 정리할 수 있다.

일본어 음절 구조의 개략
(자음) + (반모음) + 모음 + (자음)

		a		「あ」
k		a		「か」
	y	a	n	「やん」
		a	n	「あん」
k	y	a	n	「きゃん」

[*] "한국어로 예를 들면"에서부터 시작되는 한국어의 음절에 관한 기술은 저자가 한국어판을 위해 가필한 부분이다.

앞의 그림에서 괄호 ( ) 안의 요소는 옵션이다. 음절에 따라 있기도 하고 없기도 하다. 모음은 음절의 핵이 되는 소리이므로 모음이 없는 음절은 없다. 영어 등에서는 모음이 하나밖에 없는 people /piːpl/이 마치 두 음절인 것처럼 발음되는 등 모음 이외의 소리가 음절의 핵이 되는 기능을 보이는 경우가 있는데, 일본어에서는 한국어와 마찬가지로 음절의 핵은 항상 모음이다.

반모음은 주장한다

〈반모음〉半母音이라는 용어가 나왔으니 여기서 잠시 확인하고 넘어가자. 반모음은 말하자면 모음이 되지 못한 소리로서 자음의 일종이다. 일본어 도쿄 방언의 'や'(야)는 로마자로는 'ya'로, 발음기호로는 [ja]로 표시한다. 'や'(야)를 발음하면, 음절의 앞 소리를 낼 때는 혀끝이 윗잇몸 조금 위쪽의 경구개라고 불리는 위치에 잠시 가까워졌다가, a를 발음하기 위해 다시 되돌아와 a의 위치로 내려간다는 것을 알 수 있다. 혀끝이 경구개 쪽으로 접근하며 만들어지는 소리가 y[j]다. [j]가 되돌아오지 않고 그대로 경구개 근처에 머물면 모음 'い'[i]가 되는 것이다.

한국어의 'ㅑ'[ja]도 마찬가지이다. 한국어의 'ㅑ'[ja], 'ㅕ'[jʌ], 'ㅛ'[jo], 'ㅠ'[ju]는 모두 〈반모음 /j/＋단모음〉이라는 구조로 이루어져 있는 음이다.*

일본어 도쿄 방언의 반모음으로는 또 한 가지, 'わ'(와) 즉 wa[ɰa]를 발음할 때의 w[ɰ]가 있다. 'わ'는 [a]로 가기 전에 입술이 조금

---

* "한국어의 "ㅑ"[ja]도"부터 여기까지는 저자가 한국어판을 위해 가필한 부분이다.

오므려지는데, 이때 입술이 좁아지며 나는 소리가 반모음 w[ɯ]다. 좁아졌다가 다시 돌아오기 때문에 반모음이 되는데, 좁아진 채로 계속 있게 되면 모음 u[ɯ]가 된다.

한편 모음 중 발음기호 [ɯ]는 입술을 너무 동그랗게 내밀지 않는 'う'(으)에 사용한다. 도쿄 방언의 'う'[ɯ]가 대략 이렇고, 오사카大阪나 교토京都 등 간사이關西 방언에서 들을 수 있는 동그랗게 입술을 내미는 'う'는 [u]로 표기한다. 한국어 서울말에는 도쿄 방언 이상으로 입술이 평평한 평순平脣 'ㅡ'/ɯ/와 원순성圓脣性이 강한 'ㅜ'/u/ 두 가지가 있어 서로 의미를 구별하는 독립된 음소로서 존재한다.

반모음의 발음기호 [ɰ]는 원순성이 그다지 강하지 않은, 도쿄 방언의 w와 같은 반모음을 나타내는 데 쓰인다. 한국어 서울말의 반모음은 입술을 더욱 동그랗게 오므리는 w인데, 이때 발음기호는 [ɰ]가 아니라 [w]를 사용한다.

〈반모음+단모음〉이라는 결합은 〈이중모음〉二重母音이라고 부르는 경우도 있고 또 이를 이중모음으로 치지 않는 학설도 있다.

재미있는 사실은 우리가 반모음의 로마자 표기에 사용하는 j, y, w가 로마자 즉 라틴문자에서는 처음부터 존재했던 것이 아니라, 라틴문자의 발달 과정에서 나중에 추가되었다는 점이다.

자음 연속—str!ke : 스·트·라·이·크!

자음에 대해 한 가지 확인해 두자. 일본어는 하나의 음절 안에 자음이 두 개 혹은 세 개씩 연속해서 오는 법이 없다. 현대 한국어도 기본적으로 마찬가지이다. 영어라면 strike[stráik]처럼 자음이 /str/

로 세 개나 연속되는 경우가 있다. 이런 경우 개음절 언어인 일본어 모어화자는 'すとらいく'/sutoraiku/(스토라이쿠)와 같이 모음을 끼워 넣어 주면 명쾌하게 발음할 수 있다.

러시아어에는 взгляд/vzgl'at/(보는 것)과 같이 자음이 네 개나 이어지는 단어도 있다. 이 단어는 모음이 /a/ 하나밖에 없는 1음절 단어다. 이런 경우에도 일본어 모어화자라면 별 망설임 없이 모음을 넣어서 당당히 'ヴズグリャット'(부즈구럇토)라고 읽고 싶은 것이다.

한국어의 음절 구조—음절 말의 자음들

한국어도 이야기를 간략화하기 위해 현대 한국어 서울말에서 출발하기로 한다. 한국어의 음절 구조도 대략 다음과 같이 정식화할 수 있다. '활'/hwal/이라는 단어를 예로 들어 보자.

(자음) + (반모음) + 모음 + (자음)

h   w   a   l   '활'/hwal/

음절 구조의 유형을 보면 일본어와 마찬가지로 앞의 자음과 말미의 자음은 옵션이며, 자음이 제로인 음절, 즉 자음이 보이지 않는 음절도 있다. 15세기 한국어에는 음절의 모두冒頭에 자음이 두 개 이상 연속되는 경우가 있었지만, 현대 한국어에서는 없어졌다.

한편, 현대 한국어는 /밤/, /반/, /방/, /밥/, /받/, /박/, /발/처럼 자음으로 끝나는 음절이 많다. 음절 말미에는 /ㅁm/, /ㄴn/, /ㅇŋ/, /ㅂp/, /ㄷt/, /ㄱk/, /ㄹl/*라는 일곱 가지 자음이 올 수 있는 것이다.**

지금은 〈음〉의 평면에서 이야기하고 있다는 것을 잊지 말자. '밭'이니 '밧'이니 '밟'이니 하는 예는 〈문자〉 평면에서의 이야기이다. 우리는 바로 /러 〈뷰사〉를 만들기 위해 안나미의 〈음〉을 관찰하는 중이다.

일본어가 모음으로 끝나는 경향의 개음절 언어인 데 비해 한국어는 자음으로 끝나는 경우도 많은 폐음절 언어라고 할 수 있을 것이다. 앞의 그림을 더욱 단순화하면 다음과 같은 구조가 전형적인 음절 구조가 된다.

자음 + 모음 + 자음

초성, 중성, 종성 — 중국 음운학을 넘어서

〈훈민정음〉의 창제자들은 음절을 이와 같이 분절하여, 음절의 첫 자음을 〈초성〉初聲, 음절의 핵이 되는 모음을 〈중성〉中聲, 음절 말의 자음을 〈종성〉終聲이라고 명명했다.

---

*   여기서는 알기 쉽게 /ㄹ/라고 표기하였으나 초성 /ㄹ/[r]와 종성 /ㄹ/[l]의 실현되는 〈음〉은 다르다. 이 두 가지를 같은 음소로 본다면 로마자로는 /ㄹr/, /ㄹl/ 양쪽 표기 모두 무방하다.

**   여기서 언급이 있듯이 현대 서울말의 음절 말에 오는 자음 즉 종성은 음의 평면에서 'ㅂ, ㄷ, ㄱ, ㅁ, ㄴ, ㅇ, ㄹ'의 일곱 가지이다. 이들은 각각 단어의 의미를 구별하는 다른 〈음소〉이다. 따라서 '밥, 받(밧), 박, 밤, 반, 방, 발'은 각각 다른 의미를 실현하는 다른 단어이다. 15세기에는 종성에 'ㄷ'과 별도로 'ㅅ'/s/도 있었으나 지금은 소실되었다.

자음 + 모음 + 자음
초성 + 중성 + 종성
　p　　a　　m

　예를 들면 '밤'/pam/이라는 음절에서는 초성이 /p/, 중성이 /a/, 종성이 /m/이다.* 초성이 없는 /am/과 같은 음절도 있고, 종성이 없는 /pa/와 같은 음절도 있으며, 초성과 종성 없이 모음만으로 된 /a/와 같은 음절도 있다.

정음과 가나의 본질적인 차이 ─ 음소는 어디로?

　앞서 살펴본 바와 같이, 'でる'(데루)와 'てる'(테루)처럼 단어를 음절문자인 가나로 표기하면, 음절 단위로 표시되어 음절의 경계가 보인다는 이점利點은 있으나 음소는 감춰지고 만다. 음절문자로부터 음소를 추출하는 일은 영원히 불가능한 것이다.

　이것은 결정적으로 중요하다. 일본 언어학은 18세기 모토오리 노리나가本居宣長(72면의 각주 참조)의 국학을 비롯해 매우 높은 수준에 도달해 있었으나, 메이지明治 시대에 서구의 언어학이 도입되기까지 음절 내부를 분석하는 데는 성공하지 못했다. 현대에 이르기까지 학교문법은 용언 활용 등을 'か・か・な・い'(가카나이: 쓰지 않다), 'か・き・ま・す'(가키마스: 씁니다), 'か・く'(가쿠: 쓰다)와 같이, 음절을 단위로

---

* 　국제음성기호(IPA)에서 한국어의 평음 즉 예사소리 'ㅂ'는 [p]로 나타내고, 격음 즉 거센소리 'ㅍ'는 [pʰ]로 나타낸다. 농음 즉 된소리 'ㅃ'에는 정해진 기호가 없는데 [ʔp]가 주로 쓰인다.

가르쳐 왔다. 즉, 문자 차원에서는 음절문자인 가나를 단위로 삼아 가르치고 있는 것이다. 로마자로 쓰면 'kak-a-nai', 'kak-i-masu', 'kak-u서님 어산 'kak-'을 낀민이 ᄃᆨ휼킬 ᄼᅮ 있ᄂᆞ데도 말이다. 중국의 음운학도 마찬가지여서, 개념상으로 단음單音을 세분하기는 하였으나 그 각각의 단위에 형태를 주지는 못하였던 것이다. 그러나 15세기의 〈훈민정음〉은 이미 음절 내부의 세계로까지 더 파고들어 가 있었으며, 음절 내부에 존재하는 단위를 추출하여 그러한 각각의 단위에 확실히 형태를 부여할 수 있는 통찰을 하였던 것이다.

2

〈음〉에서 〈게슈탈트〉로

〈단음문자〉로서의 〈정음〉

정음학은 음절을 이와 같이 〈자음+모음+자음〉으로 분절하였다. 이는 소리의 세계인 음의 평면에서의 이야기인데, 〈정음〉의 창제자들은 소리의 세계인 음의 평면뿐만 아니라 빛의 세계인 문자의 평면에서도 이들 각각에 게슈탈트(형태)를 부여해 문자를 만들어 나갔다.

중국 음운학에서도 음절 첫 자음, 모음, 그리고 음절 말 자음에 해당하는 요소가 개념으로서는 논의된 바 있다. 그러나 정음학은 문자의 평면에서 각각의 요소에 〈형태〉를 준다. 후술하겠지만, 〈음절 두음頭音의 자음=초성〉과 〈음절 말음末音의 자음=종성〉을 같은 자격을 가진 단위로 보고, 예컨대 같은 /n/라는 음에는 같은 〈형태〉를 주었다. 음운론적인 개념은 경우에 따라서는 애매할 수도 있다. 그러나 〈형태〉는 그러한 애매함을 일절 용납하지 않는다. 〈초성+중성+종성〉 즉 〈자음+모음+자음〉 각각에 뚜렷한 〈형태〉를 준다는 것 — 이것이야말로 〈문자를 만든다〉는 문자론의 관점에서 우리가 주목해야 할, 15세기 정음학이 도달해 있었던 결정적인 높이이나. 이것은 사실상 버내 인너닉의 구분이나.[*]

자음 + 모음 + 자음
초성 + 중성 + 종성
　p　　a　　m
　ㅂ　　ㅏ　　ㅁ

　이를 'pam'과 같이 왼쪽에서 오른쪽으로 나란히 쓰는 것이 라틴문자나 키릴문자(러시아어 등을 표기하는 데 사용된다)이며, 오른쪽에서 왼쪽으로 이어 쓰는 것이 아랍문자, 위에서 아래로 이어 쓰는 것이 몽골문자였다. 물론 이들 모두 단음문자單音文字＝알파벳이다. 그러나 앞서 서술한 바와 같이, 아시아 대륙을 건너 동방으로 온 단음문자는 기본적으로 자음문자였고, 모음은 불분명하여 보조적인 기호로 나타내는 등 〈형태〉도 완전히 부여 받지 못했다. 하지만 〈정음〉은 자음과 마찬가지로 모음에도 독립된 단위로서 〈형태〉를 부여한 것이다.

〈정음〉 스물여덟 자, 각각 그 모양을 본뜨다

모음에도 자음에도 〈형태〉를 부여했다고 하였다. 그렇다면 이러한 〈형태〉는 어떻게 만들어졌을까?

---

[*] "중국 음운학에서도"에서부터 여기까지는 저자가 한국어판을 위해 가필한 내용이다.

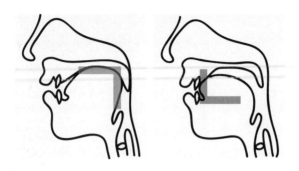

〔왼쪽〕 k의 자모
〔오른쪽〕 n의 자모

　답은 바로 『훈민정음』의 '해례'에 명확히 나타나 있다. '正音
二十八字(정음이십팔자)는 各象其形而制之(각상기형이제지)하니라.' 풀이하
면, 정음의 스물여덟 자는 각각 그 모양을 본떠서 만들었다는 것이
다. 이어지는 내용을 살펴보자. '初聲(초성)은 凡十七字(범십칠자)이니',
초성은 무릇 열일곱 자이다. '牙音(아음) ㄱ는, 象舌根閉喉之形(상설근
폐후지형)하고'라 함은, 아음 ㄱ(k)는 혀뿌리가 목구멍을 닫는 모양을
본떠서 자모를 만들었다는 것이다. 경악할 만한 기술記述이다.

　'아음'이란 중국 음운학이 분류한 '아음牙音, 설음舌音, 순음脣音,
치음齒音, 후음喉音'이라는 용어 중 하나이다. 현대 언어학에서 말하
는 연구개음軟口蓋音 ― 입천장 안쪽에 혀 뒷부분이 닿아 발음되는
소리 ― 으로서 k와 같은 위치에서 나는 소리이다. 예를 들면 일본
어에서도 'か'ka를 발음할 때 k를 발음하기 위해서는 우선 혀 뒤쪽
이 입천장의 연구개에 닿은 후, 혀가 아래로 내려가 a로 옮겨 간다
는 것을 알 수 있다. 『훈민정음』은 '아음 ㄱ는 혀뿌리가 목구멍을
닫는 모양을 본떴다'고 기술하고 있다. 뭐라고? k 소리를 나타내는
자모의 모양이 k를 발음하는 발음기관의 모양을 본떴다고? 뭔가
잘못된 것이 아닐까? 다음을 읽어 보자.

　'설음 ㄴ(n)는 혀가 잇몸에 붙는 모양을 본떴다. 순음 ㅁ(m)는 입
의 모양을 본떴다. 치음 ㅅ(s)는 이의 모양을 본떴다. 후음 ㅇ은 목

구멍의 모양을 본떴다.’ /na/를 발음할 때 n 소리는 혀끝이 입안의 잇몸에서 앞니의 뒷면에 걸쳐 밀착되는 모양이 된다. 설음의 자모 ㄴ이 그런 모양이다. 순음의 자모 ㅁ은 입을 상형하여본 모양이며, 치음의 자모 ㅅ은 보다시피 이의 모양, 후음의 자모ㅇ은 목구멍 모양이다. 참고로 후음 ㅇ의 음가는 국제음성기호로는 ‘ɦ’로 나타내는 유성음 h 정도로 추정된다.

이렇게 ‘아설순치후’ 다섯 가지 자음을 나타내는 자모를 만들었다.

음을 〈상형〉하다

이러한 〈정음〉 자형의 유래가 어디인가에 대해서는 오래전부터 여러 가지 설이 있었다. 파스파문자 영향설도 그중 하나인데, 강신항(1993:43~46)이 간파한 바와 같이, 중국 남송南宋 시대의 정초鄭樵(1104~1162)가 저술한 『육서략』六書略의 「기―성문도」起―成文圖*에서 그 기원을 찾는 설이 모양상으로는 가깝다.

단, 자형의 기원을 모양만으로 논한다면 그것은 좀 위험할 수밖에 없다. 하물며 자형만을 보고 〈정음〉이 파스파문자의 ‘모방’이라거나 「기―성문도」의 ‘모방’이라 끝내 버려서는 〈정음〉의 재미도 깊이도 절대 알 수 없다. 어차피 갈고리 모양이나 네모, 원 등은 어디에나 있는 모양이며, 그런 모양은 어디에서든 힌트를 얻을 수 있기 때문이다. 입을 네모로 그리거나 이를 뾰족한 ∧ 모양으로 그리

---

*　「기―성문도」起―成文圖의 ‘―’은 한자 ‘한 일’이 아니라 옆으로 그은 형태로서의 한 획으로, 일정한 독법은 없다. 가로로 댄 나무 ‘衡’(형)을 뜻한다. 이에 관해서는 홍윤표(2004)를 참조할 것.

는 것은 어린아이도 하는 일이다.

중국이건 몽골이건 세종에게는 모두 배울 대상이었겠지만—그렇다, 음운학에 대한 해박한 지식을 보아도 알 수 있듯이 세종은 실제로 배울 수 있는 것은 극한까지 배우려고 했다. 그것은 현명한 임금의 배움이라기보다도 거대한 한 지성으로서의 영위라 할 만한 것이었다—전 왕조인 고려가 섬겼던 몽골의 문자형을 그대로 계승하는 일은 도저히 용인할 수 없는 일이었을 것이다. 이전 왕조의 역사를 『고려사』로 총괄, 편찬하게 했던 세종이다. 천년을 이어 온 대중화大中華의 한자의 형태조차 버린 것이다.

우리가 정음을 생각할 때에 결정적으로 중요한 것은, 〈정음〉의 창제자들이 〈그 형태를 어떻게 이론화하고 어떻게 정립시켰는가〉하는 문제이다. 순음 ㅁ, 치음 ㅅ, 후음 ㅇ의 자모 모양은 그렇다 치더라도, '아음 ㄱ는 혀뿌리가 목구멍을 닫는 모양을 본떴다'거나, '설음 ㄴ는 혀가 윗잇몸에 붙는 모양을 본떴다'와 같은 음성학적인 서술의 리얼리티는 역시 압도적이다.

더욱 중요한 것은 소리를 내는 모양을 그 소리의 자형으로 삼았다고 기술하고 있는 점이다. '各象其形'(각상기형). 그렇다. 한자 조자법造字法의 근간을 이루는 〈상형〉이다. 이것을 단순히 '상형'이라고 하여 한자와 궤를 같이한다고 치부해서는 중요한 사실을 놓치게 된다. 〈정음〉에서 말하는 〈상형〉은, 해의 모양을 본떠서 '日'(해 일)을 만든다거나, 보다 추상적인 상형이라고 할 수 있는 〈지사=상사〉로 '上'(위 상)을 만드는 식의, 한자에서 행해진 〈상형〉이 아니다.

한자의 〈상형〉은 보이는 것을 보이는 형태로 〈상형〉한다. 〈형음의〉를 상기하자. 보이는 것을 형태화하였고, 그 형태가 가리키는 뜻이 있으며, 그 뜻을 나타내는 말의 소리가 일체화되어 있었다. 그것이 한자의 〈상형〉의 본질이다. 보이는 것을 보이는 형태로 〈상형)하는 것. 그것이 한자의 발생론적인 근원이다.

음성기관의 〈형태〉를 〈상형〉하다

〈정음〉은 다르다. 언어음을 내는 사람의 음성기관의 모양을 〈상형〉했다. 왜? 다름 아닌 그 〈음〉을 나타내기 위해서다. 요컨대 〈정음〉은 〈음〉이라는 보이지 않는 것을, 그 발생론적인 근원으로 거슬러 올라가 〈형태〉를 찾고, 보이는 형태로 〈상형〉한 것이다. 보이지 않는 것을 보이는 형태로 〈상형〉한다. 보다 정확히 말하면, 창제자들은 〈정음〉의 근원, 〈음〉이 〈형태〉를 얻는 근원을 그렇게 규정하고 그렇게 선언하고 있는 것이다. 〈정음〉의 이론적인 근원에서 중요한 것은 바로 이 점이다.

『훈민정음』이 밝힌 제자制字 원리를 확인해 보자. 〈음〉을 나타내는 자모의 게슈탈트는 정말 그 〈음〉을 발음하는 음성기관의 구조를 본뜬 것이었다. 지독한 고집, 대단한 집념이다. 무슨 일이 있어도 〈음〉을 〈형태〉로 만들겠다는 의지가 엿보인다.

알파벳을 사용하는 언어권의 소녀가 다음과 같이 질문한다고 생각해 보자.

― 아, 그 문자도 알파벳이구나. 뭐야, 우리하고 같네. 그럼, 예를 들어 k 소리는 어떤 모양이야?
― k를 발음해 봐.
― k. k. 이렇게?
― 그래, k의 자모는 바로 그 모양이야.

〈음〉의 〈형태〉가 깃든 〈정음〉

아무리 단음문자라고 해도 이 세상에 통용되는 문자의 형태와 음 사이에는 아무 관계도 없다. 단순한 음의 연속인 'noma'(라틴문자)는, 'нома'(키릴문자), 'νομα'(그리스문자), 'ნომა'(조지아문자=그루지야문자), 'ᠨᠣᠮᠠ'(만주문자)* 등으로 표기되며, 각각의 문자와 그것을 사용하는 언어로 자유롭게 표기된다. 그에 비해 〈정음〉으로 쓴 '노마'의 ㄴ은 [n]를 발음할 때의 혀의 모양이고, ㅁ은 [m]를 발음할 때의 입술 모양이다.

소쉬르는 언어의 근본원리로서 〈선조성〉線條性을 제2원리로, 〈자의성〉恣意性을 제1원리로 보고 있다. 언어음이 나타내는 의미와 소리 사이에는 어떠한 필연적 관계도 없으며, 이는 순전히 자의적인 관계라는 것이다.

일본어 모어화자가 '이누'inuいぬ라고 부르는 대상을, 한국어 화자는 '개'라고 하고, 영어 화자는 '도그'dog, 독일어 화자는 '훈트'hund라고 한다. 이런 식으로 언어마다 동일한 대상을 가리켜 서로 다른 소리로 표현하고 있다. 이를 〈자의성〉이라고 한다.

유일한 예외가 오노마토페이다. 개 짖는 소리는 '왕왕', '멍멍', '바우와우', '바우바우' 등 어딘지 모르게 비슷하다. 아무래도 원래 소리가 같은 까닭에 그것을 옮겨 놓은 언어음인 오노마토페도 비슷한 소리가 되었을 것이다. 여기서만큼은 음과 의미 사이에 어느 정도 필연적인 관계가 있다고 볼 수 있다.

언어의 음과 의미의 관계는 자의적이다. 오노마토페를 제외하면. 그리고 문자와 음의 관계는 자의적이다. 〈훈민정음〉을 제외하면.

〈정음〉이라는 문자에는 음의 형태가 깃들어 있다.

---

*   만주문자는 세로쓰기를 한다. 이 책에서는 왼쪽으로 눕혀서 썼다.

눈에 보이지 않는 〈소리〉를 형상화한다는 사상으로 만들어져 실제로 이 성노의 규모로 널리 이용되고 있는 문자는, 역사상 〈정음〉을 빼고는 존재하지 않는다.

참고로, 눈에 보이지 않는

한글로 쓴 '노마' 한국의 과자에서 찾았다.

〈음〉을 형상화하고자 한 시도가 그 후의 역사 속에서 없었던 것은 아니다. 예를 들면 영국의 옥스퍼드 대학과 케임브리지대학에서 중직을 맡았던 존 윌킨스 John Wilkins(1614~1672)는 〈훈민정음〉 창제로부터 200년 후에 음성기관을 본뜬 34개의 문자인 '생리적 알파벳'을 고안했다. 음을 발음하는 음성기관의 모양과 자모의 모양을 일대일로 억지 대응시켜 만든 것이다. 얼핏 상상해도 조음기관의 모양을 34종류의 형태로 나타낸다는 것은 조금 무리한 생각이다. 마치 한자가 모두 상형으로 만들어질 수 없었던 것과 같은 이치다. 이 문자는 그의 '보편언어'와 마찬가지로 처음부터 실용화되지 못하고 마니아적인 제안에 그쳤다.

5음에서 17음으로—가획과 병서, 이체를 통한 자음자모의 파생

한편, 15세기 한국어에 자음이 〈아설순치후〉牙舌脣齒喉 즉 ㄱ, ㄴ, ㅁ, ㅅ, ㅇ 다섯 개만 있는 것은 아니었다. 그 이외의 자음자모를 어찌 할 것인가. 자음의 수만큼 이것저것 모양을 만든다면 전부 기억하기에 부담스러울 것이다. 정음보다 200년 후에 윌킨스가 실패한

원인 중 하나도 이것이었고, 한자가 〈상형〉으로 출발해 〈육서〉六書라는 증폭 장치를 필요로 했던 것도 바로 이 점 때문이었다.

〈정음〉은 여기서도 〈음〉과 〈형태〉의 정교한 패러다임을 구축한다. 나머지 자음자모는 기본적으로 아음, 설음, 순음, 치음, 후음이라는 음의 그룹별로, 다시 말해 앞에서 만든 다섯 자모에서 파생시켜 만들어 낸 것이다.

이렇게 만들어진 자음자모의 전체상은 대략 다음과 같다.

	아음 牙音	설음 舌音	순음 脣音	치음 齒音	후음 喉音	반설음 半舌音	반치음 半齒音
현대 언어학 해당 용어	연구개음	치경음	양순음	치경 경구개음	치경음	성문음	치경 경구개음	치경음
① 전청全清 (평음)	ㄱ [k/g]	ㄷ [t/d]	ㅂ [p/b]	ㅈ [ts/dz]	ㅅ [s]	ㆆ [ʔ]		
② 차청次清 (격음)	ㅋ [kʰ]	ㅌ [tʰ]	ㅍ [pʰ]	ㅊ [tsʰ]		ㅎ [h]		
③ 전탁全濁 (농음=경음)	ㄲ [ʔk]	ㄸ [ʔt]	ㅃ [ʔp]	ㅉ [ʔts]	ㅆ [ʔs]	ㆅ [ʔh]		
④ 불청불탁 不清不濁 (유성음)	ㆁ [ŋ]	ㄴ [n]	ㅁ [m]			ㅇ [ɦ]	ㄹ [r/l]	ㅿ [z]

〈훈민정음〉의 자음자모

표에서는 '아음' 등의 용어에 현대 언어학에서 사용하는 조음점調音點의 명칭을 고딕체로 표시했다. '전청'全清 등의 명칭은 『훈민정음』에 쓰인 용어로, 여기에도 그에 상당하는 현대 언어학 용어를 병기했다. ④의 '불청불탁'不清不濁은 유성 비음 /m/, /n/, /ŋ/, 유성

마찰음 /ɦ/, /z/, 유성 유음 /r/와 같은 음이다.

이 표가 의미하는 자세한 내용에 관해서는 한국어로는 강신항 (2003a)을, 일본어로는 강신항姜信沆(1993)과 소의생쌘쌘成(2000)을, 발 음기호 등 음성학적인 내용은 한국어로는 이호영(1996)을, 일본어로 는 노마 히데키野間秀樹(2007c) 등을 참조하길 바란다. 여기서는 전체 상을 보는 데 그치도록 하겠다. 너무도 정연한 패러다임을 이루고 있음을 알 수 있다.

15세기의 소리이므로 모두 추정 음가이다. 많은 학자들이 대체 로 일치된 견해를 보이는 것도 있고, 세세한 점에서는 의견이 엇갈 리는 부분도 있다. 참고로, 농음濃音 즉 된소리의 성립 등에 관해서 는 크게 논란이 되기도 했다.

자음자모 파생의 원리

자음자모 파생의 기초 원리는, 기본이 되는 자모에 획을 더하는 〈가획〉加劃이다. 'ㅋ은 ㄱ보다 소리가 조금 세게 나는 까닭에 획을 더하였다'고 한다. 해례본에서는 '결'訣이라 이름 붙인 칠언시로 요결, 즉 핵심적인 사항을 나열하고 있는데, 여기서 '정음의 글자 를 만듦에 있어 그 모양을 중시해 소리의 세기에 따라 그때마다 획 을 더했다'고 강조하고 있다.

오늘날 'ㄱ'(k)는 〈평음平音=예사소리〉, 'ㅋ'(kʰ)는 〈격음激音=거센 소리〉라고 불리는데, 격음은 중국어의 유기음有氣音에 해당한다.

같은 위치에서 발음되는 격음 자모는 가획하여 만든다

ㄱ 평음 [k/g] ⟶ 가획 ⟶ ㅋ 격음 [kʰ]

입 앞에 휴지를 대고 첫소리가 평음인 '가'ka와 격음인 '카'kʰa를 각각 발음하면, 격음의 경우 휴지가 더 세게 흔들린다. 격음이란 이와 같이 호흡이 거칠게 나오는 소리이다. 같은 k인데도 평음 k와 격음 kʰ가 있어, 격음 자모는 평음 자모에 획을 더하여 만들었다. 'ㅋ은 ㄱ보다 소리가 조금 세게 난다'라는 『훈민정음』의 분석은 정밀하다. 현대 언어학에서는 격한 〈숨〉이 동반되는 이런 소리를 〈유기음〉有氣音, 동반되지 않는 소리를 〈무기음〉無氣音이라고 한다. 평음의 음소 /k/와 격음의 음소 /kʰ/를 구별 짓는 것은, 사실 이 유기 혹은 무기라는 특징이다. 음소를 구별 짓는 이러한 특징을 현대 언어학은 〈변별적辨別的 특징〉이라고 부른다. 『훈민정음』의 기술記述은 음소뿐만 아니라 그보다 더 작은 차원의 〈변별적 특징〉에까지 미치고 있는 것이다.

한편, 오늘날 〈농음〉濃音 혹은 〈경음〉硬音 즉 된소리라고 불리는 자음은 성문聲門 등 조음기관을 한껏 긴장시켜 내는 소리이다. 부호는 'ʔ'를 붙여서 [ˀp]와 같이 나타내곤 한다. 〈정음〉의 농음 자모 표기는 평음 자모를 나란히 붙여서 쓰는 〈병서〉竝書의 원리에 따른다. 'ㄱ'을 겹쳐서 'ㄲ'과 같이 쓴다.

요컨대, 음성기관이 소리를 만드는 장소, 즉 〈조음점〉調音點에 따라 문자의 모양도 파생시켜 만들고, 비슷한 〈형태〉를 부여했던 것이다.

자음의 파생 자모는 〈가획〉의 원리로 만들어졌으나, 자모 'ㆁ', 'ㄹ', 'ㅿ'에 대해서는 〈가획〉이 아니라 『훈민정음』에서 〈이체〉異體라 부르고 있다.

같은 조음점에서 생기는 음은 일련의 같은 〈게슈탈트=형태〉에서 생성된다는, 자모를 만드는 이 원리는, 한국어에서 일어나는 음의 변용 즉 음소 교체의 표기에 큰 도움을 준다.

음성기관의 명칭

아음牙音	설음舌音	순음脣音	치음齒音	후음喉音
연구개음	치경음 치경경구개음	양순음	치경음 치경경구개음	성문음

	아음牙音	설음舌音	순음脣音	치음齒音	후음喉音
오음 五音	ㄱ [k/g]	ㄴ [n]	ㅁ [m]	ㅅ [s]	ㅇ [ɦ]
	혀뿌리가 목구멍을 닫는 모양	혀가 윗잇몸에 닿는 모양	입 모양	이 모양	목구멍 모양
가획 加劃		ㄷ [t/d]	ㅂ [p/b]	ㅈ [ts/dz]	ㆆ [ʔ]
	ㅋ [kʰ]	ㅌ [tʰ]	ㅍ [pʰ]	ㅊ [tsʰ]	ㅎ [h]
이체 異體	ㆁ [ŋ]	ㄹ [r/l]		△ [z]	

〈훈민정음〉의 자음자모의 〈형태〉 파생 체계

예를 들면, '십'과 '만'이 결합된 '십만'+萬은 [심만]으로 발음되는데 이것은 〈구음口音의 비음화鼻音化〉라 불리는 현상이다. 입에서 발음되는 구음口音＝입소리 /ㅂ/[p]가 비음鼻音＝콧소리 /ㅁ/[m]로 바뀌는 것이다. 또 '김'과 '밥'이 결합된 '김밥'은 [김빱]으로 발음된다. 여기서는 /ㅂ/가 /ㅃ/가 되는 〈평음의 농음화〉가 나타난다. 그런가 하면 '법학'을 [버팍]으로 발음할 때는 음절 구조가 바뀌면서 종성 /ㅂ/가 초성 /ㅍ/로 발음되고 있다. 이것은 〈평음의 격음화〉이다.

한국어에서는 이렇듯 음소 /ㅂ/가 다른 음소인 /ㅁ/나 /ㅃ/, /ㅍ/로 음소 교체를 일으키는데, 음의 평면에서의 /ㅁ/-/ㅂ/-/ㅃ/-/ㅍ/라는 교체 관계가 문자의 평면에서도 'ㅁ'이라는 〈형태〉의 테두리 안에서 파생되어 일어나고 있는 것이다. /ㅂ/는, /ㄱ/나 /ㄴ/와 같이 형태상 다른 계열의 자모로 표기되는 음으로는 교체되지 않는다. 자음자모의 형태가 자음 음소의 교체 관계까지도 형태상으로 어느 정도까지 시사해 주고 있는 셈이다.

그리고 덧붙여 말한다면, /p/와 /ˀp/, /pʰ/는 별도로 하더라도, /m/와 /p/가 서로 같은 조음점에서 생성되는 음이라니, 'm'과 'p'라는 문자만 보면 감히 누가 상상이나 할 수 있겠는가. 이것은 가나 'ま'[ma]와 'ぱ'[pa]에서도 마찬가지이다.

초성은 종성이 되고, 종성은 초성이 된다

자음 중에 음절 제일 앞에 오는 첫 자음 즉 〈초성〉에 대해서는 이것으로 해결됐다. 그런데 한국어에서는 음절 말에도 자음이 온다. 이것이 〈종성〉이다. 그럼 이제 종성자모는 어떤 모양으로 만들 것인가? 15세기 한국어에는 〈음〉의 평면에서 종성에 여덟 가지의 소리가 있었고, 현대어에는 일곱 가지가 남아 있다. 종성에 대해서도 새로이 형태를 만들어 낼 것인가?

『훈민정음』은 종성에 관해 다음과 같이 기술하고 있다. '終聲(종성)은 復用初聲(부용초성)하니라.' 종성은 다시 초성을 사용한다. 즉 종성의 자모로는 초성의 자모와 같은 것을 사용한다는 것이다. nan 이라는 음절이라면, 소리 /n/를 나타내는 자모 'ㄴ'과 같은 것을 종성에도 사용해 해결하는 것이다. 그리하여 그 표기는 '난'이 된다. 이 얼마나 감사할 일인가. 모양을 두 가지씩 기억하지 않아도 된다.

현대 언어학의 입장에서는 /nan/이라는 음소의 조합으로 만들어진 음절이므로 똑같이 n을 사용하는 것은 지극히 당연한 일로보일지도 모른다. 그러나 /nan/이라고 발음하는 소리의 연속, 공기의 떨림에서 초성과 종성을 같은 소리라고 간파해 내는 일이 그리 쉬운 일은 아니다. 1400년대, 15세기에 말이다.

먼저 음절의 첫 자음 또는 제로 자음, 즉 초성을 분리한다. 이것은 중국 음운학이 이미 한 일이다. 성모聲母(initial)가 그것이다. 단, 중국 음운학은 여기에 게슈탈트(형태)를 부여하지는 않았다. 그런 다음 남은 부분 중에서 모음마저 떼어 내지 않으면 종성은 단위로서 추출할 수 없다. 모음과 종성을 추출하는 음성학적 차원의 관찰과, 그것을 음소로 다루는 음운론적 차원의 사고가 없다면 종성은 추출할 수 없고, 하물며 그 종성에 게슈탈트를 부여할 수도 없다.

〈정음〉은 이렇게 초성과 종성, 즉 음절 내의 첫 자음과 음절 말미의 자음이 같은 단위로 추출될 수 있다는 사실을 꿰뚫어 보고, 이들에 같은 자모를 부여한 것이다.

성리학과 음양오행 사상을 통한 이론 무장

종성자모로 초성자모를 사용한다는 이러한 생각 하나하나에 대해서도, 〈정음〉의 창제자들은 이론 무장을 게을리하지 않았다. 초성이 종성이 되고 종성이 초성이 되는 것은, 음이 양이 되고 양이 다시 음이 되는 이치에 근거한다는 식으로 말이다.

　초성은 '爲初亦爲終(위초역위종)하니라'. 초성은 초성이 되고 다시 종성이 된다. 종성은 또한 초성이 된다. 그렇다. 한국어에서는 실제로 음의 평면에서도 종성이 초성으로 변용될 수 있다. 그리고 이〈종성의 초성화〉야말로 한국어의 현란한 음의 변용을 초래하는 기제機制인 것이다. 이러한 기제를 알게 되는 즐거움은 잠시 뒤로 미루어 제3장 5절에서 살펴보겠다.

　『훈민정음』의 이와 같은 이론의 기초에는 성리학性理學과 음양오행陰陽五行 사상이 있다. 『훈민정음』의 오음五音과 오행 사상의 관계는 여러 연구자들이 정리한 바와 같이 다음의 표로 나타낼 수 있다.

오음五音	아음	설음	치음	순음	후음
오행五行	목木	화火	금金	토土	수水
오시五時	춘春	하夏	추秋	계하季夏	동冬
오음(음악)	각角	치徵	상商	궁宮	우羽

정음학의 이치

성리학과 음양오행 사상이 〈정음학〉에 어떤 식으로 나타나 있는지 『훈민정음』 해례본을 통해 살펴보자. '제자해'制字解 서두에 다음과 같은 구절이 있다.

천지지도　　일음양오행이이
天地之道는。一陰陽五行而已니라。

천지의 이치는 오직 음양과 오행뿐이다.

곤복지간　　위태극　　　이동정지후　　위음양
坤復之間이 爲太極이요。而動靜之後에 爲陰陽이니라。

음陰이 극에 달한 곤坤과 양陽이 태어나려는 복復, 그 사이야말로 태극太極이며, 움직이고는 멈춘 후에 음양이 되는 것이다.

범유생류재천지지간자　　사음양이하지
凡有生類在天地之間者가。捨陰陽而何之리오。

무릇 살아 있는 어떤 생명이든, 천지 사이에 있는 것들이 음양을 버리고 어디로 갈 수 있겠는가?

고　　인지성음　　개유음양지리　　고인불찰이
故로 人之聲音도。皆有陰陽之理이나。顧人不察耳이니라。

따라서 사람의 말소리에도 모두 음양의 이치가 있는 것인데, 다만 사람이 이를 깨닫지 못하고 있을 뿐이다.

금정음지작　　초비지영이력색　　단인기성음이극기리이이
今正音之作은。初非智營而力索이요。但因其聲音而極其理而已이니라。

이제 〈정음〉을 만든 것은, 처음부터 지혜의 영위만으로 이루어 낸 것도 아니고 힘으로써 찾아낸 것도 아니다. 오직 그 음音 자체를 바탕으로 이치를 밝히려 했을 뿐이다.

이기불이　　즉하득불여천지귀신동기용야
理旣不二니。則何得不與天地鬼神同其用也리오。

이치는 둘이 아니다. 오직 하나뿐이다. 그러니 어찌 능히 천지 귀신과 더불어 그 쓰임을 같이하지 않을 수 있겠는가.

〈정음〉에는 모든 소리, 모든 자모, 모든 자형에 이르기까지 이와 같은 이론적인 설명이 치밀하게 마련되어 있다. 〈정음〉의 창제자들에게는 한 점, 한 획이 결코 자의적인 것이어서는 안 되었으며, 이치가 관철되어 있지 않아서도 안 되었다. 그것은 천지 귀신과도 통하는 이치이다. 신이여, 세부細部(details)에 깃드시라—모든 세부가 정연한 음양의 이치로 짜여 왜 그러한 〈형태〉여야 하는가가 하나하나 언어화된다. 이 언어화도 '지혜의 영위'(智營)나 '힘으로써 찾은 것'(力索)이 아니라 소리 그 자체로부터 얻어진 것, 천지자연의 이치인 것이다.

모음자모—천지인의 게슈탈트

자음자모는 완성되었다. 남은 것은 모음자모이다. 모음자모야말로, 서방에서 시작된 자음문자 로드에 확고한 종언을 선언하고 조선 왕조의 문자가 유라시아의 정상에 우뚝 섰다는 상징이기도 하다. 공고한 게슈탈트(형태)를 부여해야 한다.

『훈민정음』 해례본의 '제자해'에서 찾아보자.

　　中聲은 凡十一字이니라.
　　중성은 무릇 열한 자이다.

모음자모는 'ㆍ', 'ㅡ', 'ㅣ'라는 세 개의 기본 자모로 만들어진다.

　　ㆍ는 舌縮而聲深하니ㅇ天開於子也이니라.
　　'ㆍ'는 혀가 오그라들고 소리가 깊으니, 하늘이 자시子時에 열림이다.

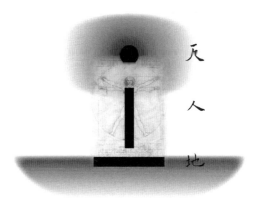

〈정음〉의 기본 모음자모는
천지인을 본떴다.

형 지 원　　상 호 천 야
形之圓은 象乎天也이니라。

그 모양이 둥근 것은 하늘을 본떴기 때문이다.

설 소 축 이 성 불 심 불 천　　　지 벽 어 축 야
ㅡ는 舌小縮而聲不深不淺하니。地闢於丑也이니라。

'ㅡ'는 혀가 조금 오그라들고 소리는 깊지도 얕지도 않으니,
땅이 축시丑時에 열림이다.

형 지 평　　상 호 지 야
形之平은。象乎地也이니라。

그 모양이 평평한 것은 땅을 본떴기 때문이다.

설 불 축 이 성 천　　인 생 어 인 야
ㅣ는 舌不縮而聲淺하니。人生於寅也요。

'ㅣ'는 혀가 오그라들지 않고 소리는 얕으니, 사람이 인시寅時
에 생김이다.

형 지 립　　상 호 인 야
形之立은。象乎人也이니라。

그 모양이 서 있음은 사람을 본뜬 것이다.

여기서 말하는 자축인子丑寅은 때 혹은 순서를 가리키는 말로 풀이하는 학자가 많다.

요컨대, '•', 'ㅡ', 'ㅣ'는 각각 천지인을, 즉 『주역』周易의 〈산재〉三才를 뜻한다. 여기서도 주목해야 할 것은 모음의 음성학적인 기술이다. '혀가 오그라들고 소리가 깊으니'는 현대 음성학의 후설모음後舌母音 내지는 설축모음舌縮母音, '혀가 조금 오그라들고 소리는 깊지도 얕지도 않으니'는 중설모음中舌母音, '혀가 오그라들지 않고 소리는 얕으니'는 전설모음前舌母音 내지는 설불축모음舌不縮母音을 기술한 것으로 여겨진다. 여러 설이 있으나, '•', 'ㅡ', 'ㅣ'는 오늘날 각각 [ʌ], [ɨ], [i]와 같았을 것으로 추정되고 있다. 발음기호 [ʌ]는 입을 넓게 벌린 'オ'o, [ɨ]는 도쿄 방언의 'ウ'u보다 혀가 약간 앞으로 나와서 중간 정도에 위치하는 'ウ', [i]는 'イ'와 같은 소리를 나타낸다.

모음자모의 생성―'•'와 'ㅡ'를 합하여 'ㅗ'가 된다

이 세 자모를 조합하여 나머지 모음자모를 만들었다. 예를 들어, 천天 '•'의 왼쪽에 인人 'ㅣ'를 가져다 놓으면 'ㅏ'[a]가 되는 식이다. 선과 점으로 만들어진 'ㅏ'의 자형은 후에 선만 사용해 'ㅏ'로 쓰여지게 된다.

이렇게 일곱 개의 단모음 자모 '•'[ʌ], 'ㅡ'[ɨ], 'ㅣ'[i], 'ㅗ'[o], 'ㅜ'[u], 'ㅏ'[a], 'ㅓ'[ə]와, 반모음 [j]를 조합한 네 개의 모음자모 'ㅛ'[jo], 'ㅠ'[ju], 'ㅑ'[ja], 'ㅕ'[jə], 합하여 열한 자가 완성되었다.

'ㅗㅜㅏㅓ'는 '하늘과 땅에서 비롯하므로 처음 나온 것, 즉 초출初出이 된다'고 했으며, 반모음과 조합된 'ㅛㅠㅑㅕ'는 'ㅣ로부터 일어

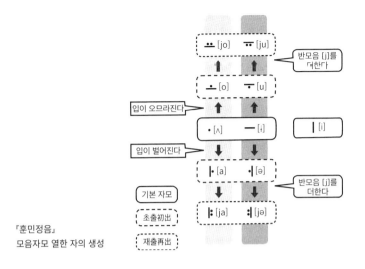

『훈민정음』
모음자모 열한 자의 생성

나서 사람을 겸하므로 두 번째 나온 것, 즉 재출再出이 된다'고 하였다. 〈재출〉그룹을 'ㅣ[i]로부터 일어나서'라고 표현한 것은 그것이 반모음 [j]에서 시작된 소리라는 것을 정확히 기술하고 있는 것이다. 'ㅗ는 •와 같으나 입이 오므라지는 바'라고 한 원순모음에 관한 기술이나, 'ㅏ는 •와 같으나 입이 벌어지는 바'라며 보다 넓은 모음임을 설명하는 기술도 매우 정연하고 파라디그마틱paradigmatic하게 나타나 있다.

이들의 관계는 위의 그림과 같이 정리할 수 있다.

양모음과 음모음―모음조화론

15세기 한국어에는 〈모음조화〉母音調和 현상이 확연히 나타난다. 몽골어 등 알타이 제어諸語에서도 나타나는 현상으로, 특정 모음 그룹만이 한 단어 안에 공존할 수 있는 현상이다. 현대 한국어에 '말랑말랑'이나 '물렁물렁'은 있어도 '말렁말렁'은 없다. 이런 현상을 말한다.

현대 일본어에서 비슷한 현상을 굳이 찾아보자면, 예를 들어 kárákárá, kórókóró는 있어도 모음이 혼재하는 kárókáró는 없다. 일본어에는 단어 중에 우연히 이런 현상이 나타나는 것이지 이것이 결코 일반적인 현상이라고는 할 수 없으나, 모음조화라는 것은 말하자면 이런 감각이라고 생각하면 된다.

15세기 한국어에는 앞의 그림과 같이 양모음陽母音과 음모음陰母音의 구별이 존재했으며, 그것이 모음조화를 이루고 있었다. 『훈민정음』의 기술을 보더라도, 음모음자모와 양모음자모의 구별을 통해 모음조화라는 현상을 〈정음〉의 창제자들이 확실히 파악하고 이론화하였으며, 〈형태〉에 대한 목적의식을 가지고 모음자모를 형상화했음을 알 수 있다. 양모음자모 ㅏ[a]와 음모음자모 ㅓ[ə], 양모음자모 ㅗ[o]와 음모음자모 ㅜ[u]가 각각 형태상으로도 대칭을 이루고 있는 것이다. 모음조화에 관한 음성학적인 관찰과 그것을 자형에 반영시킨 성실함 또한 정음학의 정밀성을 나타내고 있다.

예를 들어 체언에 붙는 조사류의 대부분이 15세기에는 양모음용 형태와 음모음용 형태로 구분되어 있었다. 현대어에서 '-은/는'으로 쓰는 조사의 경우, 말미의 모음이 '나'와 같이 양모음인 단어에는 양모음 조사 '는'ㄴʌn을 쓰고, '너'와 같이 음모음인 단어에는 음모음 조사 '는'nin을 쓰는 식이다. 이것도 모음조화의 예이다.

  나   는   양모음 a에는 양모음인 ʌ를
na-   -nʌn

너	는	음모음 ə에는 음모음인 i를
nə-	-nin	

모음 소실과 모음체계의 변화

단모음 즉 [j]와 합쳐지지 않은 일곱 개의 모음 중, '•'[ʌ]는 결국 사라지게 된다. 15세기 말부터 두 번째 음절 뒤의 '•'[ʌ]가 거의 '—'[ɨ]로 변하였고, 18세기가 되면 단어 첫음절의 '•'[ʌ]가 거의 'ㅏ'[a]로 변하기 시작한다. 이렇게 음소로서의 •/ʌ/는 사라졌지만, 문자상으로 자모 '•'는 1933년 정서법이 통일되기까지 계속 사용되었다. 소리와 문자의 이러한 불일치는 일본어에서 'わ'/wa/라고 발음하는 조사를 'は'ha라고 쓰는 것과 같은 현상이다.*

  한국어는 그 후로도 이러한 모음 추이母音推移의 우여곡절을 거쳐, 600년 후인 현대 서울말에는 단모음 ㅏ[a], ㅐ[ɛ], ㅔ[e], ㅣ[i], ㅡ[ɯ], ㅜ[u], ㅗ[o], ㅓ[ʌ] 여덟 개 중 ㅐ[ɛ]와 ㅔ[e]의 구별이 사라지고 둘은 모두 [e]보다 약간 넓은 [e̞]**가 되어 사실상 단모음 일곱 개 정도가 남았다.

  모음체계의 이러한 변화로 인해 현대어에서 모음조화는 대부분 깨졌지만, 용언의 활용과 의성의태어 속에는 아직 남아 있다.

  빛나는 모습을 표현하는 의태어를 예로 들어 보자. 각각 양모음끼리, 또 음모음끼리 짝을 이루고 있다. 양모음의 '반짝반짝'은 귀

엽고 가벼운 느낌, 음모음의 '번쩍번쩍'은 크고 무거운 느낌이다.
이 경우 '반쩍반쩍'과 같은, 음양이 혼재된 형태는 존재하지 않는다.

반짝반짝   양모음 a

[panˀtʃaᵏˀpanˀtʃaᵏ]

번쩍번쩍   음모음 ʌ

[pʌnˀtʃʌᵏˀpʌnˀtʃʌᵏ]

모음자모에 관해서는 이 정도로 마치고 다음으로 넘어가자.

3

단음=음질문자 시스템의 창출

〈음절문자〉로서의 〈정음〉―자모는 원자, 글자는 분자

자음자모와 모음자모는 모두 갖춰졌다. 이제 이들을 한 줄로 나란히 배치해 쓰기만 하면 된다. 라틴문자 등은 모두 그렇게 하고 있다. 그런데 〈정음〉의 시스템은 이것으로 만족하지 않았다. 음절 단위로 조합하여 쓰는 구조를 만들어 낸 것이다.

자음 + 모음 + 자음
초성 + 중성 + 종성

p   a   m   pam

ㅂ   ㅏ   ㅁ   밤

이 책의 서장序章에서 잠시 살펴본 한글에 대한 소묘는 이 부분에 관한 이야기였다.

이때, 문자 레벨에서는 무슨 일이 일어나고 있는 것일까? 초성, 중성, 종성 각각의 〈음〉을 나타내는 'ㅂ', 'ㅏ', 'ㅁ'이라는 문자 차원의 단위는 현대 언어학에서 하나의 자모이다. 이때 alphabet, алфавит과 같이, 한 자모를 한 글자로서 배열하는 것이 라틴문자나 키릴문자 등의 단음문자였다. 언어에 따라서는 복수의 자모 'ph'로 하나의 소리 'f = ɸ'를 표현하는 경우도 있다. 라틴문자나 키릴문자 등은 〈유닛으로서의 자모〉=〈유닛으로서의 글자〉 즉 〈자모=글자〉인 것이다.

이에 비해 〈정음〉에서 자모는 아직 하나의 〈글자〉가 아니다. 자모는 설명을 위해 자모 자체를 표기할 때 이외에는 그것만으로 쓰여지는 일은 없다. 자모는 어디까지나 글자를 구성하기 위한 유닛일 뿐이다. 〈자모≠글자〉, 요컨대 자모는 원자原子요, 글자는 분자分子이다. 이들 자모의 유닛을 조합해서 하나의 글자 유닛을 완성한 후 사용하는 시스템을 만든 것이다.

음소의 평면과 음절 구조의 평면을 통합하는 〈단음=음절문자〉 시스템

이렇게 해서 하나의 음이 하나의 자모인 〈단음문자〉單音文字라는 성격과, 하나의 음절이 하나의 글자라는 〈음절문자〉音節文字의 성격을 아울러 가지고 있는 문자 체계가 완성된다. 〈단음=음절문자〉 시스템의 성립이다.

여러 번 강조한 바와 같이, 언어의 평면과 문자의 평면은 구별해야 하고, 언어에서도 음의 평면과 문자의 평면은 더더욱 구별해야만 한다. 구별해야 비로소 음이 문자가 되는 구조가 드러나게 된다. '아, 한글은 단음을 조합해서 만들었구나'라며 납득하고 끝내 버린다면 〈정음〉에 깃든 사상의 깊이를 헤아릴 수가 없다. 유감스럽게도 많은 한국어 입문서가 그런 방식을 취하고 있다. 자세히 살펴보면 알 수 있듯이 〈정음〉은 단음을 조합한 것도 모음과 자음을 조합한 것도 아니다. 단음이나 모음, 자음은 음의 차원이다. 〈정음〉은 그들을 나타내는 자모를 문자 차원에서 조합한 것이다. 그리고 우리는 여기에 머무르지 않고 더 깊이 파고들어 가야 한다.

〈음소의 평면〉과 〈음절의 평면〉의 계층화

〈훈민정음〉은 음의 평면을 다시 〈음소의 평면〉과 〈음절의 평면〉이라는 두 개의 층으로 계층화하여 바라보고 있다.

이는 매우 중요한 사실이다. 음의 평면을 두 개의 층으로 계층화한다. 그리고 그 계층화는 문자의 평면에서도 게슈탈트(형태)상으로 두 가지 층위를 구별하는 동시에 통합하는 표기 시스템인 것이다. 음의 최소 차원에 있는 음소에 하나의 자모를 부여하고, 음소가 합쳐진, 음의 더 고차원적 레벨인 음절에, 자모의 결합체로서 하나의 글자를 부여한다. 〈음소=자모〉를 조합해서 〈음절=글자〉를 만든다. 이런 방식으로 〈단음=음소〉의 배열을 나타냄과 동시에, 음절이라는 단위의 〈외부 경계〉뿐 아니라 음절의 〈내부 구조〉도 나타내는 것이다.

'ㅂ'p, 'ㅏ'a, 'ㅁ'm과 같은 단음문자 유닛과, '밤'pam과 같은 음절문자 유닛이 음소와 음절 각각의 층에서 〈형태〉로서 위치를 차지한다. 동시에 〈음소의 평면〉과 〈음절의 평면〉 두 가지 층의 표현 방법 면에서도, 그 두 층을 꿰뚫는 단음문자 유닛만으로 두 층의

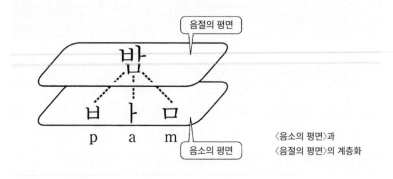

음절의 평면

〈음소의 평면〉과
〈음절의 평면〉의 계층화

〈형태〉가 성립하는 경제적인 구조이다. 게슈탈트로서 기억해야 하는 것은 'ㄱ', 'ㄴ', 'ㅏ', 'ㅗ' 등 단음문자 유닛뿐이며, 음절 유닛을 나타낼 별도의 게슈탈트를 기억할 필요는 없다.

가나, 로마자, 정음─음절의 안과 밖이 보이는가?

음절의 평면에서 〈정음〉의 흥미로운 점은, 음절의 경계 즉 음절의 밖과 음절의 내부 구조 즉 음절의 안을 모두 게슈탈트로써 나타내고 있다는 것이다.

'かな'kana, 'あめ'ame에서처럼, 일본어 가나 같은 음절문자는 음절의 경계는 볼 수 있지만, 음절의 내부 구조는 드러나지 않는다. 히라가나 'か'는 어디부터 어디까지가 /k/고 /a/인지 〈형태〉상으로는 알 수 없다. 문자의 분류에 관해 다룬 책에서는 종종 가나도 한글도 모두 같은 '음절문자'로 분류하고 있으나, 그래서는 두 문자의 이러한 차이를 알 수 없다. 가나에서는 음절 바깥의 경계밖에 보이지 않는 것이다.

한편, kana나 ame와 같이 표기하는 로마자처럼 단선적으로 직

여기가 자음?

가나는 어디부터 어디까지
가 자음이고 모음인지 내부
구조가 보이지 않는다.

히라가나는 한자의 초서체
草書體에서 만들어졌다.*

렬을 이루는 단음문자는, 단음과 그 배열은 알 수 있지만 음절의
경계나 음절의 내부 구조는 게슈탈트(형태)상으로 드러나지 않는다.

로마자에서 〈형태〉를 통해 시각적으로 음절 경계를 나타내려
면, 사전에서 볼 수 있듯이 'al-pha-bet'처럼 구분 기호를 넣거나,
음절의 첫 글자를 대문자로 표시하여 'AlPhaBet'으로 쓰거나, 'al
pha bet'처럼 공백을 넣거나, 'al pha bet'처럼 음절 단위로 묶
는 등 어떻게든 〈구획 장치〉(delimiter)를 사용해야 한다. 음절 구조는
그 언어의 성질을 알고 철자를 분석해야만 얻을 수 있다. 로마자는
a나 l과 같이 음절 내에 있을 수 있는 〈형태〉는 보이지만, 음절 밖
이 보이지 않기 때문에 음절의 안과 밖이 구별되지 않는 것이다.

〈정음〉은 이를 '알파벳'과 같은 형태로 자모를 조합해, 조합된
각각을 하나의 단위로 삼는 방법으로 실현한 것이다.

* 이와 같이 히라가나 'か'ka 자는 한자 '加'(더할 가)의 초서체에서 만들어졌다.
'加' 자의 초서는 당나라 초의 서예가 손과정孫過庭(648~703)의 글씨로, 그의 『서보』書
譜에서 인용하였다.

알　파　벳 (현행 한글 정서법으로는 '알파벳'으로 표기한다)

øa　pʰa　be

　l　　　t

〈정음〉은 음의 차원에 있는 〈음소의 평면〉과 〈음절의 평면〉이라
는 두 개의 층을, 문자 차원에서 하나의 층으로 겹쳐서 통합해 나
타냈다. 뿐만 아니라 음절의 안과 밖, 음절의 내부 구조와 외부 경
계를 모두 가시화하였다. 문자는 한 층이면서 동시에 두 개의 층
이다. 제3장의 5절에서 언급하겠지만, 음소의 평면, 음절의 평면을
이런 방식으로 계층화하였기 때문에 여기에 〈형태소〉라는 단위의
평면이 더해진 더 심화된 중층화가 가능해진다.

한자와의 조화―한자와 같은 공간을 차지하는 〈정음〉

한 글자가 한 음절을 나타내는 〈정음〉의 구조는, 음절의 단위와 경
계, 내부 구조를 보여 준다는 이점뿐 아니라 또 하나의 중요한 이
점을 가지고 있었다. 우리는 문자를 만들고 있다. 우리 앞에는 한
자가 존재한다. 모든 에크리튀르는 한자이다. 이런 가운데 우리의
새로운 문자 〈훈민정음〉의 입지를 마련해야 한다.

　한자는 대개 세로쓰기를 한다. 편액扁額 등에서는 오른쪽에서 왼
쪽으로 써 나간다. 그런 한자의 장에도 〈정음〉이 살아 숨 쉴 공간
이 필요하다. 한자와 함께 써도 조화를 이루는, 그런 구조로 만들
수는 없을까?

　일본어에서는 한자漢字 한 글자의 음은 '愛=あいa-i', '學=がく
ga-ku'와 같이 주로 두 음절이 된다. 문자 차원에서는 '瞖=しゅう

syuː'와 같이 세 글자가 되기도 한다. 한국한자음에서, 한자 한 글자는 한국어로 발음하면 항상 한 음절이 된다. '愛=εː', '學=ha^k', '習=su^p'. 모두 자음에서 받침을 (김〉으로 표기해도 가까이 한 글자를 이루게 된다. 여기서는 편의상 현대어의 한자음으로 표시해 본다.

愛 = 애 εː   學 = 학 ha^k 習 = 습 su^p

앞서 살펴본 『논어』의 한 구절을 〈정음〉으로 적으면 다음과 같다. 일본한자음도 가나로 표기해 보았다.

學而時習之, 不亦說乎
학이시습지, 불역열호
ガクジジシュウシ, フエキエツコ

어디부터 어디까지가 한자의 한 글자에 해당하는지 보기만 해서는 전혀 알 수 없는 가나에 비해, 〈정음〉은 한자로 썼을 때와 글자 수가 전혀 변하지 않아 병행적이다. 글자의 수와 음절의 수도 일치한다. 무엇보다도 한자와 같은 분량의 공간을 차지하는 것이 좋다. 그리고 여러모로 편리하다.

4

사분법 시스템의 충격

중국 음운학의 음절구조론—성모와 운모의 이분법

〈정음〉은 음절의 내부로 들어가 초성, 중성, 종성을 추출해 냈다. 그러나 〈정음〉 창제자들의 사상은 여기에서 끝나지 않는다. 더욱 감탄할 수밖에 없는 새 지평으로 나아간 것이다. 그것은 바로 소리의 〈높낮이〉에 관한 지평이다.

　이 지평이 어떤 것인지 알기 위해서는 동아시아의 언어학적인 지知의 최전선인 중국 음운학이 전통적으로 음절을 어떻게 다루어 왔는지를 살펴볼 필요가 있다.

　이번에도 중국어 음절 구조를 고노 로쿠로河野六郎(1979b:234, 350)의 정식화定式化를 통해 살펴보자. 현대 언어학의 관점에서 중국어 음절의 모든 경우를 고려하면 그 음절 구조는 다음과 같은 구조로 집약할 수 있다.

IMVF/T

I(Initial)	–	두음頭音	─┐── 성모聲母
M(Medial)	=	개모介母	─┐
V(Vowel)	=	모음	│
F(Final)	=	말음末音	├── 운모韻母
T(Tone)	=	성조	─┘

현대 언어학에서 본 중국어 음절의 구조

베이징어北京語 '天'tiān의 경우, t가 I(두음), i가 M(개모), a가 V(모음), n이 F(말음) 그리고 후술할 성조聲調가 T에 해당한다. I 즉 음절의 첫소리는 성모聲母라고 불리는 자음이다. 자음이 없는 경우, 즉 자음이 제로인 경우도 있다. 성모는 〈정음〉으로 치면 〈초성〉에 해당한다. 개모介母는 첫 자음과 모음 사이에 개재하는 모음적 요소로서 대략 반모음에 해당한다. 이 개모와 모음이 〈정음〉에서는 〈중성〉에 해당한다. 음절의 말음末音은 〈종성〉에 해당한다. 15세기에는 물론이었고 전통적으로 중국 음운학에서는 이를 I와 MVF/T, 즉 첫 자음과 그 나머지 모든 부분으로 나누는 이분법으로 다루는 것이 기본이었다.

첫 자음을 성모聲母라 하고 나머지 요소를 운모韻母라 한다. 오랜 전통을 자랑하는 중국 음운학은, 기본적으로는 성모와 운모라는

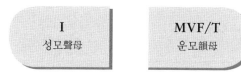

전통적인 중국 음운학의 음절 구성

이러한 이분법(dichotomy)에 의해 음절을 해석해 왔다. 한시漢詩를 지을 때 '각운'脚韻이나 '운을 맞춘다' 등의 표현을 쓰는데 여기에서 말하는 '운'은 운모에 기초를 둔 것이다. 한시를 지을 때는 직시의 정해진 규칙에 따라 운을 맞춰야 한다.

성조가 있다—음에는 높낮이가 있다

여기서 한 가지 주의할 점이 있다. 운모에 포함된 〈성조〉聲調(Tone)는, 자음이나 모음 같은 나머지 요소와는 성질이 다르다. 그것은 음의 〈높낮이〉이기 때문이다. 따라서 앞의 IMVF/T라는 정식화에서는 T(Tone)를 슬래시 '/'로 구분하여 표기한다. 요컨대 음절 전체를 뒤덮는 형태로 실현되는 것이 성조이다.

〈성조〉란 음절 내부에서 음의 높낮이가 변화하는 패턴을 말한다. 단어의 의미를 구별하는 데 관여한다. 예를 들어 현대 베이징어에는 음의 고저에 네 가지 방식이 있어 이를 〈사성〉四聲이라고 부른다. 사성에 따라 단어의 의미가 달라지는 것이다. 아래에 예를 든 한어 병음漢語併音이라 부르는 중국어의 로마자 표기 체계에서,

mā	媽	〈妈〉	(어머니)	높게 유지
má	麻	〈麻〉	(삼)	낮다가 높게
mǎ	馬	〈马〉	(말)	한 번 내려갔다가 높게
mà	罵	〈骂〉	(욕하다)	높다가 낮게

현대 베이징어의 성조

한글의 탄생

모음자모 a 위에 붙은 기호는 사성을 나타내고 있다. 중국에서 현재 사용되고 있는 한자인 간체자簡體字는 〈 〉안에 넣어 표기한다.

이러한 성조를 가진 성조 언어에는 豐調言語 노하 적지 않나 타이어 늑태국어는 다섯 가지, 베트남어는 여섯 가지 성조가 관찰된다.

한자로 한자음 표기하기 ― 〈직음〉과 〈반절〉

그런데 중국어권 사람들은 한자의 음을 모를 때 어떻게 알아냈을까? 지금처럼 로마자 표기가 있는 것도 아니고, 일본처럼 가나가 있는 것도 아닌데.

한자로 한자음을 나타내는 데는 두 가지 방법이 사용되었다.

하나는 〈독약법〉讀若法·〈직음법〉直音法이라고 불리는 방법으로, 음을 알 수 없는 한자 X를 음을 아는 다른 한자 α로 나타내는 방법이다. 독약법은 'X讀若α' 즉 'X는 α와 같이 읽는다'라고 나타낸다. α는 X와 같거나 비슷한 소리의 한자이다. 직음법에서는 'X音α' 즉 'X의 음은 α'라고 나타낸다. α는 X와 음이 같은 한자이다.

또 하나의 방법은 〈반절〉反切이다. 자음字音을 알 수 없는 한자 X를, 음을 아는 다른 한자 α와 β 두 개 한자의 조합으로 나타내는 방법이다. 'X α β 反' 또는 'X α β 切'의 형태로 나타낸다 하여 '반절'이라 부른다. 예를 들어 '東德紅反'이라 하면, '東'의 음은 '德'의 성모(Initial) 't'와 '紅'의 운모(Rime) 'uŋ푸'을 조합한 음이라는 뜻이다. 다음 그림의 오른쪽 위의 '平', '入' 등은 성조를 구별하는 표지이다.

이는 일본한자음이나 한국한자음에도 응용이 가능하다. 일본어를 살펴보자. '東'의 음을 모른다고 하자. 이것을 음을 알고 있는

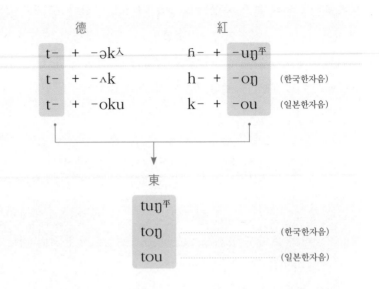

반절의 원리 — 성모와 운모를 조합하여 미지의 자음字音을 나타낸다.

'德'와 '紅'를 조합하여 알아낼 수 있다. '德'toku의 성모인 첫 자음 t와 '紅'kou의 운모인 ou를 조합한다. '東'tou가 완성된다. 한국어로도 해 보자. '德'(덕)의 성모인 첫 자음 ㄷ과 '紅'(홍)의 운모인 ㅗㅇ을 조합한다. '東'toŋ(동)이 완성된다.

히라야마 히사오平山久雄(1967;1981⁵:121)는, 'təkㅅ(德)+ɦuŋ平(紅)→tuŋ平(東)'이라는 반절을 실제로 입으로 외우면서 원하는 한자의 음을 찾아냈을 것이라며 반절의 송독誦讀적 성격에 주목하고 있다.

요컨대 〈반절〉이란, 음절을 성모와 그 밖의 나머지 즉 운모로 구별하고 그것을 조합해 미지의 음절을 나타내는 방법이다. I + MVF/T라는 이분법에 의한 것이다.

물론 정음이 있다면 한국한자음을 알기 위해 이런 귀찮은 방법을 쓸 필요는 없다. '東'의 음은 '동'이라고, 한자음을 정음으로 직접 표기해 보여 줄 수 있기 때문이다.

〈음〉의 높낮이로 의미를 구별하는 언어─일본어 도쿄 방언

〈음〉을 해석하고 여기에 〈문자〉라는 형태를 부여하려고 하는 우리
에게 결정적으로 중요한 것은, 중국 음운학에서는 음의 높낮이인
〈성조〉까지 '운모'韻母에 포함되어 있다는 점이다. 그렇다. 모음이
니 자음이니 하지만 실제로 〈음〉은 그것이 전부가 아니다. 음에는
〈높낮이〉라는 것이 있다. 그리고 그러한 〈음의 높낮이〉는, 언어에
따라서는 단어의 의미를 완전히 바꿔 버리는 기능을 한다. 현대 베
이징어에서는 음절 내부에 있는 음의 고저가 단어의 의미를 구별
한다. 그것이 성조이다.

이에 비해 일본어는 어떤가? 예를 들어 일본어 도쿄 방언을 보
자. '아노 하시데 다베테'アノはしで食べテ(저 hasi-de 먹어라)라는 문장 중
'하시데'hasi-de의 어느 음절을 높게 또는 낮게 소리 내느냐에 따라
단어의 의미가 달라진다.

음절 내부가 아니라 단어 단위에서 어느 음절을 높이는가, 어디
부터 낮아지는가 등으로 단어의 의미를 구별하는 이러한 시스템을

アノはしで食べテ
'아노 하시데 다베테'(저 hasi-de 먹어라)

はし(箸)で	haside	高低低(고저저) 젓가락으로
はし(橋)で	haside	低高低(저고저) 다리에서
はし(端)で	haside	低高高(저고고) 끝에서

〈고저高低 악센트〉(pitch accent)라고 한다. 'はし'hasi뿐만 아니라 한국어의 '-로/으로'나 '-에서'에 해당되는 'で'de와 같은 조사까지 포함할 때 비로소 악센트형型의 차이가 드러난다는 것도 재미있다.

일본어는 방언별로 이러한 고저 악센트의 양상이 달라진다. 애초에 고저 악센트의 정해진 패턴 자체가 없는, 〈무無 악센트〉라 불리는 방언도 있다.

또한 일본어에는 음절이 아니라 〈모라〉mora＝박拍이라고 불리는 단위에 고저 악센트가 실려 있다. 악기인 기타guitar를 나타내는 말 'ギター'/gitaː/는 /gi/(기)와 장모음의 /taː/(타)로 이루어진 2음절이지만, 모라로는 3모라가 된다. 모라는 '기·타·아'로 세는 것이다. '기·타·아'와 〈훈민정음〉의 관계, 여기에도 또한 재미있는 문제가 숨겨져 있다.

고저 악센트와 성조는 변화한다

고저 악센트의 유형은 시대와 함께 변화한다. 예를 들어 'ギター'/gitaː/(기타)라는 단어는 현대 도쿄 방언에서는 '고저저'高低低로 발음되어 '두고형'頭高型에 속한다. NHK의 『신판 일본어 발음 악센트 사전』(1998)과 아키나가 가즈에秋永一枝 편 『신메이카이 일본어 악센트 사전』(2001)에도 두고형으로 나와 있다. 그러나 현재는 많은 경우 '저고고'低高高 즉 '평판형'平板型으로 발음된다. 도쿄 방언에서는 'ぼく, ギターやってるんです'(보쿠, 기타 얏테룬데스: 저 기타 쳐요)라고 두고형으로 발음하면 어쩐지 초보자같이 느껴지는데, 'おれ, ギターやってんだ'(오레, 기타 얏텐다: 나 기타 쳐)라며 평판형으로 발음하면, '오, 잘할 것 같은데!' 싶고, 능숙하게 연주하는 모습을 떠올리게 된다.

‘ドラム’(도라무: 드럼)나 ‘ベース’(베에스: 베이스)도 마찬가지로, 『신메이카이…』에서는 이들 단어를 두고형이라 표시한 것에 덧붙여 연대 변화에 따른 새로운 뜻이라는 뜻으로 ‘신세식으노는’ 평판형이나 나타내고 있다. 언어학에서는 이러한 ‘평판형 악센트’를 ‘전문가 악센트’라고 부르기도 한다.

개개 단어의 악센트형이 변하거나 언어 안의 악센트 패턴이 변하는 것은 별반 드문 일이 아니다. 경우에 따라서는 그 언어 전체에서 고저 악센트가 사라져 고저 악센트 언어가 고저 악센트를 갖지 않는 언어로 변화하는 일도 있다. 중국어의 성조 역시도 방언별로 다르고, 시대에 따라 큰 변화를 보이고 있다.

고저 악센트와 강약 악센트

악센트에 관해 한 가지 구별해 둘 것이 있다. 일본어나 중국어와는 달리, 영어의 ímport(수입)와 impórt(수입하다)처럼 어느 음절을 〈강하게〉 발음하느냐로 단어의 의미를 구별하게 하는 시스템을 〈강약 악센트〉(stress accent)라고 한다. 일본어 모어화자에게 강약 악센트는 매우 어려운 것이어서 대부분의 경우 이 〈강약 악센트〉를 〈고저 악센트〉로 바꿔서 익히게 된다. 높게 발음하면 결과적으로 강해지는 경우가 많기 때문에 아주 잘못된 방법이라고 할 수는 없지만, 고저와 강약은 본질적으로 다른 것이다. 강약 악센트가 자아내는 영어의 강약 리듬은 일본어 모어화자에게는 매우 발음하기 어려운 것이다.

프로소디로의 접근—다시, 〈음〉이란 무엇인가?

이렇게 살펴보면 언어의 〈음〉에는 자음이나 모음 같은 〈분절음〉만 있는 것이 아니라는 것을 확연히 알 수 있다. 분절음과 함께 〈성조〉, 〈고저 악센트〉 등 소리의 고저와 관련된 요소, 영어의 〈강약 악센트〉 등 소리의 강약과 관련된 요소도 있다. 음의 고저나 강약 등 분절하기 어려운 요소가 의미의 구별과 관련될 때, 이러한 요소를 〈초분절적超分節的 요소〉 또는 〈프로소디〉prosody라고 한다. 문장의 인토네이션intonation, 억양 등도 프로소디의 중요한 요소이다.

우리는 지금 음을 문자로 만들고 있다. 음에 형태를 부여함에 있어, 만약 그 언어가 음의 고저로 단어의 의미를 구별한다면 그 〈음의 고저〉에도 〈형태〉를 부여해야 한다. 자음과 모음에만 형태를 부여해 나타내거나 음절에만 형태를 부여해서는 그 문자는 종종 의미가 될 수 없는 것이다.

"도시락은 저 ハシデhasi-de 먹어라." 아이고, 그럼 저 다리 끝에서 젓가락으로 먹어야지.

〈고저 악센트〉에 〈형태〉를 부여하다

사실 15세기 한국어에도 일본어 도쿄 방언과 같은 고저 악센트 시스템이 존재했다. 한국의 현대 언어학에서는 이것을 습관적으로 '성조'라고 부르고 있다. '성조'라고 부르고 있어도 그 실태는 중국어의 현대 베이징어 같은 성조가 아니라 일본어 도쿄 방언 같은 고저 악센트인 것으로 해석된다. 〈정음〉의 창제자들은 이 고저 악센트까지도 분석적으로 추출해 〈형태〉를 부여한 것이다.

na	저	→
ras	고	→
mal	저고	→
ssʌ	저	→
mi	고	→

저	고	저고
평성	거성	상성
무점無點	점 하나	점 둘
(없음)	·	:

〈정음〉의 고저 악센트 표기

예를 들어 /son/이 높게 발음되면 '손'(手)을 뜻했고, 낮게 발음되면 '손님'(客)을 뜻했다. /sol/이 높으면 '소나무'(松)였고, 저고조低高調이면 먼지떨이나 풀칠에 쓰는 '솔'을 의미했다. 이렇게 마치 실제로 들은 것처럼 말하고 있지만, 물론 지금은 그 누구도 15세기 한국어를 들어 본 사람은 없다. 위의 사실들은『훈민정음』이 고저 악센트의 원리를 분명히 밝히고 있기에 알 수 있는 것이다.

15세기 한국어에 대해서는 뭐든지『훈민정음』에 먼저 물어보면 된다. 고저 악센트는 중국어의 성조를 나타내기 위해 사용된 용어를 써서 '평성'平聲, '거성'去聲, '상성'上聲으로 구별된다. 참고로, 이들 용어가 일본어로는 '헤이세이'へいせい='효쇼'ひょうしょう, '교세이'きょせい='교쇼'きょしょう, '조세이'じょうせい='조쇼'じょうしょう 등 각각 두 가지 방식으로 발음된다.

『훈민정음』언해본이라 불리는 버전에는, 놀랍게도 '平뼁聲셩·은:뭇ᄂᆞᆺ가ᄫᆞᆯ소·리·라' 즉 '평성은 가장 낮은 음'이라는, 또 '去·컹聲셩·은:뭇노·픈소·리·라' 즉 '거성은 가장 높은 음'이라는, '上:썅聲셩·은·처ᅀᅥ·미ᄂᆞᆺ:갑·고乃:냉終즁·이노·픈소·리·라' 즉 '상성은 처음은 낮고 나중은 높은 음'이라는 서술을 비롯해 한국어 고저 악센트에 대해 자세하게 기술되어 있다. 평성은 낮은 음절, 거성은 높은 음절, 상성은 저고低高 2모라의 음절이었다.

앞서 일본어 도쿄 방언의 'ギター'/gita:/(기타)는 2음절이지만 3모라=3박의 단어이며, 악센트의 단위는 모라라고 하였다. 15세기 한국어도 현대 일본어 도쿄 방언과 같이 모라 단위로 악센트를 나타내는 모라 언어였다. 단어의 의미를 구별하는 높낮이로는 저低와 고高라는 두 가지가 있었다.

〈정음〉은 이런 악센트의 구별을 문자의 왼쪽에 점을 찍음으로써 형상화하였다. 해례본에 이르기를, '무릇 글자는 반드시 합쳐서 소리를 낸다. 왼쪽에 점을 하나 찍으면 거성이요, 점을 두 개 찍으면 상성, 점이 없으면 평성이다'라 하였다. 이 점은 오늘날 〈방점〉傍點이라고 불린다.

실로 이해하기 쉬운 형상화이다. 평성에는 무점無點 즉 '제로'를 찍는다는 아이디어도 재미있다.

사분법의 지평—〈음〉을 극한까지 〈형태화〉하라

이제 다시 15세기 한국어의 음절 이야기로 돌아가 보자. 전통적 중국 음운학은 음절을 '성모'와, 성조를 포함한 그 외의 '나머지 부분'으로 나누는 이분법의 시각으로 보았다. 〈정음〉은 어떨까? 수많은 기존의 훈민정음론에서는 훈민정음이 음절을 초성, 중성, 종성의 세 부분으로 분석한 것을 선진적인 음운론이라고 평가하고 있다. 훈민정음의 체계를 삼분법(trichotomy)으로 보는 이러한 생각 자체가 잘못되었다고는 할 수 없다. 그러나 그것만으로는 결정적인 것이 빠져 있다. 앞에서 본 I + MVF/T라는 음절 구조의 정식화를

| I | + | MVF/T | | | 중국 음운학의 이분법 (dichotomy) |

| I | + | MV | + | F | + | T | 정음학의 사분법 (tetrachotomy) |
| 초성 | + | 중성 | + | 종성 | + | 악센트 | |

상기해 보자. '/T' 즉 성조(Tone)가 빠져 있다. 정음을 삼분법으로 보고 그것에 감탄하고 끝내서는 〈정음〉의 창제자들이 도달했던, 〈음〉이란 무엇인가 하는 심오한 물음을 함께했다고 할 수 없는 것이다. 〈음〉이란 자음, 모음 등 분절음만이 아니다. 그것을 〈정음〉은 알고 있었다.

『훈민정음』의 소리에 귀 기울여 보자. "무릇 글자는 반드시 합쳐져 소리를 이룬다. 왼쪽에 점을 찍으면…." 그렇다, 〈정음〉의 문자라면 반드시 점이 있어야 한다. 무점無點, 일점一點, 이점二點, 세 가지 중에서 하나를 의무적으로 선택해야만 한다. 음의 고저가 단어의 의미를 구별하는 불가결한 요소였기 때문이다.

15세기 한국어는 고저 악센트 언어였다. 『훈민정음』의 창제 당시에는 이와 병행하여 한자음 연구가 추진되고 있었는데, 그 한자음 연구도 고저 악센트의 형상화라는 사상을 뒷받침하는 중요한 기제가 되었을 것이다. 이는 물론 한자에서 성조라는 음의 높낮이는 불가결한 존재이기 때문이다.

방점은 인쇄된 판본뿐 아니라 손으로 쓴 수고手稿나 필사본에도 정성껏 찍혀 있다. 『어첩·상원사중창권선문』御牒上院寺重創勸善文(1464)이라는 〈정음〉 최고最古의 수고手槁에도 세심하게 방섬이 찍혀 있다. 이 어첩은 제7대 임금 세조가 쓴 것이다. 악센트도 역시 언어음

『어첩·상원사중창권선문』(1464)
손으로 직접 쓴 한글에도 일일이 방점이 찍혀
있다. 빨간 표지를 넘기면 세조의 서명인 수결
과 붉은 옥새의 인영印影이 나타난다. 월정사
月精寺 소장. 저자 촬영

임을 그 방점들이 조용히 말해
주고 있다.

이렇게 〈정음〉은 음절을 초
성, 중성, 종성 그리고 악센트라
는 네 가지 요소로 해석하고 각
각에 〈형태〉를 부여하는 사분법
(tetrachotomy)의 경지에까지 이르
게 된다. 15세기 정음학의 이러
한 인식은 15세기 중국 음운학
의 반절에서 보이는 이분법을
훨씬 능가한 것은 물론이고, 거
의 20세기 언어학의 지평에 도
달한 것이었다. 세종을 비롯한 창제자들의 사상은 언어음이 의미와
관여되어 있는 한 그것을 극한까지 〈형태〉화하려고 한 것이었다.

방점이 말해 주는 600년 언어사

한편, 15세기 한국어에 존재했던 고저 악센트는 결국 소멸된다. 음
의 고저로 단어의 의미를 구별하지 않게 된 것이다. 일본어의 실제
〈말해진 언어〉에서, 비雨를 뜻하는 고저형 'あめ'ame와 엿을 뜻하
는 저고형 'あめ'의 구별이 전면적으로 사라진 것이나 마찬가지이
다. 〈쓰여진 언어〉에서 방점이 소멸된 것은 〈말해진 언어〉에서 고
저 악센트 시스템이 사라진 현상의 반영이다. 흥미로운 것은 함경
도 지방의 동북방언, 경상도 지방의 동남방언 대부분은 현대에도
여전히 고저 악센트 언어라는 점이다.

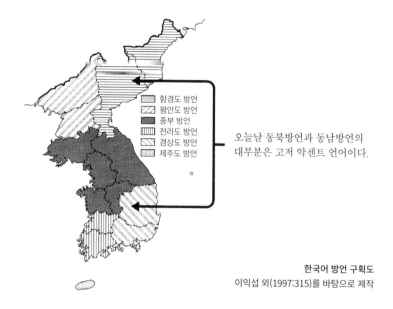

오늘날 동북방언과 동남방언의
대부분은 고저 악센트 언어이다.

한국어 방언 구획도
이익섭 외(1997:315)를 바탕으로 제작

『훈민정음』에서 상성上聲으로 표시된 단어, 즉 한 음절 안에서
〈저低에서 고高로〉 변이되는 2모라 단어로서 점 두 개가 찍혔던 단
어 중에는, 오늘날 고저가 소멸된 대신 장모음화된 것들이 있다.
예컨대 :감(柿), :별(星), :셤(島)은 고저가 소멸된 대신 오늘날 서울말
에서는 각각 [kaːm], [pjʌːl], [sʌːm]으로 장모음화되었다. 저고
低高의 2모라였던 상성 음절의 일부는 이와 같이 현대 서울말에서
는 장모음으로 남게 되었는데, 오늘날의 서울말에서는 그 장모음
조차 사라지고 있다. 600년 사이에 언어는 맹렬히 변화하고 있는
것이다.

고저 악센트 시스템이 소멸되어 온 과정도 이 방점의 표기로 알
수 있다. 엄격하게 찍히던 방점이 16세기 말에는 책에 따라서 종종
혼란을 보이다가, 표기의 규칙성도 점차 사라져 마침내는 방점 자
체가 찍히지 않게 되었기 때문이다. 〈정음〉 창제자들의 사상은 고

저 악센트 언어의 양상을 보여 주었을 뿐만 아니라 고저 악센트 언어의 붕괴 과정까지도 선명하게 그려 낸 것이다.

그 문자는 음절의
외부 경계, 내부 구조, 음의 고저를 보여 주는가

184면에서 언급한 〈그 문자는 음절의 외부 경계, 내부 구조를 보여 주는가〉라는 질문과, 지금까지 살펴본 〈음의 고저를 보여 주는가〉라는 질문을 바탕으로, 로마자·가나·한자·훈민정음이라는 네 종류의 문자 체계의 성격을 표로 정리해 두었다. 훈민정음이라는 문자 체계의 특징이 한눈에 보인다. 노파심에 첨언하지만, 이는 어디까지나 문자의 성격에 관한 문제이지 우열성과는 아무 관련이 없음을 강조하고 싶다.

가나는 음절문자라고는 하지만, 〈스테가나〉捨てがな라 불리는 촉음 〈っ〉(작은 '쓰')나 요음拗音 〈ゃ〉(작은 '야'), 그리고 발음撥音 〈ん〉이나 /oːkina/おおきな(큰) 같은 장모음 표기에서 두 글자가 한 음절을 나타내는 등 음절 경계와 문자의 경계가 일치하지 않는 경우가 적지

	음절의 외부 경계가 보이는가	음절의 내부 구조가 보이는가	음의 고저가 보이는가
로마자	× 보이지 않는다	△ 보이지 않는다	× 보이지 않는다
가나	△ 보인다	× 보이지 않는다	× 보이지 않는다
한자	○ 보인다	× 보이지 않는다	× 보이지 않는다
훈민정음	○ 보인다	○ 보인다	○ 보인다

그 문자는 음절의 외부 경계, 내부 구조, 음의 고저를 보여 주는가

않다.

한자의 경우, 중국어나 한국어에서는 음절 경계가 드러나 보이는 데 반해 일본어에서는 그렇지 않다.

5

음의 변용을 〈형태화〉하다
형태음운론으로의 접근

〈음〉을 〈형태〉로 만들기 위한 마지막 난문
—〈정음〉의 동적 시스템으로 풀다

언어음을 음절로 구분하고, 음절 내부를 해석解析하고, 분절음과 프로소디를 〈형태화〉했다. 이것으로 문자 창제가 끝난 것일까? 문자의 임무가 끝난 것일까? 사실은 한 가지 더, 결정적인 난문과 그 난문이 해결되는 놀라운 과정을 지켜보는 일이 남았다. 지금까지를 〈정음〉의 정적靜的인 시스템이라고 한다면, 이제부터는 〈정음〉의 동적動的인 시스템을 살펴보자.

〈음소〉에서 〈형태소〉로

앞서 단어의 의미를 구별하는 언어음의 최소 단위를 〈음소〉音素라고 하였다. /m/나 /n/ 같은 자음, /a/나 /i/ 같은 단모음은 음소이며, 〈정음〉은 기본적으로 〈음소문자〉였다. 즉, 기본적으로 한 자모 가 한 음소를 나타내는 것이다. 여기서 잠깐 〈정음〉의 동적인 시스 템을 비추는 메커니즘으로 되는 개념 정지에 내내 이해해 두자.

언어학에서는 의미를 가지는 언어음의 최소 단위를 〈형태소〉 形態素(morpheme)라고 한다. 형태소는 일반적으로 { }라는 괄호에 넣 어 표기한다. 영어의 'playing'과 'dancing'에서 {play}/pléi/와 {dance}/dæns/는 어휘적인 형태소이고, {-ing}/ɪŋ/은 문법적인 기능 을 하는 형태소이다. 일본어의 '食べさせられた'tabe-sase-rare-ta(먹임을 당했다/어쩔 수 없이 먹었다)는 {tabe}라는 어휘적인 형태소와, 문법적인 기 능을 담당하는 사역의 {sase}, 수동의 {rare}, 과거 시제의 {ta}라는 세 개의 형태소로 이루어져 있다. 일본어 조사 {wa}(≒-은/는)나 {ga} (≒-이/가) 등도 문법적인 형태소이다.

형태소는 음소로 구성된다. 의미를 실현할 수 있는 것은 형태소 까지이므로, 예를 들어 형태소 {dance}/dæns/를 /d/, /æ/, /n/, /s/ 처럼 보다 작은 단위인 하나하나의 음소로 분해해 버리면 더 이상 의미를 실현할 수 없게 된다. 이는 〈정음〉을 생각하는 데에 매우 중요한 시점이다. 그리고 이는 다음 장에서 설명할 〈정음 에크리튀 르 혁명〉을 둘러싼 지적知的 투쟁의 근간과 관련된 사항이기도 하 다. 형태소는 음소로 해체하면 의미를 실현할 수 없게 된다!

〈이형태〉와 〈음소 교체〉― 형태음운론

일본어에 '葉'ha(잎)라는 단어가 있다. 이것은 {ha}라는 하나의 형태 소로 된 단어다. 이 {ha}가 '낙엽'을 뜻하는 '落ち葉'oti-ba가 되면 '-ba'가 되는데, '고엽'을 뜻하는 '枯れ葉'kare-ha에서는 '-ha'가

형태음운론의 창시자 니콜라이 트루베츠코이

변하지 않는다. 이들 '-ha'와 '-ba'는 모두 {ha}라는 같은 형태소의 다른 실현체이다. 이러한 같은 형태소의 다른 모양을 〈이형태〉異形態(allomorph)라고 한다. {ha}와 {ba}라는 이형태끼리를 비교하면 /h/와 /b/라는 음소 사이에 〈음소의 교체〉가 일어났음을 알 수 있다.

참고로 서두에서도 밝혔지만, 이 책에서는 '언어 자체가 의미를 가지고 있어 그것을 서로 주고받는다'는 식의 생각은 하지 않는다. 언어는 의미를 〈가지는〉 것이 아니라 의미가 〈되는〉 것, 그래서 종종 의미가 〈되지 못하는〉 것이라고 보기 때문에, 형태소의 정의도 〈의미를 실현할 수 있는 언어음의 최소 단위〉라고 바꿔야 할 것이다. 정리하면 다음과 같다.

음소	단어의 의미를 구별하는 언어음의 최소 단위
형태소	의미를 실현할 수 있는 언어음의 최소 단위
이형태	다른 음소로 이루어진 동일한 형태소의 실현체

전술한 바와 같이 음소와 그 체계를 고찰하는 학문을 〈음운론〉이라고 한다. 형태소와 이형태를 둘러싼 음운론적 문제들을 생각하는 학문은 〈형태음운론〉(morphophonology)이라고 한다. 형태음운론은 20세기 러시아의 언어학자이며 체코 프라하학파의 핵심 인물인 니콜라이 트루베츠코이Николай Трубецкой(1890~1938)에 의해 개척

된 분야다. 그의 사후에 간행된 『음운론의 원리』는 이후의 음운론과 형태음운론의 기초를 마련하였다.

시깃스로 (정음)의 동적인 시스템을 만일 인이럭릭인 개념 명지는 갖추어졌다.

음절 구조의 변용―〈종성의 초성화〉

음절과 관련해 한국어에는 매우 재미있는 현상이 있다. 예를 들어 '밤'/pam/(夜)에 '-이'/i/라는 주격조사의 음절이 결합하면 /pam+i/[밤·이]가 아니라 반드시 /pa+mi/[바·미]와 같이 음절 구조가 변용한다. 즉, 음절 말의 자음인 종성 /m/가 다음 음절의 초성으로 변한다는 것이다. 이를 〈종성의 초성화〉라고 부른다.

$$/pam/ \quad + \quad /i/ \quad \longrightarrow \quad /pa \quad mi/$$
$$밤 \quad + \quad 이$$

〈종성의 초성화〉에 의해 음절 구조의 변용인 재음절화再音節化(resyllabification)가 일어나는 것이다. 〈종성의 초성화〉와 비슷한 현상은 여러 언어에서 관찰된다. 예를 들어 프랑스어 발음의 앙셴망 enchaînement이라는 현상도 매우 비슷하다. enchaînement이란 사슬(프랑스어 chaîne, 영어 chain) 안에 넣어(프랑스어 en, 영어 in) 묶는다는 뜻이다. 'il'[일]과 'a'[아]가 결합하면 [il·a]가 아니라 [i·la]로 발음되는 현상이다. 종성 즉 음절 말의 /l/가 다음 음절의 초성 즉 음절의 첫 자음이 되어 발음된다.

(표기)	il + a	→	il a
(발음)	/il/ + /a/	→	/i + la/
(의미)	그 + 가지고 있다	→	그는 가지고 있다

한국어의 〈종성의 초성화〉를 리에종liaison이라고 부르는 교재가 있는데, 리에종은 〈종성의 초성화〉와는 다른 현상이므로 주의해야 한다. 프랑스어의 리에종은 예를 들면 'les amis'/le-za-mi/ 등과 같은 것으로, 정관사의 복수형 'les'를 단독으로는 /le/라고 발음하는데 'amis'가 뒤에 오면 /lez/가 되면서 /z/ 음이 나타나는 것이다. 즉 단독으로 발음될 때는 없었던 음이 나타나는 현상이다. 〈종성의 초성화〉는 앙센망처럼 단독으로도 존재하는 종성이 다음 음절의 초성이 되는 것으로서, 리에종과는 확연히 구별되는 현상이다.

참고로 이 les의 s를 묵음이라 하며, 리에종은 묵음이 발음되는 현상이라는 등의 설명을 하는 프랑스어 교재들이 있다. 이는 편의 상으로는 어떨지 모르겠으나 원리적으로는 음의 평면과 문자의 평면을 오가며 논리적 혼돈을 일으키는 설명이다. 음의 평면에서 일어나는 일은 일단 음의 평면에서 설명을 끝내야 한다. 지금 이 책에서 함께하고 있듯이, 〈음의 평면에서 이런저런 일이 있다, 그렇다면 그런 일을 문자의 평면에서는 어떻게 나타낼까?〉와 같은 순서로 질문해야 옳다. 음과 문자, 〈말해진 언어〉와 〈쓰여진 언어〉라는, 언어의 존재 양식의 차이를 바탕으로 한 질문의 해석이야말로 흥미로운 것이다. 한국어 교재의 설명에서도, 음의 평면과 문자의 평면의 혼동이 적지 않다. 이른바 표음문자로 쓰여진 언어는 자칫 음과 문자의 혼탁에 빠지기 쉽다.

한국어에서는, 종성이 있는 음절에 모음으로 시작되는 음절 즉 초성이 없는 음절이 결합하면 기본적으로 이 종성의 초성화가 일

한글의 탄생

어난다. 한국어는 〈종성의 초성화〉에 의한 음절 구조의 변용이 활발한 언어다.

〈종성의 초성화〉를 어떻게 표기할까?

음소의 평면과 음절 구조의 평면이라는 두 개의 층을 통합하는 〈정음〉의 시스템은 이러한 음절 구조의 변용에도 대응할 수 있는 구조로 되어 있다는 점이 흥미롭다. 앞의 예를 〈정음〉으로 표기해 보자.

(발음)	/pam/	+	/i/	⟶	/pa	mi/
	밤	+	이			
(표기①)	ㅂㅏㅁ	+	ㅣ	⟶	ㅂㅏㅁ	ㅣ
(표기②)	밤	+	이	⟶	바	미
(표기③)	밤	+	이	⟶	밤	이

〈종성의 초성화〉는 음의 평면에서의 현상이지 문자의 평면에서의 현상이 아니다. 문자의 평면에서는 오로지 음의 평면에서 발생하는 그런 현상을 어떻게 표기할 것인가가 문제가 될 뿐이다.

이것이 '밤'pam

표기①=음운론적 표기

표기①은 음소가 나타나는 순서대로 직선상으로 배열해 표기하는 방법이다. 로마자 등의 알파벳은 음소의 평면만을 반영하는 이런 소박한 단층의 시스템이다. 〈음소적 표기〉 혹은 〈음운론적 표기〉라고 부를 수 있겠다. 단순한 음운론적 평면을 일대일로 문자의 평면에 투영시킨 것이다.

제7장에서 설명하겠지만, 〈정음〉도 근대에 들어서 이러한 단선적인 표기로 쓰여지기도 했다. 표기①과 같은 표기법을 〈풀어쓰기〉라고 한다. 표기②나 표기③과 같이 음절 단위로 묶어서 쓰는 것은 〈모아쓰기〉라고 한다.

표기②=음절구조론적 표기

표기②는 음절의 경계대로 '바미'/pa+mi/라고 표기하는 방법이다. 구조적으로는 이는 음소의 평면 위에 음절의 평면을 겹쳐서 두 개의 층으로 표기하는 시스템이다. 가나는 단순히 음절 전체의 음과 음절 경계를 나타내고 있으나, 정음은 그것뿐만 아니라 음절의 내부 구조도 보여 주고 있다. 여기까지는 이 장 3절의 181~186면에서 확인한 바 있다.

이러한 표기는 〈음절구조론적 표기〉라고 할 수 있다. 전통적 표기론에서는 음절구조론적 표기를 '음운론적 표기'나 '음소론적 표기'라고 부르지만, 그 명칭은 표기①에 부여해야 할 것이다. 물론 음절은 음운론에서 다루는 문제다. 그렇다고 해서 표기②를 '음운론적 표기'라고 한다면 표기①과 표기②의 중요한 차이를 구별할 수가 없게 된다. 표기②에서 중요한 것은 음절의 내부 구조와 외부 경계를 모두 나타낸다는 점이다. 따라서 단순한 '음절적 표기'도 아니다.

이 음설+소논식 표기는 음실 구소가 변용된 결과를 문사의 평면에도 직접 반영시킨 것이다. 음절 구조 변용의 결과는 쉽게 알 수 있다. 문자의 평면에서 '밤'/pam/이라는 형태소의 종성을 나타내던 자모 'ㅁ'이 다음 초성의 위치로 이동해서 원래의 '밤'이라는 형태소가 '바'와 '미'라는 두 글자로 분열되어 있다.

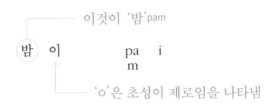

표기③＝형태음운론적 표기

이에 비해 표기③의 표기 방법은 문자의 평면에서 '밤'/pam/이라는 원래의 형태를 유지한 채 '밤이'/pam+i/로 표기하는 방법이다. 문자의 평면에서 '밤'/pam/이라는 원래의 형태를 알 수 있게 되어 있다. '이'/i/의 'ㅇ'은 현재 초성이 제로라는, 즉 초성의 자음이 없다는 것을 나타내는 자모로 사용되고 있다.

이러한 표기를 〈형태음운론적 표기〉라고 한다. 형태음운론적 표기는 음의 평면에서 음절 구조의 변용이 일어나더라도 형태소를 만드는 음의 〈형태〉를 문자의 평면에서도 시각적으로 알 수 있도록 되어 있는 것이다.

오늘날의 표기 규칙 즉 〈정서법〉正書法은 이러한 형태음운론적인 표기를 채택하고 있다. 〈훈민정음〉의 제자 원리는 이러한 형태음운론적 표기도 가능케 했던 것이다.

러시아 레닌그라드 학파(페테르부르크 학파)의 저명한 한국어학자이자 일본어학자였던 A. A. 홀로도비치Холодович(1906~1977)는 그의 저서(1954:12)를 통해 한국어의 이러한 정서법 원칙을 형태소와 음소라는 관점에서 다음과 같이 정리하고 있다.

형태소는 음소보다 우선권을 갖는다. 단어를 우선 형태소로 나누어라. 그런 뒤에 남은 부분을 모두 음절로 나누어라. 이러한 원칙이 현재 한국어 정서법에서 주도적이다.

〈정음〉은 음운론, 음절구조론, 형태음운론의 3층 구조

이렇게 살펴보면, 형태음운론적 표기에 이르러 〈정음〉의 시스템은 음소의 평면과 음절 구조의 평면이라는 두 개의 층이 아니라, 여기에 형태음운적 평면이 더해진 3층 구조로 되어 있다는 것을 알 수 있다.

〈정음〉의 형태음운론적인 성격은 한 글자만, 즉 한 음절만 보아서는 알 수 없다. 기본적으로는 두 글자 이상의 문자열에서 나타나는 동적인 성격이기 때문이다.

〈정음〉의 표기 시스템은 원리적으로 여기서 설명한 세 가지 표기법을 선택할 수 있다는 가변성을 가지고 있다. 단선적으로 자모를 배열하는 로마자 등의 알파벳에는, 음절구조론적인 평면에서의 표기나 형태음운론적인 평면에서의 표기와 같은 방법 자체가 존재하지 않는다. 184~186면에서 보았듯이, 로마자 등에서는 음절의 경계를 구획하는 장치로 표시하지 않으면 음절의 외부 경계 자체를 형태상으로 알 수 없기 때문이다. 〈정음〉은 〈초성+중성+종성〉을 하나의 〈형태〉상의 단위로 묶는 입체적인 구조로, 음소의 평면

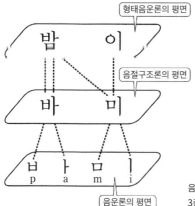

음운론, 음절구조론, 형태음운론의
3층 구조로 되어 있는 〈정음〉

과 음절의 평면 그리고 형태음운론의 평면이라는 세 가지 층을 통합하는 시스템이다. 따라서 이러한 세 가지 방법 중에서 선택이 가능해지는 것이다. 〈정음〉의 동적인 시스템은 이 3층 구조가 지탱하고 있다. 그리고 이 3층 구조 위에 음의 〈높낮이〉를 나타내는 방점이 겹쳐지는 것이다.

음의 동적인 변용을 지탱하는 〈제로 자모〉 'ㅇ'

그렇다고 해도 초성이 없다는 것을 나타내는 자모 'ㅇ'이 이런 곳에서 도움이 될 줄이야. 음절의 내부 구조에서 'ㅇ'은 자신이 있는 자리가 비어 있음을 나타내어, 음의 평면에서는 앞의 종성을 그곳으로 옮겨 주면 된다는 것을 시각적으로 쉽게 알 수 있게 한다. 초성 제로를 나타내는 자모 'ㅇ'은 기본적으로는 다음의 두 가지 기능을 가지고 있다.

초성 제로를 나타내는 자모 'ㅇ'의 지시

(a) 앞에 종성자모가 없으면 그 음절은 'ㅇ'의 다음에 오는 모음자모로 발음할 것

        이미   [이미imi]

        아이   [아이ai]

(b) 앞에 종성자모가 있으면 그 종성자모를 'ㅇ'의 위치로 가져와 발음할 것

        밤이   [바미pami]

(b)의 기능은 〈종성의 초성화〉가 일어날 수 있는 마커marker로서의 기능이다. 즉 〈제로 자모〉라고 할 수 있는 'ㅇ'의 존재로 인해 〈종성의 초성화〉라는, 음의 평면의 메커니즘을 문자의 평면으로 끌어올 수 있는 것이다. 문자의 평면에서 종성자모 바로 다음에 〈제로 자모〉 'ㅇ'이 나타나면, 음의 평면에서는 그 종성자모가 나타내는 음이 다음에 오는 음절의 〈제로 자모〉 'ㅇ' 위치로 옮겨 가 초성으로 변신한다. 〈제로 자모〉 'ㅇ'은 소리의 동적인 변용을 문자에 적용시키기 위한 결정적인 장치이다.

한편, 〈종성의 초성화〉가 일어날 때는 동시에 음소의 교체가 일어나거나, 반대로 〈종성의 초성화〉를 피하기 위해 /n/가 삽입되는 등 더욱 풍부한 소리의 변용이 관찰된다.* 그뿐만 아니라 한국어는

---

*   한국·일본·구미를 막론하고, 예를 들면 '박+이'가 [바기]라고 발음되는 것은 〈연음〉連音이고, '박+하고'가 [바카고]로 발음되는 것은 〈격음화=거센소리되기〉인 것으로 보아 서로 다른 현상인 것처럼 기술하는 견해가 적지 않았다. 특히 한국어 교육에서는 일반적으로 그렇게 가르치고 있다. 그러나 이 책의 저자는 이 두 가지를 다음과 같이 서로 상관성이 있는 현상으로 논하고 있다. '(C)VC+V(C)'가 '(C)V+CV(C)'가 되는 이른바 '연음' 즉 〈종성의 초성화〉라는 음절 구조의 변용은 위 두 가지 현상에 공통되게 일어나고 있다. 그때 앞의 경우에는 음소 교체가 아닌 〈유성음화〉가 일어나고 있고, 나중의 경우에는 음소 교체인 〈격음화〉가 일어나고 있다는 것이다. '묻+히다'가 [무치다]로 발음되는 〈구개음화〉 등까지 포함한 다양한 음의 변화를, 〈종성의 초성화〉라는 개념 장치로

구음ロ音이 비음鼻音이 되거나, 비음 /n/가 유음流音 /l/가 되거나, 평음이 농음이나 격음으로 변하는 등 음의 변화가 대단히 격렬한 언어인데, 〈세모 지모〉는 그러한 음의 변화를 유연하게 표기할 수 있는 시스템인 것이다.

〈정음〉의 형태음운론적 표기로 일본어 써 보기

〈정음〉의 형태음운론적 표기로 일본어를 써 보면 어떻게 될까? 예를 들어 동사 활용은 어떤 모습이 될까? 제2장 3절에서 '오쿠리가나'送り假名에 대해 설명한 것을 상기해 주기 바란다.

일본어 학교문법에서 말하는 5단활용 동사 '書く'kaku(쓰다)를 한 번 〈정음〉으로 써 보자.

음이 변하지 않는 부분은 먼저 '각'kak-으로 추출할 수 있다. 참고로, 종성자모를 'ㄱ'으로 하는 '각'으로 정하여 '각아나이'로 쓰면 'かがない'kag-a-nai와 같이 두 번째 음절이 탁음으로 발음되어 '嗅ぐ'kagu(냄새 맡다)가 되고 만다. 여기서는 종성자모를 격음의 자모

써 통일적으로 파악하고 있는 것이다. 〈종성의 초성화〉에 관해서는 野間秀樹(2007:307~320), 노마 히데키(2008:243~247), 野間秀樹(2009b:51~55) 등을 참조할 것.

한편 현대 한국어의 서울말에서는 '무슨'과 '일'이 결합되면 [무스닐]이 아니라 [무슨닐]로, '무슨'과 '요일'이 결합되면 [무스뇨일]이 아니라 [무슨뇨일]로 발음된다. 이처럼 종성 즉 자음으로 끝나는 형태소에 모음 /i/[i]나 반모음 /y/[j]로 시작되는 형태소가 결합할 때, 원래 없었던 음소 /ㄴ/가 삽입되는 현상을 〈/n/ 삽입〉 또는 〈/ㄴ/ 삽입〉이라 일컫는다. 한국어학에서는 일반적으로 〈종성의 초성화〉를 〈연음〉으로 간주하고 〈/ㄴ/ 삽입〉과는 별도로 기술해 왔다. 그러나 저자는 형태음운론에 대한 논고 野間秀樹(2007c:301)에서 이 〈/ㄴ/ 삽입〉 현상을 〈종성의 초성화〉와 관련지어, "〈/n/ 삽입〉은, 한국어에서는 지극히 강력한 음 변화의 모멘트인 〈종성의 초성화〉라는 음절 구조 변용을 회피(avoidance)하기 위한 유일한 장치이다"라고 기술하고 있다. 〈/n/ 삽입〉을 이처럼 〈종성의 초성화의 회피〉로 보는 견해 역시 신선한 시각이다.

かか ない	각-	아-	나이	kak–a-nai	
かきます	각-	이-	마스	kak–i-masu	
かく	각-	우-		kak–u	
かくとき	각-	우-	토키	kak–u toki	
かけば	각-	에-	바	kak–e-ba	
かこう	각-	오-	오	kak–o-o	
かいた	가-	이-	타	ka-i-ta	

일본어 학교문법식 5단활용 동사 '書く'의 활용표

로 하여 '각'이라고 해 두자. '각아나이'는 [kakʰanai]이므로 'か
かない'kak-a-nai(쓰지 않다)가 된다.

다음 원칙은 '남은 부분을 모두 음절로 나눌 것'이다. 그러면 '書
く'kaku에 모음 '아이우에오'가 붙어 활용되는, 이른바 '미연未然,
연용連用, 종지終止, 연체連體, 가정假定'의 다섯 가지 형태가 성립되는
것을 알 수 있다. 위의 표 마지막의 '書いた'ka-i-ta는 일본어의 'イ
音便'イ(이)음편이라 불리는 현상에 따른 형태이다.

가나만으로 표기하여 동사 활용을 배우는 일본의 학교문법에서
이러한 원리는 찾아내기 힘들다. 어떤가? 음절의 경계뿐 아니라 음
절의 내부 구조까지 알게 되면 동사의 활용 구조도 확연히 드러나
지 않는가.

언어음은 변용한다―'박'과 '밖' 이야기

일본어의 {ha}葉(잎)라는 하나의 형태소가 /ha/가 되기도 하고 /ba/

가 되기도 하듯이 〈음〉은 변용한다. 'ha'라는 음의 형태는 언제나 변하지 않은 채로 있을 수는 없는 것이다.

서기서 세미있는 현상을 하나 실펴보자. 〈정음〉이 가신 호식 시스템의 진가를 맛볼 수 있는 현상이다.

한국어 모어화자에게 물어보자.

— 일본어의 'ふくべ'hukube를 한국어로 뭐라고 하지?
— /pak/[paᵏ].
— 그렇구나, /pak/[paᵏ]. 그럼 한번 적어 보자. 'ㅂㅏㄱ'
  /p-a-k/을 음절로 묶어서 '박'/pak/[paᵏ]. 됐나? 그럼 '外'soto는
  한국어로 뭐야?
— '外'soto는 [paᵏ].
— 아, 같은 발음이구나. 그럼 그것도 한번 써 보자. '박'/pak/
  [paᵏ].

여기까지만 비교해 보면 동음이의어처럼 보인다.

조금 더 물어보자.

— 그럼, 주격조사 '…が'ga를 붙여 'ふくべが'hukube-ga를 한국
  어로 하면 어떻게 발음하지?
— [pagi]라고 하지.
— 아, 그렇구나. /pak/+/i/가 〈종성의 초성화〉를 일으켜서
  /paki/[pagi]가 되는 거구나.

참고로 이것이 [paki]가 아니라 탁음화되어 [pagi]로 소리 나는 것은 〈유성음화〉라는 현상으로, 한국어의 철칙이다.

— 그럼 발음대로 적어 보자. 'ㅂㅏㄱㅣ'를 묶어서 〈모아쓰기〉를 하면 '바기'[pagi]. 이렇게? 그럼, '外'soto에 주격조사 '…が'ga를 붙이면 어떻게 읽지?

— 그건 [paˀki]라고 하지.

— 뭐라고? 'ふくべが'hukube-ga와 '外が'soto-ga는 다른 거야? 그리고 [paˀki] 할 때 나는 숨 막힌 듯한 [ˀk] 소리는 뭐지?

— 아, 그거? 그게 바로 그 유명한 〈농음〉濃音이지. 경음硬音 또는 된소리라고도 해. 일본어의 촉음 'っ'가 붙은 k 같은 음인데 좀 더 긴장시킨 소리야. 한국어에서 [k]와 [g]는 같은 음소고, 경음 /ˀk/는 다른 음소야.

— 오오, 〈종성의 초성화〉라는 음절 구조의 변용과 동시에 음소 교체까지 일어나는 거야? 아무튼 'ふくべが'(ㅂㅏㄱㅣ·바기·/paki/·[pagi])랑 '外が'(ㅂㅏㄲㅣ·바끼·/paˀki/·[paˀki])는 다른 거네. 이것도 적어 볼까?

ㅂㅏㄱ ⟶ 박 /pak/[pakᵏ]   'ふくべ'hukube

ㅂㅏㄱ ⟶ 박 /pak/[pakᵏ]   '外'soto

① 단독으로는 동음이의어

ㅂㅏㄱ＋ㅣ ⟶ ㅂㅏㄱㅣ ⟶ 바기 [pagi]   'ふくべが'hukube-ga

ㅂㅏㄱ＋ㅣ ⟶ ㅂㅏㄲㅣ ⟶ 바끼 [paˀki]   '外が'soto-ga

　　　　　　　↑
평음 /ㄱ/가 농음 /ㄲ/로 음소 교체를 일으킴
‖
다른 형태가 나타남

② 조사가 붙으면 〈종성의 초성화〉로 인해 다른 소리로 변한다

형태음운론적인 교체─'박'과 '밖'을 나눈 것

'ふくべ'hukube이 '外''soto만 있을 때는 같은 '박'[pak]이라는 형
태였는데, 주격조사 '…が'ga에 해당하는 '-이'가 붙어 'ふくべ
が'hukube-ga, '外が'soto-ga가 되면 음의 형태가 변해 버린다. 평음
/ㄱ/가 농음 /ㄲ/로 음소 교체를 일으키고 있는 것이다. 즉, 명사의
해당 부분만을 보면 'ㅂㅏㄱ'과 'ㅂㅏㄲ'이라는 〈이형태〉가 나타
나는 것이다.

여기서 중요한 것은 한국어에서 /pak/이라는 음렬音列에 /i/가
결합했다고 해서 항상 /pagi/가 되는 것도, /paʔki/가 되는 것도 아
니라는 점이다. 만약 항상 그렇게 되는 것이라면 그것은 순수하게
음운론적인 평면에서의 음소 교체라 할 수 있겠다. 어떠한 음의 환
경에서도 동일한 조건에 동일한 변화가 일어나는 것이니까.

하지만 여기서는, 'ふくべ'hukube라는 뜻의 /pak/의 경우에는
/paki/[pagi]가 되고, '外'soto라는 뜻의 /pak/의 경우에는 /paʔki/
[paʔki]가 된다. 〈어떤 의미의 형태소인가〉에 따라 음이 달리 나타나
는 것이다. 요컨대 여기서는 이미 순수한 음운론적인 평면에서의
음소 교체가 아니라, 의미를 실현할 수 있는 형태, 다시 말해 〈형태
소〉와 관련된 〈형태음운론적인 교체〉가 일어나고 있는 것이다.

그런데 ②와 같은 표기에서 그치면 이는 음절구조론의 평면에서
끝나게 된다.

오늘날의 정서법은 더 나아가 이를 ③과 같이 형태음운론적인
표기로 나타내고 있다.

ㅂㅏㄱㅣ → 바기 → 박이 /paki/[pagi]　　　'ふくべが'

ㅂㅏㄲㅣ → 바끼 → 밖이 /paˀki/[paˀki]　　　'外が'

음운론의　　　음절구조론의　　　형태음운론의
평면　　　　　평면　　　　　　평면

③ 음운론에서 형태음운론으로

　음운론의 평면에서는 'ㅂㅏㄱㅣ', 음절구조론의 평면에서는 '바기'로 각각 한 종류의 표기가 있지만, 형태음운론의 표기로는 '바기'와 '박이' 중에서 선택할 수 있다.

　그 결과 'ふくべ'hukube는 '박'으로, '外'soto는 '밖'으로 표기하게 되었다. 보는 순간 서로의 구별이 시각적으로 가능해지는 것이다. 이는 또한 〈종성의 초성화〉가 일어날 때의 음까지 나타내고 있다.

　일본어에서는 음절 말에 발음撥音인 'ん'과 촉음 'っ'밖에 올 수 없는 데 비해 한국어에서는 음절 말에 다음 표에 나타난 일곱 개 자음이 올 수 있다. 이 일곱 개밖에 없으므로, 종성자모에 농음의 자모 'ㄲ' 등이 쓰여져 있어도 음의 평면에서 농음이 종성에 오는 일은 없다. k 계열에서 나타나는 종성은 자연히 'ㄱ'뿐이므로 틀릴 일이 없다. 참고로, 앞에서도 언급했듯이 15세기에는 [s]가 더해져 종성에 올 수 있는 소리가 여덟 개였다.

　ŋ은 음성학에서는 흔히 '엥마'engma라고 부른다. 일본어에서는 'ん'으로 들리지만, k의 모양 그대로 소리를 코로 빼는 비음이다. 입술도 다물지 않고 혀끝도 올라가지 않는다.

　표 아래의 그림은 비음 m, n, ŋ의 조음기관을 나타낸 것이다.

　　　　한글의 탄생

	순음	치경경구개음	연구개음	
구을	ɱ	t	k	음소 평면
비음	m	n	ŋ	
유음		l		
구음자모	ㅂ ㅍ	ㄷ ㅌ ㅅ ㅆ ㅈ ㅊ ㅎ*	ㄱ ㅋ ㄲ	문자의 평면
비음자모	ㅁ	ㄴ	ㅇ	
유음자모		ㄹ		

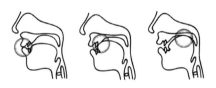

현대의 종성 소리와 종성자모

---

*　　ㅎ은 후음자모이다.

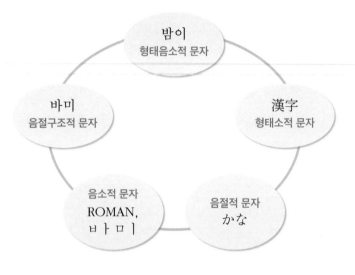

표어와 표음의 윤회

표어와 표음의 윤회

문자 체계가 형태음운론적인 표기를 채택한다는 것은, 문자가 음을 나타낼 뿐만 아니라 문자의 〈형태〉가 의미와 연결되어 있음을 뜻한다. 즉, '밤'이라는 〈정음〉의 한 글자가 나타내는 단위가 음절인 동시에 형태소일 수도 있다는 것이다. '박'이라고 쓰면 'ふくべ'hukube가 되고, '밖'이라고 쓰면 '外'soto가 되듯이, 이는 한 글자가 한 단어를 나타내는 〈표어문자〉表語文字라는 뜻이 된다. 현대 한글에서도 '있'[ɸiss], '읽'[ɸilk], '놓'[noh]와 같이 한글 한 자로 형태소를 특정할 수 있는 경우가 드물지 않다.

물론, 둘 이상의 글자로 하나의 형태소를 나타내는 경우도 얼마든지 있다. 그렇다 해도 여기서 중요한 것은, 분명 음을 표현하던 글자가 언제부터인지 형태소를 나타내는 글자가 되고, 사실상 단

한글의 탄생

어를 나타내는 글자라는 성격까지 갖게 되었다는 것이다.

　오늘날 한국어를 표기하는 데에 한자가 거의 사용되지 않고 한글만 쓰이고 있다. 새로 난어를 만들어 내는 한국어의 소어력을 문자의 평면에서도 한글이 어느 정도까지 보여 주고 있는 것은 이러한 〈형태음운론적인 표기〉에 의한 〈표어문자〉적인 성격 덕분일 것이다.

　세계의 문자사는 표어문자로부터 시작됐다. 그리고 음절문자와 단음문자가 탄생했다. 같은 단음문자라 해도 〈정음〉의 표기 방식을 보면 음운론의 평면, 음절구조론의 평면, 형태음운론의 평면이라는 각각의 단계에서 자유로운 표기가 원리적으로 가능함을 알수 있다. 그리고 형태음운론적인 표기란, 요컨대 〈표어〉表語로 가는 길이기도 한 것이다. 표어문자에서 출발해 표어문자로 돌아가기. 동방의 〈훈민정음〉이라는 문자 체계가 보여 주는 세계 문자사의 윤회輪廻이다.

제4장

〈정음〉 에크리튀르 혁명
— 한글의 탄생

조선 왕조 초기의 이궁 창덕궁昌德宮
'비원'秘苑으로 알려진 이름난 후원이 있다. 유네스코 세계문화유산으로 등록되어 있다. 저자 촬영

제3장까지의 과정으로, 문자를 만들기로 한 우리의 목적은 일단 달성된 것일까? 사실 문자를 생각해 내고 문자를 만든 것만으로는 아직 그것이 완전한 문자라고 말할 수 없다. 무엇보다 문자는 사람들에 의해 쓰여지지 않으면 안 된다. 문자는, 텍스트로 비약해야 한다. 이것이야말로 문자가 진정한 문자로서의 삶을 살 수 있을지 어떨지를 결정하는 것이다.

그렇다면 우리는 무엇을 써야 할까? 어떻게 쓰면 되는 것일까? 사람들이 문자를 가지고 무엇인가를 쓰기 위해서는 그 문자를 알아야만 한다. 문자의 형태와 구조가 정해진 상태는 아직 시작에 불과하다.

〈정음〉혁명파와 한자한문 원리주의의 투쟁

지식인들에게 한자한문은 삶이자 죽음이었다

제2장에서도 언급한 바와 같이 15세기 조선의 지식인들에게 한자는 삶 그 자체였다. 아니, 한자라는 것은 삶이기도 하고 죽음이기도 했다. 사대부인 양반의 자제는 이 세상에 태어나면서 한자로 이름을 얻었고, 한자로 세상을 배우고, 한자로 벗과 대화하며, 한자로 시를 읊고, 한자로 국사를 논하였다. 임금에게서 죽음을 배명받는 것도 한자로써였고 죽고 난 후에 기려지는 것조차도 한자로써 이루어졌다.

이러한 지식인들의 모든 〈지知=앎〉은 한자한문에 의해 형성되고 조직되어 움직이고 있었다.

예를 들면 과거科擧라는 제도 하나만 보아도 그렇다. 598년 수隋나라 문제文帝(재위 581~604) 때부터 청나라 때까지 중국에서 1,300여 년에 걸쳐 시행된 관리 등용 시험인 과거제도는, 한반도에서는 통일신라 시대인 788년에는 이미 도입되어 조선에까지 이어졌다.

몇 차례 중단되기는 했으나, 과거는 한반도에서도 900년 가까운 역사를 가진 제도가 되었다. 과거를 거치지 않으면 진정한 사대부가 될 수 없었던 것은 말할 것도 없다. 그리고 이 과거제도와 관련된 모든 것, 과거를 향하는 길과 과거를 끝낸 후의 시간까지 모든 것이 한자한문의 세계였던 것이다.

〈정음 에크리튀르 혁명〉의 출발점 ― 〈지〉知의 혁명

〈쓰기〉를 둘러싼 다양한 모습을, 인문학에서 사용되는 용어를 빌려 여기서는 광범위하게 〈에크리튀르〉écriture라고 부르기로 하자. 〈에크리튀르〉는 프랑스어로 〈쓰다〉를 의미하는 동사 'écrire'의 파생어이다. 이 말은 〈쓰기〉, 〈쓰인 것〉뿐만 아니라 〈문자〉나 〈필적〉·〈문체〉 등의 의미로까지 널리 사용되고 있다. 영어로는 'writing' 이나 'script' 등으로 번역되기도 하나 일본어에서처럼 외래어로서 그대로 사용되는 경우도 많다. 여기서는 〈지〉知라는 관점에서 본 〈쓰기〉를 가리켜 〈에크리튀르〉라 총칭하기로 한다.

〈에크리튀르〉écriture = 〈쓰기〉, 〈쓰인 것〉, 〈쓰여진 지知〉

당시 에크리튀르의 모든 것은 한자한문이었다. 〈지〉의 모든 것은 한자한문에서 성립되었다. 그것이 세계의 전부였다. 그러한 한자한문의 세계에, 아무도 본 적 없는 〈정음〉이 우뚝 서 있는 것. 이것이 15세기 조선에서 〈정음 에크리튀르 혁명〉이 출발했을 때의 구도이다.

임금은 최고 권력자이니 〈혁명〉이라고는 말할 수 없는 걸까? 그

렇지 않다. 세종 임금이 〈정음 에크리튀르 혁명〉으로 투쟁한 상대
는 왕과는 비교도 안 될 만큼 막강한 상대였다. 그것은 역사가 쓰
여지기 이전부터 이제고 오늘날까지 이어지고 있는 〈한자한문 에크
리튀르〉였다. 투쟁의 상대는 바로 역사이며 세계였다. 〈지〉의 모든
것이었다. 역사서, 즉 쓰여진 역사를 펼쳐 보면 알 수 있듯이 거대
한 에크리튀르의 역사 앞에서 임금은 시호諡號*로 불리고 쓰여지는,
몇 글자의 고유명사에 지나지 않는다.

왕조 최강의 두뇌 집단＝집현전

세종은 〈정음〉을 창제하고 실천하는 데 있어 〈집현전〉集賢殿이라는
기관을 총사령부로 삼았다. 집현전은 고려 시대부터 그 이름이 등
장하는 학문연구기관으로, 중국 당나라 때의 기관에서 이름을 따
왔다. 집현전은 고려 말부터 오랫동안 실질적인 활동이 없었으나
세종이 즉위 다다음 해인 1420년에 부활시켜 활성화를 꾀하였다.

집현전은 왕조 최강의 두뇌 집단이었다. 집현전은 정음 에크리
튀르 혁명파의 중추였다. 더 정확히 말하자면, 집현전 전체가 조직
적으로 혁명을 수행한 것은 아니고, 실은 소수의 정예들, 조금 거
창하게 표현해서 일부 세력이 그 임무를 맡았던 것이다.

조선 왕조의 관직은 위로 정1품正一品, 종1품從一品에서부터 정9품,
종9품까지 계급이 정해져 있다. 집현전의 수장首長은 영전사領殿事
라는 직명으로 정1품이다. 이하 정2품 대제학大提學, 종2품 제학提學
까지가 겸임의 명예직이다. 실질적인 직무는 정3품 부제학副提學 이

---

*   시호는 제왕이나 재상, 유현들이 죽은 뒤에 그들의 공덕을 청송하여 붙인 이름이다.

하 종3품 직제학直提學, 정4품 직전直殿, 종4품 응교應敎, 정5품 교리校理, 종5품 부교리副校理, 정6품 수찬修撰, 종6품 부수찬副修撰, 정7품 박사博士, 정8품 저작著作, 정9품 정자正字가 담당했다.

〈정음 에크리튀르 혁명〉의 이데올로그들

〈정음 에크리튀르 혁명〉의 최고 지휘자는 세종(1397~1450, 재위 1418~1450)이었고, 세종 밑에서 이론 투쟁을 지휘한 이데올로그idéologue는 집현전에 모인 다음과 같은 인물들이었다. 『훈민정음』 해례본에서 이들 모두의 이름을 그들의 관직명과 함께 볼 수 있다. 〈정음〉이 창제된 1443년 당시 그들의 나이에도 주목해 보길 바란다. 지금보다 훨씬 어린 시절에 혼인을 했던 당시 사대부들과 현대인의 연령을 단순히 비교할 수는 없겠으나, 그렇다 해도 모두들 젊은 나이이다.

정인지鄭麟趾　　정2품 집현전 대제학, 47세
최항崔恒　　　　종4품 응교, 34세
박팽년朴彭年　　종5품 부교리, 26세
신숙주申叔舟　　종5품 부교리, 26세
성삼문成三問　　정6품 수찬, 25세
강희안姜希顔　　정6품 돈령부敦寧府 주부注簿, 26세
이개李塏　　　　종6품 부수찬, 26세
이선로李善老　　종6품 부수찬, 연령 미상

이때 세종은 46세였고, 에크리튀르의 젊은 혁명가들은 모두 대단히 젊은 수재들이었다. 정인지는 불과 15세에 생원시生員試에 합격하였고, 문과文科에는 18세로 장원급제했을 정도의 대수재였다. 그는 네 명의 왕〔世〕에게까지 오른다.

신숙주는 1443년에 조선통신사의 서장관書狀官으로 무로마치室町 시대*의 일본 땅을 밟은 바 있다. 그 경험을 바탕으로 저술한『해동제국기』海東諸國記는 에도江戶 시대** 일본에서도 널리 알려지게 되었다. 제7대 임금인 세조의 시대에 그는 정권을 지키는 중심인물이 되고 관직은 영의정에까지 이른다.

혁명가들은 단순한 지식인·문인에 머물지 않았다. 강희안은 서거정徐居正(1420~1488)***이 그를 일컬어 '시서화詩書畵의 삼절三絶이며, 서예書藝는 왕희지王羲之****와 조맹부趙孟頫*****를 겸하였다'고까지 말하던 예술가였다.

왕립 학문연구기관이자 학술원에 지나지 않았던 집현전의 혁명가들은, 세종이 세상을 떠난 후에는 제각기 더 깊은 정치의 중추中樞에서 생사를 걸게 된다.

---

* 무로마치 시대는 1336년부터 1573년까지 일본에서 아시카가 막부足利幕府가 집권한 시대를 가리킨다. 무로마치는 교토에 있는 지명이다. 무로마치 시대 후기는 전국시대戰國時代라고도 한다.
** 에도 시대는 1603년 도쿠가와 이에야스德川家康가 정이대장군征夷大將軍이 되어 현재의 도쿄인 에도에 막부를 열었을 때부터 1867년 도쿠가와 요시노부德川慶喜가 정권을 덴노天皇에게 돌려준 때까지의 시기를 말한다. 봉건 사회체제가 확립된 시기이며 쇼군將軍이 권력을 장악하고 전국을 통일, 지배하던 시기이다.
*** 서거정은 조선 전기의 학자로, 성리학을 비롯하여 천문·지리·의약 따위에 정통하였고 문장과 글씨에도 능하여『경국대전』·『동국통감』 등의 편찬에 참여하였다.
**** 왕희지(307~365)는 중국 동진東晉의 서예가이다. 해서楷書, 행서行書, 초서草書의 3체를 예술적 완성의 영역까지 끌어올렸다고 하며, 당대唐代 이후 서성書聖이라 불린다. 동양 서예의 정상이라 할 수 있으며, 이 책의 제6장에서도 문자의 미학을 생각하는 핵심 인물의 하나로 다루어지고 있다.
***** 조맹부(1254~1322)는 중국 원元나라의 문인으로 서예와 회화, 시문에 뛰어나 원나라 사대가四大家 가운데 한 사람으로 꼽힌다.

『조선왕조실록』이 전하는 최만리파의 반反〈정음〉

집현전의 정3품 부제학이라는 지도적 입장에 있었던 최만리崔萬理
는, 자신의 존재를 걸고 왕에게 간언한다. 〈정음〉은 있을 수 없다는
것이었다. 이 점에서도 알 수 있듯이, 같은 집현전 안에서도 〈정음〉
을 둘러싸고 사실상 사상적 분열이 일어나고 있었다.

최만리. 태어난 해는 1390년대일 것으로 추측되고 있으나 정확
하지 않다. 세종과 동년배였을 것이다. 왕조를 대표하는 지식인이
었음에는 틀림없다. 그는 1438년에 부제학, 이듬해 도지사에 해당
하는 강원도 관찰사직을 거쳐, 1440년에는 집현전의 부제학으로
다시 돌아왔다. 최만리를 비롯한 사대부들이 역설한 바는 왕조의
정사正史인『세종실록』에 기재된 상소문上疏文을 통해 알 수 있다.

조선 왕조의 기록은,『세종장헌대왕실록』世宗莊憲大王實錄 줄여서
『세종실록』이라 칭하는 데서 알 수 있듯이 왕의 치세治世마다 편년
체編年體*로 엮여 있다. 오늘날은 이를 총칭하여『조선왕조실록』이
라 부르고 있다. 1,893권 888책에 달하는 서적＝에크리튀르이다.
당연히, 이『조선왕조실록』도 이때까지의 모든 에크리튀르와 같이
전부 한자한문으로 기록되어 있다. 덧붙이자면『훈민정음』해례본
과 함께『조선왕조실록』또한 유네스코 세계기록유산에 등재되어
있다.

---

* 편년체는 역사 서술 방법의 하나로 기년체紀年體라고도 한다. 역사적 사실을 연대
순으로 기록하는 기술 방법이다.

『세종장헌대왕실록』(왼쪽)과 『세종실록』에 실려 있는 최만리의 상소문(오른쪽)

최만리파의 반反〈정음〉 상소문

최만리의 상소문은 이렇게 시작된다.

신 등 복 도   언 문 제 작   지 위 신 묘
臣等伏覩하니。諺文制作이。至爲神妙하여。
창 물 운 지   형 출 천 고
創物運智는。敻出千古로되。
연 이 신 등 구 구 관 견   상 유 가 의 자
然以臣等區區管見으로는。尙有可疑者하여。
감 포 위 간   근 소 우 후   복 유
敢布危懇하여。謹疏于後하여。伏惟
성 재
聖裁하노이다。

소신들 엎드려 추측하옵건대 언문의 제작이 지극히 신묘神妙의 경지에 다다르고 있으며, 그 새롭게 창조하여 지知를 움직이게 하는 바는 실로 먼 천고千古의 역사에서 태어난 것이라 하옵겠나이다. 하오나 신들의 부족한 견식으로 아뢰옵기 황송하오나 한편으로는 심려되는 바가 있사옵니다. 송구스러운 일이

오나 감히 충심으로 상소를 올려 엎드려 엄명을 받고자 하옵나이다.

언문, 즉 〈정음〉의 시스템을 보고 최만리가 "신묘"神妙라고 형용한 것이 세종에게 단순히 아부하기 위한 표현이었다고는 생각할 수 없다. 확실히 잘 만들어져 있다고 인정한 것이다. "창물운지"創物運智 즉 만물을 만들고 지를 움직이게 하는 정음의 힘을 간파하고 있다. 〈정음〉은 형태를 만들고 시스템을 움직이게 하는 것이다.

경악하는 지식인들

집현전에서 행해진 〈정음〉의 창제가 알려지자 지식인들은 경악했다. 최만리는 말한다.

我朝는 自 祖宗以來로。至誠事大하여。一遵華制하온대。
今當同文同軌之時에。創作諺文하면。有駭觀聽하나이다。
우리 왕조는 선조부터 지금까지 모든 성의를 다해 위대한 존재 즉 대중국을 섬기며 오직 중화의 제도를 따라 왔습니다.
지금 글을 같이하고 문물제도文物制度를 함께하여야 할 바로 이때에 언문을 제작하면 그것을 보고 듣고 이상하게 여기는 사람이 있을 것입니다.

지식인들은 "놀라서 관청觀聽"한다. 보고 놀라고, 듣고 놀란다. 아니, 왕이 그런 일을 하고 있었단 말인가. 정치를 돌보지 않고 풍류관현風流管絃에 빠져 있는 왕이라면 어쩔 수 없겠지만, 상대는 스스로 정치를 행하고 세상을 제대로 움직이게 하며 시대를 만들고 있는 세종이 아닌가.

세종은 후세에 조선 최고의 명군으로 일컬어지는 왕이다. 1418년에 즉위한 세종은 많은 개혁을 단행하였다. 그는 『고려사』高麗史 등의 사서를 정인지 등에게 편찬하도록 하였고, 1432년에는 신장申檣·맹사성 등을 시켜 현재 전하지 않는 인문지리서『신찬팔도지리지』新撰八道地理志도 편찬하였다. 제

세종 김기창金基昶(1913~2001) 그림. 여주 영릉 소장

2대 임금 정종定宗과 제3대 임금 태종太宗의 실록도 세종의 치세에 편찬된 것이다. 동활자銅活字의 주조도 진행시켜, 1403년에는 주자소鑄字所를 설치하였다. 조선의 활판인쇄活版印刷는 유럽의 구텐베르크J. G. Gutenberg(1398~1468)보다 앞선 것으로 알려져 있다. 사상 최초라는 우량계 '측우기'測雨器를 전국에 설치하는 등 과학기술의 장려도 게을리하지 않았다.

그러했던 세종이 이제는 문자를 만든다고 한다. 왕의 소일거리 같은 것이라면 모를까 그게 아니었다. 세종은 어찌 보아도 진심이었다. 〈글=에크리튀르〉를 함께해야 할 대중국에게 반역을 하겠다는 것인가.

지성사대至誠事大* = 한자한문 원리주의의 정치적 표현

최만리는 또한 이렇게도 말한다.

自古^{자고}로 九州之內^{구주지내}에。風土雖異^{풍토수이}하나。未有因方言而別爲文字者^{미유인방언이별위문자자}하며。

唯蒙古西夏女眞日本西蕃之類^{유몽고서하여진일본서번지류}가。各有其字^{각유기자}하나。是皆夷狄事耳^{시개이적사이}이니。無足道者^{무족도자}이나이다。

예부터 중국 아홉 개의 주州가 풍토가 다르다고는 하나 그중 방언에 의거한 다른 문자를 가졌다는 것은 본 적도 없습니다. 몽고, 서하西夏, 여진女眞, 일본, 서번西蕃 같은 곳에서 각각의 문자가 있는 것은 모두 이적夷狄이나 하는 짓이며 논할 여지도 없는 것입니다.

최만리는 분노한다. 미개한 땅만이 참된 문자를 모르는 것이요, 사대부의 나라, 문명의 나라인 조선은 한자한문 에크리튀르를 대중국과 함께할 수 있는 것이거늘, 한심하기 그지없다. 조선이 문자를 모르던 그 옛날, '결승'結繩(밧줄 묶은 것)을 문자 대신으로 사용했던 태곳적이라면 또 몰라도** 우리 조선은 문자를 안다. 우리에게는 참된 문자가 있다.

歷代中國^{역대중국}은。皆以我國^{개이아국}으로。有箕子遺風^{유기자유풍}하여。

---

* 지성사대는 정성을 다하여 큰 것을, 즉 대중국을 섬긴다는 말이다.

** 여기서 최만리는 문자의 예로서 '결승'結繩을 들고 있다. '결승'은 『주역』周易의 「계사전」繫辭傳과 『십팔사략』十八史略 등에 보인다. 한자 이전에 사용되었다고 한다.

文物禮樂^{문물예악}은。比擬中華^{비의중화}나。

今別作諺文^{금별작언문}함은。捨中國而自同於夷狄^{사중국이자동어이적}이나이다。

역내도 중국은 모두 소신을 기사소신其十鄦鄦의 유류이 남아 있어 중화에 필적할 만한 나라로 예우하고 있습니다. 지금 따로 언문을 만듦은 중화를 버리고 스스로 이적夷狄이 되려 하는 것이옵니다.

豈非文明之大累哉^{기비문명지대누재}이리잇가。

이것이야말로 어찌 문명의 대누大累가 아니겠습니까.

그렇다. 우리나라는 "문명"의 땅인 것이다. 문자를 만든다는 것은 문명에 폐를 끼치는 소행임에 틀림없다. 동아시아의 정치 역학에 대한 최만리파의 근심은 무엇보다도 심각한 것이었다.

若流中國^{약류중국}하여。或有非議之者^{혹유비의지자}면。豈不有愧於事大慕華^{기불유괴어사대모화}이리잇가。

만약 이것이 중국에 알려져 비난하는 자가 있다면 큰 것을 섬기고 중화를 받드는 마음에 어찌 부끄러운 일이 아니겠습니까.

동아시아 전체로 보면―이 시대에는 사실상 '세계 전체로 보면'이라는 뜻이다―조선의 왕이라 해도 중국 황제로부터 책봉冊封받는 군주에 지나지 않는다. 1392년 왕위에 오른 태조太祖 이성계 李成桂(1335~1408)조차 대명국大明國으로부터 왕으로 인정받지 못하였

---

* 기자조선은 중국 은殷나라가 망한 후 은나라 사람인 기자箕子가 고조선에 망명하여 세웠다고 하는 나라이다. 현재 학계에서는 대체로 그 실재에 대해 부정적이다.

다. 제3대 태종太宗의 대에 이르러서야 겨우 "조선왕국"의 사령辭令을 고하는 〈고명〉誥命과 인장印章이 명나라로부터 조선에 전달되었다.

이렇듯 하늘과 땅을 잇는 유일한 존재는 중국 황제이다. 먼 옛날 진왕秦王 정政은 시황제始皇帝가 되어 문자를 통일하였다. "문자를 통일하여 다스린다"는 영위는 유일무이하게 중국 황제만이 할 수 있는 일이다. 언제부터인지 모를 옛날부터 사용되었던 문자라면 몰라도 일부러 자국의 문자를 자랑이라도 하듯 오늘날에 와서 만들어 내다니, 중국에 이 일이 알려지기라도 한다면 어찌할 것인가.

최만리 등의 이러한 사상은 근대 들어서는 사대주의라 하여 큰 비판을 받아 왔다. 예를 들면 포스트-주시경학파의 중심이자 해방 후에는 한국의 언어 교육에 절대적인 영향을 미친 문법가 최현배崔鉉培는 그의 저서 『개정 정음학』에서, 인용하는 것조차 망설여지게 할 어조로 최만리를 매도하고 있다. 일본의 식민지가 된 땅에서 한국어가 놓인 상황을 몸으로 체험한 최현배에게는 최만리에 대한 강도 높은 비난도 이유가 없는 것은 아니다.

한자한문 원리주의의 사상

그러나 최만리파의 사상을 단지 사대주의로 치부해 버리는 것은 너무나 성급한 생각이다. 그것은 〈정음〉에 반대하는 상소문의 정치적인 측면만을 보고 있는 것이다. 여기서는 다음의 두 가지 점을 함께 보아야만 한다.

첫 번째로 반드시 주시해야 할 것은 "지식인들에게 한자한문이 삶이자 죽음이었던", 〈정음〉 이전 에크리튀르의 자장磁場이다. 최만리파의 입장은 당대의 지식인들 가운데 압도적인 다수파의 입장이었고 한자한문에 살고 죽어 가는 사람들의 존재적 근원에서 나오는 소리였다. 그것은 지식인으로서의 마땅함이었고 상식이었고 사변이었고 이성□□이기도 했다. 성숙과였다! 셋은 쇠반리와 한자한문 원리주의였으며, 세종과 에크리튀르 혁명파가 이단異端이었던 것이다.

그 충격의 정도를 비유해 보자면, 〈정음〉의 제기는 오늘날 일본어의 표기 문자인 가나를 모두 '조지아(그루지야)문자로 바꾸자', 혹은 '아랍문자로 하자'는 것과 같은 충격이다. 아니 그 이상의 충격이었을 것이다. 그것은 본 적도 없는 문자였던 것이다. 게다가 지금까지 쓰여진 적이 없었던 〈말해진 언어〉를 쓰겠다고 한다. 사람들이 깊이 신뢰하는 압도적인 현자가, 국가권력의 중추에서, 어느 날 갑자기 한자와 가나 쓰기를 그만두고 내가 만든 이 문자를 쓰라고 명령하는 것과 같은 충격.

두 번째로 보아야 할 것은 최만리파의 사상이 〈정음〉에 대해 언어학적, 문자론적, 더 나아가 〈지〉知의 지평에서 물음을 던지고 있다는 점이다.

최만리를 둘러싼 오늘날의 담론 중에는, 위의 첫 번째 지적에서와 같이 15세기라는 시대 배경을 고려하여 사대주의라는 단죄로부터 거리를 두려는 연구자가 적지 않다.

그에 비해 최만리의 논의가 언어학적·문자론적인 〈지〉知의 지평에서 벌어진 사상 투쟁이었다는 두 번째 시점에 대해서는, 기존의 훈민정음론은 거의 평가하지 않고 있다.

한마디로 말해, '한자한문 원리주의'로 총괄할 수 있는 최만리파의 사상은, 압도적으로 우세한 앙시앵 레짐ancien régime = 구체제의 단순한 대변이었다기보다는 〈정음〉의 잠재력으로 인해 뒤흔들리게 될 한자한문 에크리튀르의 근간과 그것을 뒷받침하는 근원적

사상을 원리주의적으로 순화·이론화한 것이었다.

〈용음합자〉사싱

〈지〉의 원자를 묻는다

〈용음합자〉=음에 의거하여 글자를 합친다

최만리파가 〈정음〉을 언어학적·문자론적인 지평에서 문제 삼고 있음은, 임금을 향한 텍스트인 상소문에 명확하게 나타나 있다. 그 중 결정적인 내용이 이것이다.

用音合字는, 盡反於古이나이다.
음에 의거하여 글자를 합치는 것은 모두 옛것을 거스르는 일이옵니다.

〈용음합자〉用音合字는 〈음을 사용하여 글자로 합친다〉 혹은 〈음을 이용하여 글자를 만든다〉, 〈음에 의거하여 글자를 합친다〉 정도로 풀이하면 좋을 것이다. 요컨대 음으로써 글자를 만드는, 즉 음을 나타내는 자모字母를 조립해 문자를 만든다는 훈민정음의 그런 방법은 모두 옛 사적事績을 어기는 것이며 예부터 지금까지 어디에도 없었던 일이라고 말하고 있는 것이다. 그렇다, 〈용음합자〉라는 것은 예부터 지구상의 어디에도 없었다. 〈정음〉처럼 완성된 형태로서의 형태음운론적인 알파벳 시스템은 중국 대륙에도 없었고 지중해에도 없었다. 문자라는 관념으로부터는 절대로 도출해 낼 수 없는 피조물이다.

〈정음〉의 사상을 〈용음합자〉라는, 고작 네 글자의 간결한 구절로 파악한 최만리의 안목은 정확한 것이다. 최만리와 사대부들은 단순히 사대주의 사상 때문에 〈정음〉에 이의를 제기하고 있는 것이 아니다. 다름 아닌 〈용음합자〉라는 사고방식 그 자체에 이의를 제기하고 있는 것이다. 문자의 형태뿐만 아니라 문자를 만들어 내는 시스템 자체를 향한 이의이다.

세종의 반론—옛 문자라는 것은

上이 覽疏하사。謂萬理等曰。

임금께서 상소문을 읽으시고 최만리 등에게 말씀하시기를

상소문을 읽은 세종은 역시 이 구절에 대해서 제일 먼저 반론을 펼치고 있다. 세종 자신이 〈용음합자〉라는 구절을 무엇보다도 먼저 문제시하였다는 것은 중요한 지점이다. 이는 문제의 핵심이 바로 여기에 있음을 가르쳐 준다. 핵심은 문자의 시스템에 있다. 〈정음〉을 둘러싼 이러한 언어학적 사상 투쟁이 왕궁에서 벌어지고 있는 것이다. 이 자체만도 놀랍다.

汝等이 云。用音合字는。盡反於古라 하니。薛聰의 吏讀는。

　　　　　역 비 이 음 호
　　　亦非異音乎아。

　　그대들이 음으로써 글자를 합친다는 것은 완전히 옛것을 거스
　　르는 짓이라고 말하였다. 그러나 설총薛聰의 이두 역시 음사와
　　는 음을 달리하는 것이 아니겠는가.

　　제2장의 4절(110면)에서 본 바와 같이 이두吏讀는 차자표기법의 일
종이다. 조선 시대에는 하급 관리들이 이두문을 사용하였다. 세종
은 그러한 사실을 바탕으로 말하고 있다.

　　　　　　　　　　　〈세포〉로서의 한자

최만리는 대답한다.

　　　　　설 총　　　이 두　　　수 왈 이 음　　　　연　　　　의 음 의 석
　　　薛聰의 吏讀는。雖曰異音이나。然이나 依音依釋하여。
　　　어 조 문 자　　　원 불 상 리
　　　語助文字가。元不相離하노이다。

　　설총의 이두는, 그 음이 한자의 음과는 다르다고 하나 어디까
　　지나 한자의 음과 훈訓을 빌린 것으로서, 어조사 종류와 한자
　　는 본래 서로 떨어져 있는 것이 아닙니다.

　　그렇다, 이두는 차자표기법이므로 어디까지나 한자라는 〈형음
의 트라이앵글 시스템〉의 한국어적인 이용 방법이었다. 최만리의
생각은 다음과 같은 것이었을 것이다.
　　한자를 보라, 한자는 한 글자 한 글자가 세포이다. 그 한 글자
한 글자가 살아 있다. '천'天, '지'地, '인'人이 그렇고 '인'仁, '의'義,
'충'忠, '효'孝 또한 그렇다. 모든 한자는 〈형음의〉가 온전히 통일되

어 있는 유기적 통일체이다. 아무리 차자표기법이라고 해도 그 세포의 유전자는 살아 있는 것이다. 한자 형태의 일부를 빌린 구결이 멀리는 가타카나로 유전자를 전하였다. 참된 문자인 한자 주위에서 태어난 문자라는 문자는 모조리, 한자로부터 결코 떨어질 수 없다. 문자라는 것은 그러한 것을 가리킨다.

〈원자＝음소〉와 〈분자＝음절〉로서의 〈정음〉

그러나 이 〈정음〉은 어떠한가, 최만리는 말한다.

> 合諸字而竝書는。變其音釋하여。而非字形也이나이다。
> 자모字母를 합쳐서 열거하여 쓴다는 것 자체가, 그 음이나 훈의 개념조차 흔적도 없이 바꿔 버립니다. 그러한 것은 문자라고 할 수 있는 것이 아닙니다. 글자의 형태를 이루지 못하고 있지 않겠습니까.

〈용음합자〉 사상은 한자와는 근본적으로 다른 사상이다. 최만리를 비롯한 사대부들의 공포와 전율은 〈정음〉의 〈용음합자〉라는 시스템에 있다.

문자는 예부터 세포와 같은 존재였다. 살아 있는 세포가 〈지〉知를 만든다. 살아 있는 유기체인 한 글자 한 글자의 한자漢字, 한 글자 한 글자가 의미를 이루는 한자가 〈지〉를 만든다. 그러나 〈정음〉은 세포여야 하는 문자를 분자分子 단위로 해체해 버린다. 나아가 분자는 원자原子로 해체된다. 당연히, 분자는 음절이고 원자는 음소이다. 의미가 되는 세포를 분해해 나간다. 분자로, 원자로.

『훈민정음』은 "글자는 반드시 합쳐져서 음을 이룬다"고 말한다. "글자는 반드시 합쳐져서 음을 이룬다"니? 〈문자＝한자〉란 유기적 으로 하기를 이루는 것으로 기 그 자체가 음을 이룬다. 문자란 합치거나 떼어 내거나 할 수 있는 것이 아니다. 그러나 〈정음〉은 살아 있는 유기체인 문자가 무기적인 요소(element)로 해체되어 있질 않은가. 그런 일이 용납되어서는 안 된다.

　최만리파의 사람들은 이렇게도 생각했을 것이다. 쓰여진 역사가 존재한 이래, 우리는 그러한 세포를 단위로 살아온 것이다. 〈사고〉 思考란 그러한 세포를 단위로 생각하는 것이고, 〈쓰기〉란 그러한 세포를 살아 움직이는 몸으로 키우는 것이다. 문장으로 글을 써 나가는 것은 우리 사고의 세포를 커다란 신체로 구축해 나가는 일이다. 〈쓰여진 언어〉란 하나하나가 살아 있는 세포에서 형성되는 것이다. 성리학의 에크리튀르야말로 그 궁극적 형태이다.

　우리는 '人'이라는 〈형태〉로 〈사람〉에 대하여 묻고, '山'이라는 〈형태〉로 〈산〉을 물어 왔다. 이것을 해체하여 '△ㅣㄴ'/z-i-n/이나 'ㅅㅏㄴ'/s-a-n/ 등으로 물을 수는 없는 것이다. 우리의 〈지〉知는 '人'이나 '山'처럼 어디까지나 〈문자＝한자〉를 단위로 성립되어 있다. 그것을 "〈음〉을 단위로 하여" 쓴다고? 그것도 "음이 합쳐져 문자가 된다"고? '山'을 s, a, n으로 해체하면 그것은 이미 〈지〉가 아니다―형태소는 음소로 해체하면 의미를 실현하지 못하게 되는 것이다.

　〈지〉가 붕괴된다, 에크리튀르가 붕괴된다. 사대부들은 〈지〉와 에크리튀르의 근원에 대한 〈정음〉의 과격(radical)하고도 근원적인 (radical) 장치에 전율하는 것이다.

　〈정음 에크리튀르 혁명〉이 한자한문 원리주의에 제기한 물음은―〈상형〉을 기원으로 한 〈육서〉六書의 사상으로부터 사분법 시스템인 〈용음합자〉라는 사상을 향해―제기되고 있다. 이러한 구도를 최만리파는 또렷하게 간파하고 있다.

한자가 잊힐 것이라는 위기감

최만리파는 현실 사회도 내다보며 말한다.

〈정음〉이 행해진다면 에크리튀르가 붕괴되고, 그 결과 관직에 있는 자는 〈정음〉만을 습득하여 학문을 돌보지 않을 것이다. 관리라는 자가 겨우 스물일곱 자의 〈정음〉밖에 알지 못하고 '환달'宦達한다면, 즉 관직에 들어와 벼슬이 정상에까지 오를 수 있다면 누가 고생하여 성리학 등을 배우겠는가. 그렇게 되면 수십 년 뒤에는 한자를 아는 자는 반드시 줄어들 것이고, 〈정음〉만으로 관직의 일은 할 수 있을지 몰라도 성현의 문자를 모른다면 아무것도 배우지 않은 것과 같아 사리事理의 이치에는 어두워질 것이 뻔하다. 그리하여 〈지〉가 붕괴된다―최만리와 사대부들의 절규이다.

최만리파가 말했듯이, 학문이나 이치 등은 둘째 치더라도, 〈정음〉밖에 몰라도 '환달한다', 높은 관직에 오른다, 그렇다, 현대에는 거의 그렇게 되었다. 한자를 아는 사람도 매우 줄어들고 있다. 한국에서는 대학의 국어학이나 고전 교재조차도, 팔리지 않는다는 이유로 한자가 섞인 문장을 한글만으로 고쳐 달라고 출판사가 집필자에게 부탁하는 시대가 되었다. 한국의 국가 인장인 국새國璽도 한글이다. 북한에서는 이미 1955년부터 한자는 일절 사용하지 않고 한글만 사용하고 있다.

북한에서는 인명에마저도 한글만을 사용하고 있다. 최만리를 비롯한 한자한문 원리주의자들은 어떤 의미에서는 세종을 비롯한 정음 에크리튀르 혁명파 이상으로 〈정음〉의 근본을 꿰뚫고 있었다. 한글 에크리튀르의 압도적인 제압이라는 오늘날의 사태까지도 내다보고 있었던 것이다.

세종은 최만리파를 파면했다. 강신항姜信沆(1993:178~179)에 의하면, 함께 상소를 올린 학자들 일곱 명 중 최만리를 포함해 대부분이 다음 날 용서받았고 4개월 후에는 모두가 복직되었다. 무너뜨릴 것인가, 무너질 것인가 하는 오직 정치권력을 둘러싼 투쟁이었다면 이렇게는 안 되었을 것이다. 이것만 보아도 알 수 있듯이, 정음 에크리튀르 혁명파와 한자한문 원리주의의 투쟁은 정치권력 투쟁의 〈이데올로기적인 외피〉였던 것이 아니라 그것 자체가 〈지〉를 둘러싼 투쟁이었던 것이다.

3

⟨정음⟩이어, 살아 있는 것들의 소리를 들으라

천지자연의 ⟨글⟩
─⟨정음 에크리튀르 혁명⟩의 이론 무장

최만리를 중심으로 한 사대부들의 이러한 한자한문 원리주의에 맞서, ⟨정음⟩ 에크리튀르 혁명파의 이데올로그인 정인지는 『훈민정음』 해례본 후서後序를 다음과 같은 문장으로 시작하고 있다.

有天地自然之聲이면。 則必有天地自然之文이니라.

천지자연의 소리가 있으면 반드시 천지자연의 글이 있다.

이 땅에 ⟨글⟩이 있음은 이 땅에 이 땅의 ⟨소리⟩가 있기 때문이다. 그것은 중국 황제를 초월한 ⟨천지자연⟩이며 이 땅에 이 땅의 에크리튀르가 있는 것은 천지자연의 이치이다. ⟨지성사대⟩至誠事大와 같은 인간사, 인간의 법 따위가 아니다. 소리가 있으므로 마땅히 글이 있기 마련이다. 이렇게 이론 무장을 한 것이다.

이 땅의 〈소리〉를 글로 쓸 수가 없다

정인지는 또한 이렇게 말한다.

> 동방의 우리 조선은 예악禮樂, 제도, 문물은 모두 중국과 비슷하나 말은 중국과 같지 않다. 글을 배우는 자는 그 내용이 이해하기 힘든 것을 걱정하고 고민하며, 옥사獄事를 다스리는 자는 복잡한 글의 곡절曲折이 통하기 어려움을 우려한다. 그 옛날 신라의 설총이 처음으로 이두를 만들어 관부민간官府民間을 불문하고 지금에 이르기까지 이것을 사용해 왔다. 그러나 모두 한자를 빌려 사용해도 어떤 때는 말이 어렵고 어떤 때는 말이 막힌다. 이것은 그저 식견이 좁고 황당무계하다고 말할 일이 아니다.

<ruby>至<rt>지</rt></ruby><ruby>於<rt>어</rt></ruby><ruby>言<rt>언</rt></ruby><ruby>語<rt>어</rt></ruby><ruby>之<rt>지</rt></ruby><ruby>間<rt>간</rt></ruby>。<ruby>則<rt>즉</rt></ruby><ruby>不<rt>불</rt></ruby><ruby>能<rt>능</rt></ruby><ruby>達<rt>달</rt></ruby><ruby>其<rt>기</rt></ruby><ruby>萬<rt>만</rt></ruby><ruby>一<rt>일</rt></ruby><ruby>焉<rt>언</rt></ruby>이니라。
말해진 언어에 이르러서는 그것의 만의 하나도 쓸 수 없는 것이다.

정인지가 〈쓰여진 언어〉와 〈말해진 언어〉를 명확히 구별하고 있음을 알 수 있다. 〈정음〉 이전은, 〈쓰여진 언어〉는 고전 중국어인 한문이고 〈말해진 언어〉는 조선어인 이중언어 상태였다. 〈글〉과 〈소리〉가 괴리된 이중 구조. 〈쓰여진 언어〉로는 그 뜻을 다하지 못하고 〈말해진 언어〉는 쓰지도 못하는 것이다. 이 땅의 〈소리〉를 써서 나타낼 수가 없다. 〈소리〉가 있는데도 불구하고 그 〈글〉이 없다. 이 땅의 〈소리〉가 이 땅의 〈글〉이 되지 못한다.
모어가 〈글〉이 되지 못한다. 모어가 에크리튀르일 수가 없는 것이다.

癸亥冬에。 我
殿下 創制正音二十八字하사。 略揭例義以示之하시고。
名曰 訓民正音이라 하시다。

계해년癸亥年(세종 25년 1443년) 겨울, 우리

전하께서 정음 스물여덟 자를 창제하시어 개략 그 예와 뜻을

들어 이를 보여 주시었다.

이름하여―〈훈민정음〉訓民正音이다.

한편, 이 기술만으로도 적어도 〈정음〉의 사상과 제자의 근간은
세종이 창제한 것으로 볼 수 있다.

삼극의 의, 이기의 묘, 포함되지 않은 것이 없다

정인지가 말하는 바를 조금 더 들어 보자.

象形而字倣古篆하며。 因聲而音叶七調이니라。

형태를 본뜨되 글자는 고전을 본떴다. 소리에 따랐기에 음은

칠조七調에 맞는다.

〈정음〉은 그 발음의 형태를 본뜨면서 자획은 고전古篆*을 따랐다.

---

*   고전은 문자 그대로는 옛 전서篆書를 가리킨다. 옛 중국의 한자 서체 중 하나. 단, 여기
서는 전서를 전형으로 삼아 오랜 옛날의 한자를 상징적으로 나타내고 있다고 볼 수도 있다.

소리에 따랐으므로 음은 일곱 개의 음계, 즉 칠조七調에도 맞는다.

二極之義이· 二氣之妙기· 莫丁該拈이니라。

삼극三極의 의義, 이기二氣의 묘妙, 포함되지 않은 것이 없다.

천지인天地人의 삼극이 뜻하는 바도, 음양陰陽이라는 이기의 묘도,
〈정음〉은 모두 다 갖추고 있다. 즉 삼라만상의 모든 것을 〈정음〉이
지니고 있다고 밝히고 있는 것이다. 천지인으로 이루어진 형상화
뿐만 아니라 그것이 음양으로 변해 가는 과정까지 〈정음〉은 하나
로 묶어 놓았다.

以二十八字而轉換無窮하여· 簡而要하며· 精而通하니라。

스물여덟 자를 가지고 자유자재로 변화하여, 간결하면서도 필
요한 것은 두루 갖추고 있고 정밀함이 관철되어 있다.

불과 스물여덟 자로서 그 모습은 자유자재 변화무쌍하고, 그 끝
을 모르며, 간결하면서도 요긴하며, 정밀함이 처음부터 끝까지 관
철되어 있다. 겨우 스물여덟 자─『훈민정음』에는 이같이 스물여
덟 자로 쓰여져 있으나 앞에서 본 최만리의 상소문에는 스물일곱
자로 명시되어 있다─가 하늘과 땅 사이 모든 곳에 가닿는다.

그는 이렇게도 이야기한다.

無所用而不備하며· 無所往而不達이니라。

사용해 갖추지 못하는 바가 없고 가닿지 못하는 바가 없다.

이것을 사용하면 표기할 수 없는 것이 없고 미치지 않는 곳이 없

다. 요컨대 삼라만상을 내 것으로 만들 수 있는 문자라는 것이다.

오노마토페 에크리튀르—〈정음 혁명의 강령〉

그러고는 괄목할 만한 다음의 언설에 이른다.

雖風聲鶴唳와。 鷄鳴狗吠도。 皆可得而書矣니라。
수 풍 성 학 려　　계 명 구 폐　　개 가 득 이 서 의

바람 소리, 학 울음소리, 닭 울음소리, 개 짖는 소리까지도 모
두 써서 나타낼 수 있다.

바람이 부는 소리도, 멀리서 학이 우는 소리도, 여명을 고하는
닭의 소리도, 그리고 개가 짖는 소리까지도 어느 것 하나 〈정음〉이
나타낼 수 없는 것이 없다. 어떠한가, 일찍이 한자로 조선어의 오
노마토페를 나타낼 수 있었는가?—정인지의, 혼신을 다한 〈정음
에크리튀르 혁명 선언〉이다.

〈정음 혁명의 강령(These)〉이라고 부를 수 있을 만큼 결정적인 위
치를 차지하는 『훈민정음』의 후서後序라는 텍스트에서, 정인지가
인위가 아닌 자연의 절정으로서 오노마토페onomatopée를 언급하고
있는 것은 결코 우연이 아니다. 더욱이 이는 한자한문 에크리튀르
의 사륙변려체四六駢儷體*적인 수사修辭로 끝나지도 않는다.

이미 말한 바와 같이 한국어는 의성의태어가 압도적으로 풍부한
언어이다. 언어 자료가 한정되어 있는 15세기 한국어에서도 그 사

---

* 　사륙변려체는 한문 문체의 하나이다. 네 글자와 여섯 글자로 이루어진 대구를 많이
사용하는 화려한 문체로 알려져 있다.

실은 역력히 엿볼 수 있다.

오노마토페 에크리튀르―〈용음합자〉의 우위

풍성風聲 그리고 바람 소리. 그렇다, 여기서는 사람의 〈목소리〉와 천지자연의 〈음〉을 〈소리〉라고 해 두겠다. 들려오는 모든 것의 〈소리〉. 한자한문으로 읽을 수 있었던 것은 '風聲'이었고, 그것은 조선어로 울려 퍼지는 바람의 〈소리〉가 아니다. '학려'鶴唳, 이것도 마찬가지이다. 학이 슬피 울고 혹은 사랑스럽게 우는, 조선어로는 확실히 들리는 그러한 〈소리〉는 아니다.

　온갖 살아 있는 것의 〈소리〉를 쓰는 것. 한자한문이 쓸 수 없었던 조선어의 오노마토페를 〈정음〉이 쓰는 것. 그것은 〈정음〉의 창제자들에게는 한자한문을 뛰어넘기 위한 결정적인 목표였을 것이다. 여기서 '풍성風聲, 학려鶴唳, 계명鷄鳴, 구폐狗吠'라는 말은 한자한문 세계의 사람이 단순히 수사修辭로서 사용하고 있는 것이 아니다. 이것은 수사가 아니라 리얼리티 그 자체이다. 실제로 음에서 문자를 만들어 낸 이들이, 〈훈민정음〉을 창조해 내고 그러한 〈소리〉들을 문자 그대로 쓸 수 있게 한 이들이, 『훈민정음』의 서序에서 소리 높여 외치고 있는 것이다. 이것의 중요성을 간과해서는 안 될 것이다.

　〈학이 운다〉라는 것은 한자한문이 어떻게든 쓸 수 있다. 본래 새라는 대상을 본뜬 〈상형〉이야말로 한자의 발생론적인 근거지인 것이다. 그러나 이 땅에서 한자한문이 〈형태〉로 만들 수 있는 것은 어디까지나 〈학이 운다〉라는 '모습'이었고, 거기서 발견할 수 있는 것은 우리에게 들려오는 한국어의 음의 세계에서 연주되는 〈학의 소리〉가 아니다. 찰나를 슬피 우는, 혹은 천년을 서글피 우는 그 〈소리〉를 그려 내려면 어떻게 해서든 음 그 자체를 형상화形象化하지 않으면 안 된다. 〈소리〉를 〈형태〉로 만들 수 있는 시스템이어야만 한다. 〈모어〉를 〈형태〉로 만들어야만 한다.

한국어의 언어음이 태어나는 그 근원의 모양을 본떠서 조합하는, 〈용음합자〉야말로 그것을 가능하게 만드는 시스템이었다―음에 의거하여 글자를 합하는.

오노마토페를 〈정음〉이 쓴다는 것에는 중요한 의의가 있다.

첫째로, 한자를 빌린 표기로는 결코 나타낼 수 없는, 일상 언어 구석구석에서 숨 쉬는 오노마토페를 〈쓰는〉 순간이란, 『훈민정음』의 머리말인 세종 어제御製 서문에서 말한 〈일상의 편의〉를 위한 힘을 느끼게 하는 순간이다. 진정한 〈나랏말=조선어〉를 쓸 수 있는 순간이었다. 오노마토페에 이르기까지 모든 〈말해진 언어〉를 표기할 수 있음을 보여 준 것이다.

두 번째로, 언어음을 초성·중성·종성 그리고 악센트라는 사분법에 의해 분석 종합하는 〈용음합자〉라는 시스템이야말로 의성의태어의 음을 시각적으로 형상화해 내는 압도적인 우위를 보여 줄 수가 있다. 〈소리〉의 모든 것을 〈형태〉로 만들 수 있다는 우위. 고유어의 모든 것을 형상화할 수 있다는 우위.

한자한문과 대치對峙하여 〈나·랏:말쏨〉을 쓰고 오노마토페를 〈쓰는〉 순간은 한자한문에 대한 〈정음〉의 압도적인 우위를 높이 자랑할 수 있는 순간이다. 모어인 〈말해진 언어〉가 〈쓰여진 언어〉가 되는 순간이다.

한글의 탄생

4

〈정음〉이여, 〈나·랏:말쏨〉을
에크리튀르 혁명 선언

문자에서 문장으로, 텍스트로

문자가 만들어졌다고 해서 그것이 곧장 〈문장〉이나 〈텍스트〉가 되는 것은 아니다. 『훈민정음』 해례본에 〈정음〉으로 쓰여져 있는 것은 사실은 거의 다 〈단어〉 수준이다. 그것도 거의 명사이고, 〈문장〉이 쓰여져 있었던 것은 아니다. 말하는 순서대로 단어를 나열하면 문장이 성립되는 것일까? 아니다. 제1장에서도 언급한 바와 같이 〈말해진 언어〉와 〈쓰여진 언어〉는 서로 위상位相이 다른 존재이다. 〈쓰여진 언어〉는 〈말해진 언어〉의 단순한 사상寫像이 아니어서, 일대일로 대응되지 않는다. 한국어든 일본어든 〈말해진 언어〉와 〈쓰여진 언어〉를 비교해 보면 이 사실은 쉽게 알 수 있다. 논문처럼, 신문 기사처럼, 편지글처럼 말하는 사람은 없다. 〈쓰여진 언어〉처럼 말하는 사람은 단 한 사람도 없는 것이다.

　그렇다면 드라마나 연극의 시나리오는 어떨까? 마치 말하고 있는 것처럼 쓰고 있지 않은가. 등장인물인 겐은 유미를 저토록 사랑하고 있다. 〈말해진 언어〉처럼 생생히 쓰여져 있지 않은가. 그런 식으로 쓰면 되는 게 아닌가.

이것은 큰 오해이다. 시나리오 안에서 겐은 유미에게 말하고 있는 것이 아니다. 겐이 자기의 마음을 유미에게 말하고 있는 것이 아니다. 겐의 언어는 겐의 언어가 아니라, 시나리오를 쓴 〈작가〉의 언어이다. 겐은, 겐의 사정이 아니라 시나리오를 쓴 〈작가〉의 사정에 따라 이야기하고 있는 것이다. 겐이 유미에게 말한다. 그것은 시나리오의 독자가 읽기 위한 말로 쓰여져 있는 것이다.

만화영화의 시나리오를 보자. 어느 공원에서 아이들을 향해 노인이 말한다. "내가 이 아이의 할애비니라." 그러나 현실의 노인은 그런 식으로는 말하지 않는다. "할애비니라"라고 말하면 자못 편안하게 노인으로 생각할 것이라는 〈작가〉의 의도에 의해 노인은 "할애비니라"라는, 현대의 서울 방언에서는 볼 수 없는 형태로 말하는 것이다. 이렇듯 쓰는 것과 말하는 것은 다르다. '말하'듯이 '쓴다'는 것은 처음부터 불가능한 일인 것이다. '언문일치'言文一致라고 해도 그것은 〈말하는 것처럼 쓴다〉는 것을 의미하지 않는다. 〈말하는 듯한 문체로 쓴다〉는 것에 지나지 않는다.

단어를 문자로 만들었다고 해서 그것이 곧 〈문장〉이나 〈텍스트〉로 쓰여질 수 있는 것은 아니다. 〈쓰기〉에는 〈말하기〉에 존재하지 않았던 〈쓰기〉 그 자체의 무엇인가가 확실히 존재한다. 그리고 그것은 분명한 목적의식이 있는 행위에 의해 얻어질 수 있는 것이지 결코 자연스럽게 얻어질 수 있는 것은 아니다.

우리는 결코 잊어서는 안 된다. 남아 있는 것이 너무나 적어 21세기의 오늘날까지도 제대로 해독조차 하기 어려운 향가라는 한국어의 오래된 단편斷片이라든가 차자표기법으로 표기된 한국어의 단편은 있어도, 전면적으로 쓰여진 한국어는 〈정음〉이 나타나기 전까지 아무도 본 적이 없다. 그것이 〈정음〉이 나타난 곳의 자장磁場이다. 한 조각의 한국어가 아닌 전면적인 한국어 〈문장〉, 한국어의 〈쓰이진 언어〉는 〈정음〉 이전에는 존재하지 않았다.

〈문자〉는 〈문장＝센텐스sentence〉로, 나아가 〈문장＝텍스트text〉로 비약하지 않으면 안 된다.* 이것은 단순한 성장이 아니다. 문자가 텍스트가 되기 위해서는 완전히 다른 위상을 획득하는, 이를테면 위상학적位相學的(topological)인 비약이 필요한 것이다.

예를 들면 문자가 명사를 쓰는 레벨에 멈춘다면 그것은 물품의 기록이나 고유명사의 기록과 같은 단어 형태의 문장, 단어를 옆으로 나열한 형태의 텍스트로 끝날 것이다. 한국어가 중국어와 같은 타입의 언어였다면, 그러니까 단어의 형태가 바뀌지 않는 언어였다면, 단어만 쓰는 것으로 어느 정도는 문장이 되었을지도 모른다. 그러나 한국어는 중국어가 아니다. 일본어처럼 동사가 활용하고 형용사도 활용한다. 제2장에서 〈훈독〉을 검토할 때도 보았듯이 형태가 바뀌면 그 또한 표기하지 않으면 안 된다. 형태론적인 변용도 형태로 나타내면서 동시에 문장을 구성하는 통사론적인 구조도 문자로 표기해야만 한다. 앞에서 말한 것처럼, 그러한 문장은 말하는 대로 쓰는 방식으로는 결코 산출해 낼 수 없는 것이다. 여기서는 어떻게든 결정적인 비약이 필요하다. 그것은 마치 상품이 화폐가 되는 것과 같은, 〈목숨을 건 비약〉(salto mortale)**이다.

---

* 　한국어에서는 마침표나 물음표 등으로 끝나는 〈센텐스〉sentence와 그러한 센텐스가 연결된 〈텍스트〉text를 구별하지 않고 둘 다 〈문장〉이라 부르곤 한다. 이 책에서는 이 두 가지를 엄밀히 구별하고 있다.

** 　〈목숨을 건 비약〉이라는 구절은 철학자 칸트의 『종교론』, 칼 마르크스의 『헤겔 법철학 비판 서설』을 비롯한 저술들에서 여러 철학자들이 즐겨 사용하고 있다. 'Salto mortale'는 이탈리아어이며, 라틴어로는 'saltus mortalis'이다. 〈상품이 화폐가 되는〉이라는 구절은 칼 마르크스의 『경제학 비판』이나 『자본론』 제1권 3장에 보인다. 『자본론』

〈말해진 언어〉와 〈쓰여진 언어〉의, 〈시공간이 뒤틀린 거울상 관계〉

〈말해진 언어〉와 〈쓰여진 언어〉가 있다. 〈말해진 언어〉는 〈쓰여진 언어〉보다 앞서 실현되는 것이다. 〈말해진 언어〉가 〈쓰여진 언어〉가 될 때, 〈음〉의 모든 리얼리티는 사라진다. 〈쓰여진 언어〉에는 말하는 속도도, 강약도, 높낮이도, 인토네이션도 없다. 〈말해진 언어〉가 갖는 〈음〉의 성질 중에서 〈정음〉 같은 〈음소=음절 구조〉 문자로 〈쓰여진 언어〉에 살아남아 있는 것은, 음의 구체적인 리얼리티 속에서 추상抽象된 음소와 음절 구조, 그리고 아무것도 쓰여져 있지 않은 〈음의 공백〉 등과 같은 음률론적인 성질뿐이다.

그렇다면 〈쓰여진 언어〉란, 〈말해진 언어〉에서 음의 차원을 삭제하면 완성되는 것일까? 그건 아니다. 이미 살펴보았듯이 〈쓰여진 언어〉에서는, 〈말해진 언어〉에는 없던 새로운 성질이 생겨난다. 〈말해진 언어〉에서 엄격히 지켜지던 시간의 선조성線條性은 사라지고, 시간을 거슬러 올라가 읽거나 시간을 비스듬하게 읽어 가기까지 할 수 있는 사태가 〈쓰여진 언어〉에서는 일어나게 되는 것이다.

〈말해진 언어〉는 말하는 이와 듣는 이의 상호작용 안에서 만들어진다. 두 사람의 대화는 마치 두 가지 선율로 생기는 듯한 대위법對位法적 구조를 보여 준다. 〈말해진 언어〉는 결코 한 사람의 발화의 연속으로만 생성되는 것이 아니다.

〈쓰여진 언어〉는 그러한 대위법적인 구조를 상실하는 반면, 시각적인 그리고 이미 확인한 바와 같이 때로는 촉각적이기도 한 〈텍스

의 한국어 번역서에서는 〈목숨을 건 도약〉(강신준 옮김, 『자본』 1-1, 도서출판 길, 2008, 174면), 〈결사적인 도약〉(김수행 옮김, 『자본론』 1, 비봉출판사, 1989;2001, 136면) 등으로 번역되어 있다.

트라는 쓰여진 총체)가 하나하나의 말을 규정하고 제약하고, 하나하나의 말이 〈텍스트라는 쓰여진 총체〉를 만드는 양상을 보인다.

〈말해진 언어〉와 〈쓰여진 언어〉의 차이를 묻는 것은, 〈언어가 어떻게 존재할까〉라는 근원적인 물음을 던지는 일임에 틀림없다.

〈말해진 언어〉와 〈쓰여진 언어〉의 관계는, 한쪽에 있었던 것이 다른 한쪽에는 없고 다른 한쪽에 있던 것이 이쪽에 있는 〈뒤틀린 거울상 관계〉이다. 차원이 늘어나거나 줄어드는 관계가 아니다. 서로 거울에 비추어진 관계에 있으면서 각자 다른 성질이 결여되어 있는 한편 각각에 잉여적인 성질이 출현한다. 시공時空의 축이 서로의 비추어진 모습 속에서 어긋나 있는, 시공간이 비뚤어진 경상鏡像 관계, 말하자면 위상적인 변용 관계이다.

문자를 만드는 우리 앞에 던져진 물음은 이렇다. 처음부터 〈정음〉으로 〈쓰여진 언어〉를 만들어 낼 것. 텍스트를 구축할 것. 나아가 〈쓰여진 언어〉에 사용되는 〈글말체〉라는 문체를 창출할 것. 자, 이제 우리는 무엇을 어떻게 해야 하는가?

〈나·랏:말ᄊ·미〉—〈언해〉諺解 에크리튀르로

『훈민정음』 해례본의 첫 부분인 서序에 세종은 스스로 이렇게 쓰고 있다.

국 지 어 음　　　이 호 중 국　　　　여 문 자　　　불 상 유 통
國之語音이。 異乎中國하여。 與文字로 不相流通할새。

고　　우 민　　　유 소 욕 언　　　　이 종 부 득 신 기 정 자　다 의
故로 愚民이。 有所欲言하여도 而終不得伸其情者。 多矣라。

여　　위 차 민 연　　　신 제 이 십 팔 자
予。 爲此憫然하여。 新制二十八字하노니。

욕 사 인 인　　　이 습　　　편 이 일 용 이
欲使人人으로 易習하여。 便於日用耳니라。

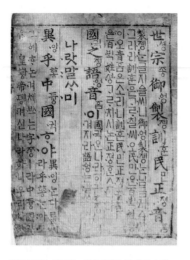

우리나라 말은 중국과 달라 한자한문과 서로 통하지 않는다. 그러므로 한자한문을 모르는 어리석은 백성들은 말하고 싶은 바가 있어도 끝내 그 마음을 말하지 못하는 이가 많다. 나는 이것을 딱하게 여겨 스물여덟 자를 만들었다. 이는 오직 사람들이 배우기 쉽고 날마다 사용함에 도움이 되도록 바라는 마음에서이다.

『훈민정음』 언해본 서강대학교 도서관 소장.
호암미술관(1996)에서 인용

절제된 필치이나 그 뜻은 드높은 선언이다.

그리고 〈정음〉의 창제자들은 이 『훈민정음』 해례본의 한자한문 에크리튀르를 조선어로 표기한다. 이것이 오늘날 『훈민정음』 '언해본'으로 불리는 책이다. 학자들은 1447년경에 만들어진 것으로 추측하고 있다.

해례본에서는 '國之語音'이라는 한문을 '국지어음'이라고 음독하는 것이 아니라 다음과 같은 고유어로 그려 내어 〈정음〉으로 쓴다.

　나·랏:말쓰·미

한문을 조선어로 번역하는 〈언해〉諺解라는 형태의 〈정음〉 에크리튀르가 탄생한 것이다. 그리고 이 『훈민정음』 언해본이야말로 단어 차원이 아니라 〈문장〉(sentence)과 〈텍스트〉text로써 쓰여진 한국어를 형성해 가는 〈언해〉라는 양식(style)의 효시嚆矢가 된다.

왕조를 찬양하는 『용비어천가』 ─ 〈정음〉 에크리튀르의 탄생

『훈민정음』이 세상에 나오고 이듬해인 1447년에 『용비어천가』龍飛御天歌가 간행된다. 조선 왕조의 건국을 찬양하는 서사시이다. 『훈민정음』 해례본이 세상에 나오기 전해에 이미 완성되어 있었던 것이다.

이 『용비어천가』라는 책이 『훈민정음』 언해본 등의 〈언해〉 에크리튀르와 다른 점은 〈한문의 번역〉이 아니라는 것이다. 조선어로 쓰고, 그 조선어에 한문으로 된 번역문과 주석을 붙였다. 한문이 '주'主이고 조선어가 '종'從이 아니라, 반대로 조선어를 '주'로 하고 한문을 '종'으로 한 것이다. 대중화大中華의 한문을 '종'으로 하다니 역사상 유례없는 전면적 〈정음〉 에크리튀르의 탄생이다. 전체 125장 중 제1장은 다음과 같이 시작된다.

> 海東 六龍·이 ᄂᆞᄅ·샤〮:일〮마다 天福·이시〮·니〯。
> 古聖·이〮同符·ᄒ〮시〮·니
>
> 해동의 여섯 용이 하늘을 날아다니시어 행해지는 일마다 하늘이 돕는 기쁨이 차 있었다
>
> 옛 성인들이 바로 이러하시었다

한자어는 한자로 표기하고, 고유어는 〈정음〉으로 표기하고 있다. 이것에 한문의 번역문과 상세한 주석이 붙어 있다. 한문은 다음과 같다. 해동의 여섯 용이라는 것은 조선 왕조의 시조始祖들을 말한다. 토는 원저자가 달았다.

> 海東六龍이 飛하샤 莫非天所扶요 古聖同符하시니라

이어지는 제2장에는 다음과 같이 한자漢字를 한 글자도 포함하지
않은 〈정음〉만의 에크리튀르가 나타난다.

> 불·휘기·픈남·ᄀᆞᆫ॰ᄇᄅ·매아·니:뮐·ᄊᆡ。곶:됴·코॰여·름·하ᄂᆞ
> ·니。
> :ᄉᆡ·미기·픈·므·른॰·ᄀᆞᄆᆞ·래아·니그·츨·ᄊᆡ。:내·히이·러॰바·ᄅᆞ
> ·래·가ᄂᆞ·니
> 뿌리 깊은 나무는 바람에 흔들리지 아니하므로 꽃이 아름다우
> 며 열매도 많다
> 샘이 깊은 물은 가뭄에도 마르지 아니하므로 강이 되어 바다
> 로 흐른다*

한자漢字를 한 글자도 포함하지 않은 텍스트. 한자어를 전혀 사
용하지 않고 왕조의 송가頌歌를 소리 높여 부르는 서사시의 한 장.
단어의 리스트가 아니라, 내적인 연결과 동적인 전개를 가지는 문
장(sentence)이자 글(text)인 〈쓰여진 언어〉. 그곳에는 〈나·랏:말ᄊᆞ·미〉
약동한다. "소리에 따랐기에 음은 칠조七調에 맞는다." 방점傍點으로
나타나는 선율과 함께 조선어로 연주되는 〈바람에 흔들림 없는 뿌

---

* 이 책의 원문에는 이 부분에 일본어 고어로 쓰여진 번역이 붙어 있다. "여기서는 일
본어 번역도 한자를 피하고 아울러 가나만을 사용해서 쓰자"라는 문장 뒤에 다음과 같은
일본어 번역이 제시된다: ね ふかき きは、かぜに あゆく こと なく、はな うるはしく、み
ゆたけし。いづみ ふかき みづは、まひてりにも、たゆる こと なく、かはと なりて、うみへ
と そそく。
일반적으로 현대 일본어는 히라가나나 가타카나만으로 표기하지 않는다.『겐지모노가타
리』源氏物語를 비롯해 10세기의 헤이안 시대 문학은 히라가나만으로 표기되었다. 여기
에 보이는 일본어 번역은 그러한 고어의 높은 격조와 아름다움을 살린 글이다. 이렇게 이
『한글의 탄생』 원저는 일본어권 독자들에게도 언어를 그 고유어만으로 쓴다는 것이 어떠
한 것인가를 선명하게 보여 주고 있다.

리 깊은 나무〉와 〈가뭄에도 마르지 않는 샘이 깊은 물〉이라는 음양의 암유暗喩는 우리 누구나가 지금 처음으로 체험하는, 한국어의 청초하고도 힘이 넘치는 선율이다. 천년의 시간을 겪으며 한자한문에 가려졌던 이 땅의 가장 깊은 곳에서, 샘물과 같이 넘쳐 솟아나는 이 땅의 말인 것이다. 우리의 눈앞에 시각적으로 형상화된 〈쓰여진 언어〉로부터, 거룩한

『용비어천가』(1447)

왕조가 이 땅에 태어나려는 목숨의 고동이 분명한 〈소리〉로서 들려온다. 이 땅의 말만이 그려 낼 수 있는, 이 땅의 그윽함이자 웅혼함이다.

이와 같은 〈정음 에크리튀르〉를 마주한 〈정음〉의 창제자들, 정음 에크리튀르 혁명의 전위前衛들이 느낀 자랑스러움은 어떠하였을까. 이것은 역사 속에서 일찍이 어느 누구도 본 적이 없는 한국어의 〈쓰여진 언어〉였다. 어떤가, 한자한문으로 이것을 쓸 수 있는가.

이리하여 모어는 에크리튀르가 되고 〈지〉知가 되었다.

바라건대

정인지의 『훈민정음』 후서 마지막 부분에는 이러한 말이 보인다.

서 사 관 자　　　불 사 이 자 오　　　약 기 연 원 정 의 지 묘
庶使觀者로 不師而自悟라。若其淵源精義之妙는。

즉 비 신 등 지 소 능 발 휘 야
則非臣等之所能發揮也니라。

바라건대 〈정음〉을 보는 자가 스승 없이 스스로 깨치게 되기를. 그 연원淵源과, 정밀하고 깊은 뜻의 묘미는 소신小臣들이 감히 말할 수 있는 바가 아니다.

〈정음〉은 '간이요'簡而要, 즉 간결하면서도 요점을 갖추고 있는 만큼 스승이 없어도 스스로 깨칠 수 있다는 말이다. 높은 의지가 엿보이는 이 서序의 말미에서 정인지는 마지막으로 이렇게 덧붙인다. "〈정음〉은 깊다."

제5장

〈정음〉 에크리튀르의 창출

『석봉천자문』石峰千字文(1583)

〈정음〉은 탄생했다. 〈정음〉 에크리튀르는 드디어 커다란 첫걸음을
내디뎠다. 말이 쓰여지는 모든 국면에 〈정음〉이 사용되고, 〈문자〉
는 〈에크리튀르〉로 비약하여 〈정음〉에 의한 〈지知=앎〉이 창출되고
축적되어 간다.

1

〈정음〉이여, 음을 다스리리

『동국정운』

〈정음〉이여, 음을 다스리라

세종은 『훈민정음』의 편찬과 병행하여 한자음漢字音에 대해서도 생각하고 있었다. 한자음이란 한자를 〈음독音讀＝음 읽기〉한 것이다. 예를 들어 일본어에서도 '矜持'(긍지)를 '교지'kyôzi가 아니라 '긴지'kinzi라고 읽는 경우가 있다. 이것은 오늘날 '관용적 읽기'라 하여 일반적으로 통용되고 있다. 놀라운 것은 한자음을 둘러싼 이러한 문제까지도 세종이 중요시했다는 점이다. 세상에서 쓰이는 한자음이 문란해져 있으니 이를 바로잡고자 한 것이다. 〈정음〉正音은 말 그대로 바른 음. 세종은 음을 바로잡고자 했다.

일본한자음의 모태

한국한자음에 대해서 일본한자음과 비교하여 간단히 살펴보는 것이 좋겠다.

일본한자음에는 오음吳音, 한음漢音, 당음唐音 세 종류가 있는 것으로 알려져 있다. 당음은 당송음唐宋音이라고도 한다. '行'(행) 자의 경우, '교'gyô ギョウ(ギャウ)는 오음, '고'kô コウ(カウ)는 한음, '안'an アン(アン)은 당음이다. '兄弟'(형제)는 오음으로는 '교다이'kyôdai キョウダイ(キャウダイ), 한음으로는 '게이테이'keitei ケイテイ가 된다. 괄호 안은 자음字音 가나 표기, 이른바 구舊 가나 표기이다.*

일본한자음 가운데, 오음은 5~6세기경부터 사용된 가장 오래된 한자음이다. 당시 중국에서는 유유劉裕가 동진東晉을 멸망시키고, 건강建康(현재의 난징南京)에 송宋을 세웠다. 이것이 북조에 위魏가 있고 남조에 송宋·제齊·양梁·진陳이 교체되며 이어지는 남북조시대(420~589)의 시작이다. 이 남조를 중심으로 한 중국어 음이 일본에 유입

---

* 일본에서는 한자의 음과 훈을 빌려 한자로 표기하는 〈만요가나〉萬葉假名가 금석문金石文(6세기경부터로 추정)이나 『만요슈』萬葉集(8세기 말엽 성립) 등에 사용되었다. 〈만요가나〉는 한자 한 글자가 여러 음절을 나타내기도 하고 여러 한자가 하나의 음절을 나타내기도 하였다. 헤이안 시대 초기인 9세기경에는 한자의 초서草書에서 만들어진 히라가나와, 한자 자획의 일부를 따서 만들어졌다고 하는 가타카나가 〈음절문자〉로서 성립되었다. 히라가나와 가타카나는 기본적으로 한 글자가 하나의 음절을 나타낸다. 헤이안 후기에는 〈이로하 우타=이로하 노래〉에 나오는 47자의 가나가 고정화되었는데, 이러한 47자의 가나로 일본어를 표기하는 〈가나 표기〉를 〈가나즈카이〉假名遣라고 한다. 가마쿠라鎌倉 시대의 학자 후지와라노 사다이에藤原定家(1162~1241)가 정리한 가나 표기는 〈데이카定家 가나 표기〉로 알려져 있다. 그 후 에도 시대에는 승려 게이추契沖(1640~1701)가 가나 표기를 확립하였다. 모토오리 노리나가本居宣長(1730~1801) 등은 일본한자음의 전통적 가나 표기를 연구하여 18세기에는 〈자음字音 가나 표기〉라 일컫는 한자음의 가나 표기가 확립되었다. 게이추와 노리나가에 의해 확립된 이러한 전통적인 가나 표기를 〈역사적 가나 표기〉라고 한다. 〈역사적 가나 표기〉는 근대 들어서 메이지 시대에는 공적인 정서법의 역할을 하였다. 1946년에는 현행 가나 표기인 〈현대 가나 표기〉가 정해졌다. 1946년 이후의 가나 표기를 〈신新 가나 표기〉, 1946년 이전의 〈역사적 가나 표기〉를 속칭 〈구舊 가나 표기〉라고도 한다. 한자음에서 〈자음 가나 표기〉의 예를 들면 '櫻'(앵) 자는 'あう'(아우)로, '押'(압) 자는 'あふ'(아후)로, '王'(왕) 자는 'わう'(와우)로 표기된다. 〈현대 가나 표기〉로는 '櫻', '押', '王' 세 글자 모두 'おう'(오우)로 표기한다. 발음은 전부 [o:]이다.

된 것을 오음吳音이라고 한다. 백제百濟 등 한반도와의 교류가 활발했던 것도 이 무렵이다.

중국의 남북조는 589년 수隋에 의해 통일되고, 618년에는 당唐이 건국된다. 676년에는 신라가 한반도를 통일한다. 일본의 견신라사遣新羅使와 신라의 신라사新羅使가 일본과 신라를 왕래했다. 수와 당은 장안長安(현재의 시안西安)에 도읍을 두었다. 장안이 동아시아의 국제적인 중심 도시가 된 것이다. 607년에는 일본의 견수사遣隋使 오노노 이모코小野妹子가 수나라로 건너간다. 일본의 견당사遣唐使는 630년 이후 894년까지, 배가 난파되거나 하여 목적지에 도착하지 못한 경우를 제외하고도 열다섯 차례나 당나라 땅을 밟는다.

장안에서 일본으로 돌아온 이 신세대들이 들여온 것이 바로 한음이다. '한'漢은 중국을 가리킨다. 새로운 한자음을 배운 사람들은 이전의 한자음을 오음이라 하여 업신여겼다. 794년, 교토로 천도遷都하고 헤이안平安 시대(794~1185)를 연 간무 천황桓武天皇은 한음을 장려하는 칙령까지 내린다. 그러나 일본의 한자음 전체가 한음으로 바뀐 것은 아니고 구세대의 오음과 신세대의 한음이 공존하게 되었다. 불교 경전은 대부분 전통적인 오음이 중심이 되고, 경전 이외의 한문 서적을 읽는 데에는 개진파改進派의 한음이 자리를 잡게 되었다.

중국에서는 907년 당이 멸망하고, 한반도에서는 918년 고려高麗가 건국되었다. 960년 중국에 조광윤趙匡胤이 세운 송宋나라는, 한족漢族의 왕조가 아닌 금金과 원元의 압박으로 인해 강남의 임안臨安(현재의 항저우杭州)으로 수도를 옮겨 1127년, 남송南宋을 세우기에 이른다. 가마쿠라鎌倉 시대(1185~1333)와 무로마치室町 시대(1336~1573)의 승려들은 이 남조南朝의 한자음을 들여왔다. 이것이 당음唐音 혹은 당송음唐宋音이라 불리는 한자음이다. 이때의 '당'唐 또한 중국을 가리

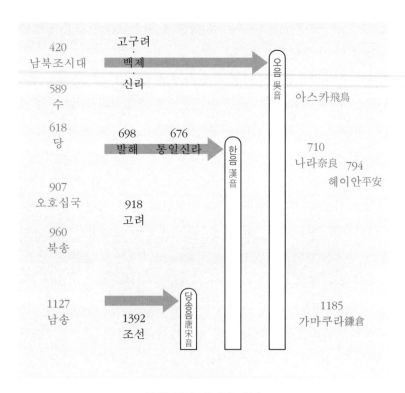

420
남북조시대

고구려
·
백제
·
신라

오음吳音

589
수

아스카飛鳥

618
당

698
발해

676
통일신라

한음漢音

710
나라奈良 794
헤이안平安

907
오호십국

918
고려

960
북송

1127
남송

1392
조선

당송음唐宋音

1185
가마쿠라鎌倉

일본한자음의 오음, 한음, 당송음

킨다. 당송음은 오음吳音, 한음漢音처럼 중요한 위치를 차지하지는
못하였다. 그림으로 대략을 정리하면 위와 같다.

한국한자음의 모태

그러면 한국의 한자음은 어디에서 유래된 것일까. 이 문제를 파헤쳐
중요한 답을 이끌어 낸 것이 바로 고노 로쿠로河野六郎였다. 1964년
이후 그가 이룬 성과는 「조선한자음의 연구」(1979b 수록)에 담겨 있다.
  한국한자음은 일본한자음처럼 오음, 한음, 당송음과 같은 여러

한글의 탄생

계열이 전승된 것이 아니라 기본적으로는 한 가지 계열이 전승된 것이다. 그렇기 때문에 일본어 한자음의 다양성과 비교하면 한국어의 한자음은 칠반 만큼이나. 음시 읽기를 보면 한 글자에 하나의 음만 존재하는 것이 많다. 이러한 한국한자음의 모태에 대해서는, 고노 로쿠로(1979b:506~509, 1979a:71~73)의 주장에 따라 다음과 같이 요약할 수 있다.

① 한국한자음은 신구新舊의 여러 층이 뒤섞여 있으며, 일본의 한음처럼 특정 시기나 지역의 중국음을 가져온 것이 아니다. 표면상 뚜렷하게 보이는 특징이 반드시 한 시대의 각인 刻印이라고 하기는 어렵다.

② 단, 어지럽게 뒤섞여 있는 것은 아니다. 당나라 때 장안 방언에 기초한 음, 즉 당대 장안음唐代長安音이 바로 한국한자음의 성격을 강렬하게 규정짓는 한자음으로, 이 당대 장안음이라는 기초 위에 근세의 음적音的 층이 곳곳에 덮여 있다.

즉, 전래된 한국한자음은 통일신라 시대와 동 시기인 당나라 때의 장안음을 기초로 하여 그 위에 이후의 음층音層이 부분적으로 겹쳐져 있다는 것이다.

한국한자음과 일본한자음은 비슷한가

제1장에서도 언급한 것처럼, 한국한자음과 일본한자음은 일정한 음의 대응을 보인다. 그 나름대로 비슷하다면 비슷하다고 할 수 있는 것이다. 그렇다고 현재의 한국한자음이 같은 시대에 유입된 일

본어의 한음과 비슷한가 하면, 그것은 또 그리 간단한 문제가 아니다. 원래의 중국음은 같다 해도 수용하는 측인 한국어와 일본어의 음운체계가 각각 다르기 때문이다. 고노 로쿠로의 설명을 요약하면 다음과 같다.

> 현대의 베이징어北京語는 음절 끝에 n과 ŋ밖에 오지 않지만 옛 중국어에는 m으로 끝나는 음절도 있었다. 또 음절 끝에 p, t, k까지 존재했다. 이를 수용하는 한국어는, 음절 끝에 오는 이러한 자음을 모두 갖추고 있었다. 따라서 원음의 한 글자당 한 음절이라는 성격은 기본적으로 그대로 유지되고 있다. 이에 비해 일본어는 음절 끝에 p, t, k와 같은 자음이 올 수 없다. 음절이 모음으로 끝나는 개음절開音節 언어로서의 특징이 농후하다. 결과적으로 한 글자가 두 음절이 된다.
> 예를 들어 '百'은 일본한자음으로는 '햐쿠'hyaku로 두 음절이 되어 버린다. 한국한자음으로는 '백' 한 음절이다.
> 일본한자음과는 달리 한국한자음은 m, n, ŋ을 갖추고 있어서 '삼'三, '천'千, '동'東과 같이 음절 끝의 자음이 잘 구별된다.

한자음을 〈반절〉反切이 아닌 〈정음〉으로 나타내다

한반도에서 15세기에 사용되던 전래 한국한자음을 오늘날 〈전래 한자음〉傳來漢字音 또는 〈전래 자음〉傳來字音이라 한다. 세종은 이 전래 한자음을 본래의 한자음으로 바로잡고자 했다. 한자음이 문란해지고 있다는 것은, 무엇보다도 한국어 어휘에서 큰 위치를 차지하는 방대한 한자어 읽기가 문란해지고 있다는 것으로, 잘못하면

이를 이후에도 계속 방치하게 된다는 것을 뜻한다. 세종의 사상에서 교양의 핵심인 한자 읽기가 문란해져서는 안 될 일이었다.

정말 편리하게도 〈정음〉은, 〈반절〉反切(191면 참조)과 같은 간접적인 표기 방법으로써가 아니라 직접 〈정음〉으로 한자음을 표기할 수가 있다. 아니, 〈정음〉을 창제할 당시에 이런 문제까지 염두에 두고 창제하였음이 틀림없다. 『훈민정음』 언해본을 보면 조선어 음뿐만 아니라, 조선어용 자모로는 표기할 수 없는 중국어 음까지 표기할 수 있도록 중국어 표기를 위한 자모를 따로 마련해 두었다. 치두음齒頭音이라 불리는 음을 나타내는 자모 ㅈ, ㅊ, ㅉ, ㅅ, ㅆ과, 정치음正齒音을 나타내는 자모 ㅈ, ㅊ, ㅉ, ㅅ, ㅆ이 그것이다. 〈정음〉의 창제에는, 중국어까지 포함하여 한자음을 바로잡는다는 동기 내지는 목적이 함께 존재했다는 증거이다.

교양으로서의 한자음—조일朝日 간의 시문 교환

한자음의 문란은 사대부의 교양이라 할 수 있는 한시漢詩를 짓는 데에도 영향을 미칠 수 있다. 경우에 따라서는 평측平仄*을 맞춘다든지 압운押韻을 살린다든지 하는 한시의 기본조차 지키지 못하게 된다. 한시도 짓지 못해서야 종주국宗主國인 중국으로부터 업신여김을 당하는 것은 물론이고, 근래 들어 찾아오는 일본의 사신使臣에게도 문명국 조선으로서의 체면이 서지 않을 것이다.

고려 시대에도 한반도와 일본 간에 많은 사신들이 오갔다. 1392년

---

* 평측이란 평성平聲과 측성仄聲으로서, 한시의 운율을 위해 성조聲調에 따라서 한자를 배열하는 기준 중 하나이다.

조선 왕조가 들어선 태조太祖 대 이래로 왕래가 잦아졌고, 세종 대에는 교류가 더욱 활발해졌다. 일본에서는 대개 승려가 사신의 직책을 맡았다. 승려는 일본에서 최고의 지식층에 속한다. 조선에서는 문인 관료가 그 직책을 맡았다. 일본에서 온 사신을 접대하는 선위사宣慰使직에는 집현전集賢殿 등에서 직책이 높은 관료가 선발되었다.

일본에 파견되었던 회례사回禮使 송희경宋希璟은 일본에서의 견문을 시문집詩文集 『노송당일본행록』老松堂日本行錄으로 저술하여 세종에게 바쳤다. 일본은 당시 무로마치 막부 시대였다. 양국의 사신에게는 정보 수집 같은 역할도 당연히 부여되었으나, 풍류와 거리가 먼 그런 역할에 아랑곳하지 않고 시로 감흥을 기록하는 이것이야말로 문인의 멋이요 긍지가 아니고 또 무엇일까.

정음 에크리튀르 혁명파의 주요 인물인 신숙주申叔舟도 세종의 명으로 1443년에 약 7개월 동안 일본을 방문해, 그때의 기록을 제9대 임금인 성종成宗 대에 『해동제국기』海東諸國記로 완성시켰다. 에도 시대로 접어든 후에도 조선통신사로 알려진 사람들이 많은 기록을 남기고 있다.

조선과 일본 지식인들 간의 만남에서는 수창酬唱, 즉 서로 시문詩文을 주고받는 일이 있었다. 이렇게 서로 즐기며 교류하는 모습은 이종묵李鍾默(2002)의 따뜻한 필치에 잘 드러나 있다. 예를 들어 일본의 승려 게이추圭籌는 대장경을 얻기 위해 몇 번이나 조선을 방문한 끝에 태종 대에 이를 입수하였고, 수년 뒤 세종 대에도 다시 조선을 찾았다. 세종은 이를 아름다운 기개라 여겼다고 한다. 게이추가 산수화를 가지고 가서 화찬畵讚(그림에 곁들이는 시구절)을 청하면 조선의 문인들이 이에 응했다. 이러한 만남은 왕조의 풍토 속에서 조선과 일본의 시詩·서書·화畵가 빚어내는 지식인들의 교류장이었던 것이다. 일본의 사신을 맞이하기 위해 세종은 시문 잘 짓는 자를 선위사宣慰使로 선발하도록 명을 내린다. 지식인들은 시·서·화로써 이부토노 사누 세토의 시체와 뜻을 심심하였다.

과인이 아니면 누가 바로잡겠는가

한자음에 대한 세종의 관심은 범상치 않은 것이었다. 세종은 상소문을 올린 최만리에게 이렇게 힐문한다. "그대가 운서韻書를 아는가?" 〈운서〉란 한자음을 정리한 자전字典이다. 예로부터 중국에는 여러 운서가 전해져 왔다. 세종은 놀랍게도 운서를 만들려는 것이었다. 그러고는 다시 묻는다. "그대는 사성四聲, 칠음七音을 아는가? 자모字母는 몇인가?" 이를 알고 〈정음〉을 비판하는 것인가? 동양에서 가장 앞선 음운학을 만들어 낸 세종의 자부심이다. 당시 세종의 춘추 46세. 그는 천하에 이렇게 선언한다.

  내가 저 운서를 바로잡지 않는다면 그 누가 이를 바로잡는다는 것인가!

  그 옛날 진秦의 시황제始皇帝는 문자를 통일했고, 일본의 간무 천황桓武天皇은 오음吳音을 배척하고 한음漢音을 쓰도록 선언하였다. 제왕들은 문자를 통일하여 음을 다스리고자 한 것이다.

『동국정운』─조선 왕조의 운서

이렇게 해서 전6권의 운서『동국정운』東國正韻이 편찬된다.『훈민정음』이 반포된 이듬해에 완성하여 2년 뒤인 1448년에 반포된 것이다. 이러한 책을 연이어 편찬·간행한 시간적인 밀도를 생각해 보더라도, 조선 왕조가 언어와 문자를 얼마나 중히 여겼는가를 알 수 있을 것이다 『동국정운』 서문은 『예기』禮記를 빌려 이렇게 말한다.

審聲하여 以知音하고 審音하여 以知樂하며 審樂하여 以知政하
니라
소리를 살피어 음을 알고, 음을 살피어 음악을 알고,
음악을 살피어 정사政事를 알게 된다.

책의 이름도, 동국 즉 조선의 바른 운韻이다. 그렇다, 운을 바로 잡은 것이다. 이러한 제목은 명나라 홍무제洪武帝 대의 중국 운서 『홍무정운』洪武正韻(1375)을 따른 것으로 알려져 있다.

『동국정운』의 편찬자는 신숙주, 최항崔恒, 성삼문成三問, 박팽년朴彭年, 이개李塏, 강희안姜希顔, 이현로李賢老, 조변안曹變安, 김증金曾이 었다. 『훈민정음』의 편찬에 임했던 정음 에크리튀르 혁명파의 핵심 인물들이 『동국정운』의 편찬에도 관여한 것이다. 위의 서문은 신숙주가 쓴 것이다. 앞서 언급한 바와 같이, 조선통신사로 일본에 건너가 『해동제국기』를 저술한 그 신숙주이다.

서문에서는 글자의 음이 변화한다는 것, 그리고 전래 한자음이 본래 한자음과 어떻게 달라졌는지까지 언급하며, '聲韻之變(성운지변), 極矣(극의)'하기에, 즉 성운의 변화가 극에 달하였기에 세종의 명에 따라 이를 편찬한다고 쓰여 있다. 편찬에 있어서는 그 상세한 분류에 이르기까지 '皆稟宸斷'(개품신단)하였다고, 즉 모두 세종의 재가를 얻었다고 굳이 적고 있다. 이 분류를 이렇게 하면 되는지 하는 것까지 일일이 임금 세종을 번거롭게 해 드렸다고 적은 것으로, 최만리에 대한 세종의 힐문詰問과 더불어 생각해 보면 세종의 음운

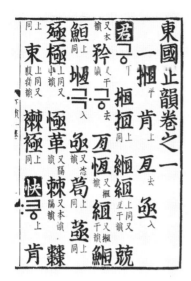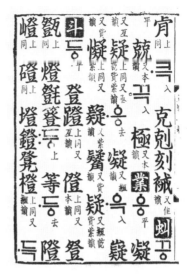

『동국정운』東國正韻(1448) 건국대학교 도서관 소장

학에 대한 조예가 범상치 않은 것이었음을 엿볼 수 있다.

『동국정운』은 목판에 새겨서 찍은 목판인쇄 책이 아니라, 서문
은 금속활자로, 본문(위의 그림 참조)은 목활자로 하나하나 끼워 맞추어
찍은 활판인쇄活版印刷 책이다. 조선 인쇄술의 정수精髓라 하겠다.

위 그림의 '君'자와 같이 음각陰刻되어 있는, 즉 검은 바탕에 흰
색으로 나타난 글자가 『동국정운』에서 말하는 '자모'字母로서 『훈
민정음』에도 보이는 것이다. '君'(군)은 'ㄱ', '快'(쾌)는 'ㅋ', '虯'(뀨)
는 'ㄲ', '業'(업)은 'ㆁ' 등으로, 〈정음〉의 초성에 해당하는 23자모
로 분류하여 제시하고 있다. 이를 '군모'君母, '쾌모'快母, '뀨모'虯母,
'업모'業母 등으로 부른다. 방금 든 네 자모는 중국 음운학의 '아음'
牙音 카테고리에 속하는 것으로, 순서대로 'ㄱ'은 '전청'全淸, 'ㅋ'은
'차청'次淸, 'ㄲ'은 '전탁'全濁, 'ㆁ'은 '불청불탁'不淸不濁이라는 카테
고리에 들어간다. 또한 중국어의 중고음中古音은 36자모 체계였기

때문에 이를『훈민정음』의 23자모 체계로 다시 편성하였음을 알 수 있다.

자모 밑에는 '궁'과 같이 〈정음〉으로 한자음을 표기하였다. 정음 이전에는 직음법直音法이나 반절법(191면 참조)으로만 표기가 가능했던 한자음을 직접 정음으로 표기할 수 있게 된 것이다. 이렇게라면 누구라도 보고 알 수 있지 않은가. 게다가 '·긐'처럼 방점(196면 참조)으로 성조까지 표기되어 있다. 영어 사전에 'psyche'[sáiki]와 같이 적혀 있는 것처럼, 악센트가 표시된 발음기호가 제시되어 있는 셈이다. 〈정음〉의 진면목이다. 정음 표기가 없는 한자 사전을 상상해 보면 그 고마움을 알 수 있을 것이다.

정음의 자음字音 표기에 이어서 해당하는 한자가 쓰여 있다. 큰 한자 아래에는 작은 글자로 자세한 주석이 달려 있다. 예를 들면 '平'은 '평성'平聲임을 알려 주는 것으로서, 방점으로도 표시되어 있는 성조를 한자로 다시 한 번 나타내고 있는 것이다. '上同'(상동)은 문자는 다르지만 같은 운韻임을 알려 준다.

『동국정운』에 제시된 이 새로운 한자음은 이후의 간행물에서 한자음의 주석 등에 사용되었으나 전래 한자음과의 차이가 커 점차 쓰지 않게 되었다. 예를 들어 전래 한자음으로는 모두가 자연히 '군모'君母인 'ㄱ'으로 발음하는 것을 인위적으로 '쾌모'快母인 'ㅋ'으로 발음하라는 말이니 이는 무리도 아닐 것이다.

한글의 탄생

2

〈정음〉이어, 삼천세계를 비추라
유불도의 길

〈정음〉과 불교의 길

세종은 유학을 숭상하고 불교를 억누르는 숭유억불崇儒抑佛 사상의
소유자였다. 한자한문 원리주의자인 최만리 등은 숭유억불에 있어
서도 가장 강경했다. 그런데 세종은 세월이 흐름에 따라 점차 불교
에 대해서도 존중하는 모습을 보인다.

『훈민정음』이 반포된 해인 1446년에 세종의 왕비인 소헌왕후昭
憲王后가 승하하였다. 왕후의 명복을 빌기 위해 세종은『석보상절』
釋譜詳節 전 24권의 편찬을 명하여 1447년에 간행한다. 둘째 왕자인
수양대군首陽大君이 한문으로 부처의 일대기를 쓰고, 이를 조선어로
번역했다고 한다. 한문 원문은 남아 있지 않다. 수양대군은 훗날
제7대 임금인 세조世祖가 되는 인물이다. 이때 '○○대군'은 적출嫡出
왕자에 대한 호칭이고, '○○군'은 서출庶出 왕자에 대한 호칭이다.

완성된『석보상절』을 읽고 세종은 부처의 공덕을 칭송하는 노래
를 지었는데, 이것이『월인천강지곡』月印千江之曲(1447)이다. 〈정음〉으

로 쓰여진 운문韻文이다.

한자와 한글의 혼용

『용비어천가』龍飛御天歌(1447)는 기본적으로 한자어는 한자로 표기하고 고유어는 한글로 쓰고 있다. 그러나 한자어에 한글로 한자음을 달지는 않았다. 이에 반해 『월인천강지곡』(1447)을 보면 한자어를 한글로 쓰고 한글 한 글자마다 작은 글씨로 한자를 달았다. 한편 『석보상절』(1447)이나 『월인석보』月印釋譜(1459)는 한자어를 한자로 표기하는 점은 같으나, 한자를 먼저 적고 그다음에 작은 글씨의 한글로 음을 적고 있는 것이 또 달라진 점이다.

한자와 정음의 혼용을, 현대 한국어로 적어서 살펴보자. 일본어의 문절文節에 해당하는 단위인 어절語節별로 나누어 적어 본다. 일본어로는, 전부 가타카나로 적은 것과 한어漢語만을 가타카나로 적은 것을 비교하겠다.

　　音素란 單語의 意味를 區別하는 言語音의 最小單位이다
　　음소란 단어의 의미를 구별하는 언어음의 최소단위이다

　　音素とは 單語の 意味を 區別する 言語音の 最小單位である
　　オンソトハ タンゴノ イミヲ クベツスル ゲンゴオンノ サイショ
　　ウタンイデアル
　　オンソとは タンゴの イミを クベツする ゲンゴオンの サイショ
　　ウタンイである

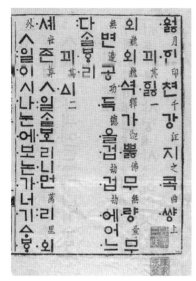
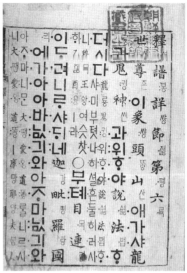

〔왼쪽〕『월인천강지곡』月印千江之曲(1447) 먼저 한자어를 한글로 크게 적고, 한자는 작은 글씨로 달았다.
〔오른쪽〕『석보상절』釋譜詳節 권11(1561) 한자어는 먼저 한자를 크게 쓰고 그 음을 작은 글씨의 한글로 달았다. 호암미술관 소장

『월인석보』月印釋譜 권1(1459)
『석보상절』과 같은 방식으로 표기되어 있다. 서강대학교 도서관 소장. 호암미술관 편(1996)에서 인용

한어를 가타카나로 적은 것과 비교하면 정음과 한자의 조합은 한자로만 적은 쪽과 문자 수가 같다는 것을 알 수 있다. 이처럼 한국어를 표기한 정음은 한자와 시각적으로 조화될 뿐만 아니라, 단위의 시각적 구분과 단위 음절의 길이를 나타내는 측면에서도 균형 잡힌 시스템이다.

그 후 혁명가들은—단종애사

앞서 언급했던 정인지 등 정음 에크리튀르 혁명의 젊은 혁명가들은 그 후 어떻게 되었을까.

혁명가들 중 박팽년, 성삼문, 이개는 모두 같은 해인 1456년에 세상을 떠났다. 물론 이는 우연이 아니다.

1450년 세종이 붕어崩御하고 그의 장남인 제5대 임금 문종文宗이 병약하여 일찍 세상을 떠나자, 문종의 장남인 단종端宗(1441~1457, 재위 1452~1455)이 11세에 즉위한다. 세종의 차남이자 문종의 동생인 세조(1417~1468, 재위 1455~1468)는 계유정난癸酉靖難을 일으켜 조카인 단종을 폐위하고 제7대 임금이 된다. 단종은 왕족의 신분을 빼앗기고 사약을 받는다. 향년 16세였다. 이때 박팽년, 성삼문, 이개는 단종에게 충절을 다하고 처절한 죽음을 맞이했던 것이다.

단종의 이야기는 후세에 전해져 훗날 이광수李光洙의 역사소설 『단종애사』端宗哀史(1929) 등의 작품으로 태어나기도 했다. 박팽년, 성삼문, 이개는 '사육신'死六臣으로 불리며 충신의 귀감이 되었다.

이에 비해, 마찬가지로 정음 에크리튀르 혁명을 이끌었던 정인지와 신숙주는 세조를 보좌하며 관료로서의 정점에 이른다. 물론 이러한 훗날의 일을 세종은 알지 못한다.

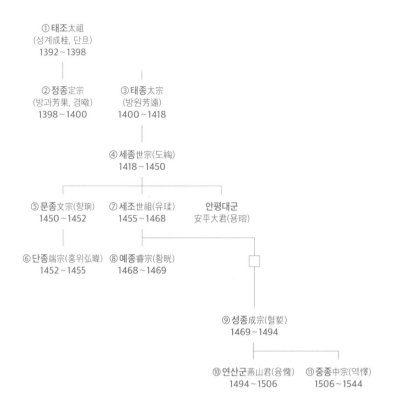

①태조太祖
(성계成桂, 단旦)
1392~1398

②정종定宗
(방과芳果, 경曔)
1398~1400

③태종太宗
(방원芳遠)
1400~1418

④세종世宗(도祹)
1418~1450

⑤문종文宗(향珦)
1450~1452

⑦세조世祖(유瑈)
1455~1468

안평대군
安平大君(용瑢)

⑥단종端宗(홍위弘暐)
1452~1455

⑧예종睿宗(황晄)
1468~1469

⑨성종成宗(혈娎)
1469~1494

⑩연산군燕山君(융㦕)
1494~1506

⑪중종中宗(역懌)
1506~1544

조선 왕조의 계보도 괄호 안은 휘諱이다. 다케다 유키오武田幸男 편(2000:079)을 참고하여 작성

불교 경전의 조선어 번역 〈언해〉

세조는 조선 왕조의 기본적인 법 체계가 된『경국대전』經國大典이라는 법전의 편찬을 추진했다. 여기서의 에크리튀르는 물론 한자한문이다. 세조는 다른 한편으로는 불교를 보호하는 흥불 정책興佛政策을 취하여 신미信眉와 같은 고승高僧을 후대하기도 했다. 세조는 불교 경전을 간행하기 위해 1461년에는 간경도감刊經都監이라는 기

관을 두기도 하였다. 간경도감에서는 『몽산화상법어략록』蒙山和尚法語略錄(1459), 『능엄경언해』楞嚴經諺解(1462), 『법화경언해』法華經諺解(1463) 등 경전의 조선어 번역이 대대적으로 추진되었다. 그 간행물은 방대한 양에 이르렀다. 『능엄경언해』 등에는 세조가 몸소 정음으로 구결口訣을 달기도 하였다. 이 한 가지 사실만 보더라도 정음의 존재는 결코 작은 것이 아니었음을 알 수 있다.

제8대 임금 예종睿宗이 즉위 후 얼마 지나지 않아 세상을 떠나자, 세조의 손자인 성종成宗(1457~1494, 재위 1469~1494)의 치세가 된다. 사대부 지배를 확립한 성군聖君으로 알려진 왕이다. 성종 대에도 많은 출판물과 함께 불교 경전의 간행이 이루어졌다.

15세기에 왕실 주도로 추진되었던 경전의 번역 간행은 16세기 이후부터는 사찰寺刹에서 행해지게 되었다.

정음 에크리튀르로 논한 성리학

유학은 조선 왕조의 국시國是였다. 사서오경四書五經이라 일컬어지는 유학의 경서經書를 배울 때에도 〈정음〉은 크게 활약한다.

세종은 사서四書의 언해를 도모했다. 불교 경전은 15세기의 정음 문헌이 다수 남아 있는 데 비해, 유교 경서의 경우 현존하는 것은 대개 그 이후의 것으로, 『번역소학』飜譯小學(1518) 등이 있다. 16세기 말에 설치된 교정청校正廳에서는 『소학언해』小學諺解(1587), 『대학중용논어맹자언해』大學中庸論語孟子諺解(1590), 『효경언해』孝經諺解(1590) 등이 간행되었다.

세조 대부터 관직에 있었던 유숭조柳崇祖(1452~1512)는 경서의 언해에 크게 공헌한 학자로, 『주역』周易 등을 언해한 『칠서언해』七書諺解

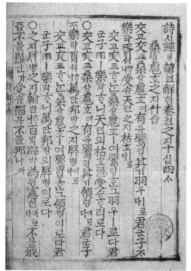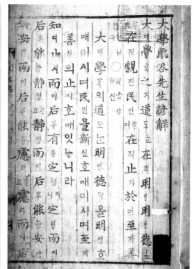

〔왼쪽〕『시경언해』詩經諺解(1585) 국립전주박물관 소장
〔오른쪽〕『대학율곡선생언해』大學栗谷先生諺解(1749)

를 저술했다.

흔히 이퇴계李退溪로 불리는 이황李滉(1501~1570)은 일본에서도 그 저서가 간행되었으며, 일본의 대표적인 유학자인 하야시 라잔林羅山(1583~1657)과 야마자키 안사이山崎闇齊(1618~1682)에게도 영향을 끼친 것으로 알려진 대유大儒이다. 조선 주자학朱子學의 고봉高峯으로 그 학통은 영남학파嶺南學派라 불린다.

한문으로 쓴 경서 등에 여러 유학자의 주석을 달고 자신의 견해를 덧붙인 것을 〈석의〉釋義라 하는데 이황이 이를 집대성했다 한다. 이러한 석의에도 정음 에크리튀르로 조선어 주석이 달려 있다.『대학』大學·『중용』中庸 등 칠서七書에 대한 이황의 석의를 문하의 제자들이 집대성한『경서석의』經書釋義(1609)가 잘 알려져 있다.

또한 퇴계와 함께 칭송받은 성리학자이자 관료로 율곡栗谷 이이

李珥(1536~1584)가 있다. 이이의 학통은 기호학파畿湖學派라 한다. 이이의 어머니 신사임당申師任堂(1504~1551)은 시문서화詩文書畵에 능한 지식인이지 조선 제일의 여성 화가로 명성이 높다. 전통적으로 한국에서는 이상적인 어머니상으로 일컬어지는 인물이다.

신사임당으로부터 정음과 한자한문의 가르침을 받았을 이이는 12세에 진사시進士試에 장원급제하고, 이후 아홉 번의 각종 과거 시험에서 아홉 번 모두 장원급제하여 '구도장원공'九度壯元公으로 칭송을 받았다는 이야기가 전해질 정도이다. 이이는 성리학뿐 아니라 불교와『장자』莊子 등도 널리 연구하였다. 젊어서는 이황과도 만나 늘 존경하는 마음을 품었다고 한다. 이황이 석의에 몰두했던 데 비해 이이는 경서의 언해에 힘을 쏟았다. 이이와 같은 대유大儒가 스스로 〈정음〉으로 에크리튀르를 엮은 것이다.

'동방의 주자朱子', '동방의 성인聖人'으로 불리던 퇴계와 율곡이고 보면 아무래도 한자한문 원리주의자였으리라 생각하기 쉽다. 그러나 그러한 오해와는 달리, 대유학자 이황과 이이는 사실 그들의 사상을 정음 에크리튀르로도 논하였다. 정음 에크리튀르를 사용한 것은 반드시 조선어로 써야 한다고 생각했기 때문이다. 한자한문 원리주의자인 최만리 등이 한자한문이 아니면 논할 수 없다고 여겼던 성리학까지도, 퇴계와 율곡은 조선어 즉 모어母語로 논하여 〈정음〉으로 저술했던 것이다. 이 점은 확실하게 기억하자.

〈정음〉이여, 민초와 있으매 충·효·정을 설파하라
―『언해삼강행실도』

유교 사상은 조선 왕조의 지배적인 사상이었다. 이를 민중에게까

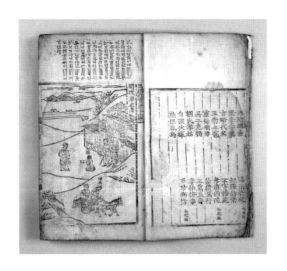

『언해삼강행실도』
국립한글박물관 소장

지 관철시키기 위한 민중 교화民衆敎化 서적 또한 정음 에크리튀르로 편찬되었다.

대표적인 민중 교화 서적이『언해삼강행실도』諺解三綱行實圖이다. '삼강'三綱이란 유교의 기본적인 덕목인 '충'忠·'효'孝·'정'貞을 말한다. 이 삼강의 모범적인 실천자인 '효자'孝子·'충신'忠臣·'열녀'烈女의 품행을 중국과 조선의 역사서에서 채록·편찬하여 각각에 일러스트를 추가한 것이 바로『삼강행실도』三綱行實圖이다.『언해삼강행실도』는『삼강행실도』를 정음 에크리튀르로 번역한 것이었다. 한국과 일본 각지에 산재散在하는 80권 이상의『언해삼강행실도』간행본을 섭렵하여 문헌학적·언어학적인 연구 끝에 탄생한 시부 쇼헤이志部昭平의 저서『언해삼강행실도 연구』諺解三綱行實圖研究(1990)는 15세기 한국어의 모습을 선명하게 그려 내고 있다. 이 책에 따르면 세종 대인 1434년에 한문으로 쓰여진『삼강행실』가 있는데, 이것을 바탕으로 여러 번 언해가 이루어졌다. 이 연구서가 주로 다루고 있는 것은 성종 대인 1490년에 간행된『산정언해삼강행

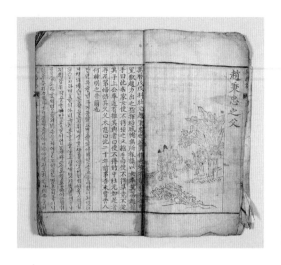

실도』刪定諺解三綱行實圖이다. 전체 왕조의 역사를 볼 때, 이렇게 많은 판수를 거듭하며 널리 읽힌 책도 드물다고 적고 있다. 이 책의 글은 한문 직역체가 아니라 정음 에크리튀르에 의한, 글자 그대로의 조선어 산문 문체로 되어 있다. 또한 일상생활의 장면을 묘사한 이야기도 많아 일상적인 언어생활을 생생하게 보여 주는 내용도 적지 않다.

불교나 유학 서적 외에도, 시대가 지나 19세기에 이르자 『태상감응편도설언해』太上感應篇圖說諺解와 『경신록언해』敬信錄諺解 등과 같은 도교적道敎的이고 권선서勸善書적인 서적의 언해도 나타난다.

이리하여 〈정음 에크리튀르〉는 사람들의 사상 구석구석에까지 뿌리를 내린 것이다.

3

〈정음〉이어, 천지 우주를 배우라
『천자문』

〈정음〉이여, 한자를 가르치라──『천자문』

정음 에크리튀르는 민중의 사상적 교화에 커다란 역할을 했던 한편, 한자한문을 배우는 데에도 크게 도움이 되었다. 한자음을 바로잡고자 한 세종의 생각은 전래 한자음의 전통을 이기지 못했으나, 한자의 음을 알려고 할 때에 〈정음〉은 〈반절〉反切 등과는 비교가 되지 않을 만큼 우위에 서 있다.

　한자한문을 배우는 입문기에는 『천자문』千字文이라는 책이 많이 이용되었다. 이는 '천지현황, 우주홍황'天地玄黃, 宇宙洪荒으로 시작하여 '위어조자, 언재호야'謂語助者, 焉哉乎也로 끝나는, 250개의 4자구四字句 총 1,000자로 구성된 운문서韻文書이다. 영어 등에는 알파벳 26자를 가능한 한 한 번씩 사용하여 문장을 만드는 〈팬그램〉pangram이라는 말놀이가 있고, 일본에도 〈이로하우타〉いろは歌(이로하 노래)가 있다. 『천자문』도 이러한 종류로, 총 1,000자가 겹치지 않도록 만들어져 있다. 중국 남북조시대 양梁의 주흥사周興嗣가 황제인 무제武帝

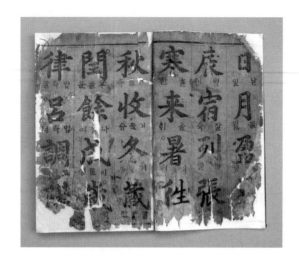

의 명을 받아 하룻밤 사이에 이를 만들었고 그로 인해 머리가 백발
이 되었다고 전해지는 처절한 팬그램이다. 무제의 시대라면 천자
문의 성립은 6세기에 일어난 일이다.

『천자문』에 대해서는, 오가와 다마키小川環樹·기다 아키요시木田章
義 주해註解(1997)에서 지영智永*의 글씨로 된 영인影印과 함께 뛰어난
해설을 얻을 수 있다. 이 책은 '천지현황'天地玄黃을 '천지天地의 하
늘땅은 현황玄黃으로 검고 누르나니'와 같이 〈음 읽기〉와 〈훈 읽기〉
를 병행하는, 일본어의 이른바 〈문선文選 읽기〉를 제시하고 있어 흥
미롭다. 『천자문』은 중국뿐 아니라 조선이나 일본에서도 한자와
서예를 배우는 데 널리 사용되었다. 근세近世에는 유럽 각국에서도
영어, 독일어, 프랑스어, 이탈리아어, 라틴어 등으로 번역되었다고

---

* 　지영은 6세기, 중국 남조의 진陳나라와 수隋나라 때의 승려로 왕희지王羲之의 7대
손이다. 천자문을 약 800권이나 남겨 널리 전하였다 한다. 『진초천자문』眞草千字文이 지
영의 진적眞蹟으로 알려져 있다.

〔왼쪽〕『광주천자문』(1575)
〔오른쪽〕 김홍도金弘道(1745~?)의 회화「서당」『단원풍속도첩』檀園風俗圖帖에 들어 있다. 한국 국립 중앙박물관 소장

이 책은 적고 있다.

　조선에서도 『천자문』이 널리 읽혔다. 정음이 사용된 오래된 『천자문』으로는 오늘날 『광주천자문』光州千字文(1575)과 『석봉천자 문』石峯千字文(1583)이 남아 있다. 석봉石峯은 명필로 알려진 한호韓濩 (1543~1605)의 호이다.

　『광주천자문』의 '천지현황' 부분을 보자. '하늘 텬', 현대어로 말 하자면 '하늘 천'과 같이 훈訓과 음音을 함께 읊으며 외운다. 문선 읽기 방식과는 달리 한 글자 단위로 읽는다. 서당에서 아이들이 함 께 낭독하는 모습이 눈앞에 떠오르는 듯하다. 아이들은 〈정음〉으 로 한자와 천지 우주를 배운 것이다.

4

〈정음〉이여, 우리의 가락을
『두시언해』와 시조

〈정음〉이여, 살아 숨 쉬는 모든 것의 〈소리〉를 듣고, 쓰라

〈정음〉은 중국의 한시漢詩를 〈나·랏:말쏨〉으로 형상화하는 작업도
실천해 나갔다. 두보杜甫(712~770)의 시를 정음 에크리튀르로 번역한
『분류두공부시언해』分類杜工部詩諺解(1481)는 그 효시이다. 약칭 『두시
언해』杜詩諺解라 불린다. 원간본原刊本 25권 중 네 권은 전해지지 않
는다. 17세기에는 중간본重刊本이 간행되었다. 한시에는 구결이 없
고 한자음 표기도 달려 있지 않다.

한시의 정점이라 할 수 있는 두보 시의 조선어 번역. 요컨대 한
자한문이 할 수 있는 일이라면 정음으로도 할 수 있다는 것을 보란
듯이 실천하여 보여 주고 있는 것이다.

시를 언해한다는 것은, 예컨대 오노마토페를 고유어로 형상화할
수 있다는 말이다. 의성어든 의태어든, 바람 소리든 사람의 모습이
든, 그것이 살아 숨 쉬는 것의 〈소리〉이기만 하다면 〈정음〉은 이를
듣고 또 써 낸다. 한자나 한자어를 사용하지 않고 최대한 〈정음〉으

『분류두공부시언해』分類杜工
部詩諺解(1481)

로만, 고유어만을 사용하여 그려 내 보려는 시도인 것이다. 다음의
번역에는 한자가 한 글자도 사용되지 않았다는 것을 알 수 있다.
한자는 물론이고 한자어도 사용하지 않고, 고유어만으로 완성하고
자 한 것이다.

不^불見^견秋^추雲^운動^동하나 悲^비風^풍稍^초稍^초飛^비하니라

ᄀᆞ숤·구루·믜뮈·유·믈보·디:몯ᄒᆞ·리·로소·니슬·픈ᄇᆞᄅᆞ·미젹
젹ᄂᆞᄂᆞ·다*

가을 구름의 움직임 보이지 않는데 서글픈 바람에 조금씩 조
금씩 날아오른다

冉^염冉^염征^정途^도間^간에 誰^수是^시長^장年^년者^자오

---

* 『분류두공부시언해』 권16 51장 b면에 실린 「추적」秋笛의 일부분이다.

어른어른·녀는·긼스·쇠·예·뉘·이·나홀기·리:살:사룸·고*
가고 가는 인생길에 영원히 사는 사람 그 누구이던가

고유의 가락—시조를 쓰다

한시를 언해하는 에크리튀르와 함께, 고려 시대부터 전해진 고려
가요 등 한국 고유의 가락 또한 정음 에크리튀르로 그려지기에 이
른다. 정음 이전에는 구전口傳과 한문 번역으로 전해져 오던 것이
이제 정음이 창제됨으로써 〈나·랏:말씀〉으로 표기되어 전면적으로
꽃피게 된 것이다.

그러한 가운데 시조時調라 불리는 정형시가 크게 성행하였다. 조
선의 단시형短詩型 문예의 대표적인 형식이다. 18~19세기에는 『청
구영언』靑丘永言과 『가곡원류』歌曲源流 등의 서적이 편찬되었다.

정음 에크리튀르 혁명의 중심인물인 성삼문은 세조의 계유정난
당시에 단종에 대한 충절을 지켜 사육신死六臣의 한 명이 되었다. 성
삼문이 남긴 「충의가」忠義歌는 오늘날 다음과 같은 형태로 인구人口
에 회자膾炙되고 있다.

이 몸이 죽어 가서 무엇이 될꼬 하니
蓬萊山(봉래산) 第一峯(제일봉) 落落長松(낙락장송)이 되어 있어
白雪(백설)이 滿乾坤(만건곤)할 제 獨也靑靑(독야청청)하리라

기생 중에서도 황진이黃眞伊와 같은 명기名妓의 시조는 널리 알려

<hr>

* 『분류두공부시언해』권6 1장 b면에 실린 「옥화궁」玉華宮의 일부분이다.

져 있다.

> 山(산)은 옛 山(산)이로되 물은 옛 물 아니로다
> 晝夜(주야)에 흐르니 옛 물이 있을소냐
> 人傑(인걸)도 물과 같도다 가고 아니 오노매라

　시조가 이렇게 사랑과 정만을 노래한 것은 아니다. 엄격한 성품으로 잘 알려진 퇴계 이황과 율곡 이이 같은 대유大儒도 시조를 남겼다. 다음은 이황의 「도산십이곡」陶山十二曲 중 마지막 곡이다.

> 愚夫(우부)도 알며 하거니 그 아니 쉬운가
> 聖人(성인)도 못다 하시니 그 아니 어려운가
> 쉽거나 어렵거나 中(중)에 늙는 줄을 몰라라

　시조를 읽어 보면 정음이기에 고유어의 가락을 제대로 묘사할 수 있다는 것을 잘 알 수 있다. 또한 한자어도 정음 에크리튀르 안에 훌륭하게 녹아들어 있는 것이다.

5

〈성음〉이여, 이야기하라, 읊으라 그리고 노래하라
〈정음〉 문예와 판소리

15세기 후반에 지어진 매월당梅月堂 김시습金時習(1435~1493)의 『금오신화』金鰲新話 등을 비롯하여 한자한문 에크리튀르로 된 소설·문예류는 조선 시대에도 많다. 이러한 한문소설과 구별하여 한국문학사에서는 정음 에크리튀르 소설을 〈국문소설〉이라 한다. 17세기에 이르면 허균許筠(1569~1618) 작으로 전해지는 『홍길동전』洪吉童傳과 김만중金萬重(1637~1692)의 작품으로 전해지는 『구운몽』九雲夢 등 정음 에크리튀르로 된 국문소설이 나타난다.

『홍길동전』은 초인적인 주인공 홍길동이 활빈당活貧黨을 이끌고 왕조의 권력자들을 떨게 만드는 반체제적 영웅담이다. 한자한문이 에크리튀르의 전부였던 시절에는 소설류도 당연히 한자한문이었다. 그 시대에 정음으로 소설을 쓴다는 것은 그 자체가 소설에 대한 반역이기도 했다. 이렇게, 더 이상 어떤 것도 정음이 표기할 수 없는 것이라고는 없는 시대가 되어 가는 것이다. 재미있게도 정음으로 풀어낸 홍길동 이야기 속에서 주인공 홍길동이 투쟁한 왕조의 정점에는 바로 세종이 있었다.

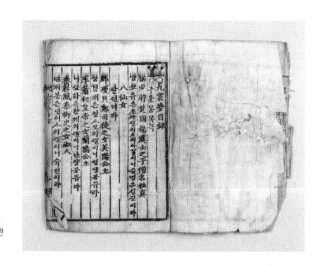

국문소설 『구운몽』
의성조문국박물관
소장

　다른 한편으로는 판소리가 생겨났다. 판소리는 구전문학口傳文學
인데, 이것이 정음 에크리튀르로 쓰여지게 된다. 고전의 대명사가
된 『춘향전』春香傳도 판소리에서 태어난 문예이다. 지문이 있고 거
기에 등장인물들의 대화문이 아로새겨진다. 한자어와 고사성어도
많이 나타난다. 재미있는 것은 그 가운데 한문의 현토문懸吐文이 나
타나고, '그 뜻은…'이라는 형태로 한국어 번역이 등장하기도 한
다는 점이다. 특히 판소리는 듣는 것이었기 때문에, 이렇게 한문의
번역을 이야기 내부로 끌어들임으로써 한문적인 영역과 한국어적
인 영역을 오가는 재미도 살아나는 것이다.

6

고유어 혈맥과 한자한문 혈맥의
이중나선 구조

정음 에크리튀르가 세상의 빛을 보려고 하던 무렵에, 한자한문을 조선어로 번역하는 〈언해〉라는 에크리튀르가 커다란 위치를 차지하고 있었다는 사실은, 훗날 〈쓰여진 한국어〉의 문체를 만들어 내는 데 결정적인 영향을 미쳤다고 할 수 있다. 참고로 오구라 신페이小倉進平(1964:170)의 말처럼, 일본어·만주어·몽골어 또한 정음을 사용하여 조선어로 번역되었지만 '언해'라는 말은 중국어에 대해서만 사용되고 있다.

앞서 언급한 성삼문의 시조, '白雪(백설)이 滿乾坤(만건곤)할 제 獨也靑靑(독야청청)하리라'와 같은 에크리튀르를 다시 한 번 살펴보자. 여기에는 '落落長松'(낙락장송)과 같은 한자어가 보일 뿐 아니라, 글자 그대로 한문 그 자체인 '滿乾坤'(천지에 가득하다)을 '滿乾坤할 제'와 같이 사용하는 등 한문적 요소가 한국어 속에 그대로 살아 있다는 것을 알 수 있다. 중국어의 조선어 번역인 〈언해〉라는 장치는 이러한 한문적 요소를 한국어의 〈문장체文章體＝글말〉 속에 흡수하는 중요한 도체導體가 되었을 것이다.

정음 에크리튀르의 혁명파 중 한 사람이었던 성삼문의 경우조차, 사산적 세포뱀 이니피 정서뎍 세포에 이르기까지 한자한문이 살아 숨 쉬고 있었던 것이다.

판소리 같은 구전문학口傳文學에도 한자한문의 요소가 농후했으며, 한자한문적 교양이 없으면 그 내용을 완전히 이해하는 것은 불가능할 정도이다. 판소리의 표현들은, 예컨대

장지연의 '시일야방성대곡'(1905) 말미 부분

오늘날 한국의 대학생이 읽어도 쉽게 이해할 수 있는 것이 아니다.

근대 들어서도 이러한 한문적 요소는 중요한 위치를 차지하고 있다. 한문적 요소가 강하게 남아 있는 문체를 국한문國漢文이라 한다. 1905년의 을사조약乙巳條約 당시 대한제국의 언론인 장지연張志淵(1864~1921)은 『황성신문』皇城新聞의 논설에서 반대의 목소리를 높였다. '시일야방성대곡'是日也放聲大哭(이날 목 놓아 통곡하노라)이라는 제목에서도 짐작할 수 있듯이, 이 논설은 거의 한문으로 되어 있다.

我(아)二千萬(이천만) 爲人奴隸之同胞(위인노예지동포)여 生乎(생호)아 死乎(사호)아 檀箕以來(단기이래) 四千年(사천년) 國民精神(국민정신)이 一夜之間(일야지간)에 猝然滅亡而止乎(졸연멸망이지호)아 痛哉痛哉(통재통재)라 同胞(동포)아 同胞(동포)아

우리 2천만, 남의 노예 된 동포여! 살았는가, 죽었는가? 단군기자 이래 4천 년 국민정신이 하룻밤 사이에 홀연 망하고 말 것인가. 원통하고 원통하도다. 동포여! 동포여!

현대의 한국어에도 고사성어 등 방대한 한문적 어휘가 존재하는 것은 물론이며, 이를 제외해도 중국의 고전 한문적인 또는 한국 한문적인 색채를 강하게 보여 주는 어휘가 적지 않다.

或是(혹시)

于先(우선)

果然(과연)

假令(가령)

設令(설령)

於此彼(어차피)

都大體(도대체)

何必(하필)

如干(여간)

不得已(부득이)

이러한 어휘는 〈문장체=글말〉적 문체에서 많이 사용된다. 근세에서 근대로 넘어오는 개화기에는, 중국어로 착각될 만큼 논설문 등에 한문적인 단어가 많이 등장하였다.

그중에서 '혹시'或是는 오늘날 〈회화체=입말〉에서도 아주 흔히 사용되는 단어이다. 원래의 의미 말고도, 누군가에게 말을 걸거나, 대화를 시작할 때에 일종의 〈말 걸기 표현〉으로 흔히 사용되기 때문에 드라마에서도 자주 들을 수 있다. 한국어 모어화자에게는 이미 이것이 한자어라는 의식조차 상당히 흐릿하다. 갓을 쓴 양반이 무거워 보이는 장검을 등에 멘 주인공에게 '혹시, 거기 지나가는 양반' 하는 식으로 말을 거는 사극이라면 몰라도, 현대의 트렌디 드라마에서 젊은 여주인공이 오랫동안 몰래 짝사랑하던 남자 주인

공에게 처음으로 수줍게 말을 거는 가슴 설레는 장면―그때 쓰이는 말이 이 무거운 한자한문의 전통을 등에 멘 한마디, 바로 그 '或是'(혹시)인 것이다!

'何必'(하필)은 마치 정음으로 구결을 단 것처럼, '何必이면'이라는 형태로 흔히 사용되고 있다. 어떻게 '하필이면' 이런 형태가 되었을까?!

여기서는 몇 가지 부사류副詞類를 예로 들었으나 명사를 포함한 방대한 한자어 중에는 고전 한문적인, 혹은 한국 한문적인 색채가 짙은 단어가 풍부하게 존재하고 있다.

한국어는 중국어권과 교류하면서 중국 고전어에서 방대한 한자어를 차용어借用語로 흡수해 왔다. 그리고 한국어가 드디어 정음에 의해 전면적으로 쓰여지기 시작하려던 요람기搖籃期에, 〈한문의 조선어역=언해〉라는 에크리튀르가 〈쓰여진 한국어〉의 발생론적 모태 중 하나가 된 것이다. 이를 배경으로 한국어의 〈쓰여진 언어〉라는 존재 양식의 핵심을 이루는 〈문장체〉라는 표현 양식은, 한국어 고유어의 혈맥과 한자한문의 혈맥이 마치 DNA의 이중나선 구조처럼 서로 맞물리면서, 혹은 서로를 베끼면서 형성되어 간다.

〈징음〉 반혁명을 넘어서

연산군의 정음 반혁명

그렇다면 민중은 그렇다 치더라도, 양반 지배계급 사이에서 정음은 빠르게 전파되었을까? 사실 정음도 수난의 시기가 있었다. 바로 제10대 임금인 연산군燕山君(1476~1506, 재위 1494~1506) 때였다. 연산군은 제9대 성종의 장남으로, 『국조보감』國朝寶鑑 등의 서적 편찬에 힘을 기울이기도 했으나 후일 향락에 빠지고 기행奇行을 일삼은 것으로 알려져 종종 폭군으로 불리는 왕이다.

연산군의 어머니이자 성종의 왕비인 윤씨는 후궁들의 암투 속에서 성종에게 사약을 받았다. 즉위 후 이 사실을 알게 된 연산군은 어머니의 죽음과 관련된 성종의 후궁들과 신하들에게 대대적인 보복을 한다. 이를 갑자사화甲子士禍라 한다. 그런데 그 당시 왕을 비판하는 내용의 어느 투서가 정음으로 적혀 있었다 하여, 이 때문에 연산군이 정음을 금압禁壓한 것으로 알려져 있다.

강신항姜信沆(1993:251~305)은 정음으로 된 이 문서가 정음을 금압한 원인이었다는 주장 등 연산군의 정음 금압에 대해 세상에 퍼져 있는 견해에 의문을 제기하고 있다. 정음 금압은 일시적인 것이었으며, 정음으로 된 익명서를 쓴 자를 색출하기 위한 수단이었다고 밝힌 것이다.

이유야 어찌 되었건 간에 정음으로 쓰여졌거나 구결을 단 책을 불살라 버리도록 명한 것이 정음에 대한 탄압이 되었던 것은 사실이었다. 일시적인 금압이라고는 하나, 두말할 것도 없이 책은 태우면 사라지는 것이다. 그 실체적인 피해 정도는 차치하더라도 이는 정음 에크리튀르 혁명의 역사 속에서 정음 반혁명反革命의 상징적인 사건이 되었다.

1506년, 성희안成希顔 등의 신하들은 연산군의 이복동생인 중종中宗(1488~1544, 재위 1506~1544)을 추대하여 반정에 성공, 연산군을 폐하였다. 연산군은 폐위되었기 때문에 '태조', '세종'과 같은 묘호廟號가 없다. 그는 30세에 세상을 떠난다.

정음 에크리튀르의 위치

〈정음〉은 '언문'諺文이라 비하되고 '암클'이라 불리며 근대로 들어서기까지 실제로는 많이 사용되지 않았다는 견해가 끊이지 않는다. 여기서 확인하고 넘어가자. 〈정음〉이 사용되지 않았다는 것은 정치와 권력, 역사의 무대 전면에 모습을 드러내지 않았고, 그러한 성격의 에크리튀르는 아니었다는 점에서이다. 여기서 살펴본 예를 보아도 알 수 있듯이, 〈정음〉은 적어도 문자를 사용하는 계층의 언어생활에는 없어서는 안 되는 것, 소극적으로 보더라도 상당한 위치를 차지하는 것이었다. 이는 무엇보다도 지금까지 살펴본 다양한 서적의 존재가 말해 주고 있다.

가끔 언급되는 식자율識字率 운운과, 정음이 사용되었는가 여부는 전혀 다른 문제이다. 정음이 근대에 들어와서야 본격적으로 사용되었다는 이야기는 거의 오해에 가깝다. 물론 세종이 꿈꾼 것처럼 민중 한 사람 한 사람에게까지 정음이 널리 파고들지는 못했다. 그와 같이 되기 위해서는 근대까지 기다려야 했다. 모든 이가 정음을 알게 하는 것은 문자가 담당해야 할 일이라기보다 교육이 담당해야 할 일이다. 그러나 문자를 다루는 사람들 사이에서 정음이 사용되었던 모습을 직시한다면, 분명 정음은 에크리튀르로서 본격적으로 사용되고 있었음을 확인할 수 있다.

가장 중요한 것은 한반도의 에크리튀르에서 정음이 어떠한 위치를 차지했는가 하는 점이다. 원래 문자를 사용하던 사람들이 한자한문과 함께 정음을 사용했다는 점이 중요하다.

이제 다시 한 번 상기해 보자. 무릇 사람이 〈쓰기〉라는 행위를 하기 위해서는 한자한문을 사용하는 수밖에 없었다. 거기에 정음 에크리튀르라는 완전히 새로운 에크리튀르가 출현하였고, 그때까지 문자를 다루던 사람들조차 누구 하나 쓰지 못했던 것까지 〈쓰는 것〉이 가능해졌다. 모든 고유의 말을 〈지知=앎〉 속에 편입시킬 수 있게 되었다는 사실의 의의는 그야말로 결정적이다.

생각해 보면 한자한문을 배우는 데에도 정음이 사용되었던 것이다. 표면에 드러나지 않아도, 한자한문은 정음을 배움으로써 지탱된 것이다. 이황과 이이 같은 대학자조차 정음으로도 유학을 논하고, 시조를 읊었다. 『삼강행실도』를 바탕으로 한 민중 교화도 정음에 의해 이루어졌다. 세종이 계획했던 『동국정운』을 보자. 한자음을 바로잡고자 했던 세종의 꿈은 실현되지 못했다. 그러나 음소문자音素文字이며 음절구조문자音節構造文字인 정음에 의해 한자음을 표현하는 운서韻書였다는 점에서,『동국정운』은 틀림없는 동양 최첨단의 운서이자 〈지〉知였다. 운서란 음을 나타내야 하는 책이다. 그런데 붙 구치고, 믿ㄹ 기기假借(이 ㅇㅇ면 같고)과 밑은 싱법이 있었나고는 해도,『동국정운』이전에는 운서에서 문자가 〈음〉을 직접 표기하는 일이 중국에서조차 일찍이 없었던 것이다. 한자를 배우기 위한 책『천자문』에 사용된 정음의 역할은 이루 헤아릴 수 없이 지대하다 하겠다.

정음은 편지에도 이용되었다. 정음으로 쓴 편지를 〈언간〉諺簡이라 한다. 오늘날에도 많은 언간이 남아 있다. 이것이 바로 〈쓰여진 언어〉에 의한 언어생활에, 정음이 그 역할을 착실히 다하고 있었다는 것을 말해 준다. 권두환權斗煥(2010)의 조사에 따르면, 제22대 임금인 정조正祖가 신하에게 보낸 한자한문 서신에서는 '뒤죽박죽'이라는 의태어만 갑자기 한글로 기록되어 있는 재미있는 예도 찾아볼 수 있다. 한자가 못 쓰는 〈나·랏:말쏨〉. 풍성風聲과 학려鶴唳. 정음은 그것을 실제로 쓰는 것이다. 한국어 〈오노마토페 에크리튀르〉를 표기할 수 있는 정음의 진면목이기도 하다.

언어 자체를 고찰하기 위해서도, 그리고 또 다른 언어를 알아 가기 위해서도 정음은 사용되었다. 한국어사韓國語史와 조선의 에크리튀르사史에서 중국어학자이자 언어학자인 최세진崔世珍(1473~1542)을 빼놓고는 논할 수 없다. 그의 저서『훈몽자회』訓蒙字會(1527)는 한자 학습서이다. 오늘날의 한글 자모字母 명칭과 순서는『훈몽자회』로부터 유래한다고 알려져 있다.

또, 시대가 지나면서 실학자 신경준申景濬(1712~1781)의『훈민정음운해』訓民正音韻解와 같은 독특한 정음 연구서도 나타났다.

일본어와 훈민정음

일본 지바千葉현 다테야마館山시의 사찰인 다이간인大巖院에는 사면석탑四面石塔이라 불리는 높이 219cm, 폭 50cm의 탑이 있다. 1624년에 세워졌다고 전해진다. 그 네 면에는 한자의 전서篆書, 해서楷書, 범자梵字 그리고 〈정음〉으로 '나무아미타불'南無阿彌陀佛이라는 글자가 새겨져 있다. 4종의 서로 다른 문자로 부처의 가르침을 온세상에 전하려는 듯하다.

이 사면석탑에서 주목할 것은, 〈정음〉의 한자음 표기가 1448년에 공개된 운서『동국정운』(275면)에 사용된 동국정운식 한자음 표기를 채택한 점이다. 예를 들어, '미'彌와 같이 종성이 없는 한자음은 '미'가 현재까지 사용되는 표기인데, 동국정운식으로는 '밍'과 같이 종성이 없다는 것을 제로 자모 'ㅇ'을 굳이 넣어서 나타낸다. 참고로,『훈민정음』의 자형에서는 166, 169면의 표에서 보는 바와 같이, 연구개비음의 종성/ŋ/의 자모는 단순한 원이 아니라 위에 돌기가 붙은 'ㆁ'을 사용하여 제로 자모 'ㅇ'과 구별한다.

이 동국정운식 한자음 표기는 1447년의『석보상절』등 극히 일부에 사용되었을 뿐이며, 조선의 문헌에서는 15세기 말에는 더 이상 사용되지 않고 있다. 그것이 바다 건너 일본의 보소房総 지방 아와安房라는 땅에,『동국정운』으로부터 176년이나 지나서 홀연히 모습을 드러내어 우뚝 서 있는 것이다. 애초에 어째서, 어떠한 경위로 〈정음〉이 새겨지게 되었는지는 불분명하다. 그렇다 해도 흥미롭지 않은가. 그리고 이 사면석탑은 돌에 새겨진 한글로서는 역사가 오래된 편에 속하는 유물 중 하나이다.

참고로, 고저 악센트를 표시하는 방점은 이 사면석탑에도 찍혀 있지 않았다. 15세기 조선어의 고저 악센트 체계는 중부방언에서

16세기 말에 이미 붕괴되었다.

일본어와 관련해서는 에도 시대 중기에 기노시타 준안木下順庵 문하의 유학자였던 아메노모리 호슈雨森芳洲(1668~1755)를 거론하지 않을 수 없다. 일본 근세의 조선어 연구, 조선어 교육의 시조라 할 수 있는 인물이다. 그는 쓰시마번對馬藩에서 일본과 조선의 외교에 큰 역할을 했다. 부산에서 조선어를 배우기도 했다. 아메노모리 호슈가 쓴 조선어 학습서 『교린수지』交隣須知는 개정을 거듭하며 메이지 시대 초기까지 사용되었다.

한글이 새겨진 탑 가운데 일본에서 가장 오래된 것으로 알려진 사면석탑四面石塔
'南無阿彌陀佛'이 범자梵字(산스크리트 문자), 한자의 전서篆書, 해서楷書, 그리고 정음으로 새겨져 있다. 정음은 동국정운식 한자음으로 되어 있다. 지바千葉 현 다테야마館山 시 정토종다이간인淨土宗大嚴院, 1624년 건립. 저자 촬영

정음 에크리튀르는 한자한문과 멀지도 가깝지도 않은 관계를 유지하며 한반도에서 행해진 에크리튀르의 가장 깊은 곳을 흘러온 대동맥이었다. 〈정음〉 이전에는 〈지〉가 될 수 없었던 한국어 고유의 말이 대동맥 속에서 흘러 〈지〉로서 살아 숨 쉬게 된 것이다.

제6장

〈정음〉
— 게슈탈트의 변혁

궁체宮體로 쓰여진 『산성일기』山城日記
첫 줄 '산성일긔 병즈'로 시작된다. 한국학중앙연구원 소장.

1

〈형태〉린 무엇인가?

촉감이 있는 텍스트, 질량이 있는 문자

이제 문자는 만들었다. 그러나 문자라는 것은 만들어졌다고 해서 무조건 문자가 되는 것은 아니다. 새로 탄생한 문자는 실제로 사용되어야 하고, 문장이 그리고 텍스트가 되어야 하는 것이다. 또한 당연하게도 문자는 〈형태〉가 필요하다. 그리고 〈형태〉는 반복을 통해 〈양식〉(style)이 된다.

앞 장章까지는 정음을 언어학적·언어사적·언어사회학적 관점에서 살펴보았다. 지금부터는 정음의 게슈탈트Gestalt, 즉 〈형태〉에 대해 생각해 보기로 하자. 문자는 그 언어적인 기능, 기호학적인 기능만으로 성립되지는 않는다. 제2장 4절 '〈각필〉角筆의 발견'(120면)이나 5절 '질량을 가진 텍스트'(126면)에서 살펴보았듯이, 텍스트가 질량(mass)을 가지고 살아 움직이는 존재인 만큼 문자에는 〈형태〉가 있고, 촉감(texture)이 있고, 빛깔이 있으며, 문자의 이면에 또 다른 문자가 있을 수도 있다. 그리고 문자에는 디테일detail이 있다.

〈형태〉와 질량이 있는 텍스트로서의 문자를 볼 때는, 문자 자체를 〈쓰기〉 위한 각종 시스템이나 기법도 중요하다. 신체가 있고, 붓이 있고, 먹이 있고, 종이가 있고, 서법書法이 있고, 인쇄술이 있으며 책이 있다. 그리고 여기에 미학美學이나 정신성精神性까지도 관여하게 된다.

정음의 모양새를 허심탄회하게 바라보고 있노라면, 정음은 동아시아 수천 년의 문자사文字史 속에서 피어난 하나의 불가사의한 경이임을 깨닫게 된다. 그것은 문자라는 존재의 전통적인 게슈탈트에 대한 변혁의 각인刻印이기도 하기 때문이다.

〈게슈탈트〉=〈형태〉란 무엇인가?

이 책에서는 지금까지 〈게슈탈트〉를 〈형태〉라고 설명해 왔다. 이제부터는 문자에 있어 게슈탈트, 즉 〈형태〉란 무엇인가에 대해 간단히 살펴보고자 한다.

〈게슈탈트〉란 독일어로 〈형태〉라는 뜻이다. 게슈탈트 심리학으로 널리 알려지게 되었다.

이 책에서는 〈게슈탈트〉를 대략 다음과 같은 의미로 사용한다.

〈게슈탈트〉Gestalt = 〈형태〉
(a) 개개의 요소로 환원해서는 얻을 수 없는, 총체로서 통합된 모양
(b) 인간의 지적인 관여에 의거한다.

〈폼〉Form = 〈모양〉
(a) 여러 가지 모양 일반

(b) 인간의 지적인 관여에 의거하지 않는다.

앞의 시술에서, (a)는 내상에 대해, (b)는 수체에 대해 주목하고
있다.

문자의 세계에서 이러한 게슈탈트는 문자로서의 기능을 지탱한
다. 이 책에서는 〈게슈탈트〉를 〈형태〉라고 표기하여 단순한 〈모양〉
이나 〈모양〉 일반과 구분하고 있다.

예를 들어 히라가나 'お'(오)는 하나의 완성된 〈형태〉다. 동시에
단순히 'お'라는 하나의 〈모양〉이기도 하다. 여기에서 점 'ヽ'을 제
거하면, 남은 모습은 더 이상 문자 'お'로서의 〈형태〉를 유지하지
못하게 된다.

한글로도 살펴보자. '아'에서 'ㅏ'는 하나의 통합된 〈형태〉이다.
동시에 단순히 'ㅏ'라는 하나의 〈모양〉이기도 하다. 여기에서 선
'ㅣ' 또는 점 'ㆍ'를 제거하면, 남은 모습은 더 이상 자모 'ㅏ'가 가지
고 있는 〈형태〉를 유지하지 못하게 된다. 즉 글자 'ㅏ'로서의 기능
을 잃어버리게 된다.

한편, 히라가나 'ね'(네)를 다음과 같은 모양으로 쓴다 해도 아마

그것이 'ね'라는 사실에는 변함이 없을 것이다. 그렇다면 그 모양은
'ね'의 〈형태〉인 것이다.

한글에서도, 'ㅏ'를 다음과 같은 모양으로 쓴다 해도 그것이
'ㅏ'라는 사실에는 변함이 없을지도 모른다. 그렇다면 그 모양은
역시 'ㅏ'의 〈형태〉인 것이다.

아 ㅇㅏ

대상이 되는 문자에 대해 살펴보았으니, 이번에는 대상과 마주
하는 주체에 대해 생각해 보자.

어떤 문자를 그 문자로서 인지하는 것은, 어디까지나 각각의 개
인이 그 현장=언어장에서 지각知覺한다고 하는, 인간의 지적 관여
에 의거한다. 즉, 문자를 문자이게 하는 〈형태〉=〈게슈탈트〉는, 사
람의 지적인 인지라는 행위 속에서 처음으로 생겨나는 것이다. 인
간이 존재하든 안 하든, 인간의 지적인 인지라는 행위와는 관계없
이 늘 그곳에 존재하는 〈모양〉=〈폼〉 일반과는 이 점에서 결정적으
로 다른 것이다. 소리도 없는 우주 공간의 느린 움직임 속에서 천
체가 만들어 내는 〈모양〉이나, 생물과 바람에 의해 숲속에 구성되
는 〈모양〉, 도시 곳곳에서 태어나는 우연 혹은 필연적인 〈모양〉 등
과 같은, 〈모양〉 일반과는 결정적으로 다르다.

그렇기 때문에 문자의 〈형태〉=〈게슈탈트〉는 그것을 인지하는 사람에 따라 〈형태〉가 될지 말지도 달라지게 된다. 어떤 사람은 '*草*'라는 〈모양〉을 '書'(글 서)라는 문자의 〈형태〉로 인지하고, 또 나른 사람은 그런 〈형태〉로 인지하지 않는다. 참고로, '*草*'는 '書'의 초서체로서 매우 일반적으로 사용되는 글자체인데, 여기서는 왕희지王羲之의 『십칠첩』十七帖에서 인용했다. 이렇듯 〈모양〉은 엄연히 그곳에 존재하고, 〈형태〉는 사람마다 그 존재 여부조차 다른 것이다.

이런 양상은 제1장 3절의 50~51면에서 서술한, 언어가 의미가 되거나 되지 못하는 상황과 원리적으로는 궤를 같이한다. 조형된 소리의 모양인 언어음이 항상 말의 〈형태〉로 인지되지는 않는 것처럼, 조형된 빛의 모양인 문자가 늘 언어의 〈형태〉로서 인지된다고는 보장할 수 없다. 참고로, 언어나 문자에서 〈형태〉를 둘러싼 문제는 언어의 의미와의 관계에서도 결정적으로 중요하지만, 여기에서 자세히 설명하기에는 지면에 한계가 있다. 노마 히데키(2018e)『언어존재론』言語存在論 39~55면, 121~164면을 참조해 주기 바란다.

우리가 문자의 모양을 생각할 때, 이처럼 〈모양〉 일반과 〈게슈탈트〉로서의 〈형태〉를 구별하여 논할 수 있다. 그 모양이 어떠한지를 보는 데 그치지 않고, 문자에서 〈게슈탈트〉란 무엇인가, 문자에서 〈형태〉란 무엇인가를 고찰하는 것이 문자를 보는 데 있어 매우 중요한 것이다.

2

징음의 〈모양〉과 〈형태〉

글자는 고전을 따랐다

앞서 살펴본 바와 같이, 정인지는 『훈민정음』 해례본의 후서後序에서 "모양을 본떴으되 자字는 고전古篆을 따랐다"(象形而字倣古篆)고 했다. 〈정음〉은, 발음되는 모양을 본뜨고 글자는 고전古篆(옛 전서)을 따라 만들어졌다는 것이다. 이에 대해 최만리는 "글자의 형상은 비록 옛 전문篆文을 본떴을지라도 음音으로써 글자를 합하는 것은 모두 옛것에 어긋난다"고 했다.

여기서 말하는 전문篆文이란 중국 전국시대戰國時代의 전서篆書인 대전大篆과 그것을 간략화한 진秦나라의 소전小篆을 총칭한 것으로, 사실상 소전을 지칭하는 것으로 본다. 진의 시황제는 자형字形을 소전으로 통일했다. 이는 현대에도 도장 등에 즐겨 사용되고 있다.

물론 전서는 한반도에서도 사용되고 있다. 고려 시대 이암李嵒 (1297~1364)의 명필을 보자.

『훈민정음』 해례본에 실린 〈정음〉의 자획字劃이 해서楷書, 행서行

〔왼쪽〕 **진대秦代의 소전** 이사李斯의 글씨로 전해지는 「태산각석」泰山刻石(기원전 219)이다. '金石刻因明白'(금석각인명백)이라고 쓰여져 있다.
〔오른쪽〕 고려 시대 이암의 전서 '文殊寺藏經碑'(문수사장경비)라 적힌 전액篆額이다. 임창순 편(1975)에서 인용.

書, 초서草書 등과 비교할 때 전서와 비슷한 것은 사실이다. 하지만 '字倣古篆' 즉 '글자는 고전古篆을 본떴다'라는 언급에 관해서는, 문자의 게슈탈트를 전서에서 가져왔다기보다는 한 획 한 획의 자획에 대해 전서를 본떴다는 편이 사실에 가까워 보인다. 혹은, 널리 한자의 고체古體를 총괄하여 대표적으로 '고전'을 들었을지도 모른다.

문자의 〈게슈탈트〉를 살펴보기에 앞서 먼저 자획 하나하나, 즉 〈선〉線부터 관찰해 보자. 앞의 설명으로도 알 수 있듯이 〈선〉이란 〈붓에 의한 선〉이다.

붓에 의한 〈선〉이란 어떠한 것인가?

붓에 의한 선이 어떠한 것인가에 대해서는, 현대미술가인 이우환李禹煥(1936~)의 「선으로부터」(線より)라는 회화 작품이 여지없이 잘 보여 주고 있다. 이우환은 일본 현대미술에서 〈모노파〉もの派라는 그

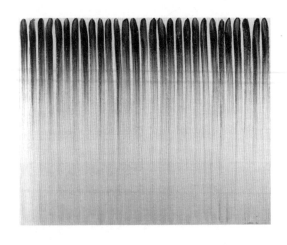

이우환의 「선으로부터」(線よ
り) (1976)
일본 국제미술진흥회·마이
니치신문사每日新聞社 편
(1977)에서 인용

룸을 이끌며 한 시대를 연 작가이자 이론가이다. 그의 작품에서는 〈선〉이라는 것이, 촉감과 질량을 갖고 속도를 가지며, 시간을 체현하고, 인간의 호흡과 함께 존재하고, 마치 정신이 있어 밖으로 표출될 듯한 실현체라는 것을 알 수 있다.

붓에 의한 〈선〉이란 바로 이런 것이다. 15세기 동양에서의 〈선〉도 이러했다. 현대의 이우환의 선이 오히려 정신성의 과시誇示를 극한까지 억제하고 있다면, 특히 송대宋代 이후의 동양에서 붓에 의한 〈선〉이란 그 형태와 함께 높은 정신성의 구현까지 희구하는 것이었다. 후쿠나가 미쓰지福永光司(1971)가 말한 중국의 〈시서화詩書畵의 일치〉, 〈시서화선詩書畵禪의 일체화〉 사상은 조선에까지 미치고 있었다.

후쿠나가 미쓰지(1971:400~401)가 그려 낸 바와 같이, 청淸나라 초기의 화가 석도石濤(1642?~1707)는 "법法은 어디에 서는가? 일획一劃에 선다"라며 하나의 선, 즉 역학易學의 한 획이 모든 형태의 근본이고, 형태를 갖는 모든 존재의 근원이라고 주장했다. '일획법'一劃法이라는 명칭이 이를 상징적으로 나타내고 있다.

〔왼쪽〕 **고려 시대 탄연의 행서** 「문수원기」文殊院記를 쓴 것이다. 임창순 편(1975)에서 인용
〔오른쪽〕 **정음혁명파 강희안**姜希顏(1417~1464)의 「**고사관수도**」高士觀水圖 한국 국립중앙박물관 소장. 호암미술관 편(1996)에서 인용

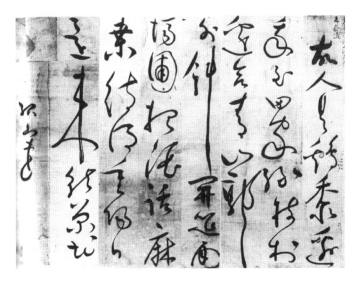

조선 중기 황기로의 초서 당나라 맹호연孟浩然의 시를 쓴 것이다. 임창순 편(1975)에서 인용

붓에 의한 선이 정신성과 〈지知＝앎〉, 끊임없는 수련 등과 불가분의 관계에 있다는 것, 이것이 중국뿐 아니라 한반도의 문자사까지 관통해 온 원리였다.

한반도에서 쓰인 해서, 행서, 초서의 예도 살펴보자. 앞 면의 사진에서 그 글씨를 볼 수 있는 탄연坦然(1070~1159)은 고려 시대 승려이며, 황기로黃耆老(1521~1567)는 조선 중기의 명필이다.

전집 등을 포함해 일본에서 간행된 서예의 역사를 다루는 서적들 대부분이, 한국어권의 이러한 서예의 역사에 대해서는 쏙 빼놓고 있다.

붓으로 쓰기를 거부하는 자획의 모양

그렇다면 정음의 〈모양〉과 〈형태〉는 어땠을까? 다시 한 번『훈민정음』해례본에 실린 정음의 〈모양〉과 〈형태〉를 살펴보자. 먼저 자획 하나하나를 관찰한다.

『훈민정음』해례본의 자획

『해례본』속 정음의 자획은 마치 역학易學의 효爻(아래 그림)를 떠올리게 만드는 모양을 하고 있다. 양효陽爻 ‘—’와 음효陰爻 ‘--’를 조합하여 ‘건’乾이나 ‘곤’坤 등 64괘卦를 만든다. 법法은 어디에 서는가? 일획一劃에 선다.

건乾　　　　　　　　곤坤

〔위〕 **로마제국 트라야누스 황제의 비문의 일부(113)** 로마숫자 위에는 선으로써 숫자임을 나타내는 넘버 마크를 표시했다. 단어 사이에는 공백에 의한 띄어쓰기를 하지 않고, 작은 삼각형의 '인터포인트'inter point를 찍었다. 기무라 마사히코木村雅彦(2002;2008:27~28)에서 인용

〔아래〕 **그리스 프리에네에 있는 아테네 신전 비문의 일부(기원전 334)** "*ΑΛΕΞΑΝΔΡΟΣ*"(ALEXAN DROS)에 세리프가 보인다. 로마자 세리프의 기원이 그리스문자에 있다는 것을 알 수 있다. 대영박물관 소장. 나이트(2001:16)에서 인용

한편, 인쇄술로 눈을 돌려 보면, 명조체 한자 '一'의 획 끝에 있는 삼각형을 일본 인쇄 용어로는 '우로코'鱗(비늘)라고 한다. 한자의 '우로코'는 붓으로 쓸 때 생기는 돌기 모양에 연원을 두고 있다.

서양 인쇄술에서는 로마자 'I'의 처음과 끝 부분에 들어가는 장식을 〈세리프〉serif라고 한다. 로마자 극한의 서체를 보여 준다고 할 수 있는 트라야누스Trajanus 황제의 비문(113)에서는 이 세리프가 형태상 매우 중요한 비중을 차지한다. 세리프가 없는 서체를 산세리

〔위〕 **안견安堅의 「몽유도원도」**夢遊桃源圖(1447) 안평대군의 발문跋文에 따르면 안견은 이를 3일 만에 완성했다고 한다. 호암미술관 편(1996)에서 인용

〔아래〕 **『몽유도원도』**夢遊桃源圖의 제첨題簽에 쓰인 **안평대군 이용李瑢(1418~1453)의 글씨** 위의 산수화와 안평대군의 발문 등이 좌측으로 이어지는 권자본卷子本 형태로 되어 있다. 정인지, 신숙주, 박팽년, 이개, 성삼문 등 21명의 시서詩書가 자아내는 시서화 혼연일체의 절품絶品이다. 정음 에크리튀르 혁명의 중심인물들이 일제히 참여하고 있다. 덴리대학天理大學 중앙도서관 소장. 호암미술관 편(1996)에서 인용

프sans serif라고 부른다. '세리프 없음'이라는 뜻이다. 일본에서 '고 싯쿠'Gothic체라는 것은, 이렇게 장식 없이 직선으로 이루어진 산세리프 계통의 서체를 말한다. 이 명칭은 일본에서 한국으로 들어오면서 '고딕체'라고 불린다.

정음의 자획은, 전서와 비슷하다고는 하나 붓으로 생기는 돌기가 없는, 거의 완전한 산세리프체 즉 고딕체이다. 기필起筆도 종필終筆도 없어—기필이라고 부르기도 어려울 정도로 직선이기에—붓으로 쓸 수 있는 모양이 아니다. 전서는 붓으로 쓰는 서체인 데 비

한글의 탄생

해 정음의 자획은 완전히 붓 쓰기를 거부한 형태인 것이다. 갈고리나 삐침도 부정하고, 두 글자 이상을 이어서 쓰는 〈연면〉連綿도 부정한다.

요컨대『해례본』에 나타난 정음의 자획 모양은, 15세기 조선에서 〈쓰기〉라는 행위의 대부분을 차지하던 〈붓으로 종이에 쓰기〉를 거부하고 있는 것이다. 이 점을 간과해서는 안 된다.

참고로,『훈민정음』해례본의 한자 서체는 세종의 아들인 안평대군이 쓴 것으로 전해진다.

정음은 왜 붓을 거부했는가

그렇다면 정음은 왜 〈붓으로 종이에 쓰여지기〉를 거부한 것일까? 두 가지 이유를 생각해 볼 수 있다.

하나는, 붓을 쥔 사대부가 아닌 〈백성의 에크리튀르〉를 상정했을 수 있다는 것이다.『훈민정음』해례본에서 "한자한문을 모르는 어리석은 백성들은 말하고 싶은 바가 있어도 끝내 그 마음을 말하지 못하는 이가 많다. 나는 이것을 딱하게 여겨 스물여덟 자를 만들었다. 이는 오직 사람들이 배우기 쉽고 날마다 사용함에 도움이 되도록 바라는 마음에서이다"라고 한 세종의 사상에서 그 방향을 읽을 수 있다. '어리석은 백성'이 한자한문을 모른다는 것은 붓도 필법도 모른다는 뜻이다. 역학易學의 효爻를 떠올리게 하는 그 자획이라면, '어리석은 백성'일지라도 흉내 내고 배울 수 있었을 것이다. 박병천朴炳千(1983)은, 창제기의 정음은 '쓴' 문자가 아니라 '그린' 문자였다고 말한다.

붓·종이·벼루·먹 등 문방사우文房四友로 상징되는, 문자를 문자로서 성립되게 만드는 〈쓰기〉의 수련 과정이나 기법은 '어리석은 백성'과는 너무도 거리가 멀었다. 그 수련 과정과 기법이라는 신체성身體性을 거부한다는 것은 거기에 담겨 있는 정신성精神性까지도 거부하는 일이다. 정음은, 붓을 알지 못하는 백성이 나뭇가지로 땅에 끄적이기에 결코 부적합한 문자가 아니었다.

스스로의 로지컬한 〈형태〉를 과시하는 〈게슈탈트〉의 변혁

정음이 붓의 자획을 거부하고 붓으로 쓰여지는 〈형태〉를 거부한 또 하나의 이유는 인쇄술과 관련한 문자의 의장意匠, 곧 문자의 미학을 혁신하려 한 시도에서 찾아볼 수 있을 것이다.

『훈민정음』해례본은 목판본이지만, 뒤이어 출간된『동국정운』이 활자로 인쇄되었다는 점으로 보아 정음의 창제자들은 처음부터 활자 인쇄를 염두에 두고 있었음이 분명하다. 그 후에도 한자 활자와 함께 정음 활자가 제작되었다. 정음은 타이포그래피로서의 문자 의장意匠까지도 지향하고 있었던 것이다.

참고로 후지모토 유키오藤本幸夫(2006)는 조선의 금속활자 인쇄에 대해 "정교하기 이를 데 없고 중국이나 일본은 이에 훨씬 못 미친다"고 하면서, 금속활자는 민간이 아니라 주로 관官에서 주조되었고, 그 종류가 50종 가까이에 이른다고 했다.

『훈민정음』해례본에 보이는 정음의 〈모양〉과 〈형태〉는 한자의 전서나 다른 서체와 비교해도 이미 알 수 있듯이 한국, 나아가 동양의 문자 〈형태〉사에서는 결코 도출될 수 없는 〈모양〉이며 〈형태〉이다. 그렇다면 그 〈모양〉과 〈형태〉는 명백하게 목적의식적인 것이다. 그것이 지향하는 바는 오직 한 가지뿐이다―수천 년의 동양 문자사에 자신의 〈형태〉를 각인하는 것. 정음의 〈형태〉가 한자 속에서 스스로의 존재를 당당히 과시하는 〈형태=게슈탈트〉가 되는 것.

신체성을 거부하고 정신성을 거부한 끝에, 정음은 로지컬logical 한 논리의 〈형태〉를 각인한다. 물론 이러한 논리적인 〈형태〉를 뒷받침하는 것은 바로 〈용음합자〉用音合字라는 사상임에 틀림없다. 정음은 그 등장 자체가 동양 〈게슈탈트〉 변혁의 기치旗幟였다.

로지컬한 〈지〉의 산물로서의 〈형태〉

붓에 의한 선은 정신성과 지知, 끊임없는 수련 등과 불가분의 관계에 있으며, 그 〈형태〉 역시 정신성이나 끊임없는 수련 등과 불가분의 관계에 있다. 이것이 한반도의 문자사를 관통하는 원리였다.

그러한 가운데서 한자는 마치 살아 있는 세포와 같은 존재였다. 한자의 〈형태〉 역시 살아 있는 정신성을 묻는 것이었으며, 인간의 눈과 손에 의한 수련을 묻는 것이었다. 말하자면 한자는 인간의 삶과 죽음을 묻는 〈형태〉였던 것이다.

이에 비해 정음은 그 세포를 음절이라는 분자로, 그리고 음소라는 원자로 해체하였다. 정음의 구조 자체가 그런 로지컬한 지의 산물이었다. 그리고 그러한 논리적인 지에 걸맞은, 완전히 새로운 〈형태〉가 요구된 것이다. 정음의 〈지〉는 원자原子인 자모를 조합하여 완성되는 분자구조로서, 나아가 텍스트 속에서 움직이는 동적인 분자구조로서 출현하였다. 그것은 한자의 정신성과 결별하고 정음 〈형태〉 자체에 새로운 〈지〉를 당당히 각인한 일이었다.

해례본에 보이는 정음의 〈형태〉가 지향한 것은, 눈과 손의 수련

『훈민정음』 해례본에 나타난 정음의 〈형태〉
김두식(2008:108)에서 인용

을 통해 성립된 〈형태〉가 아니라 논리적이고 언어적인 〈지〉였다. 정신성과 결별하고 신체성마저 거부하면서 〈형태〉 그 자체가 말해 주고 있는 〈미〉美, 〈아름다움〉이었다. 정음의 등장은, 완전히 새로운 미를 창조하는 〈게슈탈트〉의 변혁이었다. 해례본에 나타난 정음의 〈형태〉는 이리하여 왕희지王羲之(307~365)를 정점으로 동양을 지배하던 서예의 본질, 서예의 미학에 대한 근원적인 〈반역의 게슈탈트〉가 되었다. 산수화의 세계에 컴퓨터그래픽이 출현한 것과 같은 충격인 것이다.

3

신체성을 얻은 정음의 아름다움 〈궁체〉

다시 붓으로—『훈민정음』 언해본의 정음 〈형태〉

이처럼『훈민정음』해례본의 정음 서체는 붓 쓰기를 거부한 것이었기 때문에, 붓으로 그릴 수는 있어도 쓸 수는 없다. 사대부가 이를 쓰기 위해서는 아무래도 필법을 따르는 〈형태〉로 수정하지 않으면 안 되었다.『훈민정음』언해본에는 이미 그런 〈형태〉가 출현하고 있다. 기필起筆은 붓의 흔적을 남기고 있으며, '•'가 'ㆍ'로 변한 것은 여기에서 비롯된다.

　일상 속에서 〈쓰기〉라는 행위가 붓을 기초로 하는 이상, 정음의 〈형태〉도 이렇게 다시금 신체성을 되찾아 가는 것이다. 정음은 이후 계속 붓으로 쓰여진다. 한자의 행초서行草書에서 비롯한 영향도 발견된다. 특히 두 글자 이상을 이어서 쓰는 〈연면〉連綿의 성행은 정음을 동적인 공간으로 해방시키게 된다. 운필運筆도 훨씬 자유로워졌다. 새롭게 신체성을 갖춘 정음은 다양한 서예의 〈형태〉로 시도된다.

조선 왕조가 낳은 아름다움의 극치 ―〈궁체〉

〈형태〉는 반복을 통해 〈양식〉樣式(style)이 되었다. 신체성을 획득한 정음의 아름다움이 마침내 양식으로서 완성된다. 한층 더 대단하고 세련된 에크리튀르의 양식이자 조선 왕조가 낳은 아름다움의 정수精髓라고 할 수 있는 〈궁체〉宮體가 그것이다. 〈궁체〉라는 이름은 조선 왕조를 지탱한 여성들인 궁녀들에 의해 만들어졌다고 해서 붙여진 것이다.

『훈민정음』 언해본의 정음(왼쪽)과 궁체의 연면에 의한 'ᄉ랑'(오른쪽)

박병천朴炳千(1983)에 의하면 궁체는 17세기 후반에 나타나 제19대 임금 숙종肅宗(1661~1720, 재위 1674~1720) 대에 확립되었다. 숙종 본인이 남필男筆, 왕비인 인현왕후가 여필女筆의 대표로 일컬어졌다고 한다. 그 후 제21대 영조英祖(1694~1776, 재위 1724~1776)와 제22대 임금 정조正祖(1752~1800, 재위 1776~1800)의 시대인 18세기에는 정음 서예술의 역사가 이른바 르네상스기를 맞이했다고 할 수 있다.

궁체도 해서풍楷書風에서 연면連綿에 이르기까지 〈형태〉가 다양했다. 궁체의 〈형태〉는 어디까지나 전아典雅하다. 연면으로 나타난 동적인 운필의 미는 단정하면서도 선명하고 강렬하다.

양식으로서 완성된 〈궁체〉는 마침내 모두가 따르기에 이르렀다. 19세기에 들어서도 기교는 쇠퇴되지 않은 채 왕조의 에크리튀르

1. 궁체로 쓰여진 『남계연담』南溪演談.
2. 궁체로 쓰여진 『낙성비룡』洛城飛龍.
3. 궁체로 쓰여진 『옥루연가』玉樓宴歌.

예술의 전당 엮음(1994)에서 인용

를 계속 지배한다. 그 양식은 〈궁체 마니에리슴〉 Kung-che Maniérisme이라고 불러도 좋을 것이다. 현대에도 이철경李喆卿이나 김충현金忠顯 등은 궁체의 명필로 알려져 있다.

서예의 미학에 대한 반동으로 등장한 정음은 〈궁체〉에 이르러 서예 미학의 결정체가 된 것이다. 정음이 서예로 실현되는 구체적인 모습을 보고, 조선의 회화를 보고 시문을 보면, 정음이라는 문자가 단순히 기호론적인 문자로서만 존재하는 것이 아니라 시서화의 가장 깊은 곳을 흐르는 미의식과 불가분의 관계에 있음을 알 수 있다.

탄생 후 얼마 지나지 않아 정음이 상실했던, 정음의 로지컬한 〈반역의 게슈탈트〉는 20세기에 다시금, 이번에는 〈일상의 미美라는 게슈탈트〉로서 사람들 앞에 그 모습을 드러내게 된다.

한글로 쓴 성삼문成三問의 「충의가」忠義歌
294면에서 살펴본 작품으로, 독립운동가이자 교육자였던
남궁억南宮檍(1863~1939)의 글씨이다. 예술의 전당 엮음(1994)에서 인용

제7장

〈正音〉에서 〈한글〉로

최현배의 한국어문법서 『우리말본』(1937;1961)
제목의 글자는 궁체이다. 저자 촬영.

1

鬪爭히는 〈正音〉, 투쟁히는 〈한글〉

한글 발전의 시대구분

한국어학자 이윤재李允宰(1888~1943)는 1933년 10월 28일,『동아일보』의 지면을 통해 한글의 변천을 다음과 같은 네 개의 시대로 구분하였다.

① 정음 시대(창제기): 세종 28년(1446)부터 성종 대(1469~1494)까지 50년간

② 언문 시대(침체기): 연산군 대(1494~1506)부터 고종 30년(1893)까지 약 400년간

③ 국문 시대(부흥기): 갑오개혁 때부터 경술년(1910)까지 17년간

④ 한글 시대(정리기): 주시경의 한글운동부터 현재(1933)까지 20여 년간

최현배(1894~1970)는 '改定 正音學'(개정 정음학)이라는 한자어 부제를 단 저서『고친 한글갈』(1940;1982:340)에서, 이와 같은 시대구분에 찬의를 표했다. 이제는 여기에 ⑤한글 시대(제압기)로 1945년 이후를 덧붙일 수 있을 것이다. 현재 한반도의 에크리튀르는 기본적으로 한글이 압도하고 있다.

'갑오개혁 때부터 경술년까지 17년간'이라고 한 ③의 '국문 시대(부흥기)'는, 이른바 근대로 가는 길목이 되는 시대다. 근대 개혁의 주역이었던 유길준兪吉濬(1856~1914)은 학부대신學部大臣의 자리에 있던 1894년, 모든 법률과 명령을 국문 즉 〈정음〉으로 작성하고 여기에 한문역漢文譯을 덧붙이거나 국한문을 혼용할 것을 선언했다. 그는 이듬해인 1895년에는『서유견문』西遊見聞을 국한문 혼용체로 간행했다. 1896년에는 서재필徐載弼(1864~1951) 등에 의해 전문全文이 한글로 된『독립신문』이 간행된다. 이렇게 정음 에크리튀르는 상상을 초월하는 속도로 한반도 전체를 석권하게 된다.

〈正音〉에서 〈한글〉로

제1장 1절(37면)에서도 언급했듯이, 〈한글〉이라는 명칭은 선구적인 한국어학자였던 주시경이 근대에 들어와 명명한 것이다. 그 이전에 한글은 〈훈민정음〉, 〈정음〉 또는 〈언문〉諺文 등으로 불리고 있었다. 주시경의 사상에서는 명백하게 고유어주의가 엿보인다. 애초에 〈한글〉이라고 명칭을 바꾼 자체가 전통에 대한 공공연한 반기이기도 했다.

해방 전, 그러니까 1945년 이전에는 예를 들어 박승빈朴勝彬(1880~1943) 등의 학자들이 학회의 기관지명을『正音』이라고 짓는 등 〈정음〉이라는 호칭이 널리 쓰였다. 오늘날에는 한국에서도 한글을 〈정음〉이라는 명칭으로 부르는 사람이 거의 없다. 〈정음〉은 〈한글〉이라는 새로운 호칭, 새로운 옷을 걸치고 20세기, 21세기를 살아가게 된 것이다.

鬪爭하는 〈正音〉, 투쟁하는 〈한글〉

정음 에크리튀르는 19세기 말부터 20세기 전반의 근대 한국에서 화려하게 꽃피었다. 사전이 있고, 문법서가 있고, 신문이 있고, 잡지가 있고, 교과서가 있었다. 사상이 있고, 소설이 있고, 시가 있었다. 아마도 그렇게까지 개화하리라고는 세종 자신도 예상하지 못했을 것이다.

1933년에는 김윤경金允經, 이병기李秉岐 등 포스트-주시경학파라고 할 만한 사람들에 의해 '한글맞춤법통일안'이 공개되었다. 오늘날 남북의 정서법에 그다지 큰 차이가 없는 것은 바로 이 통일안 덕분이라고 할 수 있다. 1938년에는 10여만 개의 단어를 수록한 문세영文世榮의 『조선어사전』이 간행되었다.

500년이 지나 부활한 정음 에크리튀르 혁명을 가로막는 것은 이제 한국어 안에는 없었다. 근대를 맞아 정음이 투쟁하고 한글이 싸워야 했던 것은, 1910년 한반도를 식민지화한 제국의 언어 〈일본어〉였기 때문이다.

정음 에크리튀르는 한국어라는 언어와 한글이라는 문자의 총체를 지키고 키우는 싸움, 즉 일본어 제국주의와의 투쟁을 겪게 된다. 1919년의 3·1독립운동을 주도했던 시인 한용운韓龍雲은 '님은 갔습니다. 아아, 사랑하는 나의 님은 갔습니다'라고 잃어버린 것에

옥사한 한국어학자 이윤재李允宰(왼쪽)와 한징韓澄(오른쪽)

대해 노래했고, 시인 이상화李相和는 '지금은 남의 땅—빼앗긴 들에도 봄은 오는가'라며 신음했다.

1942년에 조선어학회 회원 16명이 기소·투옥된 조선어학회사건으로, 앞의 시대구분을 제기한 학자 이윤재도 옥사한다. 한국어 사전 편찬에 힘쓴 학자였다. 최현배 등도 1945년 해방을 맞을 때까지 옥중에서 투쟁했다. 근대 한국에서 꽃핀 정음 에크리튀르는 이처럼 장절한 투쟁을 통해서 쟁취한 것이었다.

에크리튀르란 단순히 문자를 의미하는 것이 아니다. 그것은 〈지知=앎〉과 감성의 모든 세부까지도 포함하는 것이다. 뿐만 아니라 정음 에크리튀르 혁명의 도정道程을 보고 있으면 언어와 문자, 그 길을 걷는다는 것 자체가 인간의 생명까지도 위협할 수 있다는 것을 알게 된다. 정음 에크리튀르는 그 길을 가려는 사람에게 단순히 기호론적인 세계의 사건 따위가 아니다. 때로는 사상이 되고, 사람이 살아 숨 쉬게도 하고, 종종 생生과 사死를 오가게 하는 그런 투쟁이었다.

증언하는 에크리튀르

해방 후에도 한반도 전역은 1950년부터 1953년까지 한국전쟁에 휩싸인다. 사람이 숨지고, 에크리튀르가 증언한다. 다음에 소개할 시 「목숨」은, 한국의 시인 신동집申瞳集(1924~2003)이 1954년에 발표한 시집 『서정抒情의 유형流刑』에 실린 작품이다. 이 시는 신동집 (1983)에 다시 수록되어 있다.

오늘날 당연한 듯 읽고 있는 이러한 한글 에크리튀르는, 세종과 학자들의 의지와 실천이 없었다면 어쩌면 로마자 같은 문자로 쓰여졌을지도 모른다.

목숨
신동집

목숨은 때묻었나
절반은 흙이 된 빛깔
황폐한 얼굴엔 表情(표정)이 없다

나는 무한히 살고 싶더라
너랑 살아 보고 싶더라
살아서 죽음보다 그리운 것이 되고 싶더라

億萬光年(억만광년)의 玄暗(현암)을 거쳐
나의 목숨 안에 와닿는
한 개의 별빛

우리는 아직도 砲煙(포연)의 추억 속에서
없어진 이름들을 부르고 있다
따뜻이 體溫(체온)에 젖어든 이름들

살은 者(자)는 죽은 者(자)를 證言(증언)하라
죽은 者(자)는 살은 者(자)를 告發(고발)하라
목숨의 條件(조건)은 孤獨(고독)하다

바라보면 멀리도 왔다마는
나의 뒤 저편으로
어쩌면 신명나게 바람은 불고 있다

어느 하 많은 時空(시공)이 지나
모양 없이 지워질 숨자리에
나의 白鳥(백조)는 살아서 돌아오라

남북의 단일 사전을 향해─공통의 에크리튀르를 꿈꾸며

한반도는 남북으로 분단되었다. 분단의 시간이 길어지면서 에크리
튀르도 서로 조금씩 다르게 발전하게 되었다. 오늘날 남북한 모두
40만~50만의 단어를 수록한 훌륭한 대형 사전을 보유하고 있다.
그런 가운데, 남북 양측의 학자들에 의해 남북 공통의 단일 사전을
편찬하려는 멀고도 장대한 작업이 추진되고 있다.

이 사업을 추진하고 있는 학자 중의 한 명인 서울대학교 권재일
權在─ 교수는 말한다.

남북의 단일 사전, 표기도 말도 조금씩 다른 두 개의 언어권에서 하나의 단일 사전을 완성시킨다고 해서 도대체 무슨 도움이 되겠는가라고 사람들은 생각할지도 모른다. 표기와 말이 다르기 때문에 사전으로서 쓸모가 없는 것은 아닌가라고도 한다. 그러나 나는 이렇게 생각한다. 1933년에 '한글맞춤법통일안'이 마련된

국립묘지에 잠든 주시경 선생의 묘
저자 촬영

덕분에 남북의 정서법은 오늘날 기본적으로 동일한 성격을 갖게 된 것이라고. 만약 1933년 시점에서 그 통일안이 없었다면, 남북의 정서법은 아마도 전혀 다른 모습이 되어 있었을 것이다. 그리고 서로 간의 거리도 더욱 멀어져 있었을 것임에 틀림없다. 지금 우리가 편찬하고 있는 사전도 그 통일안과 같은 성격의 것이라고 믿는다. 언젠가 남북이 통일되었을 때—남북은 꼭 통일된다—새로운 사전을 만들기 위한 하나의 기초로서 반드시 도움이 될 것이다.

2008년에 있었던 한글학회 창립 100주년 기념행사에서 맹우盟友들과 재회했을 때, 주시경 선생이 잠든 묘지로 향하는 버스 안에서 그는 조용히 말해 주었다.

다시 게슈탈트를 묻는다
근대에서 현대로

〈풀어쓰기〉에 대한 동경

근대로 접어들며 한글의 〈형태〉에 대해서도 다양한 변혁의 시도가 이루어졌다.

한글은 '밤이'pam+i가 아닌 'ㅂ ㅏ ㅁ ㅣ'pami와 같은 식으로도 쓸 수 있다. 한글을 음절 단위로 묶어서 쓰지 않고 자모를 단선적으로 나열하여 쓰는 이러한 〈풀어쓰기〉에 대해서는 제3장 5절(210면)에서도 언급하였다. 이 〈풀어쓰기〉와 동시에 가로쓰기를 하자고 한 주장은 근대에 시도된 한글 〈형태〉에 대한 변혁의 한 가지 예이다. 〈풀어쓰기〉의 제창은 주시경에게서 출발했고, 최현배 등의 학자들은 나아가 자형 그 자체에 대해서도 변경을 가하자고 제안했다.

물론 〈풀어쓰기〉 제창의 기저에는 선진 문명인 서구의 라틴문자에 대한 동경 같은 심리도 엿보인다. 또 한편으로는 인쇄술이나 문서 작성 기술에 대응해야 하는 문제가 근대화의 불가결한 과제였다. 이도 〈풀어쓰기〉 제창의 현실적인 배경이 되었다.

주시경식 〈풀어쓰기〉로 작성된 졸업
증서
조선어학과연구실朝鮮語學科研究
室 편(1991)에서 인용

　정교하기 이를 데 없는 왕조 인쇄술의 시대가 끝나고, 근대에 들어서 이미 서구식 인쇄술이 세계를 석권하고 있었다. 한글은 〈풀어쓰기〉를 하면 활자의 종류가 30자도 필요하지 않게 된다. 이에 비해 음절 단위로 묶어 쓰는 〈모아쓰기〉로는 초성자모, 중성자모, 종성자모를 조합해 하나로 주조된 활자가, 실제 쓰이는 것만 해도 2,500자에서 3,000자 가까이 필요하게 된다. 필요한 활자가 마침 하나라도 없다면 새롭게 주조해야만 하는 것이다.

타자기의 투쟁―〈쓰기〉에서 〈치기〉로

근대가 되면서 문서 작성에 서양식 타자기가 등장한다. 한글에서도 〈풀어쓰기〉 방식의 타자기라면 구조는 간단하다. 그러나 〈모아쓰기〉의 경우에는 초성, 중성의 단과 종성의 단으로, 자모 찍는 위치를 나누는 구조로 만들어야 한다.

　이 때문에 군대 등에서는 〈풀어쓰기〉가 전신용으로 사용되었다. 민간에서는 초성자모, 중성자모, 종성자모를 구분해 치는 구조의 타자기가 실용화되었다. 제2차 세계대전 후의 한국에서 타자기는 급속도로 보급된다. 당시 일본에는 가나 타이프라이터나 일문 타이프라이터가 거의 보급되어 있지 않았던 것을 생각하면, 한글 타자기의 보급 속도는 일본과 대조적이다. 안과 의사였던 공병우公炳禹(1907~1995)가 1949년에 개발한 타자기가 최초로 실용화된 한글 타자기로 알려져 있다. 공병우는 1969년에 한글·영문 겸용 타자기도 개발했다.

타자기의 실용화 과정에서 자판 배열이 문제가 되었다. 영문에서는 현재 QWERTY 배열의 계통이 압도적인데, 이전의 역사를 보면 몇 가지 시도가 있었다. 한국에서도 타자기 자체의 개발과 함께 몇 가지 자판 배열안이 제기되어 공개 타건打鍵 경쟁을 벌이기도 했다.

컴퓨터의 등장—새로운 시대의 〈용음합자〉와 〈형태〉

〈풀어쓰기〉와 한글 타자기, 자판 배열을 둘러싼 문제는 1980년대에서 1990년대를 거치며 극적으로 해결된다. 한글 워드프로세서 전용 기기의 짧은 시대를 거쳐, 한국에서 퍼스널 컴퓨터가 폭발적으로 보급되었기 때문이다.

컴퓨터에서는 〈풀어쓰기〉냐 〈모아쓰기〉냐 하는 문제, 자판 배열의 문제 등이 소프트웨어상의 처리만으로 간단히 해결된다. 한글의 입력은 자모를 치면 그 자모를 자동으로 음절 단위로 조합해 출력해 주는 시스템으로 되어 있다. 〈풀어쓰기〉 방식으로 치면 자동으로 〈모아쓰기〉 형태로 만들어 주는 것이다. 컴퓨터는 그야말로 한글을 위해 나타난 것이나 마찬가지였다.

필기 입력도, 음성 입력도, 맹렬한 기세로 발달하고 있다. 〈풀어쓰기〉와 〈모아쓰기〉 간의 변환도 프로그램을 움직이기만 하면 된다. 한글-로마자 간의 상호 변환도 어렵지 않다. 어렵기는커녕 일

본어의 가나-한자 변
환처럼 한글-한자 변
환도 당연한 듯이 이루
어지고 있다. 타자기처
럼 글자 키를 누를 때
에 암arm이 서로 엉키
는 등의 사태는 상상조
차 할 수 없는 시대가
된 것이다.

컴퓨터상에서 한글
을 다루는 문제와 관련
해서, 재일 조선인 및

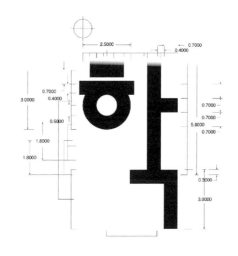

현대 디자이너 안상수安尙秀(1952~)에 의한 한글 타이포
그래피(1985) ⓒahn graphics

한국인 기업가가 이끄는 일본의 고덴샤高電社 등의 IT 기업이 선구
적인 역할을 했다는 것은 기록할 만하다. 일본 전기 NEC가 만들
어 일본을 석권한 컴퓨터인 9801 시리즈에서 고덴샤는 일본어 쓰
기와 한글 쓰기를 혼용할 수 있는 소프트웨어를 개발한 것이다. 아
직 사람들이 컴퓨터의 OS(operating system)라는 것에 대해 잘 모르던,
그리고 이제는 그 이름조차 잊혀져 가고 있는 초기 OS인 CP/M과
MS-DOS가 치열한 경쟁을 벌이고 있던 시절의 이야기이다. 그 후
마이크로소프트Microsoft의 MS-DOS가 승리를 거두고, 뒤를 이어
등장한 OS인 윈도(Windows)가 세계를 제패하게 된다.

일본의 NEC가 만든 컴퓨터에 내장되어 있던, i386이라 불리는
CPU(중앙연산장치)는 미국 인텔Intel사의 것이었다. 그 칩을 빼서 뒤집
어 보면 놀랍게도 'made in Korea'라는 글자가 새겨져 있다. 한국
이 만든 제품으로 미국과 일본이 돈을 번다. 아아, 이것이 세계 산
업의 지배 구조인가 하고 탄식했던 것도 잠깐, IT 산업은 한국이

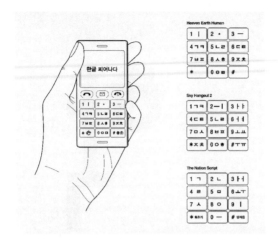

휴대전화의 한글 입력
오른쪽 위가 '천지인'식 자모 조합. 「훈민정음」 방식이 반영되어 있다. 「훈민정음」의 가획加劃 원리도 살아 있다. 'ㅅ'에 '가획' 단추를 누르면 'ㅈ', 'ㅊ'이 나타난다. 한글학회 주관(2008:59)에서 인용

세계에 자랑하는 주력 산업이 되었고, 한국은 일본을 뛰어넘은 인터넷 선진국이라 불리게 되었다.

한글 워드프로세서 소프트웨어인 '호글'='아래아 한글'은, 한국의 국어학에서는 일종의 업계 표준(defact standard)이 되었고, 학술 논문이나 출판물은 대부분 이를 기반으로 작성하게 되었다. 이 소프트웨어는 한글뿐 아니라 구결까지도 다룰 수 있는 것이다. 일본의 경우로 말하자면, 문서 작성 소프트웨어가 변체變體 가나*를 다룰 수 있는 것과 같은 일이다.

다언어를 동일한 코드로 다루는 유니코드Unicode라는 규격의 보급은, 한글과 컴퓨터와 인터넷의 친화성을 더욱 가속화했다. 지중해에서부터 동방에 이르는 모든 문자와 함께 한글은 그 모습을 지구상에 드러내고 있다.

---

* 변체 가나란 1900년의 소학교령 시행규칙 개정 이후 학교교육에서는 사용되지 않고 있는 히라가나의 총칭이다. 현재는 간판이나 서예 작품 등에서만 볼 수 있다. '이체異體 가나'라고도 한다.

3

비상하는 21세기 한글

세계를 주름잡는 한국어와 한글

2000년대 이후 '네트우익'이라는 말로 상징되듯이 일본어권에서는 민족배외주의民族拜外主義가 팽배해 있다.

반면, 2003년부터 방영된 한국 드라마 『겨울연가』로 대표되는 왕성한 한류 붐도 2000년대 이후의 큰 특징이다. 『겨울연가』의 일본어 타이틀 『冬のソナタ』huyunosonata를 축약한 '후유소나'라는 호칭이 일상어가 될 정도였다.

그런 가운데, 2010년 이후 한글과 한국어를 둘러싼 양상은 크게 변화했다. 무엇보다 인터넷상에서 한글의 존재감이 점차 강해져 해외로 확산되기 시작했다. 그 배경에는 한국의 경제적 비중 확대도 있지만, 직접적인 요인은 한국어권 문화에 대한 세계적 공감이라고 볼 수 있다.

2013년에 등장한 BTS(방탄소년단)로 상징되는 K-POP을 비롯한 한국 대중음악의 해외 진출은 실로 경이적이다. 영어 가사가 당연시되던 '빌보드' 등의 음악 차트에 한국 아티스트들이 등장했다. 한국어 가사가 동영상과 함께 인터넷을 누빈다. 유튜브 등에 실린 영상 속 혹은 영상 밖의 가사는 로마지로도, 한글로도 쓰여 있다.

아시아권에서 시작된 한국 드라마의 인기나 한국 영화에 대한 국제적 평가도 결정적인 역할을 하고 있다. 그 안에서 그려지는 한국의 거리 풍경이나 학교의 교실 그리고 등장인물들의 이름을 소개하는 장면에서도, 한글은 도처에 등장한다. 읽지는 못한다 해도 한글이라는 문자의 존재가 점차 알려지게 되는 것이다. 그것은 예를 들어 일본어권에서 아랍문자에 대해 읽을 수는 없어도 형태를 보고 그것이 아랍문자라는 것은 인지할 수 있는 것과 같은, 아니 그 이상의 존재감이다.

일본에서는 '제N차 한류 붐'이라는 표현이 있어 벌써 제3차를 지나 제4차에 이르고 있다. 대학의 한국어 수업에서는 "어린 시절 어머니가 『겨울연가』를 볼 때 옆에서 함께 봤다. 나는 손위 남자 형제를 '오빠'라고 불렀고, 그 오빠는 나를 한국어식으로 '○○야~'라고 부르곤 했다"는 식의 일화를 전하는 일본어 모어화자가 적지 않게 되었다. 어린 오누이를 바라보며 기특하다는 듯 미소 짓는 어머니의 모습이 상상되지 않는가.

중고등학교 시절 한국어를 독학으로 익혔다는 학생들도 많다.

20세기의 소년소녀들, 청년들은 비틀스를 영국의 그룹이라고 여기지 않았다. 자신들의 시대를 함께하는 그룹으로서 그들의 음악을 즐겼다. 가사의 뜻을 이해하는지 못하는지는 중요하지 않았다. 그 언어 자체에 반했기 때문이다. 영어라는 언어는 결과적으로 매우 자연스럽게 그 음악과 함께 전해졌다. 마찬가지로 21세기인 오늘날, 소년소녀들은 예컨대 BTS를 한국의 그룹으로서가 아니라 자신들의 시대에 일상 속에서 함께 숨 쉬는 그룹으로서 그들의 음악을 들고 춤을 춘다. 한국어도 한글도 결과적으로 극히 자연스럽게 함께 존재한다. 그리고 소년소녀들은 생각한다. 한국어로 대화하고 싶다고.

일본어권에서는 놀랍게도 동시대의 한국문학작품들이 잇따라 번역되어 독자들의 주목을 받고 베스트셀러로 등극했다. 에세이 등에 대한 인기도 높다.

현대 한국문학 번역 시리즈인 '새로운 한국문학'의 제1권으로 작가 한강韓江의 단편집 『채식주의자』가 출판사 쿠온에서 간행된 것은 2011년의 일이다. 작가도 작품도 간행 연도도 상징적이다. 이를 발단으로 2010년대 이후로는 한국문학, 특히 여성 작가의 작품군이 일본어권에서 매우 자연스럽게 공유되는 시대가 되었다. 이 시리즈도 벌써 23권째를 맞았고, 여러 출판사들이 각자의 방식으로 한국문학 확산에 힘쓰고 있다.

일본어권에서 대중화된 한국어 공부

일본어권에서는 1993년 이래 재일 한글능력검정협회 주최 한글능력검정시험이 실시되고 있다. 지금까지 55회, 누적 인원 46만 명이 응시했다고 한다.

한국 측에 의한 능력시험도 다수 개발되었는데, 1997년에 시작된 한국어능력시험(TOPIK)이 현재는 세계 70개 이상의 국가에서 실시되고 있다.

2019년 일본의 문부과학성 조사에 의하면, 조사 대상인 677개 일본 대학 중 342개 교에서 누적 인원 1만 1,265명이 한국어 과목을 이수하였다. K-POP(혹은 한국 드라마) 등을 통한 독학까지 포함하면 매년 수만 명이 한국어 공부를 시작하고 있는 셈이다.

일본방송협회(NHK)는 1984년에 '한글 강좌'라는 명칭으로 TV와 라디오에서 한국어 강좌를 시작했다. 우메나 히로유키梅田博之와 오에 다카오大江孝男라는 저명한 학자들이 강사를 맡은 진지한 강좌였다.

2005년에 김진아가 강사를, 노마 히데키가 감수를 맡은 TV 강좌에서는, 월간 발행되는 교재가 처음으로 2색으로 인쇄되었고 100면이 넘는 분량을 자랑했다. 그 4월호는 22만 부 이상 판매 기록의 쾌거를 이루었다. 당연한 이야기지만, TV 강좌의 시청자 모두가 교재를 구매하지는 않는다. 오히려 교재로 공부하는 사람의 수가 더 적었을 것이다. 당시에 정확한 수치를 조사하거나 공개하지는 않았으나, NHK에서는 교재 판매 부수의 4, 5배 정도의 사람들이 이 프로그램을 시청했을 것으로 추정했다. 거칠게 말하자면, 전후 유행했던 슬로건인 〈영어 학습 백만 명 시대〉가 아닌 〈한국어 학습 백만 명 시대〉가 된 것이다.

2010년대에 출판 자체는 하향 곡선을 그렸지만, 한국어 학습서에 대해서는 주목할 일이 있다. 하나의 중요한 지표를 들어 보자. 음원이 포함된 본격적인 학습 잡지 『한국어학습저널 hana』가 2014년부터 출판사 HANA에서 출간되고 있다. 이 출판사에 따르면, 창간호는 실질 판매 1만 6,000부, 최근에는 매 호 6,000부 정도의 실적을 보이고 있다. 현재까지 40호가 발행되었다. 주목할 만한 점은, 이 잡지가 학습 인구가 몰려 있는 입문용이 아니라 엄연한 중급 혹은 그 비슷한 수준의 학습자를 대상으로 하고 있다는 것이다. 일본어권에서 1,500엔 상당의 가격에 본격적인 중급용 학습 잡지를 매 호 6,000명이 꾸준히 구입한다는 것은, 일반 신서 중에서도 어느 정도 베스트셀러가 아닌 이상 좀처럼 쉽지 않은 수치일 것이다.

학습서 관련 조사에서는, A사는 80종 정도, B사는 50종 정도가 현재 간행 중이라고 한다. 이것만으로도 놀라운 일이다. B사에서는 TOPIK 시험 대비 학습서가 9쇄, 3만 부를 기록했다고 한다. 서장에서도 언급했듯이, 아마존Amazon에서 '한국어 입문'으로 검색하면 1,000건 이상, '한글 입문'으로도 200건 이상의 결과가 나오고, '한국어'만 넣으면 품절이나 절판도 다수 포함되지만 무려 3만 건 이상이 검색된다. 2000년대에 간행된 저자 본인의 단어집도 누계 10만 부 가까이 판매되었고, 2010년에 간행된 바로 이 책 『한글의 탄생』의 신서판은 3만 부 이상을 기록했다.

한편, 2005년 이전에 서적이 담당하던 상당 부분을 2006년 이후에는 동영상이 가져가게 되었다. 유튜브Youtube의 등장이 그 기폭제이다. 언어 학습에서도 마찬가지여서 현재 한국어 학습을 위한 동영상은 방대한 수에 이른다. 구글Google에서 '한국어 입문 유튜브'를 검색하면 동영상만도 41만 6,000개가 나온다. 유튜브 내에서 '한국어 입문'을 검색해 보면, 100만이 넘는 조회 수를 자랑하는 동영상도 적지 않다. 조회수가 수만 건 정도인 동영상은 일일이 세기도 힘들 정도로 많다.

단, 학습 교재라는 관점에서 본 동영상의 질은 어처구니없을 정도로 엉터리인 것도 많지만, 시청하는 사람들의 배우고자 하는 열망은 그들의 조회 수가 말해 주고 있다.

20세기에는 다수의 한국어 학습자들이 '한국어를 대체 왜 배우는데?'라며 기이한 사람 취급을 받았다. 21세기 현재, 이른바 '네트우익'과 같은 부류라면 모를까 그런 질문을 하는 사람은 드물 것이다.

연도에 따라 차이는 있지만, 적어도 일본어권에서 한국어에 대한 관심은 이제 누구도 부인할 수 없는 거대한 흐름이 되었고, 그

흐름은 틀림없이 거세지고 있다. 민족배외주의가 아무리 극성을 부려도 사람들의 배움에 대한 열정은 더 이상 막을 수 없는 것이다.

IT 혁명은 한글을 위한 필드

IT 혁명은 라틴문자를 쓰는 영어가 사실상 견인해 왔다. 키보드를 보면 그 점은 분명하다. 이런 IT 혁명에 대한 친화성이라는 점에서도 한글은 다음과 같은 이유로 유리한 문자 체계였다.

첫째, 한글 타자기로 발전시켜 온 문자 입력 방식이 로마자 입력 원리와 일치하여 용이했다. 둘째, 한자를 섞어 쓰지 않는 한글 전용 표기가 주류가 되어, 일본어와 같은 가나·한자 변환의 프로세스를 반드시 필요로 하지 않았다. 셋째, 한글은 세로쓰기와 가로쓰기 모두가 가능한데, 뒤에 설명하겠지만, 왼쪽부터 시작해 가로로 쓰는 좌횡서左橫書가 주류였기 때문에 좌횡서가 주도하는 IT 혁명에 적합했다. 넷째, 기본적으로 어절마다 띄어쓰기가 확립되어 있었다. 다섯째, 한글의 출력은 표음적이면서 반쯤 표어적인 성격도 띠고 있는 시스템이지만, 입력은 표음적인 시스템이었기 때문에 음성과 문자의 상호 변환이 문자로서는 비교적 쉬운 편이고, 〈말해진 언어〉와 〈쓰여진 언어〉의 상호 변환의 가능성도 크게 열려 있었다.

말뭉치 언어학의 진전과 새로운 사전류의 등장

20세기 후반에는 언어 자료를 대량으로 수집하여 언어 데이터로 활용하는 일이 영어권에서 시작되었다. 수집한 언어 자료체를 말뭉치

(코퍼스corpus)라 하며, 말뭉치에 의거한 언어학을 말뭉치 언어학 또는 코퍼스 언어학이라 부른다. 자료 집합체는 영어로 '○○ Corpus'라는 식으로 부르며 여러 말뭉치를 묶어서 가리킬 때는 복수형으로, 예컨대 'English corpora' 등과 같이 부른다. 초창기에 미국 브라운대학의 '브라운 말뭉치'(Brown Corpus)는 100만 어절를 보유한 영어 말뭉치였다. 1964년에 완성되었다. 참고로, 한국의 문예평론가 백낙청白樂晴은 이 대학 출신이다.

말뭉치 언어학은 언어 사실주의적인 발상에 기인하기 때문에 미국의 주지주의적·이론주의적 생성문법의 융성 등과도 어긋난 때문인지, 그 후 미국보다 오히려 경험주의적인 전통이 강한 영국 등 유럽에서 발전했다. 영국의 랭카스터대학, 옥스퍼드대학 등이 진행한 The British National Corpus(BNC)는 1994년에 완성되었다. 1억 어절의 영국 영어를 보유하고 있다.

북한에서는 1992년에 이미 전 2권, 33만 어절의 사회과학원 언어학연구소 편 『조선말대사전』이 간행되었다. 북한 최대의 사전이다. 이 사전은 약 105만 어절로 이루어진 언어 말뭉치에 대한 단어의 출현 빈도를 표시했다는 점에서 말뭉치 언어학과 관련해 주목을 받고 있다. 말뭉치를 이용한 최초의 한국어 사전이라고 할 수 있다. 더욱이 기본 어휘의 음의 고저까지 표시하고 있어 현대 한국어의 새로운 시도로 평가된다.

한국에서도 1980년대 말부터 말뭉치 구축이 시작되었다. 김석득金錫得·남기심南基心·김하수金河守·서상규徐尙揆 등 우수한 학자가 있는 연세대학교에서는, 1960년대 이후의 소설 등을 대상으로 4,200만 어절을 수록한 '연세 한국어 말뭉치'가 구축되었다. 이를 필두로 1990년대 이후 한국에서는 말뭉치 언어학이 극적인 발전을 이룬다.

연세 말뭉치를 이용해 연세대 언어정보개발연구원 편『연세한국어사전』(두산동아)이 1998년 편찬·간행되었다. 표제어 약 5만 개는 출현 빈도로 선정되어 있어 〈사전에는 있지만 실제로는 사용되지 않는〉 현상이 없어졌다. 〈여기 실린 단어와 용법은 안심하고 사용할 수 있는 사전〉이 처음으로 탄생한 것이다. 용법이나 의미 기술에도 언어 사실주의적인 다양한 고민이 엿보인다. 기존의 사전을 바탕으로 만든 것이 아니라, 말뭉치에 입각한 언어 사실의 검토를 통해 만들어진 한국 최초의 한국어 사전이다. 해외에서 이루어지는 한국어 교육 등에도 크나큰 공헌을 할 사전이 되었다.

1995년에는 고려대학교 민족문화연구소에서도 1,000만 어절의 말뭉치가 구축되었다. 한국 국립국어원에서는 1992년부터 말뭉치를 구축해 1999년에는 7,300면, 50만 어절을 보유한『표준국어대사전』(두산동아)을 만들었다. 고어, 방언, 남한과 다른 북한의 어휘도 수록하고 있는, 문자 그대로 최대 규모의 사전이다. 현재는 웹으로 공개되어 조금씩 개정 증보되고 있다.

기본적인 어휘일수록 다양한 의미로 사용되는 것은 한국어도 마찬가지다. 서상규의『한국어 기본어휘 의미빈도 사전』(2014)은, 기본 어휘에 대해 각각 어떤 뜻으로 사용되었는지를 100만 어절 내에서의 출현 빈도라는 형태로 가시화하여 기술한 획기적인 사전이 되었다. 의미라는 것은 사람이 판단하는 일이기에, 의미와 관련된 일이 프로그램을 짜서 만든다고 완성될 리 만무하다. 이 사전도 1998년부터 작업을 시작해 완성까지 10년 이상 걸렸다고 서문에서 토로하고 있다. 서상규 등 연세대 연구자들을 중심으로 한 말뭉치 언어학의 다양한 관점에서 이룬 성과는 이미 30권 가까운 단행본으로도 공개되어 있다.

언어학적인 관점에서 살펴보면, 한글 전용이라는 점과 어절 사

이의 띄어쓰기가 정착되어 있던 점이 말뭉치 구축에 있어 압도적으로 유리한 조건이 되었다. 이는 일본어 표기법과 비교해 보면 분명해진다. 일본어의 경우 한자 표기 문제가 가로막고 있다. '가다'의 표기만 해도 '行く', 'いく', 'ゆく' 등등 다양하다. 또한 띄어쓰기를 하지 않기 때문에 어디부터 어디까지를 한 단어로 분절할지를 기계가 판단해야 한다. 이 과정을 형태소 분석이라 부른다. 형태소 분석 그 자체는 매우 흥미로운 문제이고, 문제를 해결하며 얻는 수확도 여러모로 많지만, 이 형태소 분석의 단계를 거쳐야만 한다는 것이 일본어 말뭉치 언어학에서는 항상 골치 아픈 난제인 것이다.

국립국어원과 거대한 열린 사전들

한국의 연구 행정면에서도 특기할 만한 점이 하나 있다. 그것은 국립국어원이라는 기관의 공헌에 관한 것이다.

1990년, 문화부 소속 기관으로 국립국어연구원이 설치되었다. 원장은 한국어사의 권위자인 서울대학교 안병희安秉禧 교수였다. 2004년부터 명칭이 국립국어원으로 바뀌었다. 국어의 발전과 국민의 언어생활 향상을 위한 사업 추진, 연구 활동의 관장을 목표로 하는 기관이다. 1984년의 국어연구소를 모체로 한 것이었다.

전술한 국어연구원 말뭉치 구축과 『표준국어대사전』의 편찬은 그 첫 번째 큰 성과였다.

국어원의 '가나다전화', '온라인가나다'에서는 정서법이나 표준어 규정, 어법 등 한국어에 대한 일반인들의 질문에 답해 주고 있다. 또, 1998년부터 '21세기 세종 계획'이라는 명칭으로 거대한 언어 말뭉치 구축 등을 핵심으로 하는 한국어 정보화 사업을 추진하고 있다.

특히 다양한 규범집의 공개 등 인터넷상의 여러 사업, 그중에서도 다음과 같은 네 종의 방대한 사전군의 구축과 공개는 비교적 짧은 기간에 완성된 언어 관련 국가적 사업으로서 경탄할 만하다.

(a) 규범적인 사전으로서 『표준국어대사전』
(b) 누구나 편찬에 참여할 수 있도록 일반에 공개된 사전인 『우리말샘』
(c) 영어, 일어, 중국어, 프랑스어, 스페인어, 러시아어, 아랍어, 인도네시아어, 몽골어, 베트남어, 타이어 등 11개 언어로 뜻을 확인할 수 있는 한국어 기초어휘 사전인 『한국어기초사전』
(d) 동영상을 활용한 『한국수어사전』

(a)에 대해서는 앞서 설명했다. 고어, 인명과 지명 등 고유명사도 포함하고 있다.

(b)는 고어, 방언, 신조어, 유행어, 속어, 고유명사까지도 싣고 있다. 일반인들이 제기하고 국어원이 감수하여 공개하는 독특한 방식을 취하고 있다. 그야말로 〈열린 사전〉이다. 이 사전에는 (a)에도 없는 유행어, 속어도 놀라울 만큼 풍부하게 포함되어 있다. 『우리말샘』이라는 이름도 공모를 거쳐 결정되었다. '샘'은, '물이 솟는 곳'이라는 뜻 외에 '선생님'을 가리키는 속어로도 널리 쓰이는 단어라서 그 중의적인 쓰임이 얄미울 정도로 재치 있다.

(c)는 비모어화자를 대상으로 한 학습 사전이다. 간결한 용례와 11개 언어의 대역어를 알려 준다.

(d)의 수어사전은 한글로 검색이 가능한 데다 '일상생활 수어', '전문용어 수어' 등 하위 분류에서 분야별로 검색할 수 있도록 구성되어 있다.

모두 고유어·한자어·외래어·혼종어 등 어종별로 검색하거나, 단어의 음절 수=글자 수를 한정하여 검색하거나, 삽화나 동영상 등 시각적인 항목을 검색하거나, 일반 PC나 스마트폰 등에서는 어려운 옛 한글도 입력할 수 있는 등 매우 친절한 검색 방법을 다양하게 제공하고 있다. 물론 한자어에는 한자가 병기되어 있다. 요컨대 국어원 사이트만으로도 한국어에 대한 웬만한 사항은 다 찾아볼 수 있는 것이다.

(a)는 2002년에 공개, 2008년에 개정되었고, (b)(c)(d)는 2016년에 공개되었다. https://www.korean.go.kr/

한국국제교류재단, 한국문학번역원, 한국문화원 그리고 국립한글박물관—국가적 지원

외교부 산하 한국국제교류재단(Korea Foundation)이 1991년에 설립되어 해외와의 문화적 교류 사업, 해외의 한국문화연구 지원, 한국문화 관련 서적의 해외 출판 지원 등을 추진해 오고 있으며, 일본어권에서도 연구나 출판에 큰 지원을 하고 있다. 출판 지원은 해외에서의 주체적인 기획 출판에 대해 이루어진다.

2005년에는 문화체육관광부 소관 한국문학번역원(Literature Translation Institute of Korea)이 설립되었다. 이 기관은 국제교류재단과는 달리 한국문학의 타 언어 번역 출판 지원이 중심 사업이고, 만화·영화 등도 포함한 번역가의 양성, 문학가들의 교류 지원 등도 실시하고 있다. 전신前身 (재)한국문학번역금고 시절인 2001년부터 2019년까지 38개 언어 1,714점의 번역 출판을 지원했다.

또 해외 32개국(2018년 기준)에서 한국문화원(Korean Cultural Center)은 한국 문화 보급 활동의 중요한 근거지가 되고 있다. 문화체육관광부 계열의 기관이다. 일본에서도 도쿄의 한국문화원은 시설도 잘 갖추어져 있고 전시회나 영화 상영회, 스피치 대회와 같은 각종 이벤트 등 문화 교류의 허브 및 발신지가 되고 있다.

공적인 기관으로 세종학당재단(King Sejong Institute Foundation)이 54개국(2015년 기준)에 개설한 세종학당이 있다. 사업은 한국어 교육, 한국 문화 교육을 중심으로 진행된다.

이처럼 잠깐 훑어도 알 수 있듯이 한국의 공적 기관이 한글이나 한국어의 해외에서의 연구, 보급에 있어 중요한 역할을 맡고 있다. 그간의 꾸준한 출판 지원이 없었다면 2020년경의 한국문학 붐과 같은 현상은 없었을 것이다. 학술적, 문화적인 교류에 대한 공헌도 지대했다.

2014년 10월, 서울 용산구에 있는 국립중앙박물관 옆에 국립한글박물관이 개관한 것도 한 시대의 상징적인 사건이다. 일본으로 치자면, 국립가나박물관, 국립문자박물관이라 칭할 만한 문자의 박물관을 국가가 나서서 만든 셈이다. 지하 1층, 지상 3층의 건축물로 지어졌다. 역시 문화체육관광부 소속이다. 언어적·예술적·역사적인 관점은 물론 현대 타이포그래피나 디자인 등의 관점에서도, 한글과 관련된 각종 기획전, 수집, 연구, 학술 교류, 홍보 등을 주관하고 있는데, 이곳에서 간행되는 도록에는 귀중한 자료가 많다.

일본의 공익재단법인인 일한문화교류기금(The Japan-Korea Cultural Foundation)의 공헌과, 재일 한국인들의 활동으로 2012년부터 공익재단법인이 된 한창우·철韓昌祐·哲문화재단(Han Chang-Woo·Tetsu Cultural

Foundation)의 문화적인 연구나 활동 지원, 그리고 대학생·고교생에 대학 장학, 육영사업을 담당하는 공익재단법인 조선장학회(The Korean Scholarship Foundation)의 활동도 특기해 두겠다.

자신의 언어를 지켜 내기 위한 싸움—일본의 조선학교

언어를 지키고 살려 낸다는 관점에서 일본의 조선학교가 가지는 의의는 아무리 강조해도 지나치지 않다. 우리가 배워야 할 점이 여기에 있다.

1945년 8월 해방 후, 폐허가 된 일본에서 〈국어강습소〉라는 형태로 사비를 들여 민족어 교육이 시작되었다. 각지에 유치반, 초급 학교, 중급 학교, 고급 학교를 열었고, 다른 한편으로 조선사범학교를 만들었는데 이를 모체로 1956년에는 2년제 조선대학교가 설립되었다. 조선대학교는 1958년에 4년제가 되었다. 현재, 도쿄 고다이라小平시에 위치해 있다. 조선사범학교에서 조선대학교에 이르는 과정에서, 모어화자인 교원들과 함께 훗날 1980년대, 1990년대의 일본어학을 견인하게 되는 언어학자 오쿠다 야스오奧田靖雄(1919~2002)가 교편을 잡았던 일은 잘 알려져 있지 않다.

이런 과정에서 1994년에는 여학생의 교복인 '치마저고리'가 훼손되는 사건이 일본 각지에서 일어나, '치마저고리'를 입고 통학하는 일이 꺼려지게 되었다. 생각해 보라. 일본에서는 놀랍게도 중고등학생들이 자기 민족의 전통 의복조차 마음 놓고 입을 수 없게 된 것이다.

2009년에는 교토 조선초급학교의 초등학생들 앞에서 민족배외주의를 앞세운 어른들이 차별적인 언행을 퍼부으며 정치 선동을 벌인 사건도 있었다.

한편, 2010년대에 있었던 일본의 고교 수업료 무상화 방침에서는, 행정 권력에 의해 조선고교가 그 대상에서 제외되었고 사법 권력마저 이를 인정하는 등 일본 사법사에 수치로 남을 사태가 발생했다. 대부분의 언론은 이에 대한 비판도 하지 못했다. 이렇듯 학생들은 여전히 공공연한 차별과 억압의 한가운데에 놓여 있다. 아니, 이 문장은 수동형이 아닌 능동형으로 표현해야겠다. 일본에서는 국가권력을 필두로 우리 모두가 일제히 달려들어 조선학교의 아이들을 차별하고 짓밟고 있다. 한글이라는 문자의 현재는 이처럼 차별과 억압에 항거하는 숭고한 투쟁이 쌓아 올린 것이다.

이 책 제1장 3절 49면에서도 강조했듯이, 언어는 그리고 언어 교육은 개인이 가진 고유의 소유물로서 무조건적으로 존중받아야 할 권리이다. 언어 그리고 언어 교육은 이 점에서 사람이 사람으로 살아갈 수 있는 근간에 관여한다. 이 책의 이러한 기술에 수긍할 수 없는 사람이 있다면 한번 상상해 보라. 다른 언어권에서 일본어를 배우는 아이들 앞에 확성기를 든 어른들이 나타나 '스파이의 자식들'이라고 고함치는 모습을, 혹은 일본의 전통 의상인 유카타를 입고 축제에 나들이 나간 소녀들이 옷이 찢기는 수모를 당하는 모습을. 그리고 예를 들어 일본이라는 나라의 총리나 정치 상황에 대한 불만 등이 이유라 해도, 세계 어디서건, 민족을 불문하고, 일본어를 배우고자 하는 아이들의 학습 권리는 절대로 억압 받아서는 안 된다. 이렇게 입장을 바꿔 보면 어린아이라도 알 수 있다. 정치를 이유로 교육을 억압하는, 〈교육=배움〉과 정치를 구별도 못하는 행정이나 사법 그리고 물론 입법도, 우리가 나서서 즉각 바꿔야 한다.

다시 한 번 강조한다. 언어와 언어 교육은 결코 빼앗을 수 없는 것이다.

한글을 둘러싼 IT, ICT 시대의 초서지학=초문자론

종이책 시대에 서지학(bibliography)이 탄생했다. 일본에 현손하는 조선의 책에 대한 후지모토 유키오藤本幸夫(2006, 2018) 등의 위업은 말 그대로 전인미답이며, 서지학의 상징이다.

이러한 서지학은 문자의 신체에 관한 학문이며, 〈문자로 쓰여진 언어〉의 언어장을 이해하려는 학문이기도 하다. 바꿔 말하면, 서지학이란 〈쓰여진 언어〉가 어떻게 존재하는가라는 언어존재론적인 질문에서 언어장을 탐색하는 작업의 결정적 핵심이 되는 학문이다.

그렇다면 전자서적 시대에 서지학은 이제 붕괴되는 걸까? IT(Information Technology=정보기술), ICT(Information and Communication Technology=정보통신기술) 시대에는 그저 향수 어린 〈고고학으로서의 서지학〉으로 전락하는 걸까? 그렇지 않다. 종이책을 다루는 서지학과 동시에, IT·ICT 시대에 걸맞은 전혀 새로운 서지학이 요청된다. IT 시대 문자의 신체나 〈쓰여진 언어〉의 언어장을 탐색하는 서지학이. 즉, 종이책을 대상으로 하는 서지학에 IT를 대상으로 하는 서지학이 합해질 뿐 아니라, 그들을 통합하여 새로운 위상을 세우는 서지학이 필요한 것이다. 단순히 종이라는 대상이 전자라는 대상으로 바뀌는 것은 아니다. 애초에 종이에도 전자에도 어떻게 문자라는 것이 존재할 수 있는가라는 근본적인 질문으로 다시 돌아가는 서지학이 요구된다. 그런 학문을 〈IT 서지학〉, 〈ICT 서지학〉이라고 불러야 할까? 아니, 그런 진부한 이름으로는 본질을 나타낼 수 없다. 그래서는 전통적인 서지학의 중요한 결정체가 빠져나가고 만다. 전통적인 서지학이 갈고닦아 온 지혜에 새로운 대상을 더하기만 하는 게 아니라 그것들을 총괄하고 지양止揚할 수 있는, 보다 깊은 시야를 가져야 한다. 〈초서지학〉超書誌學(hyper-bibliography) 정도는 되어야 제대로 된 명칭일 것이다. 이는 문자가 그 몸을 의탁할 신체의 측면에서 붙인 명칭이고, 문사의 기능이라는 측면에서는 〈초문자론〉超文字論(hyper-grammatology)이 될 것이다. 단, 문자론은 본래 문자의 본질이나 기능을 문제로 삼는 분야이므로, 군이 '초'超를 붙일 필요는 없겠지만, 새로운 시좌를 강조할 때만 사용하면 좋겠다.

이런 〈초서지학〉, 〈초문자론〉이 새롭게 추가하여 다룰 대상은, 현 단계에서는 보통 IT, ICT의, 특히 공학적인 하위 분야로서 다루어지고 있다. 주요 대상이 컴퓨터와 네트워크에 관한 사안이기 때문이다.

우리가 지금까지 보아 온 것은, 한글이라는 문자 체계를 둘러싼 문제들이었다. 요컨대 인간 세상에 문자가 탄생한다는 것은 어떤 일인가, 〈쓰여진 언어〉가 살아 숨 쉰다는 것은 어떤 일인가와 같은 질문을 해 온 것이다. 그러한 물음으로서 현대의 한글 또는 문자의 모습에 대해 질문하는 것이야말로 앞으로 〈초서지학〉, 〈초문자론〉이 해야 할 일이다. 기존 학문의 틀에서 말하자면, IT 공학 등에서 다루어졌던 문자나 〈쓰여진 언어〉를 둘러싼 문제들을 언어학적인, 나아가 언어존재론적인 시좌에서 종합적으로 재조명하는 작업이 된다.

폰트나 타이포그래피, 문자 코드, 출판, 전자서적, 〈말해진 언어〉와 〈쓰여진 언어〉의 상호 침투와 상호 전환, 인간과 문자 간의 인터페이스, 입력＝번역＝저장＝복제＝전송＝반복＝확산 등의 과정이 순식간에 수행되는 현대의 〈쓰여진 언어〉 등등 다루어야 할 분야는 광범위하지만, 〈쓰여진 언어〉와 그것을 담당하는 문자라는 관점에서는 기존 서지학도 끌어안으면서 하나의 사고 대상으로서 크게 통합할 수 있다.

예를 들어, 사람이 〈쓴다〉는 행위는 갑골이나 돌에 새기는 일이었다. 그리고 마침내 색을 입히는 작업이 되기 부어 바늘여신다. 목재, 대나무, 천, 종이에 문자는 그 몸을 누였다.

〈쓰여진 언어〉는 꿰이고 엮여져 시간을 얻는다. 대나무 조각에 쓴 죽간竹簡, 얇은 비단에 담긴 백서帛書, 그리고 종이를 곱게 만 권자본卷子本, 마치 풀로 연결한 나비와 같은 점엽본粘葉本, 단정히 꿰매어 철한 선장본線裝本. 두루마리를 풀고 서책을 펼친다는 것은 〈쓰여진 언어〉가 시간을 얻는 영위이다. (중략) 한편, 오랜 시간 〈쓰여진 언어〉를 품어 온 서책의 외양도 전자 서적이라 불리는 존재가 등장하면서 급격히 흔들리고 있다. 새겨지고, 칠해지고, 인쇄되어 온 〈쓰여진 언어〉는 이내 피아노처럼 타건되더니 화장하듯 톡톡 두드려지기에 이르렀다. 전자적인 피막(스크린)에서는 〈쓰여진 언어〉 자신이 스스로 빛을 발하기 시작했다.

노마 히데키(2021b:5)

요컨대 〈쓴다〉는 행위에 주목하는 것만으로도 이렇듯 하나의 완만하고 커다란 변용으로 규정할 수가 있다.

우리는 눈앞의 대상이 종이냐 디스플레이냐 하는 현상적인 차이에만 의식을 빼앗겨서는 안 된다. 〈쓰여진 언어〉라는 언어의 존재 양식에는 반드시 본질적인 기제가 숨어 있다. 그런 본질적인 기제 안에서, 종이는 종이로서, 디스플레이는 디스플레이로서 각자 고유의 현상적 차이가 드러나는 것이다.

21세기 한글을 둘러싼 환경

한글의 초서지학을 살펴보려면 다음에 주목할 필요가 있다. 먼저 텍스트의 의장이 결정적인 변화를 이루었다.

    (a) 좌횡서가 압도적인 주류

    (b) 한글 전용 표기가 압도적인 주류

  한국어의 〈쓰여진 언어〉가 가지는 질감이 한자와 한글이 섞인 세로쓰기에서 한글 전용의 가로쓰기로 이행하여 상대적으로 평탄한 모습이 되었다.

그런 반면, 출판이나 DTP(Desktop Publishing탁상출판), 서적, 서점, PC와 네트워크, 폰트와 문자 코드, 유튜브 동영상 등 언어 환경을 둘러싼 다양한 여건은 극적인 변용을 거쳤다.

좌횡서, 한글 전용 표기가 압도적인 주류가 되다

앞서 살펴보았듯이, 〈훈민정음〉은 그 탄생기부터 기본적으로 세로쓰기가 주류였다. 건축물 등에서 가로쓰기를 하는 경우에는 오른쪽에서 왼쪽으로 쓰는 우횡서가 기본이었다. 이는 근대 이후로도 기본적인 흐름이었지만, 언어학자 주시경과 그 제자 최현배는 좌횡서를 적극적으로 도입, 추진하려고 하였다. 일본의 통치하에 있던 한국어 출판물은 기본적으로는 세로쓰기였다.

해방 후, 북한에서는 이미 1950년대부터 완전히 좌횡서, 한글 전용 표기를 채택했고, 한자는 사전의 한자어 표시나 고전 등을 제외하고는 전혀 사용하지 않았다.『노동신문』등도 철저히 이를 지켰다.

한국에서도 일부 교과서는 좌횡서였으나, 문고판이나 신서 등의 서적에는 1980년대까지 세로쓰기가 남아 있었다. 1947년에는 광주에서 간행되던 지방지『호남신문』이 한국 최초의 좌횡서 신문이 되었다.

1988년 창간한『한겨레신문』은 한국의 전국지로는 처음으로 좌횡서, 한글 전용 표기를 채택했다. 내용도 진보적인 논조였기에 매우 참신한 인상을 주는 지면이 되었다. 1996년에는 명칭에서도 한자어인 '신문'을 빼고『한겨레』라는 고유어만 남겼다. '한'은 '크다'라는 뜻도 되고 '하나'라는 뜻으로도 읽힌다.

1995년에는『중앙일보』가, 1998년에는『동아일보』가, 그리고 이듬해에는 마지막까지 세로쓰기를 고수하던『조선일보』까지도 가로쓰기를 채택했다.

좌횡서로 이행한 요인은 무엇이었을까. 첫째는 서양의 문자 및 숫자와의 친화성, 둘째는 한글 타자기 보급이라는 상황이 가로쓰기로 눈을 돌리게 한 요인이 되었다. 그러나 한글의 좌횡서가 급속히 추진된 결정적인 이유는 무엇보다도 컴퓨터와 인터넷의 보급이었다. PC와 인터넷의 세계는 좌횡서의 세계였던 것이다. 1990년대에 보수적인 신문까지 전면 좌횡서로 돌아선 시간적인 경위를 보더라도 이는 분명하다.

한자 혼용 표기 vs 한글 전용 표기

제1장 4절에서 살펴본 바와 같이, 한국어 어휘는 일본어 어휘와 마찬가지로 고유어, 한자어, 외래어라는 3개 층으로 구성되어 있다.

현재의 한국어는 이 가운데 한자어만이 한자로도 표기된다. 일본어에서는 고유어인 화어和語도 훈 읽기를 이용해 한자로 표기하고 있지만, 한국어에서는 그와 같은 한자 사용은 하지 않는다. 단, 고대에는 차자표기법으로 고유어를 한자로 표기하기도 했다.

요컨대 한국어 표기에는 다음의 두 가지 방식이 있다.

(a) 한글만으로 쓰기

(b) 한자어를 한자로 쓰기

(b)는 모든 한자어를 한자로 쓸 수도 있고, 임의로 골라서 한자로 쓸 수도 있다. 한자 한 글자는 항상 한글 한 글자로 표기되므로 한자를 섞든 아니든 전체 글자 수도, 위치도 변하지 않는다.

(a)(b)의 구체적인 예는, 제5장 2절 '한자와 한글의 혼용'(280면) 부분에서 일본어 설명도 곁들여 살펴보았다.

한국어를 쓰는 데 있어 (a)와 같이 한글만으로 쓰는 표기법을 〈한글 전용〉이라고 한다. 한자를 섞어 쓰는 (b)와 같은 표기법을 〈국한문 혼용〉 혹은 〈한자 혼용〉이라고 부른다. 이 경우의 '한문' 漢文은 지금까지 보아 온 한문과는 뜻이 달라 '한자'를 가리키고 있다. '이름은 한문으로 어떻게 쓰나요?'라는 식으로, 현재 한국에서는 '한문'을 '한자'라는 뜻으로도 일상적으로 사용하고 있다.

이런 한자 혼용과 한글 전용을 둘러싼 논쟁은 격렬했다. 한자와 관련된 지知의 문제, 고전과 관련된 문제, 학습=교육상의 문제, 필기=입력의 문제, 타이포그래피 문제, 중국어나 일본어 등 타 한자 문화권과의 관계 문제 등 여러 관점에서 다양한 의견이 속출하는 상황이었다. 어떠한 문제도 관점을 바꾸면 (a)도 (b)도 수긍이 가기 때문에 이 논쟁은 간단히 결론지어질 것 같지 않다.

다만, 이 논쟁을 일본어에서의 한자 사용과 똑같다고 생각한다면 본질을 그르칠 수 있다. 한글 전용을, 마치 일본어를 가나만으로 표기하는 것과 같다고 보는 것은 한글이라는 문자가 어떤 것인지 전혀 파악하지 못했다는 증좌이다.

단적으로 말하면 이렇다. 일본어를 가나만으로 표기한다면, 사람들이 익숙하지 않다는 경험치의 결여라는 문제를 감안한다 치더라도, 읽어 내기가 매우 어렵다. 띄어쓰기를 한다 해도 역시 골치 아프다. 그런데 한국어는 한글로만 써도 전혀 곤란할 일이 없다. 남북을 불문하고 한글 전용이 실천되고 있는 지금의 현실이 이를 증명하고 있다.

종종 거론되는 동음이의어 문제는 언어가 사용되면서 빠르게 도태되기 때문에 실제로는 큰 문제가 되지 않는다. 언어라는 것은, 혼동을 주는 말은 바로 교체되도록 만들어져 있다.

우리가 여기서 주목해야 할 점은, 문자론의 본질적인 기제에 대해서이다. 〈형음의 트라이앵글〉이 문자의 본질적인 기제라는 것을, 제2장 2절 중 '〈형음의〉는 어떻게 존재하는가'(96~99면)에서 살펴보았다.

일본어에서는 가나 한 글자로 이루어진 형태소를 특정하기가 매우 어렵다. 체언으로만 한정시켜도, 'か'ka는 '蚊'(모기), 'へ'he는 '屁'(방귀), 'や'ya는 '矢'(화살) 정도가 퍼뜩 떠오르지만 출현 빈도가 높은 명사를 찾아내기가 상당히 어렵다. 'き'ki는 '木'(나무)겠지라고 생각하겠지만 '氣'일 수도 있겠고, 'い'i면 '胃'(위)밖에 없을 것이라고 생각했는데 '意'(뜻)가 맞기도 한다. 용언에 이르러서는 포기하고 싶어질 정도다. 가나 한 글자로는 동사나 형용사를 특정하기가 불가능하다.

그런데 한글로 한국어를 쓸 경우에는 이야기가 달라진다. '있',

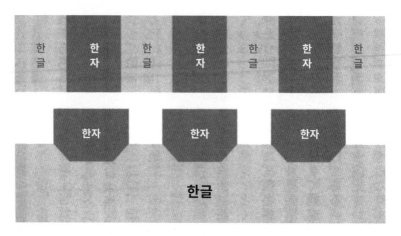

〔위〕 한자 혼용 표기는, 현상적으로는 한자와 한글이 동등한 자격으로 나란히 배열되어 있는 것처럼 보이지만,
〔아래〕 실제로는 기층基層에 한글 텍스트가 존재하고 그곳에 한자가 심겨져 있는 구조로 되어 있다. 한자 혼용의 에크리튀르도 사실은 한글 에크리튀르가 그 바탕에 있는 것이다.

'없'과 같은 빈도가 높은 용언이 한 글자로 특정되고, 동사만 해도 '읽', '받', '앉', '놓', '넣', '씻' 등 매우 많다.

이런 차이는 다음의 두 가지 이유에서 발생한다.

(1) 음운론적인 조건: 일본어의 음절 구조는 간소한 데 비해 한국어의 음절 구조는 일본보다 복잡하다.

(2) 문자론적인 조건: 한글은 두 가지, 세 가지, 네 가지 요소를 조합하여 한 글자로 만드는 구조이다.

(2)의 조건은, 영어로 빗대면 in이나 she, get, give, walk 등과 같이 2~4개의 자모=요소로 이루어진 단어를, 한글은 각각 하나의 글자로 조합한 것이라는 뜻이다. 이처럼 조합된 〈형태〉가 텍스트 사이사이에 깔려 있기에 당연히 의미를 파악하기 쉬운 것이다. 이런 모습은 가나에는 없기 때문에 가나로만 쓴 일본어와 한글 전용의 한국어를 동일시하는 것은 그야말로 난센스다. 〈형음의 트라이앵글〉의 〈형〉을, 영어를 표기하는 로마자는 복수의 자모의 나열로

구성하는데, 한글에서는 복수의 자모를 입체적으로 조합한 하나의 글자로도 구성할 수 있다. 한국어를 표기하는 한글의 이런 표어성 表語性이, 한글 선용의 실천성, 실용성을 뒷받침하고 있는 것이다.

한글 전용은 현대뿐만 아니라 먼 과거에서도 얼마든지 찾아볼 수 있다. 제5장 5절의 296면에서 언급한 17세기 국문소설 등도 그렇고, 제6장 3절의 328면 이후에서 살펴본 궁체의 예도 그것이라 할 수 있다.

단, 문자인 까닭에 한자를 배우지 않으면 한자한문으로 쓰여진 한국어권 고전은 읽을 수 없다.

한자 혼용 표기도 한글 에크리튀르가 지탱하고 있다

한글 전용이 가나만으로 표기한 일본어와 같을 것이라는 오해와 함께 흔히 갖게 되는 또 하나의 오해를 풀어 보자. 이 오해는 모어 화자라도 빠지기 쉬운 오해이다.

'한자 혼용은 〈한자+한글〉이라는 구조로 성립되어 있다'는 착각이 그것이다. 현상적으로는 텍스트의 질감이 분명 그처럼 보인다. 한자와 한글이 교차하며 나타나고 있기 때문이다. 그러나 문자론적인 구조, 언어 존재론적인 구조에서는, 한자 혼용 표기는 어디까지나 기층基層에 한글 에크리튀르가 있고 그 위에 한자가 심겨져 있을 뿐이다. 한글의 기층이 없다면 한자는 그곳에 계속 존재할 수가 없고 뿔뿔이 떨어져 나가게 된다. 즉, 한자 혼용이라는 현상적인 의장意匠을 보이기는 하지만, 그곳에 존재하는 것은 본질적으로는 어디까지나 한글이라는 에크리튀르의 기층인 것이다.

이것은 『훈민정음』 해례본의 모습과 비교해 보면 잘 알 수 있다.

해례본은 고전 중국어를 기초로 한 한문으로 쓰여 있다. 거기에 예로서 정음이 심겨져 있다. 드물게 '공자는 노魯나라 사람'이라는 문구가 심겨져 있었다. 이들 텍스트에서 정음을 거둬 내면, 의미가 모호해지기는 해도 한문의 기층은 무너지지 않는다. 반대로, 한문을 제외해 버리면 정음은 그 존재의 기반을 잃고 무너져 내릴 수밖에 없다.

현상적으로 표면의 의장이 어떤 문자인가 하는 것과, 그 텍스트의 기층을 어떤 문자가 지탱하고 있는가는 별개의 문제다. 한자 혼용의 에크리튀르를 가능케 하는 것도 결국 한글인 것이다.

출판, IT를 둘러싼 변용

한글을 둘러싼 초서지학의 분야는, 21세기에 들어 또 다른 극적인 변용과 맞닥뜨렸다.

1990년대의 IBM 호환 PC, 윈도와 Mac OS, CD와 DVD, 2000년대의 인터넷, iPod 등 음성 기기, 유튜브의 등장, 2010년대의 삼성 갤럭시와 아이폰으로 대표되는 스마트폰, 아이패드로 대표되는 태블릿, 아마존 킨들을 비롯한 전자 서적, 2020년대의 줌Zoom으로 상징되는 온라인 화상회의 등 언어와 문자 주변의 언어 환경이 크게 요동치고 있다. 초서지학의 관심이 쏠릴 수밖에 없는 상황이다.

한편, 2000년대 이후 한국에서 파주 출판도시가 형성된 것은 특기할 만한 사실이다. 서울에 집중되어 있던 출판사와 관련 기업이 임진강 인근의 도시 파주로 대거 이전하여 대규모 출판도시를 이룬 것이다. 2021년 현재 출판단지는 여전히 확대되고 있다. 이는 아마도 세계사에 보기 드문 거대한 실험일 것이다. 이 책『한글의 탄생』의 한국어판을 출간한 출판사 '돌베개' 역시 파주에 위치해 있다.

출판에 관해서도, 2000년대 후반부터 급속히 확대된 조판 애플리케이션인 어도비 인디자인Adobe InDesign과의 친화성 덕분에, 워드프로세서 소프트웨어인 한컴Hancom의 '흔글'의 존재감은 2020년대인 현재도 시들지 않고 있다. 국어학 등에서는 '흔글'은 사실상 표준이 되어 있고, 투고 규정으로까지 지정되고 있다. 한국어판 인디자인도 일본어판과 마찬가지로 세로짜기를 지원한다.

2014년, 2017년에 어도비와 구글은 Pan-CJK 한중일 폰트를 공동 개발해 무상으로 공개했다. 세리프와 산세리프, 즉 명조계와 고딕계의 다양한 웨이트(글자 굵기)를 보유한 본격적인 폰트이다. 그 이전에는 동일한 한자라도 언어별로 글자 모양이 제각각이어서 복수언어의 병용은 가능하지만 시각적인 통일성이 아쉬웠다. 이 폰트의 공개는 획기적이었다. 예를 들어 일본어로 쓰여진 한국어 교재 등을 조판할 때도, 원고 집필은 물론 조판 소프트웨어상의 폰트 지정도 상당히 수고스러운 작업인데, 이 점도 극적으로 개선됨으로써 하나의 폰트로 복수언어를 다룰 수 있게 되었다. 물론 MS-Word 등에서도 사용 가능하다. 이 폰트를 본문 등에 사용한 서적은 아직 드물기 때문에 관심 있는 사람은 노마 히데키(野間秀樹(2021b) 『언어, 이 희망에 가득찬 것』(홋카이도대학출판회)을 참고해 주기 바란다. 이 책에는 일본어와 함께 한글이나 한자의 간체자簡體字, 번체자繁體字가 섞여서 나타난다. 이 폰트를 본문에 사용해 저자 자신이 인디자인으로 조판한 것이다. 단, 유럽 문자 부분에는 다른 폰트를 사용했다.

한국의 폰트 산업은 2000년대 이후 맹렬히 진화하고 있다. 서적뿐 아니라 웹이나 각종 상품 등에도 사용되는데, 한글 폰트도 다양

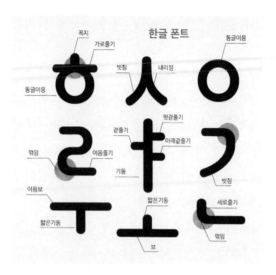

한컴의 〈말랑말랑체〉 폰트
설계 개념도

하게 디자인되어 보는 이에게 즐거움을 주고 있다. 참고로, 전술한 Pan-CJK 폰트 제작에는 산돌Sandoll이라는 한국의 폰트 회사가 참여하고 있다.

한편, 북 디자인 등에 나타나는 한글 타이포그래피의 발전에도 주목해 보자. 여러 도판을 구체적으로 소개하기 어렵기 때문에 웹 등에서 찾아보기를 권할 수밖에 없다는 것이 안타까울 정도로 디자인 수준이 모두 훌륭하다.

2000년대 이후에는 한국에서도 온라인 서점이 일반화되었다. 참고로, 아마존은 2000년에 일본에 진출했지만 한국에는 진출하지 않았다. 1998년 김대중 정부 이후 인터넷의 대규모 회선 정비 등에 힘입어 한국에서는 1990년대 말부터 E커머스가 보급되기 시작했다. 1997년에는 3대 서점 중 하나였던 종로서적이 인터넷 서점 사업을 시작했고, 1999년에는 온라인 서점 YES24가 등장했다. 일본의 기노쿠니야紀伊國屋 서점처럼 전국적인 점포망과 온라인 양쪽에서 영업을 하는 교보문고가 2021년에는 서적 판매 1위, 온라인 서점인 YES24가 2위를 차지했다.

　서적, 출판과 함께 유튜브를 비롯한 동영상 사이트가, 〈말해진 언어〉와 〈쓰여진 언어〉 모두의 언어장에 새로운 면모를 조래한 사실은 이미 서술한 그대로다. 동영상 내에서도 한글 폰트가 당당히 존재감을 뽐내고 있다.

　이와 같은 언어장의 거대한 변용에 의해, 우리 몸이 자리하는 환경 속으로도, 손바닥 안의 작은 휴대 기기로도, 언어가 쏟아지듯 밀려드는 삶을 우리는 살고 있다. 밀려드는 언어, 이 언어에 의해 우리의 삶은 그야말로 〈언어의 팬데믹〉이라 할 만한 상태에 이르고 말았다. 물론 이는 인류 역사상 우리 인간이 처음으로 경험하는 사태이다. 이런 언어장의 거대한 변용의 한가운데서 한글이라는 문자가 살아가는 모습에 주목해도 좋으리라. 문자에 대해 묻고, 언어에 대해 물으면서.

　현대 한글 타이포그래피의 미학은 다양한 언어장에서 그 〈형태〉의 아름다움을 겨루고 있다. 역사에 등장한 〈정음〉의 〈형태〉가 왕조의 인쇄술과 함께했듯이, 현대 한글의 〈형태〉도 테크놀로지와 함께하며 새롭고 다양한 옷을 걸치게 되었다.

　자모를 조합하여 문자를 만드는 시스템, 15세기 왕조에서 최만리파가 〈용음합자〉라 부르며 경악했던 그 시스템은 새로운 시대를 맞이해 더욱 풍부한 가능성을 자랑하게 되었다. 한글이라는 문자 시스템이 지닌 가능성을 어떻게 극대화할지는, 말할 것도 없이 문자가 아닌 사람이 떠안아야 할 과제이다. 그 사람이란 물론 역사의 자손이다.

종장

보편을 향한 계기 〈훈민정음〉

신사임당(1504~1551)의 회화
호암미술관 편(1996)에서 인용

『훈민정음』을 읽는다는 일

『훈민정음』―〈문자가 문자 자신을 이야기하는 책〉

우리는 〈훈민정음〉이라 불리는 문자의 탄생과 성장을 살펴보았다. 〈정음〉의 탄생과 성장이 단순한 문자의 역사에 머무르지 않음을 알게 되었을 것이다.

『훈민정음』이라는 책. 유사 이래 문자라는 것은, 돌에 새겨져 혹은 뼈나 갑각甲殼에 새겨진 모습으로 역사 속에 나타나는 존재였다. 그에 비해 〈훈민정음〉은, 목판에 새겨지고, 종이에 인쇄되고, 제본된 책의 형태로 세계사에 등장하였다. 그 책에는 무엇이 쓰여져 있었는가? 〈정음〉이 누구를 위하여 어떠한 목적으로 만들어졌고, 〈정음〉은 이러저러한 시스템이다, 〈정음〉은 이와 같이 쓴다, 바라건대 〈정음〉을 보는 자여, 스승 없이도 스스로 깨칠 수 있기를― 이라는 내용이 쓰여져 있었다.

나아가 『훈민정음』 언해본은, 〈정음〉은 이렇게 쓰는 것이라고 〈정음〉 자신이 유감없이 보여 주고 있다. 『훈민정음』이라는 책은

〈정음〉 자신이 어떠한 문자이며 자신을 어떻게 써야 하는지를 스스로 알려 주고 있다.

〈정음〉은 〈문자가 문자 자신을 이야기하는 책〉으로서 세계사 속에 등장하였다.

『훈민정음』이라는 책은 이런 점에서 그 존재의 양상 자체가 희유稀有하다. 그 존재 방식 자체가 세계 문자사상文字史上 비할 데 없는 광망光芒을 발하는 것이다.

〈훈민정음〉— 에크리튀르의 기적

문자란, 어떤 것에 대한 이야기의 결과물이다. 로제타스톤Rosetta Stone이든 광개토대왕비든, 파피루스든, 갑골이든, 서적이든, 그것이 단편斷片이든 전체든, 문자란 항상 어떤 일에 대해 이야기하고 있는 것이다. 그런 의미에서 문자란 항상 과거에 이야기된 역사, 히스토리에Historie이다. 문자를 읽는 자에게 문자란, 어떤 이야기를 과거의 이야기로서 읽게끔 하는 것이다.

이에 비해 『훈민정음』이라는 책은, 그것을 펼쳐 읽는 이에게 문자의 탄생이라는 원초原初 그 자체를 만나게 하는 장치이다. 문자를 읽는 이에게 〈읽기〉라는 언어장言語場에서 그 문자 자신의 원초를 경험하게 하는 장치인 것이다.

물론 『훈민정음』 역시 과거의 책이며, 과거의 역사이다. 그러나 그 책을 〈읽는〉 순간 그곳에 나타나는 것은 단순히 과거에 이야기된 역사는 아니다. 〈음이 문자가 된다〉는, 〈말이 문자가 된다〉는 원초가 항상 읽는 이 자신에게 〈지금 이곳에서〉 사건으로서 생겨나는(geschehen) 역사, 즉 게시히테Geschichte인 것이다.*

문자의 원주는 알기 어렵다. 그러나 〈훈민정음-언해〉는 우리에게 문자의 원초와 문자의 삶을 가르쳐 준다. 그리고 언어와 문자를 둘러싼 수많은 질문을 던져 준다.

이와 같은 의미에서, 〈정음〉을 보는 일은 세계의 수많은 문자, 이미 존재하였던 문자 중 하나를 보는 것과는 결정적으로 다르다. 한 언어의 문자라는 사실을 넘어 인류의 문자로서 우리 앞에 존재한다.

〈정음〉이 탄생한 지 500년이 지난 후에도 경상북도 어느 고택에서는, 간신히 남겨진 『훈민정음』 해례본을 가지고 여전히 문자라는 것을 깨치는 기쁨, 음이 문자가 되는 기쁨과 함께 〈정음〉을 배우고 있었던 것이다.

〈훈민정음〉은 유라시아 동방의 극점極點에 나타난 에크리튀르의 기적이다.

말이란 무엇인가, 문자란 무엇인가, 인간에게 있어 문자란 무엇이고, 에크리튀르란, 〈지知=앎〉이란 무엇인가—이러한 〈보편〉으로 이끌어 주는 희유한 기적이다.

---

* 〈히스토리에〉Historie와 〈게시히테〉Geschichte는 독일어로 '역사'라는 뜻이다. 히스토리에는 영어의 'history'나 'story'와 어근이 같으며, 라틴어 'historia', 더 거슬러 올라가면 그리스어 'historia'에서 연유한다. 게시히테는 게르만어 어근에서 비롯된 말로 동사 'geschehen'(생겨나다, 일어나다)의 파생어이다. 이 두 가지 용어를 구별해서 사용한 것은 독일의 철학자 마틴 하이데거Martin Heidegger(1889~1976)였다. 그의 주요 저서 『휴머니즘에 대한 편지』, 『존재와 시간』(Sein und Zeit) 제2편 제5장 '시간성과 역사성' 등을 참조할 것.

이형록李亨祿의 「책가도」冊架圖(19세기)
안휘준安輝濬(2004)에서 인용.

문헌 안내

이 문헌 안내에서는, 본문에 수록되지 않은 내용을 찾아볼 수 있는 자료 가운데서 일본어로 쓰여진 문헌을 중심으로 언급하겠다. 문헌 일람에는 사료史料 및 영인影印 종류는 포함시키지 않았다.

서장 한글의 소묘

제1장 한글과 언어

일본어로 쓰여진 한글과 한국어에 관한 입문용 학습서는 수백여 종이 있다. 정확하고 즐겁게 입문하는 것은 매우 중요하다. 문자와 발음 등 적은 양으로 우선 쉬운 부분부터 입문해 보기에는 졸저 노마 히데키野間秀樹(2021a)를, 입문부터 초급까지 학습하기에는 노마 히데키(2007), 노마 히데키·김진아金珍娥(2007), 노마 히데키·무라타 히로시村田寬·김진아(2004), 권재숙權在淑(1995)을 추천한다. 강의용 교과서로는, 아름다운 만화와 함께 배울 수 있는 노마 히데키·김진아·나카지마 히토시中島仁·스가이 요시노리須賀井義教(2010), 또는 노마 히데키·무라타 히로시·김진아(2007;2008), 김진아·노마 히데키·무라타 히로시(2021)가 적당하다. 이들은 읽고 쓰기뿐만 아니라 실제 〈말하기〉라는 목적의식을 띠고 있는 책들이다. 한국어와 일본어의 대조언어학적인 관점도 유익하게 살리고 있다. 중급용 학습서도 조금씩 늘고 있다. 노마 히데키·김진아(2004), 노마 히데키(2007a)를 추천한다. 중상급을 위해서는 잡지『한국어학습저널 hana』(HANA)가 있다. 일본에서 간행된 한국어 교육 및 교재의 해설 목록으로는 후지이 고노스케藤井幸之助(2008)가 가장 광범위하게 다루고 있다.

한일·일한사전은, 유타니 유키토시油谷幸利 외 편(1993), 간노 히로오미管野裕臣 외 편(1988;1991)이 좋다. 한국어 사전에 대해서는 나카지마 히토시(2008)가 자세히 정리하고 있다.

아동용 글자 입문서로 고도모쿠라부こどもくらぶ 지음·노마 히데키 감수(2004)가 있다. 문화론적인 시점에서 한글을 넓게 조명한 책으로는 김양기金両基(1984;2005²²)가 있다.

일본어로 쓰여진 문법 사전으로는 백봉자白峰子(2004;2019)가 있어 많은 도움이 될 것이다. 기초적인 문법은, 간노 히로오미(1981a), 간노 히로오미 외(1988;1991²), 노마 히데키(2007) 등을 참조하면 좋다. 문법서로는 조의성趙義成(2015)이 있고, 대조언어학적인 관점이 살아 있는 나카지마 히토시(2021)를 추천한다. 문법 연구로는 노마 히데키(2012)가 참고할 만하다.

한국어에 대한 언어학적인 개설로는 고노 로쿠로河野六郎(1955)가 고전적인 위치에 있고, 우메다 히로유키梅田博之(1989a)가 신뢰할 만한 기술을 하고 있다. 더욱 입문적인 내용으로는 노마 히데키(1998a)가 있다. 한 권으로 정리된 개설서로는 이익섭李翊燮·이상억李相億·채완蔡琬(2004)이 유용하다. 이것은 이익섭·이상억·채완(1997)의 일본어판이다.

한국어학, 한국어 교육, 일본어와 한국어의 대조언어학 등에 관한 〈강좌〉로서 노마 히데키 편저(2007, 2008, 2012, 2018)『한국어교육론강좌』는 싱비에 둘 만히다. 1권까지 3,000면 이상의 붜룹에 70명 이상의 한일 연구자들이 집필자로 참여했다. 언어와 언어 교육이 궁금하다면 가장 먼저 이 책을 살펴보면 된다. 한국의 언어뿐 아니라 북한의 언어, 중앙아시아의 한국어, 중국 옌벤 지방의 한국어도 다루고 있으며, 문학·영화·만화·음식·역사·종교 등 언어와 관련된 주변 분야도 아우르고 있다. 타 언어권에는 이런 책이 없다. 1권은 2천수백 항목, 4권은 1만여 항목의 색인이 실려 있어 사전으로 이용할 수도 있다.

현대 한국어를 대상으로 한 한국어학의 문헌 안내로는 노마 히데키(2008c)가 있다.

15세기 한국어 등 한국어의 고어古語에 대해서는 시부 쇼헤이志部昭平(1986ab), 한국어의 역사에 대해서는 명저 이기문李基文(1975)이 필수적인 기본 문헌이다. 독자적인 견해가 많은데, 김동소金東昭(2003)는 일본어로 읽을 수 있다. 문헌 안내로 이토 히데토伊藤英人(2008), 조의성(2008b)을 추천한다. 한국어의 역사적 연구에 대한 연구사로는 오구라 신페이小倉進平 지음·고노 로쿠로의 증정보주增訂補註(1964), 후지모토 유키오藤本幸夫(1997)가 있다. 한국어사의 연구사로는 임용기林龍基·홍윤표洪允杓 편(2006)이 가장 최근의 문헌에 속한다.

박영준朴泳濬·시정곤柴政坤·정주리鄭珠里·최경봉崔炅鳳(2007)은 한글 이전의 역사와 한글의 탄생, 발전을 주제로 삼고 있다. 한국에서 출판된 책의 일본어 번역판이면서 이러한 주제를 다룬 점에서 귀중한 문헌이다. 이 책을 읽은 후 본다면 더욱 이해가 쉬울 것이다.

모어, 모국어, 국어, 외국어 등의 개념에 대해서는 가메이 다카시龜井孝(1971), 다나카 가쓰히코田中克彦(1981, 1989), 이연숙(1996), 야스

다 도시아키安田敏朗(1997, 1998), 가와무라 미나토川村湊(1994), 자크 데리다(2001), 야마모토 마유미山本眞弓 편저, 우스이 히로유키臼井裕之·기무라 고로 크리스토프木村護郎クリストフ(2004), 사나다 신지眞田信治·쇼지 히로시庄司博史 편(2005), 쓰다 유키오津田幸男(2006), 쓰다 유키오 편저(2005), 노마 히데키(2007b) 등을 참조. 이연숙(1996)의 한국어 번역판 이연숙(2006)도 있다.

〈언어는 어떻게 존재하는가?〉, 〈언어는 어떻게 실현되는가?〉라는 물음을 가지고 말과 문자, 언어와 문자를 생각하는 원리론으로는 노마 히데키(2018e)『언어존재론』을 참조할 것. 한글과 문자를 고찰하는 본서의 근간에 있는 사상은 이 책에 바탕을 두고 있다. 노마 히데키(2008ab)는 그 서설이고, 노마 히데키(2009b)는 언어존재론적 관점에서 현대 한국어 연구의 실천에 대해 서술했으며, 노마 히데키(2021b)는 그런 원리론에 입각한 일상의 실천론으로 언어의 팬데믹이라 할 만한 오늘날의 언어에 대한 〈태도〉를 논하고 있다. 언어와 의미에 대해서는 가라타니 고진柄谷行人(1986)이 중요하다.

오노마토페와 관련해, 일반언어학적인 총론으로 노마 히데키(2001, 2008d)를, 한국어의 오노마토페에 대해서는 아오야마 히데오靑山秀夫(1986), 아오야마 히데오 편저(1991), 노마 히데키(1990b, 1992, 1998b)를 참조할 것. 15세기의 오노마토페에 대해서는 한국어로 쓰여진 남풍현南豊鉉(1993) 등을 참조하자. 일본어에 관한 오노마토페 사전도 여러 종류가 나와 있다.

한자에 내해서는, 수시지미 도구 기牛島德次·고사카 준이치香坂順一·
도도 아키야스藤堂明保 편(1967;1981⁵), 도도 아키야스(1967;1981⁵, 1977),
중국어의 상고음上古音·중고음中古音까지도 표시한 한자어사전 도도
아키야스 편(1978), 도도 아키야스·아이하라 시게루相原茂(1985), 히라
야마 히사오平山久雄(1967), '시라카와白川 한자학'의 출발점 시라카
와 시즈카白川靜(1970), 특히 고노 로쿠로(1979ab, 1980), 중국어학연구
회 편(1969;1979⁵), 아쓰지 데쓰지阿辻哲次(1994, 1999), 나카다 노리오中田
祝夫·하야시 지카후미林史典(2000), 오시마 쇼지大島正二(2003, 2006) 등의
도움을 크게 받았다. 가메이 다카시·오토 도키히코大藤時彦·야마다
도시오山田俊雄 편(1963;1970⁷)과 그 개정판인 가메이 다카시·오토 도
키히코·야마다 도시오 편(2007)은, 일본어를 통해 문자를 고찰하는
데 필독서라 할 수 있다.

한문의 수용과 한문훈독에 대해서는, 히라카와 미나미平川南 편
(2000), 고야스 노부쿠니子安宣邦(2003), 국립역사민속박물관·히라카와
미나미 편(2005), 무라타 유지로村田雄二郎, C. 라마르 편(2005), 가토 토
오루加藤徹(2006), 가네가에 히로유키鐘江宏之(2008), 사사하라 히로유키
笹原宏之(2008), 나카무라 슌사쿠中村春作·이치키 쓰유히코市來津由彦·다
지리 유이치로田尻祐一郎·마에다 쓰토무前田勉 편(2008), 고바야시 요
시노리小林芳規(2009) 등이 자극적인 논의를 전개하고 있다. 한국어
등의 훈독, 구결, 일본어 훈독과의 관계, 이두·향찰 등의 차자표기
借字表記 등에 대해서는 오구라 신페이(1929), 중추원조사과中樞院調査
課 편(1936), 고노 로쿠로(1979a), 간노 히로오미(1981b), 후지모토 유키
오(1986, 1988, 1992), 기시 도시오岸俊男 편(1988), 남풍현(1997, 2007, 2009a),
고바야시 요시노리·니시무라 히로코西村浩子(2001), 고바야시 요시노

리(2002, 2009), 쇼가이토 마사히로庄垣內正弘(2003), 리성시李成市(2000), 정광鄭光·혼고 데루오北鄕照夫(2006), 이토 히데토(2004, 2008), 박진호朴鎭浩(2009) 등의 도움을 받았다. 일본어로 쓰어진 구결의 입문으로 정재영鄭在永·안대현安大鉉(2018)이 알기 쉽게 설명하고 있다.

후지모토 유키오 편(2014)은 일본과 한국의 연구자들이 교류하는 가운데 결실을 맺은 한문훈독 연구의 집대성이다. 남풍현의 고대어 등에 관한 일련의 연구(1981, 1999, 2000, 2009b)는 시대를 견인하는 중요한 저작들이다. 김완진金完鎭(1980), 이승재李丞宰(1992) 등도 참조. 한국어로 쓰여진 간결한 연구사로는, 장윤희張允熙(2003, 2004), 정재영鄭在永(2003, 2006), 한재영韓在永(2003) 등이 있다.

예로 든 『구역인왕경』舊譯仁王經의 독법讀法과 존경법尊敬法에 대해서는, 다소 전문적이지만 오구라 신페이(1929), 심재기沈在箕(1975), 이승재(1996), 남성우南星祐·정재영(1998), 남풍현(2009b)을 참조할 것. 스가이 요시노리須賀井義敎의 웹사이트도 참조하여 그 해설과 자료의 도움을 받았다.

한국의 문자 연구로는 송기중宋基中·이현희李賢熙·정재영·장윤희·한재영·황문환(2003) 등이 있다.

고대 한국 지명의 언어학적인 문제에 대해서는 이기문李基文(1975, 1983), 시라토리 구라키치白鳥庫吉(1986) 등을 참조. 후자는 제목이 『조선사 연구』朝鮮史硏究이지만, 지명학이나 언어학에 관한 내용이 풍부하다.

중국어와 한국어에 관한 상세한 문헌 목록으로 엔도 미쓰아키遠藤光曉·엄익상嚴翼相 편(2008)이 있다.

문자 개설로는, 조르주 장(1990), 플로리안 쿨마스(2014) 등을 비롯해 서양 저서의 번역물이 적지 않다. 문자의 원리 등을 다루는 문자론으로는, 역시 고노 로쿠로(1994)가 필독서이다. 본래 고노 로쿠로(1977)에서 기술되었던 내용이다. 고노 로쿠로·니시다 다쓰오西田龍雄(1995)도 참고가 될 것이다.

유라시아의 문자에 관해서는, 본문에서도 잠깐 언급한 바와 같이 도쿄외국어대학 아시아·아프리카언어문화연구소 편(2005²)이 알기 쉽게 설명하고 있다. 또, 하시모토 만타로橋本萬太郎 편(1980), 일련의 '니시다 문자학'인 니시다 다쓰오西田龍雄(1982, 1984, 2002), 니시다 다쓰오 편(1981;1986)을 참조할 것. 유라시아 언어에 대해서는 도쿄외국어대학 어학연구소 편(1998ab)이 간결하다. 마치다 가즈히코町田和彦 편(2011, 2021), 쇼지 히로시庄司博史 편(2015)에서는 세계의 문자와 언어를 즐겁게 알아 갈 수 있다. 마치다 겐町田建의『언어세계지도』(2008)는 신서판의 간편한 지역별 언어 지도다. 전문적인 언어 지도는 입수하기도 어려우므로 이것으로 대략 지리적, 공간적 파악을 해 두면 좋다.

제3장 〈정음〉의 원리

일반음성학이나 일반언어학 입문서 중에서는 한국어를 시야에 두고 기술한 고토 히토시後藤齊(2008), 가자마 신지로風間伸次郎(2008), 마스코 유키에益子幸江(2008)의 문헌 안내가 도움이 될 것이다. 소쉬르에 대해서는, 소쉬르(1940)와 그 개정 번역판인 소쉬르(1940;1972)와 함께 마루야마 게이자부로丸山圭三郎 편, 도미모리 노부오富盛伸夫·마에다 히데키·마루야마 게이자부로 외(1985)를 참고하면 좋다. 소쉬르를 중심으로 언어학 일반을 넓게 다루고 있다. 소쉬르(2003, 2007)와 대조해 봐도 매우 흥미롭다. 소쉬르의 '"일반언어학"강의를 가능한 한 수업 순서대로 읽어 보기'라는 체험을 하면서 19세기부터 20세기의 언어학과 언어 사상을 극명하게 탐색하는 것이 다가이 모리오프 盛央(2009)다.

언어음 자체를 다루는 음성학에 대해서는 몇 가지 입문서가 있 는데, 일본어를 대상으로 한 사이토 요시오齊藤純男(2006)가 알기 쉽 게 쓰여졌다. 영어 음성학에서는 라드포기드(1999) 등이 기본적인 문헌이다. 한국어 음성학에 대해서는 노마 히데키(2007c) 참조. 한국 어로 쓰인 개론으로는 이호영李豪榮(1996) 등이 있으며, 선구적인 연 구서로 우메다 히로유키梅田博之(1983)가 있다.

음소 등은 언어학의 기본적인 개념으로 음운론에서 다룬다. 음 운론에 대해서는 한국어와 일본어를 소재로 한 노마 히데키(2007d) 를 참조 바란다. 전통적인 음운론을 개관하려면 요르겐센(1978)이 있고, 프라하학파나 구소련, 영국 등의 음운론에 대해서는 고이즈 미 다모쓰小泉保·마키노 쓰토무牧野勤(1971)가 있다. 중국 음운학에 대해서는 제2장의 참고 문헌에서 소개한 한자 관련 문헌을 참조하 면 된다. 일본어 음운과 관련해서는 오노 스스무大野晋·시바타 다케 시柴田武 편(1977a), 우에무라 유키오上村幸雄(1989), 스기토 미요코杉藤美 代子 편(1989) 등을 참조.

악센트에 대해서는, 우와노 젠도上野善道(1977, 1989), 하야타 데루 히로早田輝洋(1977)를 참조할 것. 중세 한국어의 악센트=성조에 대해 서는 후쿠이 레이福井玲(1985), 이토 지유키伊藤智ゆき(1999)를 참조하라. 일본어 악센트 사전으로는 NHK방송문화연구소 편(1998), 아키나가 가즈에秋永一枝 편, 긴다이치 하루히코金田一春彦 감수(2001)가 있다.

형태음운론을 일본어로 알기 쉽게 풀어 쓴 책이나 논고는 거 의 없다고 할 수 있다. 한국어와 일본어를 소재로 한 노마 히데키 (2007e)와 그 참고 문헌 일람을 참조하기 바란다. 〈종성의 초성화〉 등에 대한 상세한 내용도 함께 다루고 있다. 일본과 달리 한국에서는 형태음운론에 관한 전문적이고 본격적인 논고가 송철의宋喆儀 (2008)를 비롯해 상당히 많다. 이 또한 언어적인 특징을 반영한 것일 뿐 아니라 한글이라는 문자아이 관련성에 대한 관심의 발현일 것이다.

트루베츠코이의 음운론, 형태음운론에 관해서는 트루베츠코이 (1980)가 있다.

일본어 표기 및 타 언어와의 표기 관계에 대해서는 다케베 요시아키武部良明 편(1989), 가토 아키히코加藤彰彦 편(1989)이 있다. 한국어 표기 중 로마자 표기에 대해서는 김진아金珍娥(2007)를, 가타카나 표기에 대해서는 우메다 히로유키(1989b)와 구마타니 아키야스熊谷明泰 (2007)를, 외래어 표기에 대해서는 나카지마 히토시(2007)를 참조하자. 『훈민정음』 해례본에 대한 입문으로는 조의성(2008a)이 간결하면서도 좋다. 시부 쇼헤이(1985)도 참조할 것. 『훈민정음』에 관한 본격적인 논고로는 강신항姜信沆(1993)과 그 원저 강신항(2003a)을 으뜸으로 꼽지 않을 수 없다. 본서 또한 의거하고 있는 명저들이다. 한국어로는 강신항 역주(1974), 강신항(2010), 유창균兪昌均(1982), 박창원朴昌遠(2005), 백두현白斗鉉(2009)도 참조할 것. 앞서 소개한 이기문(1975), 『훈민정음』을 중심으로 한 논고의 집대성인 나카무라 다모쓰中村完(1995), 한국을 대표하는 문헌학자이며 언어학자였던 안병희安秉禧(1933~2006)의 『훈민정음』 관련 논고집인 안병희(2007) 등도 중요하다. 영문 문헌으로 Kim-Renaud, Young-key 편(1997)도 참조할 것. 이현희(2003)에서는 간결 명쾌한 연구사를 만날 수 있다. 최현배崔鉉培 (1940;1982)와 김윤경金允經(1938;1985)도 참조할 것. 『훈민정음』 해례본을 발견한 경위는 김주원金周源(2005a)에 자세히 밝혀져 있다. 『훈민정음』 해례본에 대해서는 헤이본샤平凡社 동양문고에서 조의성 역주(2010)가 간행되어 있다. 『훈민정음』의 음운체계에 대해서는, 후쿠이 레이(2003)를 참조. 한국어 음운사에 관한 연구서로 후쿠이 레이(2012)가 있다.

제4장 〈정음〉 에크리튀르 혁명 — 한글의 탄생

정인지의 서문 등『훈민정음』해례본과『훈민정음』언해본, 최만리의 상소문은 강신항(1993), 조의성 역주(2010)로 만날 수 있다.

  〈말해진 언어〉와 〈쓰여진 언어〉에 대해서는, 아직 그 본질적인 논의가 무르익었다고는 할 수 없다. 구체적인 언어 연구에서도 이런 구별은 종종 혼동되고 있다. 옹-(1991), 고노 로쿠로河野六郎(1977, 1994), 데리다의 논고는 중요한 점이 많은데, 특히 데리다(2001), 노마 히데키(2008ab), 김진아(2013)는 〈말해진 언어〉의 실현체인 담화를 문법론적인 시좌에서 조명하고, 일본어 도쿄 방언, 한국어 서울말 화자 160명의 실제 담화를 해석하고 있다. 본서에 의해 한국어와 일본어의 실제 〈말해진 언어〉의 모습이 처음 문법적으로 부각되었다. 〈말해진 언어〉를 다루는 〈담화론〉의 정수는 김진아(2012)에서 만날 수 있다.

  번역과 언해의 의의에 대해서는 노마 히데키(2007b)도 참조할 것.

  『용비어천가』에 대해서는 한국어 원문에 대한 주석『용가고어전』龍歌故語箋을 포함한 마에마 교사쿠前間恭作(1974)가 있다. 전문을 일본어로 번역한 것은 아직 없다. 오구라 신페이 지음·고노 로쿠로 증정보주增訂補注(1964) 등도 참조할 것.

제5장 〈정음〉 에크리튀르의 창출

일본한자음과 중국어의 자음, 운서 등에 대해서는 앞서 언급한 노도 아키야스 편(1978) 등 한자에 관한 문헌을 참조하자. 한국한자음, 한자어에 대해서는 간노 히로오미(2004), 이토 히데토(2007ab)를 추천한다. 전문서인 이토 지유키(2007)는 고노 로쿠로(1964, 1979b) 이래 본격적인 한국한자음 연구이다.

시문의 한일 교류 등에 대해서는 이종묵李鍾默(2002)이 있으며, 조선통신사에 대해서는 나카오 히로시仲尾宏(2007)가 있다. 실제 기행문 등은 송희경宋希璟 지음·무라이 쇼스케村井章介 교정주석(1987), 강재언姜在彦 역주(1974), 김인겸金仁謙 지음·다카시마 요시로高島淑郎 역주(1999) 등으로 읽을 수 있다. 아메노모리 호슈雨森芳洲에 관해서는 가미가이토 겐이치上垣外憲一(1989)가 있다.

『동국정운』東國正韻, 『석보상절』釋譜詳節 등 고문헌에 대해서는 오구라 신페이 지음·고노 로쿠로 증정보주(1964)가 오늘날 여전히 필독할 중요 문헌이며, 본서도 의거한 바 크다. 시부 쇼헤이(1986ab), 나카무라 다모쓰(1995)도 참조할 것. 한국어로 쓰여진 것으로는 이현희(1996)가 정음 문헌을 간결히 정리했다. 안병희(1992ab)는 한글 문헌을 비롯해 한국어사 연구에 필수적인 기본 서적이다. 최현배(1940;1982), 홍기문(1946;1988), 김윤경(1938;1985)도 참조하자.

일본에 남아 있는 한국의 문헌을 찾아다니며 총망라한 후지모토 유키오(2006, 2018)는 수십 년 동안 이루어진 고독한 투쟁의 결정체이다. 이 연구를 통해 간기刊記, 금속활자의 종류, 서문, 발문跋文, 각수명刻手名, 지질紙質, 장서인藏書印에 이르는 정밀한 조사와 이 조사를 바탕으로 한 각 서적의 출판 경위, 간자刊者, 간년刊年, 간지刊地, 동판同版·이판異版 등에 관한 정밀한 해설을 만날 수 있다. 문자 그대로 불멸의 금자탑이다.

정음 이후의 한국어사와 일본어사의 관계에 대해서는 쓰지 세이지(1997ab)가 시사하는 바가 크다. 쓰지 세이지(1997b)는 17세기 조선시대에 사역원司譯院이라는 기관에서 제작된 일본어 학습을 위한 교과서『첩해신어』捷解新語에 대한 연구서인데, 1부 '한국어사의 일본 자료'에서는 연구사도 포함하여 한국어사에 관한 일본 자료를 개관하고 그 의의를 다루고 있다. 한국어와 중국어의 관계에 대해서는 김문경金文京·겐 유키코玄幸子·사토 하루히코佐藤晴彦 역주·정광 해설(2002)도 참조.

본문에서도 언급한『언해삼강행실도』諺解三綱行實圖에 대한 시부 쇼헤이(1990)는 언어학적·문헌학적 연구가 훌륭하게 통일된 명저이다. 15세기 한국어를 본격적으로 공부하는 데도 유용하다. 별책 색인이 있다.『천자문』등에 대해서는 오가와 다마키小川環樹·기다 아키요시木田章義 주해(1997), 후지모토 유키오(1980, 1990), 후지모토 유키오(2006), 홍윤표洪允杓(2009)를 참조할 것. 반절표反切表라고 불리는 한글 자모표와 한글 교육을 둘러싼 문제들을 다룬 논고로는 송철의宋喆儀(2009)가 있다.

『두시언해』杜詩諺解에 대해서는, 한국어로 쓰인 이현희·이호권李浩權·이종묵·강석중姜皙中(1997ab)이 상세한 분석을 하고 있다.

시조에 대해서는 노자키 미쓰히코野崎充彦(2008)로 개략을 알 수 있다. 대역서로는 와카마쓰 미노루若松實(1979)가 있다. 판소리에 대해서는 강한영姜漢永·다나카 아키라田中明 역주(1982)와 그 해설이 참고할 만하다. 한국 시가詩歌의 역사에 대해서는 김윤호金允浩(1987)가 있다. 시詩의 대역서로는 김소운金素雲(1978), 오무라 마스오大村益夫(1998)를 추천한다. 고전을 중심으로 한 문학사 전반에 대해서는 야마다 교코山田恭子(2008)가, 근현대 문학사에는 시라카와 유타카白川

豊(2008)가, 근현대시에 대해서는 구마키 쓰토무熊木勉(2008)가 입문적인 내용의 논고이며, 단행본으로는 김사엽金思燁(1973), 김동욱金東旭(1974), 특히 수설사에 김태슌金台俊(1975)이 있다. 한국현대문학 연구까지 포함해 한국문학 연구를 망라한 해설 목록으로 와타나베 나오키渡邊直紀(2008)도 추천할 만하다.

하타노 세쓰코波田野節子·사이토 마리코齊藤眞理子·김훈아 공편(2020)은 여행과 문학이라는 시점에서 60명의 작가, 작품을 다룬 현대 한국문학 입문서다. 김소운과 번역을 둘러싼 선열한 논고로 요모타 이누히코四方田犬彦(2007)가 있다.

연산군과 정음을 둘러싼 문제에 대해서는 강신항(1993)에 자세히 나와 있다.

지바현千葉縣 다테야마시館山市에 남아 있는 정음의 비석에 대해서는 이시와다 히데유키石和田秀幸(2001)를 참조할 것. 사면석탑四面石塔을 소재로 한 문자론으로 노마 히데키(2017)가 있다.

참고로 일본어로 읽을 수 있는 개략적인 한국사로는 가지무라 히데키梶村秀樹(1977), 조선사연구회 편(1981, 1995), 다케다 유키오武田幸男 편(1985), 도나미 마모루礪波護·다케다 유키오(1997;2008), 기시모토 미오岸本美緒·미야지마 히로시宮嶋博史(1998;2008) 등이 있다. 다케다 유키오 편(2000)이 가장 최근에 나온 개설서이다. 한국 근대사 연구와 관련해서는 쓰키아시 다쓰히코月脚達彦(2008a)도 참조할 것.

제6장 〈정음〉— 게슈탈트의 변혁

한국의 서예에 대해서는 임창순任昌淳 편(1975), 이지마 슌케이飯島春敬 편(1975), 서학서도사학회書學書道史學會 편(2005)을 참조. 정음의 서체에 대해서는 이 책도 박병천朴炳千(1983, 1985)에 의거한 바가 크다. 예술의 전당 엮음(1994)도 참조할 것. 한글의 서체 변천 등에 대해서는 노마 히데키(1985)와 한국어로 쓰여진 한글학회(1995), 김두식(2008) 등을 참조하면 좋다.

한국의 회화에 대해서는 한국어 문헌인 안휘준安輝濬(1980)이 필독서이다. 140여 점의 흑백 및 컬러 도판과 '용어 해설', '역대 화가 약보' 등도 첨부되어 있다. 안휘준(2004)은 더욱 새로운 연구 성과로서 100여 점의 컬러 도판이 아름답다. 1996년 서울 호암미술관에서 개최된 '조선전기국보전'에서는, 일본의 덴리대학天理大學 중앙도서관이 소장한 『몽유도원도』가 공개되었다. 가히 절품이라 할 만하다. 호암미술관湖巖美術館 편(1996)은 이 전시의 도록과 해설이다. 조선 시대의 회화 중에서는 산수화 이외에도 민화民畵라고 불리는 회화군에도 주목할 필요가 있다. 조선 민화집인 이타미 준伊丹潤 편, 미즈오 히로시水尾比呂志·이우환李禹煥 해설(1975)은 꼭 한번 볼 필요가 있다. 문자화文字畵 등도 조선 민화의 중요한 모티브이다. 한국어로 쓰인 이우환의 민화론으로 이우환李禹煥(1977)이 있다. 이성미 외(2005)도 참조할 것.

정음으로 쓰여진 서간문 등에 대해서는 한국어로 된 김일근金一根 편주(1959), 김일근(1986)이 있다.

중국의 예술론에 관한 후쿠나가 미쓰지福永光司(1971)는 매우 흥미롭고, 한국의 예술을 고찰하는 데 시사하는 바가 크다. 한영선韓榮瑄 주해(1985)도 참조할 것. '서예 지보전'(書の至寶展)은 세 번 다녀왔는데, 그 도록인 도쿄국립박물관·아사히신문사朝日新聞社 편(2006)도 귀중한 자료다.

조선 시대 서지학과 문헌학·인쇄술 등에 대해서는, 전술한 후지모토 유키오(2006)를 꼭 참조하자. 또, 후지모토 유키오(2014)는 한국의 출판문화사에 관한 귀중한 개론서이다. 이러한 문제에 대해서는 식민지 시대의 잡지 총집편인 서물동호회書物同好會 편(1978)이 마니아적이라 할 정도로 다양한 문제를 다루고 있어 귀중한 자료다. 김두종金斗鍾(1981), 윤병태尹炳泰(1983), 니시노 요시아키西野嘉章 편(1996) 등도 참조할 것.

제7장 〈正音〉에서 〈한글〉로

근대 한글 운동에 대해서는, 미쓰이 다카시三ツ井崇(2001), 박영준·시정곤·정주리·최경봉(2007), 노마 히데키(2007b)를 참조할 것. 한국 근대문학자의 일본 유학을 다룬 하타노 세쓰코(2009)도 참조하라. 이타가키 류타板垣竜太(2021)는 해방 후 북한에서 중요한 역할을 한 언어학자 김수경金壽卿(1918~2000)에 대해 다루고 있어 귀중한 자료다.

〈풀어쓰기〉에 대해서는 역시 박영준·시정곤·정주리·최경봉(2007)을, 한글 타자기에 대해서는 노마 히데키(1985)를 참조할 것.

지면 관계상 이 책에서는 다루지 않았지만, 이 시대의 에크리튀르를 생각할 때 만화를 빼놓고는 이야기할 수 없다. 신명직申明直(2008)을 참조하길 바란다. 참고로, 한국에서는 웹툰Webtoon이라 불리는 인터넷 만화가 2010년대 이후 큰 인기를 얻어, 드라마화된 히트작도 다수 등장했다. 인터넷의 에크리튀르에 대해서는 스가이 요시노리(2008), 그리고 영화에 대해서는 데라와키 겐寺脇研(2007) 등 여러 문헌이 있다. 언어 교육과의 관련성 면에서는 심원섭沈元燮(2008)을 들 수 있다. 이봉우李鳳宇·요모타 이누히코(2003)의 대담도 참조할 것. 아시아의 영화에 대해서는 요모타 이누히코(2003)가 있다.

종장 보편을 향한 계기 〈훈민정음〉

마지막으로 사전류에 대해 언급해 두겠다. 언어학 사전으로서 가메이 다카시·고노 로쿠로·지노 에이치千野榮— 편저(1988~1996)는 세계적인 사전이다. 이 사전은 활자로 조판한 것으로서 일본의 활자 인쇄의 종언을 장식한 서적이기도 하다. 고노 로쿠로·지노 에이치·니시다 다쓰오西田龍雄 편저(2001)는 문자 사전으로서 압권이다.

기무라 마코토木村誠·요시다 미쓰오吉田光男·조경달趙景達·마부치 데이치馬淵貞— 편(1995)과 이토 아비토伊藤亞人·오무라 마스오·가지무라 히데키·다케다 유키오·다카사키 소지高崎宗司 편(2000)은 한반도 관련 인물이나 사항을 알기 위한 사전으로서 신뢰할 만하다. 필자도 종종 도움을 받았다. 마쓰오카 세이고松岡正剛 기획감수, 편집공학연구소 구성편집(1990)은 문자와 커뮤니케이션의 고찰에 있어 자극적인 연표이다.

한국민족문화대백과사전 편찬부韓國民族文化大百科辭典編纂部 편(1991)은 언어와 문자, 각종 문헌과 관련된 기술記述이 담겨 있어 매우 중요한 자료다. 일본에도 훌륭한 백과사전과 전문 사전 및 언어 사전이 축적되어 있지만, 이에 상당할 만한 서적이 과연 일본에 있을까? 현재는 웹으로도 읽을 수 있다. 간행되어 시간이 조금 지나기는 했으나, 서울대학교 동아문화연구소東亞文化硏究所 편(1973)은 한국어학과 문학에 관한 한 권으로 된 충실한 사전이다.

단국대학교 부설 동양학연구소檀國大學校附設東洋學硏究所 편(1992~1996)은 한국어 한자 사전이며, 일본의 한자어 사전에서 볼 수 없는 한자어를 찾아볼 수 있다.

각종 단체, 학회, 대학, 사전 등의 웹사이트와 유타니 유키토시, 조의성, 나카지마 히토시, 스가이 요시노리 등 한국어 연구자 및 저자의 웹사이트도 참조하기를 바란다.

세/생 5실 555번에서 ㅁㅂ반, 안ㄱ ㄱ ㅂㄱ ㅕㄹ 사이느의 사신ㄴ은 대단하다. 출판물을 전자화한『표준국어대사전』외에도, 일반인들이 편찬에 참여할 수 있고 신조어·속어·유행어·방언 등을 방대하게 보유한 사전인『우리말샘』, 기초어휘에 관한『한국어기초사전』, 11개 언어를 담은 기초어휘 대역사전『국립국어원 한국어=외국어 학습사전』그리고『한국수어사전』이 있다. https://www.korean.go.kr/

저자 후기〔일본어판〕

헤이본샤平凡社 신서판 당시에 신서 편집부 편집장이던 마쓰이 준松井純 씨가 타계하셨다. 세상을 뜨기 1년쯤 전에 뵈었을 때, 함께 이런저런 이야기꽃을 피우던 중, "히나쓰 고노스케日夏耿之介 얘기가 나와서 말인데, 고백하자면, 사실 나도 나가이 가후永井荷風 덕후라서…"라며 아이처럼 반짝이는 눈으로 활짝 웃고 있었다. 추궁한 것도 아닌데 스스로 밝히는 그 "고백하자면…"이라는 화법, 그 화법을 거드는 차마 미워할 수 없는 표정, 지금도 잊을 수 없다. 참고로, 히나쓰 고노스케의 '가후론'은 헤이본샤 라이브러리 시리즈로 나와 있다. 『한글의 탄생』이 헤이본사 라이브러리판으로 나온 것을 보았다면 마쓰이 편집장도 틀림없이 그 환한 미소와 함께 기뻐해 주셨을 것이다.

책 만들기는 두 사람이 시작한다. 편집자와 작가가 만나면서 한 권의 책을 만드는 과정이 시작되는 것이다. 헤이본샤 신서판의 경우, 당시 동양문고의 세키 마사노리關正則 편집장님과의 만남이 소중한 출발점이 되었다. 그리고 이번 헤이본샤 라이브러리판의 탄생은, 신서판의 편집을 맡아 주셨고, 신서 편집장으로서 2014년에 『한국어를 어떻게 배울까 — 일본어 화자를 위해』를 출간해 주셨으며, 현재는 사전편집부에서 색인만으로도 120면이나 되는 무시무시한 책을 유유히 만들고 계신 후쿠다 유스케福田祐介 씨와의 10년 넘게 이어지는 교류가 있었기에 가능했다.

그저 감사할 따름이다.

지난 10년간 학계에서도, 애정 어린 가르침을 주셨던 선생님들이 잇따라 타계하셨다. 이기문李基文 선생님, 성백인成百仁 선생님, 우메다 히로유키梅田博之 선생님. 각각 한국어학, 만주어학에 있어 그야말로 대학자셨고, 누구보다도 헤이본샤 신서판과 한국어판의 간행을 기뻐해 주셨던 분들이다. 이 자리를 빌려 신판의 간행을 삼가 보고드리고자 한다.

돌베개에서 출간된 한국어판에 대해서도, 감사의 마음을 담아 잠시 언급하고 싶다. 한국어판은 김진아, 김기연, 박수진이라는 세 명의 공동번역으로 세상에 나왔다. 부제는 헤이본샤 신서의 일본어판과 다르게 『한글의 탄생―〈문자〉라는 기적』이었다. 한글이 '음에서 문자를 만든다'는 체계라는 것은 한국어권에서는 초등학생도 알 만한 사실이기 때문이다. 반대로, 한국어권의 독자분들을 위해 일본어권에는 없는 상세한 역주가 각주 형식으로 첨가되었다. 어떤 각주는 20행, 30행에 이르기도 해 종종 본문보다도 넓은 지면을 차지할 정도로 본격적이다. 역자인 김진아 씨의 해설도 실려 있어 일본어판과는 또 다른 풍취를 느낄 수 있다. 번역에 대한 평가도 높다.

이미 보신 바와 같이, 『한글의 탄생』에는 조선 시대 한문이 곳곳에서 인용되고 있다. 그 한문 문장을 현토문이라 불리는 한국어권의 전통적인 한문 독법으로 표기한 것도 한국어판의 특징이다. 현토문 등 한문 독법에 대해서는 이 책 제2장 4절에서 다루었다. 현

토문에 의한 한문의 인용은, 한국의 학계에서도 요즘에는 이루어
지지 않고 있고, 한글에 관한 기존의 출판물에서도 거의 찾아보기
어렵다. 한국어판에서 그것이 가능했던 것은 한국의 훈민정음 연
구의 압도적 일인자 강신항姜信沆 선생님의 지도 덕분이다.

신판의 집필에는, 일본의 조선대학교 문학부 조선어강좌장이
신 김예곤金禮坤 선생님, 한글학회의 권재일權在一 회장님, 서울대학
교 이호영李豪營 교수님, 국립국어원 어문연구실의 정희원鄭稀元 실
장님, 한국폰트협회 정석원鄭碩源 부회장님, Hancom Inc.의 류홍곤
선생님, Yoondesign Inc.의 강진희 선생님의 협력을 얻었다. 감사
의 말씀을 전한다.

책은 모양을 갖추었다고 해서 바로 책으로서의 삶을 얻는 것은
아니다. 그것은 마치 문자가 만들어졌다고 해서 곧바로 문자로서
살아갈 수 없는 것과 같은 이치다. 거기에는 반드시 〈목숨을 건 비
약〉이 있어야 하기 때문이다.
책이 책으로서 살기 위해서는 읽혀야만 한다. 그리고 읽히기 위
해서는 많은 사람들의 온갖 수고를 필요로 한다. 그것이 책의 〈목
숨을 건 비약〉이다. 그러한 비약에 동참해 주시는 많은 분들께 저
자로서 혼신의 감사를 바친다.

저자 후기 〔한국어판〕

〈한글〉과 〈훈민정음〉에 대해 일본어로 쓰여진 서적이 많은 것 같지만, 전문서를 제외하면 사실은 그리 많지 않다. 신서新書 중에서도 거의 찾아볼 수가 없다. 한글이라는 이름을 사용해도 문화의 측면에서 논한 서적은 있었으나, 한글에 대해 언어학적인 시좌視座, 〈지〉知라는 시좌에서 그려 낸 책은 신서新書 중에는 없었다. 그러한 이유로 처음에는 "한글의 탄생에 대해 간결하고 알기 쉽게" 써 달라는 요청을 받았다.

한글의 구조를 간단히 알기 위해서는 우수한 교재가 많이 있으므로 그것을 보았으면 한다. 그러나 전문서 외에는 한글의 진정한 재미와 깊이, 넓게는 에크리튀르에 대한 언어학적·문자론적인 시좌視座, 〈지〉知의 시좌에서 한글을 그려 낸 것은 지금까지 존재하지 않았다. 그렇기 때문에 어떻게 해서든 이 책에서는 이 정도 분량의 내용을 담고 싶었다.

"꼭 집필해 달라"고 말씀해 주신 헤이본샤 동양문고 편집부의 세키 마사노리關正則 편집장님, 신서 편집부의 마쓰이 준松井純 편집장님, 그리고 성심성의껏 애써 주신 후쿠다 유스케福田祐介 씨께 무리한 부탁이 되고 말았다. 그러나 이분들께서는 원고를 다 읽고 나서 "이 원고에서 한 글자도 빼지 않겠다"고 말씀해 주셨다. 정말 기뻤고 마음 깊이 감사드린다. 이 책이 종착점이 아니라 열린 광야로 향하는 출발점이 되도록, 신서로서는 과분한 용어집과 문헌 안내까지 담아 주셨다. 감사할 따름이다.

이 책을 집필하기 위해서는 문헌 안내에 기술한 많은 서적에 기대지 않으면 안 되었다. 선배들의 위업에도 역시 감탄과 감사의 마음뿐이다. 다만, 이 책은 정설을 정리하려는 의도로 쓰여진 책이 아니다. 이제까지 논의되지 않았던 많은 것들을 대담하게 써 보았다. 〈정음〉을 보는 시각 자체가 기존의 논고와는 많이 다를 것이다.

천학비재淺學非才이므로 그러한 점에서 회초리를 감당해야 할 부분이 있을지도 모르겠다. 깊이 사과드리며 널리 지도를 받을 수 있게 되기를 간절히 부탁드리는 바이다.

이러한 보잘것없는 졸저에 대해, 강신항姜信沆 선생님, 이기문李基文 선생님, 성백인成百仁 선생님, 고영근高永根 선생님, 남기심南基心 선생님, 고故 안병희安秉禧 선생님, 그리고 우메다 히로유키梅田博之 선생님, 후지모토 유키오藤本幸夫 선생님, 쓰지 세이지辻星兒 선생님, 유타니 유키토시油谷幸利 선생님, 마쓰오 이사무松尾勇 선생님 등 학계의 저명한 선생님들이 보내 주신 따뜻한 후의厚誼를, 이 글을 쓰는 힘으로 삼으며 몇 번이고 감사의 마음을 되새겨 보곤 했다.

권재일權在一 선생님, 송철의宋喆儀 선생님, 김주원金周源 선생님, 이현희李賢熙 선생님, 서상규徐尚揆 선생님, 고동호高東昊 선생님 등 한국의 언어학을 이끄는 선생님들께 평소 받은 따뜻한 배려에도 깊이 감사를 드린다. 정광鄭光 선생님, 마치다 가즈히코町田和彦 선생님께도 조언을 얻었다. 먼 지난날 『훈민정음』을 처음으로 강독해 주신 간노 히로오미菅野裕臣 선생님의 강의, 고 시부 쇼헤이志部昭平 선생님의 『언해삼강행실도』 강의는 오직 감사의 마음과 함께 기억 속에 떠오른다.

국제문화포럼의 오구리 아키라小栗章 씨, 한국문화원의 시미즈

주이치清水中一 씨, 한글학회 김한빛나리 선생님의 협력도 대단히 고마웠다.

이 책의 초교에 일노 ㅂ[징]한 노신을 애 문 나가니시 ㅛ고ㅐ四郝丁 씨, 무라타 히로시村田寛 씨, 김진아金珍娥 씨, 나카지마 히토시中島仁 씨, 스가이 요시노리須賀井義教 씨에게도 마음 깊이 감사의 뜻을 전한다.

이 책이 학문적인 입장에서도 읽을 만한 책이 되었다면 그것은 이분들 덕택이다. 스승의 입장이었던 사람이 어느샌가, 대학에서 교편을 잡은 이러한 우수한 제자들에게 가르침을 받게 되었다. 이처럼 행복한 일은 또 없을 것이다. 그리고 도쿄외국어대학교의 교원들, 대학원생들과 학부생들의 조언에도 감사를 표한다.

마지막으로, 이 책의 집필을 권해 주신 하타노 세쓰코波田野節子 선생님께 마음 깊이 감사드린다. 선생님과의 만남이 없었다면 이 책은 태어나지 못했을 것이다.

바라건대 『한글의 탄생』이라는 작은 책을 손에 들고 계신 분들께, 이 책을 읽으며 조금이라도 마음이 행복해지는 순간이 찾아오기를.

2010년 2월 노마 히데키

아폴로적 지성과 디오니소스적 감성의 결실

쓰지노 유키辻野裕紀(규슈대 대학원 언어문화연구원 준교수)

『한글의 탄생』과 노마 히데키

2010년, 일본에서 제2차 한류 붐이 한창이던 때, 신서판『한글의 탄생 ― 음에서 문자를 만든다』는 혜성처럼 나타났다. 이웃 나라의 대중문화에 대한 관심은 이미 현재화되어 있었지만, 언어나 문자에 대한 지적 관심을 유발하는 일반인 대상 서적은 당시만 해도 전혀 없었기에 일본어권 독자들에게 커다란 반향을 일으키며 환영받았다. 이 책은 '제22회 아시아태평양상' 대상을 수상했고, 그 후 한국어로도 번역되어(『한글의 탄생 ― 〈문자〉라는 기적』, 김진아·김기연·박수진 역)* 한글의 본고장 한국에서도 많은 독자에게 읽혔다. 이로써 저자인 한국어학자 노마 히데키 씨는 한일 양국에서 인정받는 지식인으로 기반을 다졌다고 할 수 있다. 이 책을 계기로, 한국의 권위 있는 한

---

* 한국어판 초판. 출판사는 돌베개.

국어학 관련 학회 중 하나인 '한글학회'가 선정한 '주시경 학술상'도 수상했다.

노마 히데키 씨는 일찍이 한국언어학의 태두로 알려져 현대 한국어의 문법론·어휘론을 중심으로 한 연구 업적도 방대하지만, 『한글의 탄생』이후에는 한국어학계 외부의 사람들까지도 대상으로 삼아 한국어와 일본어, 언어학의 흥미진진한 세계를 널리 세상에 알리는 저서를 저술해 왔다. 특히 최근에는, 전문적인 한국언어학뿐 아니라 〈언어는 어떻게 존재하는가〉를 근원적으로 묻는 〈언어존재론〉이라는 영역을 개척하는 등 〈언어학〉이라기보다 〈언어론〉이라 칭해 마땅한 영역에서까지 열정적으로 집필 활동을 펼치고 있다. 구체적으로는 『언어존재론』(도쿄대학출판회, 2018), 『언어, 이 희망에 가득찬 것—TAVnet 시대를 살다』(홋카이도대학출판회, 2021)가 있는데, 어디 하나 흠잡을 데 없는 수작이다. 전자는 언어의 원리론, 후자는 실천론이라 할 만한 것인데, 이러한 사고의 싹은 이 책에서도 엿볼 수 있다. 이처럼 후향적 관점으로 보면, 이 책은 저자가 새로운 국면으로 접어드는 출발점이 된 저작이며, 저자의 학구 인생에 있어 하나의 이정표가 될 것이다. 전체적으로 시종 명료한 논리와 힘 있는 필치를 유지하며, 방대한 선행 연구에 입각하면서도 그로부터 탈피하겠다는 야심과 창의성이 곳곳에서 빛을 발하는 명저이다.

『한글의 탄생』이 간행되자 발표된 수많은 서평에서도 일제히 높은 평가가 쏟아졌다. 예컨대, 사계斯界의 석학 쓰지 세이지辻星児 씨는, "이 책은 한글의 씨줄과 날줄이 자아내는 〈지〉知의 세계와 그 드라마를 훌륭하게 그려 내 많은 이들이 진정한 한글의 재미를 실감할 수 있게 했으며, 언어, 인간 그리고 역사에 대해 생각할 계기를 안겨 준 작품이다"라는 논평을 냈다.[*] 그 밖에도 요로 다케시養老孟司 씨, 가와무라 미나토川村湊 씨, 가라타니 고진柄谷行人 씨 등 쟁쟁한 지식인들로부터 긍정적인 평가를 얻었고,** 한국에서는 수십 개의 신문, 잡지, TV 등의 매체를 통해 크게 보도되었다. 또한, 니시타니 오사무西谷修 씨는 이 책을 "어떠한 분단도, 대립도 뛰어넘어 공유할 수 있는 〈지〉의 영위를 통해, 동아시아의 상호 이해를 위한 명실상부한 공헌을 했다"며 극찬했는데,*** 재일 한국인들의 『민단신문』民團新聞과 『조선신보』朝鮮新報 모두 이 책과 관련한 저자의 인터뷰 기사를 대대적으로 게재한 것은**** 이를 상징적으로 나타내고 있다.

제목은 『한글의 탄생』이라는 심플한 이름이지만, 다루고 있는 주제는 다기多岐에 걸쳐 있다. 〈한글=훈민정음〉이라는 문자의 탄생과 그 시스템을 본격적으로 논하는 제3장까지의 전주만 봐도 한국어의 총론, 문법구조, 어휘, 한자의 육서, 훈독론, 구결, 이두, 향찰, 언어의 선조성, 각필, 메소포타미아·지중해부터 한반도로 이어지는 〈단음문자 로드=알파벳로드〉 등 실로 다양한 이야기가 담겨 있다. 이로써 정음 창제 원리의 선구성과 높은 수준 등 그 진면목을 충분히 이해하기 위해서는 상당한 전제 지식이 필요하다는 것을 알 수 있다. 한국어나 한글을 처음 접하는 독자는 물론이고 한국어학에 어느 정도 조예가 있는 독자라도 처음부터 순방향으로 읽어

---

* 『조선학보』朝鮮學報 제219집, 2011년 4월 간행. 참고로 『조선학보』는 일본에서 한국학의 중심적인 학회인 조선학회의 학회지이다.

** 요로 다케시, 「15세기 조선의 임금이 소리를 형태화했다」(『마이니치每日신문』, 2010. 6. 27.), 가와무라 미나토, 「언어와 문자에 관한 심원한 사고」(『니혼게이자이日本經濟신문』, 2010. 7. 18.), 가라타니 고진·김우창, 「동아시아 문명을 둘러싼 대화 - 과거와 현재」(『현대사상』現代思想, 1월 임시증간호 제42권 제18호, 靑土社, 2014)

*** 니시타니 오사무, 「노마 히데키 『한글의 탄생』」(『파국의 프리즘 - 재생의 비전을 위해』, 푸네우마舍, 2014)

**** 「〈지〉의 세계를 확장시킨 『훈민정음』」(『민단신문』民團新聞, 2010. 8. 15.), 「동아시아의 상호이해를 위한 명실상부한 공헌」(『조선신보』朝鮮新報, 2011. 2. 18.)

나가기를 추천한다. 자기증식 장치로서의 한자, 훈독에서 보이는
언어의 중층성, 텍스트의 신체성 등 '정음 탄생 이전'의 제반 문제
에서도 빠뜨릴 바가 낙서이 가능하나, 세상 이루는 심음를 굴러
싼 상세한 이론인데, 한국어학, 한국어사의 입문서로도 추천한다.
전문 용어를 적절히 사용하면서도 필요에 따라 문장으로 풀어쓰기
도 하며 어떻게든 알기 쉽게 설명하겠다는 자세가 엿보인다.

한정된 지면으로 이 책의 매력을 전부 설명하기는 어려우나, 내
가 생각하는 이 책의 특장점을 들자면 크게 다음의 다섯 가지로 집
약할 수 있겠다.

〈지〉 차원에서의 절개

첫째, 정음을 〈지〉知라는 관점에서 절개切開한 점이다. 전형적으로
는 제4장에서 등장하는 논의다. 이 책에 서술된 바와 같이 전통적
으로 조선에서 〈지〉란, 다름 아닌 한자한문을 일컫는 것이었다. 그
리고 그 〈지〉의 양상을 근저에서 변혁시키는 일이 된 것이 바로 훈
민정음 창제라고 이 책은 주장한다. 저자가 정음 창제를 〈정음 에
크리튀르 혁명〉이라 칭하는 이유이다. 조선에 있어 한자한문은
〈지〉라는 관념적인 존재이면서, 동시에 지식인들의 생과 사 그 자
체이기도 했다. 그들의 실존을 지지하고 있던 한자한문에 근본적
으로 배치되는 시스템인 정음의 파급은 조선의 〈지〉의 전통을 붕
괴시킬 수 있었다. 그런 사태의 가능성에 전율하고 전쟁을 선포한
것이 최만리 등의 반대 상소문이었으며, 이렇게 해서 〈정음 에크
리튀르 혁명파〉와 그에 맞서는 〈한자한문 원리주의파〉의 항쟁이
전개된다. 기존의 연구에서는 이 싸움을 사대주의를 둘러싼 정치

적 이념 투쟁으로 보는 것이 일반적이었으나, 이 책에서는 〈용음합자〉로 상징되는 사상 투쟁이라 갈파하고 있으며, 이러한 관점은 매우 참신하다. 최만리파의 주장이 언어학적, 문자론적인 〈지〉의 평면에서 이루어진 사상 투쟁이었다는 점에 대해 기존의 훈민정음론은 "거의 평가하지 않았다"(239면)고 저자 자신도 서술하고 있다.

〈미〉의 측면에서 통찰

둘째, 한글을 〈미〉美의 측면에서도 들여다보고 있다는 점이다. 여기에는 자형字形=〈형태〉의 문제도 포함된다. 특히 제6장에서 서술되는 문제이다. 문자론(grammatology)은 일반적으로 문자의 기능을 다루는 학문이지만, 이 책에서는 문자의 형태 자체에 대해서도 서예, 인쇄 등의 문제와 함께 논하고 있다. 이는 미술가이기도 한 저자다운 착안이며, '붓으로 쓴 〈선〉線이란 무엇인가'라는 질문을 품고 이우환 씨의 「선으로부터」를 소환한 대목(317면) 등에서는 절로 경탄이 나올 지경이다. 이런 시점은, 언어학도가 논하는 정음론에서는 빠뜨리기 쉽지만, 문자를 사고함에 있어 본래 불가결하고 매우 중요한 것이다.

〈언어존재론〉적 사고

셋째, 〈언어존재론〉적인 사고가 도처에서 감지된다는 점이다. 〈언어존재론〉이란, 전술한 바와 같이 이 책의 저자에 의해 개척된 〈언어는 어떻게 존재할까〉라고 묻는 학문이다.

예컨대, 문자라는 것은 만들어졌다고 해서 곧바로 〈문장=sen-tence〉 혹은 〈텍스트〉가 되지는 않는다. 문자에서 문장 그리고 텍스트로의 비약은, 서사의 표현에 의하면 〈죽음을 건 비약〉(마르, 273 이하)이다. 특히 한국어와 같은 형태음운론적으로 복잡한 언어에서는 단어 하나 쓰는 데도 정밀한 언어학적 관찰과 분석이 요구된다. 또한 그것을 조합하여 문장이나 텍스트라는 보다 큰 단위로 쌓아 올리기 위해서는 여러 어려움이 수반되는데, 이러한 사실에 초점을 맞춰 논의를 전개하는 것은 너무나도 〈언어존재론〉적이다.

〈말해진 언어〉와 〈쓰여진 언어〉는 위상론적으로 크게 다르다. 이는 〈언어존재론〉의 기본 테제 중 하나이며, 저자는 이 점도 강조하고 있다. 그리고 〈말해진 언어〉로만 존재하던 언어를 글로 표기한다는 것은 〈글말체〉라는 문체=스타일을 별도로 만들어 내야 한다는 것을 의미한다. 한국어의 경우, 〈언해〉諺解 즉 한문 에크리튀르를 조선말로 〈번역〉하는 작업을 통해 〈글말체〉가 만들어지는데, 제5장에는 그 〈정음〉 에크리튀르의 창출 과정과 몇몇 구체적인 문헌 해제가 제시되어 있어 매우 흥미롭다. 훈민정음 반포 후에도 19세기 말 갑오개혁까지 조선의 공적 문서는 모두 한문으로 쓰였으며, 정음이 〈지〉의 세계 전역에서 사용되기까지는 20세기를 기다려야 했지만, 불전이나 경서·교화서·실학서·시가·운서·서간 등 정음이 다양한 장르의 텍스트에 사용되었고, 심지어 그것이 단절되는 일 없이 면면이 이어져 왔다는 사실에는 놀라움을 금할 길이 없다.

대조언어학적 시좌

넷째, 넓은 의미에서 대조언어학적 시좌를 기초로 삼고 있다는 점이다. 엄밀히는 대조문자론적, 문자유형론적 등으로 표현해야 정확한 부분도 적지 않지만, 어찌 되었든 이 책에는 늘 〈비교〉하는 자세가 통주저음通奏低音과 같이 근저에 흐르고 있다. 이는 저자의 다른 저작들에 대해서도 마찬가지로, 한국어를 일본어 및 타 언어들과 대조하면서 한국어의 자태를 분석하고자 하는 태도가 자주 보인다. 이 책에서도 예를 들어 한글이라는 문자가 가나나 한자, 알파벳 등과 어떻게 다른가 하는 점에 대해서 자세히 설명하고 있다. 이러한 〈대조〉의 방법은, 단순히 독자의 이해를 돕는 데서 그치는 것이 아니라 한글의 실체를 현시顯示하는 데 직결된다. 꼼짝 않고 한글만을 응시해도 보이지 않던 것이 다른 문자 체계와 비교 분석함으로써 보다 선명하게 드러나는 것이다. 이는 본질적으로 대조언어학의 묘미이기도 한데, 이 책에서도 그것을 확인할 수 있다. 또, 이렇게 대조를 통한 차이를 드러냄으로써, 한글이나 한국어를 보고 있었다고 생각했던 것이 어느샌가 가나나 한자, 일본어, 나아가 문자 일반, 언어 일반의 세계로 시야가 넓어지고 입체적으로 확대되고 있음을 깨닫게 될 것이다. 이는 바로 저자가 말하는 '보편으로의 계기 〈훈민정음〉'과도 연결된다.

'이야기'로서의 『한글의 탄생』

다섯째, 이 책이 '이야기'로서 전해 주는 재미이다. 이 책 전체가 철저하게 학술적으로 지당한 소견으로 구성되어 있다는 것은 두말할 필요도 없지만, 단순히 지식을 담담하게 늘어놓는 교과서적인 구성을 취하고 있지는 않다. 또, 언어나 문자에 관한 일반서 중에는, 시종 자잘한 온축蘊蓄류를 열거하기에 급급한 것들도 적지 않은데, 그러한 책들과도 확연히 구분된다. 일본 신서판의 부제이기도 한 '음에서 문자를 만든다'라는, 그야말로 가슴 두근거리는 이 일련의 과정을, 우리는 이 책을 통하여 추체험할 수 있다. 일반 대중을 대상으로 한 인문서로서 한 가지 중요한 덕목은, 어떻게 독자에게 지적 희열을 제공할 것인가에 있다고 나는 생각하는데, 이 책에는 독자가 질리지 않고 즐겁게 계속 읽어 나갈 수 있도록 하는 장치가 고안되어 있다.

일반적으로 비전문가를 독자로 상정했을 때, 단순한 사실의 나열은 그다지 재미를 주지 못한다. 왜냐하면 사실의 나열은 대부분의 경우, 사실 사이의 여백을 메우기 위한 식견과 상상력이 독자 측에 요구되기 때문이다. 그러나 이 책은 세부에 이르기까지 논건을 하나하나 정성스럽게 묘사하고 독자에게 해석을 떠넘기지 않는다. 무엇이 재미있는가, 왜 재미있는가마저도 구체적인 예를 들어 증명하고, 때로는 탁월한 비유를 구사하면서 빈틈없이 해설한다. 이는 일반인을 대상으로 하는 서적으로서 가장 이상적인 형태가 아닌가. 한글의 깊은 경지로 친절히 향도嚮導해 준다.

전문가에게도 이 책의 내용은 청신하며, 책을 펼쳐 읽는 중에 어느새 미지의 풍경을 조망하게 한다. 한국어학의 세계에 몸담고 있는 나도, 이 책을 처음 집어들었을 때 한글과 다시 만난 듯한 깊은 감회를 느껴 되새김질하듯 읽었던 기억이 있다. 이미 알고 있는 사실이라도, 이런 위치 선정이나 편집이 가능했던가 하는 새로운 발견도 적지 않았다. 단순히 개개의 구체적 사실들을 단편적으로 알고 있는 것과, 그 사실들을 보조선으로 느슨하게 연결시키고 창안創案을 곁들여 가면서 '이야기'로서 치밀하게 쌓아 올리는 것은 천지 차이라고 할 수 있다. 또한 이는 저자의 심오한 학지學知와 우수한 재능이 이룬 위업이며, 이 책은 저자가 지닌 아폴로적 지성과

디오니소스적 감성이 책으로서 융합하여 결실 맺은 희유稀有의 사례라 하겠다.

한글을 향한 무한한 애정 그리고 독자에 대한 성실성

저자는 '한글은 이렇게나 재미있다'며 한글의 묘미를 입도粒度 높은 언어로 몇 번이고 우리에게 전해 준다. 요컨대 한글을 시상면, 관상면, 횡단면으로 자유자재로 잘라 보며 그 단면을 보는 즐거움을 차근차근 치밀하게 설명해 준다. 그리고 무엇보다 한글을 향한 무한한 애정이 곳곳에서 가득 차 흘러넘친다. 책 말미의 상세한 색인과 문헌 일람, 연표 등 독자에 대한 지나치리만큼 세심한 배려는 이 책의 미덕 중 하나이기도 하다. 메시지를 전하고자 하는 대상에 대한 이런 성실성은, 한글에 대한 뜨거운 사랑과 주체하지 못하는 학문에 대한 열정에만 기인하는 것은 아닐 것이다. '언어는 쉽게 통하지 않는다'고 한 〈언어의 소통 불가능성〉과 그로 인한 슬픔을 익히 알고 있는 저자이기에 더욱 그렇다.

마지막으로,『한글의 탄생』의 '헤이본샤 라이브러리' 시리즈 합류를 축하하면서 새롭게 단장한 이 책이 '새로운 고전'으로서 앞으로도 오랫동안 읽히기를, 한 명의 언어학도로서 충심으로 간절히 기원한다.

『한글의 탄생』의 탄생

김진아金珍娥

1. 일본에서의『한글의 탄생』

2010년 11월 15일 마이니치 신문사每日新聞社 팰리스사이드 빌딩 9층. 일본의 3대 신문 중 하나인 마이니치 신문사와 아시아 조사회가 주최하는 '아시아태평양상' 수상식으로 로비는 발 디딜 틈 없이 붐비고 있었다. 긴장감과 엄숙함, 설렘이 온몸을 감싼다.

"아시아태평양상 대상大賞『한글의 탄생』노마 히데키野間秀樹 씨!"

『한글의 탄생』의 수상은 일본에 살고 있는 우리에게 정말 충격적인 기쁨과 놀라움과 감탄을 자아내는 화제였다. '우리'라는 것은, 일본에 유학 와 있는 유학생, 여러 일에 종사하고 있는 재일 한국인과, 몇 대에 걸쳐 일본에 살고 있는 재일 교포들, 일본 대학생들을 비롯해 한국어를 배우는 사람들, 한국을 사랑하고 한국과 관련된 일을 하고 있는 일본인들….

왜일까?『한글의 탄생』의 수상이 놀라움과 감탄을 자아내는 이

슈가 된 것은. 2002년도 한일 월드컵 공동 개최와 드라마『겨울연가』등으로 한국의 위상이 일본 국내에서 급부상한 것은 사실이다. 그전에는 아르바이트를 하는 곳에서도, 집을 구하기 위해 들어간 부동산에서도, 한국인이라는 이유로 무시와 멸시를 받는 일이 결코 적지 않았던 일본 사회였다. 그러나 2002년 이후로 한국에 대한 인식과 위상이 달라지기는 했어도, 어디까지나 영화·드라마·노래·배우·가수 등 대중문화적인 측면에서의 일이었다.

『한글의 탄생』은 문화적인 차원에서나 지적知的인 차원에서나 한국과 한국어의 위상을 바꿔 놓은 대사건이었다. 2000년대 들어서면서부터 한국어 학습자가 늘기는 했으나 한국어는 프랑스어나 독일어보다 학습자 인구가 수적으로는 많아도 학술적인 위치와 지적인 평가에서는 한참 떨어지는, 일종의 소수 언어였다. 그러한 소수 언어, 그중에서도 관심을 거의 갖기 어려운 한국어의 문자 〈한글〉에 대해 쓰여진 책이 '아시아태평양상' 대상을 받은 것이다.

그뿐만이 아니다. 일본의 대형 서점인 준쿠도ジュンク堂에서는 이 책이 신서新書 시리즈 주간 판매 4위에 올라 베스트셀러 책장에 진열되어 있었다. 또 수상 전부터도 인터넷 서점인 일본 아마존에서는, 35만 점 가까이 발행되고 있는 신서와 문고 가운데 이 책이 3위에, 또 100만 점 가까이 있다고 하는 모든 서적 중에서는 최고 93위에까지 오르는 등 대단한 기록과 뜨거운 관심을 낳았다. 이 책은 발간 순간부터 한국이나 한국어 관계자들만의 책이 아니었던 것이다.

'한글'에 관한 책이 일본의 일반 시민들 사이에서 이만큼이나 읽히게 될 줄이야…. 이 이전에도 없었고, 이후로도 아마 나오기 힘들 기록적인 책이 될 것이다. 한국의 지知가, 한글의 탄생이 이토록 많은 일본인들에게 읽히며 감동을 전해 주고 있다.

『마이니치신문』에 요로 다케시養老孟司 씨의 서평이 실리고,『일본경제신문』日本經濟新聞에는 가와무라 미나토川村湊 씨의 서평이 실린 것을 비롯하여 사회의 저명 인사들로부터 이 책에 관한 서평과 소개가 이어졌고, 『요미우리신문』讀賣新聞·『아사히신문』朝日新聞·『홋카이도신문』北海道新聞 등에도 극찬과 함께 소개의 글이 실렸다. 이렇게 많은 신문에 한 책의 서평이 나오는 것은 보기 드문 일이다. 대한민국 거류민단의 기관지인 『민단신문』에서는 8·15 특집으로 이 책에 관한 기사를 썼고, 조선총련의 『조선신보』에서도 이 책을 크게 다루었다.

블로그 등 인터넷의 세계에서도 『한글의 탄생』에 대한 반응은 뜨거웠다. 사상가 니시타니 오사무西谷修 씨는 "어떠한 분단과 대립도 넘어, 지知의 영위에 의한 동아시아 상호 이해를 이루어 낼 참된 공헌"이라는 말로 그 감동을 전하였다. 유·무명을 막론하고 많은 독서인들이 남긴 감동과 소개의 글이 인터넷에 잇달아 올라왔고, 이는 간행된 지 1년 4개월이 지난 지금도 이어지고 있다.

> 일 년에 수백 권의 책을 사고 그중 세 권에 한 권은 재미없다고 버리는 제가 〈재미있다〉고 극찬하는 책입니다. 과거 10년간 읽은 책 중에 아마 다섯 손가락에 들어갈 책, 아니 그보다 더 재미있을지도 모릅니다. —블로그 'WS30의 세계'

이 감동적인 책은 일본 독서인들, 지식인들의 폭넓은 지지를 얻었을 뿐만 아니라 학계에서도 압도적인 신뢰와 평가를 받고 있다.

오카야마대학岡山大學 언어학과의 쓰지 세이지辻星児 교수는 일본의 가장 권위 있는 한국학 학술지인 『조선학보』朝鮮學報에 『한글의 탄생』의 서평을 써 주셨다. 일곱 면에 걸쳐 실린 서평의 일부를 인용해 본다.

이 책은 일반 독자를 위한 신서新書로 쓰여지긴 했으나, 언어학의 시점에서뿐만 아니라 보편적인 시점에서 한글의 성립과 역사, 또 그 지知의 세계가 갖는 의미에 대해 논하였다. 그뿐만 아니라 한글에 대한 저자의 넘쳐흐르는 정열과 사고로 가득 차 있으며, 독자가 싫증 내지 않고 마음 설레면서 읽어 나가게 하는 내용과 구성 그리고 문체를 갖추고 있다. 저자인 노마 히데키 씨는 한국어학, 언어학, 한국어 교육 등 많은 분야에서 업적이 있고 시야가 넓은 연구자로서 높은 평가를 받는 언어학자이다. (…)

이 책은 말하자면 한글이 지닌 〈훌륭함〉을, 언어학적으로, 문자론적으로, 나아가 인류의 지知라는 넓은 시야에서 하나하나 구체적으로 논증하고 풀어 나간다. 저자의 독자적인 시점이 전편全篇을 통해 명확하게 드러나 있으며, 〈읽히기〉 위한 〈장치〉가 효과적으로 기능하고 있다. 그리하여 한글의 기적적인 〈탄생과 성장〉이 〈지〉知의 드라마라는 형태로 약동감 있게 전개되고 있다. 그리고 〈정음 에크리튀르〉의 다양한 〈혁명〉성은 우리 현대인의 〈지〉의 세계에도 현대적인 의미로 다가온다. 물론 그 바탕에는 한글에 대한 저자의 뜨거운 마음과 함께, 언어학과 한국어학, 기타 다방면에 걸친 확실한 전문성이 자리하여 이 책의 내용을 지탱하고 있다. 저자가 이 책에서 사용하고 있는 언어학의 중요한 용어들은 모두 정확하고 알기 쉽다. 이 책은 한국어학 입문서로도 쓰일 수 있을 것이다. (…)

저자의 확실한 전문성은 물론이거니와, 한편으로 기성既成을 의심하고 그 존재의 기반을 물으며 대상의 근원으로 거슬러 올라가 생각하려는 저자의 자세는, 연구자로서의 모습과 원점을 보여 준다. 그리고 랑그langue로서뿐만 아니라 언어생활, 더 나아가 인간의 〈지〉知나 〈삶〉 속에 살아 있는 힘으로서 언어를 파악하려는 방향성은, 언어와 인간이 엮어 가는 무한의 세계를 가리키고 있는 것이다.

쓰지 세이지 교수는 고노 로쿠로河野六郎 박사의 마지막 직계 제자이자 학계의 존경을 모으는 학자이다. 더 이상 덧붙일 것이 없을 만큼 이 책의 본질과 저자의 본질을 그려 내고 있는 문장이라 할 수 있다.

일본에서의 『한글의 탄생』은 이러한 의미를 가진 것이었다. 소수 언어였던 한국어, 그리고 그 언어의 문자가 일본 사회에 우뚝 서게 한 저작이며, 재일 한국인·조선인 교포들에게는 감동과 자랑스러움을 준 책이며, 한국 및 한국어와 관련된 많은 연구자들과 학생들에게는 긍지를 느끼게 하는 가르침이자 찬사를 아낄 수 없게 하는 존재이다. 무엇보다도 『한글의 탄생』은 한국어나 한국과 거리가 멀었던 사람들까지 포섭하면서, 〈한글〉이 일본의 독서인들, 지식인들 사이에 확고한 위치를 차지하는 존재가 되게 하였다.

2. 『한글의 탄생』의 매력

『한글의 탄생』이 이토록 주목받은 이유를 다음의 몇 가지로 생각할 수 있다.

첫째, 독특하고 품위 있는 문체.
둘째, '훈민정음'과 '한글'에 관한 독창적인 해석과 독특한 시각.
셋째, 민족 우월주의적인 담론으로 빠지지 않고 어디까지나 지적인 차원에서의 성취로 설명하고 심화한 점.

넷째, 언어학적인 궤도 안에서 일본어와 대조하면서 논의한 점.

첫째, 독특하고 품위 있는 문체. 제일 먼저 이러한 이유를 든 것에 독자들은 놀랄지도 모르겠다. 그러나 내가 『한글의 탄생』에서 무엇보다도 강렬한 인상을 받은 것이 바로 이것이다. 어려웠다. 분명 재미있고, 너무나 매력적이다. 그러나 어려운 것이다. 처음에는 내용을 이해했다기보다 일본어를 따라 읽기에 급급했다. 물론 표면적으로는 읽어 낼 수 있다. 그러나 이 글의 진정한 맛을 보기 위해서는 여기저기에 숨어 있는 지적인 물음과 맞닥뜨려야 하는 것이다. 초고 단계에서부터 저자의 원고를 접했던 나는 밤을 새워 가며 읽고 또 읽었다. 일본어 모어화자가 아닌 나도 느낄 수 있을 만큼, 그 어떠한 일본어 연구 서적에서도 찾아보기 어렵고 어떠한 일본 문학가들의 필치에도 뒤떨어지지 않는 멋지고 고풍스러운 문체이다. 품위와 격이 갖추어져 있으면서도 절도 있는 문체이며, 변화감과 속도감이 넘치는 일본어이다. 이 책의 일본어는 많은 평론가들에게도 극찬을 받고 있다. 간행 후 7개월도 되지 않았을 때, 대학 입시의 '국어' 즉 〈일본어〉 입시 문제 지문으로서 이 책이 몇 면에 걸쳐 인용되기도 했다. 이 번역서에서 이러한 문체의 아름다움을 다 살리지 못했다면 번역자의 책임이다.

이러한 문체를 겨우 공부해서 통과한 다음에는, 독창적인 해석과 독특한 시각에 놀라움을 금치 못하게 된다. 이것이 이 책의 두 번째 매력, '훈민정음'과 '한글'에 관한 독창적인 해석과 독특한 시각이다. 설명 방법이라는 측면에서 보아도, 이 책의 제1장에 언급되어 있는, '회사원'會社員이라는 말을 이용한 한자어의 설명 부분은 이제 일본의 한국어 교육에서 누구나 쓰고 있다고 해도 과언 이 아닐 만큼 교육 현장에서 널리 이용되고 있다.

한글이 자음자모와 모음자모로 구성되어 있는 바에 비하여 순자인 히라가나는 자음자모와 모음자모로 구성되어 있지 않음을, 'か'ka라는 히라가나의 그림을 이용해 보여 주는 설명 또한 참으로 재미있다. 일본어로 '메카라 우로코가 오치루'目から鱗が落ちる(눈의 비늘이 벗겨진다)라는 말이 있는데, 대학원생 시절 저자의 한국어 강의에서 위의 설명을 처음 들었을 때 정말 눈에 덮인 무엇인가가 한 꺼풀 벗겨지고 머리를 번개가 치고 지나간 듯한 전율을 느낄 정도로 흥미로웠던 기억이 난다.

이외에도 저자의 여러 가지 독특한 설명 방법은 저자의 강의를 들으며 배운 많은 연구자들에 의해 일본의 한국어 교육 현장에서 굳건한 전술이 되었다. 저자의 독특한 언어 교육 방법이 이렇게 책으로 또 한국어로 번역 출판되어, 이를 더욱더 많은 분들과 함께 나눌 수 있게 되었다. 참으로 기쁘다.

이러한 독특한 예는 얼마든지 찾아낼 수 있다. 제2장 6절 '자음 로드의 종언'에서 많은 언어들이 모음의 존재를 구체적으로 정확히 형태화하지 못했다고 한 논의와, 실크로드와 흡사한 자음 로드가 한글에서 종결되었다고 한 해석 또한 흥미롭다. 각필 문헌의 발견 이야기나, 경상도의 어느 집 다락에서 발견된 『훈민정음』 이야기도 이 책의 흥미를 더해 준다. 한문훈독의 중층화론, 음운론─음절구조론─형태음운론이라는 3층구조론, 음절의 4분법론 등의 독창성은 말할 것도 없다. 일본어의 하이쿠俳句를 예로 들어 의성의태어를 제시하기도 하고, 「용비어천가」, 황진이와 이퇴계의 시조, 현대시 「목숨」에 이르는 한글 에크리튀르를 아름다운 일본어로 옮겨 보여 준 것도 잊혀지지 않는다. 일본어권 독자에게 한국어와 한글의 참된 아름다움을 전하려면 이러한 압도적인 아름다움으로 구현된 일본어가 필요한 것이다.

무엇보다도 전율을 느끼게 한 것은, 훈민정음 창세 당시 최만리 등이 올린 상소문에 대한 해석과 시각이다. 저자는 그것이 그 당시에는 오히려 한자한문을 목숨처럼 여긴 지식인들의 존재적 근원에서 우러나오는 목소리이자 지知의 표현이었음을 역설하고 있으며, 세종이 투쟁한 것은 눈앞에 있는 최만리 등의 지식인들이 아니라 오히려 보이지 않는 '역사와 한자'였음을 현대의 시각에서 선명하게 보여 준다.

지금까지의 많은 문헌과 연구들이 최만리파를 비난하고 있었음을 고려하면 상당히 흥미로운 해석이 아닐 수 없다. '민족주의'가 아닌 〈지〉에 입각한 해석을 통해 이루어질 수 있었던 사고일 것이다. 제6장과 제7장에서 한글의 선線과 형태에 관한 미적 아름다움을 파고들어 간 부분도 저자만의 시각이 아니고서는 채워질 수 없는 면이었다.

세 번째로 든 것은 '민족 우월주의'가 아닌 '지知의 성취'로 한글을 심화시켜 다룬 논의이다. 나 역시 한국인이기에 세계기록유산에 등재되어 있는 우리의 훈민정음은 자랑이며 영광이다. '한글은 대단한 문자다'라는 이야기를 들을 때는 우리 민족과 선조들의 우수성을 뽐내고도 싶다. 그러나 세계로 뻗어 나가고 세계를 상대로 한글의 우수성을 전하고 싶다면, '민족 우월주의' 내지는 '민족주의'가 조금이라도 가미되어서는 안 된다. 한국어 비모어화자의 입장에서 그런 것은 '가족의 자랑'으로 치부해 버릴 수도 있다. 『한글의 탄생』은 지知라는 측면에 입각하여 '한글'의 정통성과 우수성을 논했기에, 한글이라는 문자가 일으킨 문자의 혁명, 그리고 지적

혁명의 가치를 많은 일본인들이 아무런 선입견 없이 순수하게 받아들이며 인정할 수 있었던 것이다.

지知리는 넓은 시야에서 볼 때에라야, 우리는 이 〈한글〉이나는 문자와 한글 속에서 살아온 모든 사람들에 대한 감동을 함께할 수 있게 되는 것이다. 그러한 감동의 세계에서는, '민족'이니 '국가'니 하는 개념처럼 인간을 구별 짓는 것들의 차원을 넘어서서, 저자가 말하는 〈유적 존재類的存在로서의 인간〉으로서 거대한 지知의 기쁨을 함께할 수 있는 것이다. 많은 일본어권 독자들의 마음을 사로잡은 것은 바로 이러한 보편성이었다.

마지막으로 말할 것은, '일본어와 한국어를 대조'하여 두 언어 간의 차이에 관한 흥미를 유발시키면서 책 한 권의 스토리를 이끌어 나간 점이다. 한국어만을 이야기해서는 앞서 말했듯이 이렇게까지의 많은 독자를 확보할 수는 없었을 것이다. 이 책은 한국어의 특징을 주로 일본어와 대조해 가며, 그리고 중국어와 영어, 프랑스어 등 또 다른 다양한 언어들의 예를 들어 가며 설명함으로써, 자칫 어렵고 따분해질 수 있는 언어학적인 논의에 대해 더 알고 싶도록 지적 호기심과 흥미를 끌어낸다. 한국어에 일본어를 비추어 봄으로써 일본어권 독자는 자신의 모어인 일본어에 대해서도 배우게 되는 것이다. 그 반대 방향으로 읽게 될 한국어권의 독자들에게도 이는 마찬가지일 것이다. 물론 언어학적인 이야기를 마치 소설처럼 스토리로 풀어 나가는 저자의 필치도 이에 한몫하고 있다. 이러한 대조언어학적인 시각과 논의는 한국어학과 한국어 교육, 일본어학과 일본어 교육, 그리고 언어학에 몸담고 있는 연구자, 교사 및 한국어와 일본어 학습자들에게 무척 긴요하고 필수적인 개념들을 전달하고 있다.

3. 『한글의 탄생』의 저자는 누구인가

그럼 이 책을 쓴 저자는 과연 어떤 사람일까. 한국의 국어학계나 한국어 교육학계에서는 저자의 이름과 업적이 알려져 있으나, 저자의 가르침을 직접 받은 제자의 특권으로 여기서는 기본적인 소개뿐만 아니라 널리 알려지지 않은 사실들도 아울러 밝히고 싶다.

놀랍게도 저자는 처음 미술 작가로서 출발하였다. 지금의 쓰쿠바대학교筑波大學校로 이전한 도쿄교육대학교東京教育大學校 교육학부 예술학과 구성構成 전공 중퇴 —— 저자의 첫 번째 대학 경력이다. '구성'이란 추상미술과 그래픽디자인을 주로 다루는 학과였다고 한다. 인쇄, 타이포그래피typography, 사진에 대해서도 이 시기에 배웠다.

대학을 중퇴한 저자는 현대미술 분야에서 미술 작가로서 활동했다. 그리고 미술 작가로서의 이 시기가 저자를 한국학으로 이끌게 된다.

1979년, 젊은 저자를 비롯해 일본과 한국에서 모인 젊은 미술가들의 "7인의 작가: 한국과 일본"이라는 전람회가 도쿄와 서울에서 열렸다. 아마도 한일 미술가들이 처음으로 한자리에 모인 교류전이었을 것이다. 한국 측의 작가로는 뉴욕에서 활약하는 이상남李相男 씨, 서울에서 사진가로서 활동하는 김장섭金壯燮 씨가 있었다. 이 전람회를 계기로 저자는 처음으로 한국 땅을 밟는다.

현대미술계에서 저자는 여덟 번의 개인전을 비롯해 왕성한 활동을 하였다. 구舊 유고슬라비아Yugoslavia의 류블랴나Ljubljana 국제 판화 비엔날레전, 영국 브래드퍼드Bradford 국제 판화 비엔날레전과 같은 해외의 미술전에도 출품하였다. 1977년 제13회 현대일본미술전에서는 가작상佳作賞을 수상하였는데, 같은 전람회에서 이우환李禹煥 씨도 이 책에 인용된 작품「선線으로부터」(線より)로 도쿄국립

근대미술상을 수상하였다. 저자는 잡지 『미술수첩』美術手帖에도 종종 등장하던 젊은 작가였다.

도쿄 긴자銀座에서 처음 열린 개인전에는 미국의 서명한 소설가 리처드 브라우티건Richard Brautigan 씨가 음악가 다나카 미치田中未知 씨와 함께 와 주었다고 한다. 시인이자 극작가인 데라야마 슈지寺山修司 씨가 이 개인전은 참으로 재미있으니 보러 가라 해서 왔다는 것이다. 데라야마 슈지 씨는 젊은 저자의 작품에 대한 비평을 처음으로 마이니치신문에 실어 준 인물이기도 하다. 브라우티건 씨는 "Beautiful!"을 연발하면서 저자의 작품에 매우 흡족해했고, 그 뒤에도 일본에 올 때마다 몇 번인가 만나 함께 요코하마에 전람회를 보러 가기도 했다고 한다. 일본의 세계문학전집에도 작품이 수록될 정도로 대작가였던 리처드 브라우티건 씨는 그 후 작고하셨다. 저자는 연구실에서 소중한 보물을 보여 주듯 브라우티건 씨의 사인이 담긴 『잔디밭의 복수』의 원서와 일본어 번역서 등을 제자들에게 보여 준 적이 있다.

저자가 존경하는 미술가는 가와라 온河原温 씨와 이우환 씨라고 한다. 〈모노파〉もの派(일본어 '모노'もの는 '물체'라는 뜻)라고 불린 미술가들의 이데올로그였던 이우환 씨는 저자가 매우 영향을 받았던 미술가라고 한다.

현대미술가로서 저자가 지닌 이러한 눈은 이 책의 제6장에 보이는 것과 같이, 문자를 기호론적인 세계에서만 인식하는 것이 아니라 〈질량을 가진 텍스트〉로까지 보는 사상을 굳건히 지탱하고 있다. 서적을 언급할 때에 느껴지는 저자의 애정도 이러한 감성에서 우러나오는 것이다. 단순히 언어학도에 머무르지 않는 폭넓은 견해 또한 저자의 이러한 감성 때문이 아닐까.

그럼 한국어학과의 인연은 어디서 시작된 것일까? 한국어는 독학이었다. 한국어를 마치 모어처럼 구사하면서, 한국어 모어화자인 제자들의 한국어 논문을 무서우리만큼 날카롭게 지적하는 저지를 볼 때면 역시 놀라움을 감출 수 없다.

그가 독학 시절 사용하던, 1,500면 정도 되는 너덜너덜해진 사전의 여백에는 볼펜으로 무엇인가가 잔뜩 쓰여 있고 한 페이지당 20~30여 개 되는 형형색색의 색연필 표시가 가득하다. 적어도 수만 번은 단어를 찾았다는 이야기이다. 수천 번이 아니다. 저자의 연구실에는 그러한 사전이 여러 권 남아 있었다. 한국어 교재를 만들 때에도, 저자는 바로 그 자신이 그러했듯이 독학하는 학습자들의 뜻과 슬픔을 생각하지 않으면 안 된다는 점을 강조한다.

미술을 전공하며 한국어 공부를 병행하던 저자는 마침내 전문적인 학문으로서 한국어를 배우기에 이른다. 나이 서른에 다시 대학에 들어간 것이다. 미술로는 71학번이지만 한국어학으로는 83학번이다. 한국어학을 연구하기 시작하고서 이미 학부생 때에 『코스모스 조화사전』コスモス朝和辭典이라는 한일사전의 편자로 발탁되기도 하였고, 대학원생 때에는 조치대학교上智大學校 커뮤니티 칼리지에서 교편을 잡기 시작한다.

저자의 지도교수는 알타이언어학 등 넓은 시야에서 한국어학을 이끌고 있었던 간노 히로오미菅野裕臣 교수였다. 간노 선생님이 안 계셨다면 지금의 자신은 있을 수 없다는 말을 저자는 평소에도 자주 했다. 또한 고故 지노 에이치千野榮一 교수, 고 시부 쇼헤이志部昭平 교수 그리고 우메다 히로유키梅田博之 교수, 후지모토 유키오藤本幸夫 교수 등 저명한 학자들의 가르침을 받았다.

학부 졸업논문을 정리한 첫 논문인「'하겠다' 연구—현대 한국어의 mood 형식에 대하여」(하겠다の研究—現代朝鮮語のmood形式をめぐって,

1988)는 학회지『조선학보』에 73면에 걸쳐 게재된 것으로, 그 당시로서 충격적인 논문이었다. 저자의 한국어 저서인『한국어 어휘와 문법의 상관구조』(2002)에 수록되어 있다.

『조선학보』에서 그의 학부 졸업논문을 읽은 고故 고노 로쿠로河野六郎 박사는, 만나러 오지 않겠느냐는 엽서를 저자에게 직접 보내왔다고 한다. 당시 고노 로쿠로 박사는 문자 그대로 언어학의 거성으로, 대학을 떠나신 이후로 직접 만나 뵐 수 있는 분이 아니었다. 저자는 고노 로쿠로 선생님께 절대적인 영향을 받았다고 종종 강의 시간에 이야기하곤 하였다.

고노 로쿠로 박사는 저자의 지도교수 간노 히로오미 교수의 스승이다. 저자는 고노 로쿠로 — 간노 히로오미 — 노마 히데키라는 학통에 위치하는 학자인 셈이다.

저자는 1991년 모교인 도쿄외국어대학교에서 전임강사로 교편을 잡기 시작하였고, 그 이후로도 방대한 저작 활동을 계속하고 있다. 그중에서도 2007년부터 간행 중인『한국어 교육론 강좌』는 각 권이 800면에 달하는 전 4권의 대작이다. 저자가 단독으로 편자가 되어 일본과 한국의 연구자들 70여 명의 논고를 엮었다. 한국어학과 한국어 교육학의 정수가 될 만한 시리즈이다. 각 권마다 저자는 음성학, 음운론에서부터 어휘론, 문법론, 언어존재론, 언어교육론을 아우르며 100면 내지 150면에 이르는 분량의 원고를 집필하고 있다. 학자로서의 지도적 역량이 발휘된『한국어 교육론 강좌』는 그 내용의 넓이와 깊이 면에서 한국어권에서도 찾아보기 힘든 저서이다.

1996년부터 1997년까지는 서울대학교 한국문화연구소 연구원으로서 서울대학교에 머물기도 했다. 도쿄외국어대학교의 조교수로 재직하고 있을 때의 일이다. 이때 배운 것이 너무나 크다고 저자는 늘 말한다.

고故 안병희 교수 그리고 강신항 교수, 이기문 교수, 성백인 교수, 남기심 교수, 고영근 교수, 임홍빈 교수와 같은 대학자들의 성역에 접하였으며, 권재일 교수, 송철의 교수, 이현희 교수, 고동호 교수와 같은 훌륭한 연구자들과 함께한 시간들이었다.

1998년부터는 도쿄외국어대학교 대학원의 교수로 근무하며 도쿄대학교와 조치대학교 등 10여 개가 넘는 대학에서 강의를 하였다. 현재는 국제교양대학교國際敎養大學校의 객원교수로 있다. 저자가 주임 지도교수로서 지도한 대학원생 중 아홉 명이 이미 일본과 한국에 있는 대학의 전임강사, 준교수, 교수로서 근무하고 있다. 시간강사로 활약하고 있는 제자들도 적지 않다.

저자는 일본어 모어화자와 한국어 모어화자, 양쪽의 제자를 모두 훌륭히 키워 냈으며, 세계적으로도 한국어학의 제자를 이만큼 키워 낸 연구자는 그리 많지 않을 것이다. '사람을 키우는 것이 논문을 쓰는 것보다 훨씬 어렵다' —— 저자의 말이다.

그리고 오늘도 저자의 유머 넘치는 뜨거운 명강의는 많은 젊은 이들의 가슴을 뛰게 만들고 있을 것이다.

4. 번역의 굴레

이 책의 번역은 세 명이 우선 다음과 같이 담당하고, 서로가 서로의 원고를 전체적으로 검토하며 진행하였다.

서문, 제4장, 저자 후기	김진아
제1장, 제2장, 제5장, 용어집	김기연
서장, 제3장, 제6장, 제7장, 종장, 문헌 안내, 한글 연표	
	박수진

앞서 이야기한 바와 같이 『한글의 탄생』의 일본어는 지극히 격식과 품위가 있으며 글말 속에 입말이 섞여 있기도 하고 때로는 산문에 운문이 곁들여져 있기도 하다. 그 문체의 미학은 동시에 정적인 품격으로서의 예술성과 동적인 이야기로서의 문학성을 겸비하고 있다. 이러한 일본어를 살리기 위해 우리 번역자들은 솔직히 눈물 나는 고생을 해야만 했다.

우선 용어의 구별. 예를 들면 '게슈탈트'와 '형태'와 '모양'을 구별해야 했고, '음'과 '소리'를 구별해야 했으며, '흘립'屹立·'윤회'輪廻·'자연의 극북極北'·'경상鏡像 관계' 등의 한자어와 투쟁해야만 했다. 그리고 '레이어', '에크리튀르', '게슈탈트', '오노마토페'와 같은 외래어를 놓고도 눈물겨운 고행苦行이 있었으며, '유적 존재'類的存在, '개체個體로서의 인간', '정음의 자장磁場', '목숨을 건 비약' 등과 같은 표현에도 밤잠을 이룰 수가 없었다. 이것들을 다 한국어의 세계에서 한국어로서 살려야 했던 것이다.

원칙적으로는 저자의 집필 의도와 일본어판의 훌륭한 점을 살리기 위해 저자의 단어를 우선적으로 고려하고 채택하였다. 그리고 문맥의 흐름에 따라 한자어와 외래어의 사용을 자제하고 한국어의 고유어로 풀어서 쓰기도 하였다.

또한 하나의 일본어 용어에 대해 번역자 세 명의 번역 단어가 다르거나, 의역으로 인해 책 내용의 흐름이 통일되지 못한 경우도 있었다. 그것을 통일하기 위한 고투는 이루 말할 수가 없으며, 일본과 한국을 오간 국제전화 통화 시간은 헤아리기도 어렵다. 밤늦은 시간까지 전화로 열띤 토론을 펼치기도 하였고, 최상의 번역을 위해 머리와 가슴에서 느껴지는 말들을 모두 솔직히 쏟아 내었다. 단어 선택 하나에도 갈등이 있었으며, 인내도 있었다.

그러나 마지막까지 우리 번역자들이 공통적으로 가슴 깊이 간직하고 있던 것은 '『한글의 탄생』은 반드시 한국에서 출판되어야 하고 그것도 멋진 한국어로 출판되어야 한다'는 희망과 기대였다. 이 한 점은 마지막까지 우리 세 명의 번역자가 따로 됨 없이 하나로 뭉쳐 있을 수 있는 출발점이었고 도달점이었다.

그리고 한국어판이 나오는 데에 무엇보다도 소중한 가르침이 있었다. 송구스럽게도 강신항 선생님과 정양완 선생님 그리고 권두환 선생님, 송철의 선생님, 권재일 선생님의 따뜻하고 귀중한 조언과 가르침을 받을 수가 있었던 것이다. 이분들의 가르침은 이 책을 밝혀 주는 등대와도 같았다. 이 등대의 따뜻하고 밝은 불빛이 있었기에 어둡고도 먼 밤의 망망대해를 헤쳐 나올 수 있었다. 진심으로 감사를 드린다.

한국어판이 출판되기까지 이 책의 편집을 맡아 주신 돌베개 출판사 최혜리 씨의 노고를 절대로 빼놓을 수 없다. 원고의 편집상 문제뿐만 아니라 언어학적인 내용, 한국어 표현에 이르기까지 최혜리 씨의 조언은 너무나 고마웠다. 감탄과 감동이 있었고 배울 점 또한 많았다. 가슴 깊이 감사를 드리고 싶다.

이렇게 많은 분들의 가르침과 협력이 있었기에 이 책이 무사히 번역되어 출판을 맞이하게 되었다. 이 책에 조금이라도 문제가 있다면 그것은 번역자의 책임이다. 이 책을 손에 든 독자들께 많은 가르침을 얻을 수 있다면 더없는 기쁨이겠다.

〈한글〉의 탄생과 성장은 틀림없이 〈지知의 혁명〉이었다. 그리고 그러한 혁명의 모습을 지금 우리 앞에 새롭고 뜨겁게, 남김없이 그려 내 준 이『한글의 탄생』역시 저자 노마 히데키라는 지성에 의한 〈지쎄의 혁명〉이었다. 그 혁명의 깊이를 우리는 시민이 지닐수록 더욱더 느끼게 되리라 생각한다. 그러한 책에 접하는 기쁨을 함께해 주신 모든 분들께 진심으로 감사드린다.

한글 자모표/반절표

모음 자음	ㅏ a [ア]	ㅑ ja [ヤ]	ㅓ ɔ 넓은 [オ]	ㅕ jɔ 넓은 [ヨ]	ㅗ o 좁은 [オ]	ㅛ jo 좁은 [ヨ]	ㅜ u 원순 [ウ]	ㅠ ju 원순 [ユ]	ㅡ ɯ 평순 [ウ]	ㅣ i [イ]
ㄱ k	가 カ ka	갸 キャ kja	거 コ kɔ	겨 キョ kjɔ	고 コ ko	교 キョ kjo	구 ク ku	규 キュ kju	그 ク kɯ	기 キ ki
ㄲ ʔk	까 カ ʔka	꺄 キャ ʔkja	꺼 コ ʔkɔ	껴 キョ ʔkjɔ	꼬 コ ʔko	꾜 キョ ʔkjo	꾸 ク ʔku	뀨 キュ ʔkju	끄 ク ʔkɯ	끼 キ ʔki
ㄴ n	나 ナ na	냐 ニャ nja	너 ノ nɔ	녀 ニョ njɔ	노 ノ no	뇨 ニョ njo	누 ヌ nu	뉴 ニョ nju	느 ヌ nɯ	니 ニ ni
ㄷ t	다 タ ta	댜 テャ tja	더 ト tɔ	뎌 テョ tjɔ	도 ト to	됴 テョ tjo	두 トゥ tu	듀 テュ tju	드 トゥ tɯ	디 ティ ti
ㄸ ʔt	따 タ ʔta	땨 テャ ʔtja	떠 ト ʔtɔ	뗘 テョ ʔtjɔ	또 ト ʔto	뚀 テョ ʔtjo	뚜 トゥ ʔtu	뜌 テュ ʔtju	뜨 トゥ ʔtɯ	띠 ティ ʔti
ㄹ r	라 ラ ra	랴 リャ rja	러 ロ rɔ	려 リョ rjɔ	로 ロ ro	료 リョ rjo	루 ル ru	류 リュ rju	르 ル rɯ	리 リ ri
ㅁ m	마 マ ma	먀 ミャ mja	머 モ mɔ	며 ミョ mjɔ	모 モ mo	묘 ミョ mjo	무 ム mu	뮤 ミュ mju	므 ム mɯ	미 ミ mi
ㅂ p	바 パ pa	뱌 ピャ pja	버 ポ pɔ	벼 ピョ pjɔ	보 ポ po	뵤 ピョ pjo	부 プ pu	뷰 ピュ pju	브 プ pɯ	비 ピ pi
ㅃ ʔp	빠 パ ʔpa	뺘 ピャ ʔpja	뻐 ポ ʔpɔ	뼈 ピョ ʔpjɔ	뽀 ポ ʔpo	뾰 ピョ ʔpjo	뿌 プ ʔpu	쀼 ピュ ʔpju	쁘 プ ʔpɯ	삐 ピ ʔpi
ㅅ s	사 サ sa	샤 シャ sja	서 ソ sɔ	셔 ショ ʃɔ	소 ソ so	쇼 ショ ʃo	수 ス su	슈 シュ ʃu	스 ス sɯ	시 シ ʃi
ㅆ ʔs	싸 サ ʔsa	쌰 シャ ʔsja	써 ソ ʔsɔ	쎠 ショ ʔʃɔ	쏘 ソ ʔso	쑈 ショ ʔʃo	쑤 ス ʔsu	쓔 シュ ʔʃu	쓰 ス ʔsɯ	씨 シ ʔʃi

한글의 탄생

모음 자음	ㅏ a [ア]	ㅑ ja [ヤ]	ㅓ ɔ 넓은 [オ]	ㅕ jɔ 넓은 [ヨ]	ㅗ o 좁은 [オ]	ㅛ jo 좁은 [ヨ]	ㅜ u 원순 [ウ]	ㅠ ju 원순 [グ]	ㅡ ɯ 평순 [ウ]	ㅣ i [イ]
ㅇ 자음 없음	아 ア a	야 ヤ ja	어 オ ɔ	여 ヨ jɔ	오 オ o	요 ヨ jo	우 ウ u	유 ユ ju	으 ウ ɯ	이 イ i
ㅈ tʃ	자 チャ tʃa	쟈 チャ tʃa	저 チョ tʃɔ	져 チョ tʃɔ	조 チョ tʃo	죠 チョ tʃo	주 チュ tʃu	쥬 チュ tʃu	즈 チュ tʃɯ	지 チ tʃi
ㅉ ʔtʃ	짜 チャ ʔtʃa	쨔 チャ ʔtʃa	쩌 チョ ʔtʃɔ	쪄 チョ ʔtʃɔ	쪼 チョ ʔtʃo	쬬 チョ ʔtʃo	쭈 チュ ʔtʃu	쮸 チュ ʔtʃu	쯔 チュ ʔtʃɯ	찌 チ ʔtʃi
ㅊ tʃʰ	차 チャ tʃʰa	챠 チャ tʃʰa	처 チョ tʃʰɔ	쳐 チョ tʃʰɔ	초 チョ tʃʰo	쵸 チョ tʃʰo	추 チュ tʃʰu	츄 チュ tʃʰu	츠 チュ tʃʰɯ	치 チ tʃʰi
ㅋ kʰ	카 カ kʰa	캬 キャ kʰja	커 コ kʰɔ	켜 キョ kʰjɔ	코 コ kʰo	쿄 キョ kʰjo	쿠 ク kʰu	큐 キュ kʰju	크 ク kʰɯ	키 キ kʰi
ㅌ tʰ	타 タ tʰa	탸 テャ tʰja	터 ト tʰɔ	텨 テョ tʰjɔ	토 ト tʰo	툐 テョ tʰjo	투 トゥ tʰu	튜 テュ tʰju	트 トゥ tʰɯ	티 テイ tʰi
ㅍ pʰ	파 パ pʰa	퍄 ピャ pʰja	퍼 ポ pʰɔ	펴 ピョ pʰjɔ	포 ポ pʰo	표 ピョ pʰjo	푸 プ pʰu	퓨 ピュ pʰju	프 プ pʰɯ	피 ピ pʰi
ㅎ h	하 ハ ha	햐 ヒャ hja	허 ホ hɔ	혀 ヒョ hjɔ	호 ホ ho	효 ヒョ hjo	후 フ hu	휴 ヒュ hju	흐 フ hɯ	히 ヒ hi

- 이 반절표의 자모字母 순서는 대한민국의 일반적인 사전에 실린 자모의 순서이다.
- 조선민주주의인민공화국의 사전에 실리는 자모의 순서는 다음과 같다.
  모음: ㅏ, ㅑ, ㅓ, ㅕ, ㅗ, ㅛ, ㅜ, ㅠ, ㅡ, ㅣ, ㅐ, ㅒ, ㅔ, ㅖ, ㅚ, ㅟ, ㅢ, ㅘ, ㅝ, ㅙ, ㅞ
  자음: ㄱ, ㄴ, ㄷ, ㄹ, ㅁ, ㅂ, ㅅ, ㅈ, ㅊ, ㅋ, ㅌ, ㅍ, ㅎ, ㄲ, ㄸ, ㅃ, ㅆ, ㅉ, ㅇ
- □ 안의 ㄱ·ㄷ·ㅂ·ㅅ·ㅈ은 평음平音, ㄹ은 유음流音, ㄴ·ㅁ은 비음鼻音을 나타낸다.
  ▣ 안의 ㄲ, ㄸ, ㅃ, ㅆ, ㅉ은 농음濃音이다. ▣ 안의 ㅊ, ㅋ, ㅌ, ㅍ, ㅎ은 격음激音이다.
- 일본에서는 이 표에서처럼 'ㅓ', 'ㅕ'의 발음기호를 [ɔ], [jɔ]로 표시하는 것이 일반적이다. 이 책에서는 [ʌ], [jʌ]로 표시하였다. 원래 [ɔ]는 원순모음, [ʌ]는 비원순모음을 나타내는 기호다. 'ㅓ', 'ㅕ'는 비원순모음이다.

일본어 50음표 한글로 쓰기

行	ア段	イ段	ウ段	エ段	オ段				
ア行 이행	ア 아	イ 이	ウ 우	エ 에	オ 오				
カ行 가행	カ 가·카	キ 기·키	ク 구·쿠	ケ 게·케	コ 고·코	キャ 갸·캬	キュ 규·큐		キョ 교·쿄
サ行 사행	サ 사	シ 시	ス 스	セ 세	ソ 소	シャ 샤	シュ 슈	シェ 세	ショ 쇼
タ行 타행	タ 다·타	チ 지·치	ツ 쓰	テ 데·테	ト 도·토	チャ 자·차	チュ 주·추	チェ 제·체	チョ 조·초
						ツァ 자·차		ツェ 제·체	ツォ 조·초
			テュ 듀·튜						
		ティ 디·티	トゥ 두·투						
ナ行 나행	ナ 나	ニ 니	ヌ 누	ネ 네	ノ 노	ニャ 냐	ニュ 뉴	ニェ 네	ニョ 뇨
ハ行 하행	ハ 하	ヒ 히	フ 후	ヘ 헤	ホ 호	ヒャ 햐	ヒュ 휴	ヒェ 헤	ヒョ 효
						ファ 화	フィ 휘	フェ 훼	フォ 훠
マ行 마행	マ 마	ミ 미	ム 무	メ 메	モ 모	ミャ 먀	ミュ 뮤	ミェ 메	ミョ 묘
ヤ行 야행	ヤ 야		ユ 유	イェ 예	ヨ 요				
ラ行 라행	ラ 라	リ 리	ル 루	レ 레	ロ 로	リャ 랴	リュ 류	リェ 레	リョ 료
ワ行 와행	ワ 와				ヲ 오	ウィ 위		ウェ 웨	ウォ 워

한글의 탄생

ガ行 가행	ガ 가	ギ 기	グ 구	ゲ 게	ゴ 고	ギャ 갸		ギュ 규		ギョ 교
ザ行 자행	ザ 자	ジ 지	ズ 즈	ゼ 제	ゾ 조	ジャ 자		ジュ 주	ジェ 제	ジョ 조
ダ行 다행	ダ 다	ヂ 지	ヅ 즈	デ 데	ド 도			デュ 듀		
						ディ 디	ドゥ 두			
バ行 바행	バ 바	ビ 비	ブ 부	ベ 베	ボ 보	ビャ 뱌		ビュ 뷰	ビェ 볘	ビョ 뵤
パ行 파행	パ 파	ピ 피	プ 푸	ペ 페	ポ 포	ピャ 퍄		ピュ 퓨	ピェ 폐	ピョ 표

대한민국 외래어 표기법에 따름

〈가〉, 〈카〉와 같이 두 가지 음이 있는 것은 다음과 같이 구별한다.

어두語頭의 청음淸音 → 평음平音 ㄱ, ㄷ, ㅂ, ㅈ
어중語中의 청음淸音 → 격음激音 ㅋ, ㅌ, ㅍ, ㅊ
어중語中의 탁음濁音 → 평음平音 ㄱ, ㄷ, ㅂ, ㅈ

かがく: 가가쿠, ががく: 가가쿠, すずき: 스즈키

촉음促音 'ッ'는 ㅅ으로 쓴다.
はっとり: 핫토리, ほっかいどう: 홋카이도

'ン'은 ㄴ으로 쓴다.
けんじ: 겐지, けんいちろう: 겐이치로

장음長音은 표기하지 않는다.
さとう: 사토, とうきょう: 도쿄

현대어의 초성자음 18종과 초성자모 19종

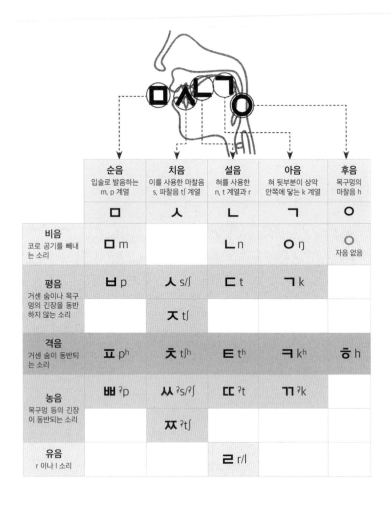

	순음 입술로 발음하는 m, p 계열	치음 이를 사용한 마찰음 s, 파찰음 tʃ 계열	설음 혀를 사용한 n, t 계열과 r	아음 혀 뒷부분이 상악 안쪽에 닿는 k 계열	후음 목구멍의 마찰음 h
	ㅁ	ㅅ	ㄴ	ㄱ	ㅇ
비음 코로 공기를 빼내 는 소리	ㅁ m		ㄴ n	ㅇ ŋ	ㅇ 자음 없음
평음 거센 숨이나 목구 멍의 긴장을 동반 하지 않는 소리	ㅂ p	ㅅ s/ʃ ㅈ tʃ	ㄷ t	ㄱ k	
격음 거센 숨이 동반되 는 소리	ㅍ pʰ	ㅊ tʃʰ	ㅌ tʰ	ㅋ kʰ	ㅎ h
농음 목구멍 등의 긴장 이 동반되는 소리	ㅃ ʔp	ㅆ ʔs/ʔʃ ㅉ ʔtʃ	ㄸ ʔt	ㄲ ʔk	
유음 r 이나 l 소리			ㄹ r/l		

현재 초성에 자음이 없음을 나타내는 'ㅇ'과 종성 [ŋ]을 나타내는 'ㆁ'은, 훈민정음 창제 시에는 구별하고 있었다. 오늘날은 모두 'ㅇ'으로 나타낸다. 제3장의 〈종성의 초성화〉를 어떻게 표기할까?'에서 표기③의 그림, 제3장의 '자음자모 파생의 구조'의 그림을 참조.

ㄹ[r]은 말[mal]과 같이 종성에 오면 [l]로 발음되며, 말로[mallo]와 같이 종성 [l] 직후에 오는 초성의 경우도 [l]로 발음된다. 野間秀樹(2021a:31).

모음삼각형

일본어 도쿄 방언의 모음과 한국의 서울말의 단모음을 도시하여 대조한 그림. 그림 왼쪽으로 갈수록 혀끝이 입의 전방에 다가가고, 오른쪽으로 갈수록 후방에 가까워진다. 또, 그림 아래로 갈수록 입이 벌어지고, 위로 갈수록 입이 좁아진다. 일본의 한국어 교육에서는 이 그림에 표시한 발음기호가 사실상 표준이 되어 있다. 野間秀樹(2021a:20)

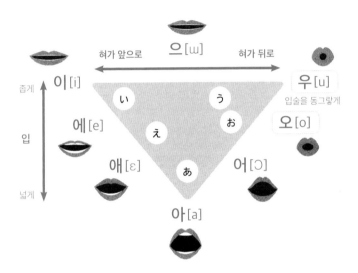

단모음은 여덟 개 있다. 서울말에서 음은 사실상 일곱 개이다. ㅏ[a]와 ㅣ[i]는 도쿄 방언의 'あ', 'い'와 거의 같다. 'う'로 들리는 모음은 두 개 있다. ㅜ[u]는 입술을 동그랗게 오므리며 내미는 'う', ㅡ[ɯ]는 ㅣ[i]와 같은 입술 모양의 'う'. 'え'로 들리는 넓은 ㅐ[ɛ]와 좁은 ㅔ[e]는 표준어로는 구별하는 것이 원칙이나, 오늘날 서울말에서는 그 구별이 사라져 모두 도쿄 방언의 'え' 정도로 발음된다. 'お'로 들리는 모음도 두 개 있다. ㅗ[o]는 입술을 동그랗게 오므리며 내미는 'お', ㅓ[ɔ]는 비원순모음으로, 입을 크게 벌리며 내는 'お'이다. ㅗ[o]와 ㅜ[u]만이 원순모음으로 입술을 동그랗게 내민다.

평양말 발음에 관해서는, 韓成求(2018)의 「공화국의 언어 – 문화어와 평양 방언」이 상세하다.

한글 역사 연표

	연도	내용
고조선 · 전한 · 중국군현	195년경	위씨조선 성립
	108년	한漢이 위씨조선을 멸망시키고 낙랑군樂浪郡 등을 설치
	B.C	
	A.D	
후한	85년	낙랑 근처에 한자 예서 80자로 된 점선현비秥蟬縣碑
고구려 · 백제 · 가야연합국 · 신라 · 진 · 남북조 · 수	313년	고구려가 낙랑 및 대방군帶方郡을 멸망시킴
	372년	고구려에 불교 전래. 국립대학인 '태학'太學 설치
	372년경	백제가 왜倭에 칠지도七支刀를 보냄
	414년	고구려 광개토대왕비
	446년(?)/556년(?)	고구려 성벽 석각문에 이두문吏讀文
	524년	신라 법흥왕 울진봉평비蔚珍鳳坪碑 건립. 이두문
	538년	백제가 도읍을 사비성(부여)으로 옮김
	552년(?)/612년(?)	신라 임신서기석壬申誓記石. 서기체誓記體의 이두문
	611년	수隋 양제煬帝가 세 차례에 걸쳐 고구려를 침공
	663년	나당 연합군이 백촌강白村江에서 백제부흥군과 왜를 격퇴
	668년	신라가 당군과 연합해 고구려를 멸망시킴
당 · 발해 · 나라	676년	신라가 당을 배제시키고 한반도를 통일
	698년	대조영大祚榮이 진국震國을 건국
	7세기 후반	설총薛聰 활약
	712년	『고사기』古事記
	713년	진국이 국호를 발해渤海로 칭함
	720년	『일본서기』日本書紀
오대십국 · 북송/금 · 헤이안 · 가마쿠라 · 남송 · 고려	918년	왕건王建이 고려 건국
	958년	고려 과거제 실시
	1020년경	『고려대장경』 조판 개시
	1103년	송宋 손목孫穆의 『계림유사』鷄林類事 고려 어휘 350개를 한자로 표기
	1145년	김부식金富軾 『삼국사기』三國史記 50권 저술
	1196년	무신 최충헌崔忠獻이 정변을 일으킴(최씨 정권의 성립)
	1218년	몽골 침입
		가마쿠라鎌倉 시대 『이중력』二中曆에서 '고려어' 등을 기술
	1251년	『대장경』 복원
	1259년	몽골에 항복

가마쿠라	원	고려	1274년	원元의 제1차 일본 원정
			1281년	원의 제2차 일본 원정
			1280년대	일연一然이 『삼국유사』三國遺事 저술
			1289년	안향安珦 『수사선서』朱子选書를 통해 주시학 고립
			1346년	고려 시대 『구역인왕경』舊譯仁王經 문수여래상에 복장伏藏
			1392년	이성계李成桂가 고려를 멸망시킴
			1393년	국호를 조선이라 함
			1394년	한양(한성)으로 천도
			1403년	주자소鑄字所를 설치해 금속활자를 대량 주조
			1417년	중간본重刊本 『향약구급방』鄉藥救急方 고려어 약 이름을 차자借字 표기
			1418년	세종 즉위
			1420년	세종 집현전集賢殿을 설립
			1420년	송희경宋希璟 회례사回禮使로 일본 파견, 후일 『노송당일본행록』老松堂日本行錄 저술
			1443년	〈훈민정음〉 창제
			1446년	『훈민정음』 반포
			1447년	『석보상절』釋譜詳節, 『월인천강지곡』月印千江之曲, 『용비어천가』龍飛御天歌
무로마치	명	조선	1450년	세종 붕어
			1451~1459년(?)	『훈민정음언해본』訓民正音諺解本
			1456년	성삼문成三問 등 사망
			1459년	『월인석보』月印釋譜
			1461년	세조 간경도감刊經都監 설치, 불경의 번역 간행에 힘씀
			1461년	『능엄경언해』楞嚴經諺解
			1464년	『어첩·상원사중창권선문』御牒上院寺重創勸善文: 최고最古의 한글 필사본
			1469년	『경국대전』經國大典 완성
			1471년	신숙주申叔舟 『해동제국기』海東諸國記
			1481년	『분류두공부시언해』分類杜工部詩諺解: 두보 시의 언해
			1490년	민중의 교화서 『산정언해삼강행실도』刪定諺解三綱行實圖
			1492년	사역원司譯院의 일본어 학습서 『이여파』伊呂波
			1504년	연산군燕山君의 갑자사화甲子士禍
			1517년	신숙주의 『사성통고』四聲通攷를 최세진崔世珍이 보완한 운서 『사성통해』四聲通解
			1527년	최세진 『훈몽자회』訓蒙字會
			1559년	임꺽정의 난
			1565년	이황李滉 『도산십이곡』陶山十二曲
아즈치모모야마			1575년	『(광주)천자문』
			1578년	이이李珥 『고산구곡가』高山九曲歌
			1583년	『석봉천자문』石峰千字文
			1588년	『소학언해』小學諺解를 교정청校正廳에서 간행

명		1592년	임진왜란
		1597년	정유재란
		1607년	회답겸쇄환사回答兼刷還使를 일본에 파견. 에도江戶 시대 들어 통신사通信使로 개칭
		1618년	허균許筠의 한글소설 『홍길동전』
		17세기 전반(?)	『음덕기』陰德記의 '고려사지사'高麗詞之事
		17세기 후반	〈궁체〉宮體 출현
		1670년	중국어 학습서의 언해 『노걸대언해』老乞大諺解
		1676년	강우성康遇聖이 지은 사역원의 일본어 학습서 『첩해신어』捷解新語
		1690년	중국어의 발음과 의미를 한글로 나타낸 분류어휘집 『역어유해』譯語類解
		1692년	김만중金萬重의 한글소설 『구운몽』九雲夢, 『사씨남정기』謝氏南征記
		18세기 완성	간행(?)된 홍순명洪舜明의 분류체 한일사전 『왜어유해』倭語類解
		1728년	김천택金天澤이 시조집 『청구영언』靑丘永言 편찬
		1729년	아메노모리 호슈雨森芳洲의 조선어 학습서 『전일도인』全一道人 초고 완성
		1750년	신경준申景濬의 『훈민정음운해』訓民正音韻解 완성
	조	18세기 이후	판소리계 소설 유행
	선	1765년	최후택崔厚澤의 만주어 학습서 『청어노걸대』淸語老乞大
		1772년	『십구사략언해』十九史略諺解: 명나라 여진余進이 쓴 『십구사략통고』十九史略通攷의 언해
에		1776년	정조 즉위, 규장각 설치
도		1777년	만주어 학습서 『팔세아』八歲兒: 만주문자에 발음과 의미를 한글로 표기
		1778년	홍명복洪命福 등의 대역어휘집 『방언집석』方言集釋 편찬
청		1790년	최기령崔麒齡이 일본어 학습서 『인어대방』隣語大方 간행
		1790년	몽골어 학습서 『몽어노걸대』蒙語老乞大: 몽골문자에 발음과 의미를 한글로 표기
		18세기 후반	〈궁체〉 르네상스기
		1819년	실학자 정약용丁若鏞의 『아언각비』雅言覺非
		1824년	실학자 유희柳僖의 훈민정음론 『언문지』諺文志
		1852년	『태상감응편도설언해』太上感應篇圖說諺解: 도교적인 내용을 언해
		1861년	실학자이자 지리학자인 김정호金正浩의 조선전도 『대동여지도』大東輿地圖
		1863년	고종 즉위, 대원군大院君 집정 시작
		1872년	쓰시마對馬 이즈하라嚴原에 외무성 관할 한어학소韓語學所 설치
		1873년	대원군 정권 몰락, 민씨 정권 성립
		1874년	푸칠로M. Пуцилло의 Опыть русско-корейскаго словаря(노한사전의 시안)
		1875년	강화도 사건
		1876년	한일수호조약 체결
		1876년	박효관朴孝寬, 안민영安玟英 가곡집 『가곡원류』歌曲源流 편찬

		1879년	윌리엄 애스턴William. G. Aston, *A Comparative Study of the Japanese and Korean Languages*(한국어와 일본어의 비교 연구)
		1880년	도쿄외국어학교에 조선어학과 개설
		1884년	갑신정변
		1884년	『춘향가』의 신재효申在孝 별세
		1885년	『한성주보』漢城周報 창간
		1889년	언더우드Horace. G. Underwood 『한영문법』韓英文法
	조선	1894년	갑오농민전쟁
			청일전쟁
			갑오개혁 시작
		1895년	명성황후 시해
			한성에 최초의 소학교 설립
		1895년	유길준兪吉濬의 국한문혼용체 『서유견문』西遊見聞
	청	1896년	서재필徐載弼, 윤치호尹致昊 등 『독립신문』獨立新聞 창간
		1896년	독립협회 결성
		1897년	리봉운李鳳雲의 『국문정리』國文正理
		1897년	고종 황제 즉위, 국호를 대한大韓으로 칭함
		1904년	러일전쟁
메이지		1906년	유길준의 『조선문전』朝鮮文典
	대한제국	1906년	이인직李人稙이 『만세보』萬歲報에 신소설 『혈의 누』 연재
		1908년	주시경周時經 『국어문전음학』國語文典音學
		1908년	최남선崔南善 「해에게서 소년에게」: 근대시의 출발
		1909년	마에마 교사쿠前間恭作 『한어통』韓語通
		1909년	안중근安重根이 하얼빈에서 이토 히로부미伊藤博文를 암살
		1910년	주시경 『국어문법』
		1910년	가나자와 쇼자부로金澤庄三郎 『일한양국어동계론』日韓兩國語同系論
		1910년	'한국 병합에 관한 조약' 체결
		1910년	조선총독부 설치
		1911년	제1차 조선교육령: '교육칙어'教育勅語에 의거 '충량忠良한 국민' 육성을 목표로 함
		1911년	사립학교규칙 공포, 사립학교 대거 폐교
		1917년	이광수李光洙의 본격 근대소설 『무정』無情
	일제시대	1919년	김동인金東仁, 주요한朱耀翰 등의 최초 순수문학 동인지 『창조』創造
		1919년	3·1 독립운동
다이쇼	중화민국	1919년	상해에 대한민국 임시정부 수립
		1920년	『조선일보』 창간
		1920년	『동아일보』 창간
		1920년	오구라 신페이小倉進平 『조선어학사』朝鮮語學史
		1920년	조선총독부 『조선어사전』

			1921년	주시경의 제자들이 조선어연구회를 결성
			1921년	김억金億의 번역시집 『오뇌懊惱의 무도舞蹈』
다 이 쇼			1922년	김두봉金枓奉 『깁더조선말본』精解朝鮮語文典
			1922년	제2차 조선교육령: 보통학교에서 일본어 교육 시간 증가, 한국어 교육 시간 감소
			1925년	나라奈良현의 덴리외국어학교天理外國語學校에 조선어부 설립, 현재의 덴리대학이 계승
			1926년	한용운韓龍雲의 시집 『님의 침묵』
			1926년	경성제국대학 창설
			1927년	신간회新幹會 결성
			1927년	경성방송국이 라디오방송을 개시
			1927년	도쿄외국어학교 조선어학과 폐지
			1928년	홍명희洪命熹가 『조선일보』에 대하소설 『임꺽정』 연재
			1929년	광주학생운동
			1929년	오구라 신페이 『향가 및 이두의 연구』
중 화 민 국 쇼 와	일 제 시 대		1931년	조선어연구회가 조선어학회로 개명
			1931년	박승빈朴勝彬이 조선어학연구회를 조직
			1933년	조선어학회 '한글맞춤법통일안'
			1934년	진단학회震檀學會 설립
			1935년	박승빈 『조선어학』
			1936년	『동아일보』 일장기말소사건으로 정간停刊
			1937년	최현배崔鉉培 『우리말본』
			1937년	시인 이상李箱 도쿄에서 사망
			1937년	'황국신민서사' 제정
			1937년	제3차 조선교육령: 학교를 '충량한 황국신민' 육성의 장으로 규정. 한국어는 필수과목에서 제외
			1938년	김윤경金允經 『조선문자 및 어학사』
			1938년	문세영文世榮 『조선어사전』
			1939년	람스테드G. J. Ramstedt, *A Korean Grammar*
			1940년	창씨개명
			1940년	한국어 서적의 출판 금지
			1941년	국민학교규정 시행
			1942년	조선어학회 관련 인사 33인을 치안유지법 위반이라는 명목으로 투옥 = 조선어학회사건
			1942년	양주동梁柱東 『조선고가연구』朝鮮古歌硏究
			1943년	제4차 조선교육령
			1943, 1944년	조선어학자 이윤재李允宰, 한징韓澄 옥사獄死
			1945년	시인 윤동주尹東柱 후쿠오카 형무소에서 옥사(27세)
			1945년	고노 로쿠로河野六郎 『조선방언학시고』朝鮮方言學試攷

1945년	식민 지배로부터 해방
1945년	재일 조선인의 한국어 교육을 〈국어강습소〉에서 8월부터 시작, 각지로 확대
1946년	홍기문洪起文 『정음발달사』
1946년	⼯⼯⼯⼉통ﬤ⼞ 발간
1947~1957년	조선어학회 『큰사전』 전 6권 간행
1948년	제주항쟁
1948년	대한민국 수립
1948년	조선민주주의인민공화국 수립
1948년	윤동주 시집 『하늘과 바람과 별과 시』(정음사)
1949년	조선어학회가 한글학회로 개명
1949년	한국어통역안내사(가이드) 시험을 운수성(현 국토교통성)이 실시
1949년	한국 최초 안과 박사(나고야제국대학) 공병우公炳禹가 초성자, 중성자, 종성자를 타건하는 실용적인 한글 타자기를 최초로 개발
1950년	한국전쟁 발발
1950년	시인 정지용鄭芝溶 사망
1950년	일본 조선학회 설립
1952년	한국 국어국문학회 설립
1953년	휴전협정 조인
1954년	홀로도비치, *Очерк грамматики корейского языка*(조선어문법개론)
1956년	과학백과사전종합출판사 『조선어문』 창간
1956년	이승만 대통령 3선
1956년	도쿄에 조선대학교 설립
1959년	한국 '국어학회' 설립
1959년	재일 한국인 귀국사업 개시
1960년	4·19 혁명
1960년	송지학宋枝學 『조선어소사전』(대학서림)
1960년	북한 과학원언어문학연구소 『조선어문법』
1961년	박정희 실권 장악
1961~1962년	김예곤金禮坤 '국어강좌' 월간 『새로운 세대』(조선청년사). 재일 청년을 위한 한국어 강좌 연재. 북한 등의 문법론과 오쿠다 야스오奧田靖雄의 문법론을 채택한 기술. 이 연재를 다듬어 묶은 단행본으로 김예곤(2021)이 있음
1961~1962년	북한 과학원언어문화연구소 사전연구실 『조선말사전』
1961년	이희승李熙昇 『국어대사전』
1961년	이기문李基文 『국어사개설』
1964년	유창돈劉昌惇 『이조어사전』李朝語辭典
1965년	한일기본조약 조인
1967년	덴리대학 조선학과연구실 『현대조선어사전』(養德社)
1967년	이 시기부터 국제적인 반체제운동 전개. 일본에서는 전공투全共鬪운동, 노

쇼 와	중 화 인 민 공 화 국	조 선 민 주 주 의 인 민 공 화 국	대 한 민 국	

동운동, 산리즈카三里塚투쟁 등이 격화

1968년　마틴S. E. Martin 외 『한미대사전』

1968년　시인 김수영金洙暎 사망. 시집으로 『거대한 뿌리』 등

1968년　북한 사회과학원 언어학연구소 『현대조선말사전』

1970년　박정희 정권하에서 한자 폐지를 선언, 초등학교 한자 교육을 전면 폐지했으나, 언론계의 반대 등으로 1972년에 선택과목으로 부활

1970년　이 시기에 이우환李禹煥이 일본 현대미술 '모노파'もの派를 주도. 한국 현대미술에 대한 국제적 관심의 중심이 됨

1970년　김민기金敏基 작사·작곡 『아침이슬』. 이 시기 한국에서 반체제 포크송이 투쟁의 현장 등에서 애창됨. 민주화 이전 금지곡도 다수. 가수로는 양희은 楊姬銀 등

1971년　이우환 『만남을 찾아서』(田畑書店)

1972년　남북공동성명

1972년　김소운金素雲 『정해한일사전』精解韓日辭典(高麗書林)

1973년　북한 사회과학원 언어학연구소 『조선문화어사전』

1973년　야스다 요시미安田吉實·손낙범孫洛範 『민중에센스일한사전』(민중서관·三修社)

1973년　효고兵庫현립 미나토가와湊川고등학교가 한국어를 필수과목으로 지정. 시인 김시종金時鐘이 담당

1973년　신경림申庚林 시집 『농무』農舞(창작과비평사)

1974년　시인 김지하金芝河 두 차례에 걸친 사형 판결. 국제적인 석방 운동이 전개됨. 1980년 석방. 한국의 반체제운동의 상징이었으나, 2012년 대통령 선거에서는 박근혜 후보 지지를 표명하는 등 2000년대 이후 정치적인 입장이 크게 변화

1976년　베이징대학동어계조선어전업·연변대학조어계조선어전업 『조선어실용어법』

1979년　과학, 백과사전출판사 『조선문화어문법』

1979년　고노 로쿠로 『고노 로쿠로 저작집』(平凡社)

1979년　10·26. 박정희 대통령이 김재규 중앙정보부 부장에 의해 암살

1979년　전두환 군부 쿠데타로 최규하 대통령 사임

1979년　카세트테이프로 듣는 소형 스테레오 재생 장치인 소니 WALKMAN 발매. 워크맨 형태의 디바이스는 음악 감상이나 언어 학습 스타일을 변화시킨 기폭제가 됨

1980년　민주화운동의 전국적 확산. 4월을 '서울의 봄'이라 부름. 전국에 비상계엄령 선포

1980년　광주민주화운동. 전두환, 노태우 등 군부의 탄압

1980년　전두환 대통령 선출

1981년　간노 히로오미菅野裕臣 『조선어 입문』(白水社). 입문부터 김동인의 '붉은 산'까지 배우는, 한 시대의 상징이 된 학습서

중화인민공화국	조선민주주의인민공화국	대한민국	쇼와 / 헤이세이	

1981년   16비트 IBM PC 등장, 마이크로소프트의 MS-DOS 사실상 세계 표준화

1982년   일본 소니, 히타치日立제작소, 일본 콜롬비아에서 CD플레이어 발매. 이후 CD가 음악 감상과 언어 학습, 언어 데이터 축적, 배포의 중요한 매체가 됨

1984년   한국 문교부 '국어 로마자 표기법' 고시

1984년   초대 Macintosh 발매

1984년   NHK TV, 라디오가 『한글 강좌』 방송 개시. 강사는 우메다 히로유키梅田博之, 오에 다카오大江孝男

1984년   한국 문교부 산하에 국어연구소(훗날 국립국어원) 개설

1985년   Macintosh 512K 발매. 페이지 레이아웃 프로그램 Aldus PageMaker, Adobe의 페이지 기술언어 PostScript에 의해 DTP가 실용화

1985년   산슈샤三修社가 일본 최초 CD-ROM 소프트웨어 '최신과학기술용어사전'을 발매

1985~1987년   월간지 『기초한글』(三修社), 편집주간 간노 히로오미

1985년   국제한국어교육학회(IAKLE) 설립. 학회지 『한국어교육』. 초대회장은 미국 워싱턴대학의 Fred Lukoff. 한국어 교육 관련 국제 학회

1986년   한국 '외래어 표기법' 고시

1986년   체르노빌 원전 사고

1986년   오사카외국어대학 조선어연구실 『조선어대사전』(角川書店). 최대 한일사전

1987년   한국에서 전국적인 6월 민주화항쟁. 대통령 직선제 개헌 등 민주화 투쟁. 민중이 스스로 민주화를 쟁취한 동아시아 최초의 국가가 됨

1987년   Macintosh용 출판 레이아웃 소프트웨어로서 미 Quark사의 QuarkXPress 등장. 이후 Mac OS9과 함께 세계적으로 확산, 한국에서도 1990년대부터 2000년대 전반까지 독점 상태

1988년   한국 '한글맞춤법', '표준어 규정' 고시

1988년   노태우 대통령 직선제로 선출

1988년   전면 가로쓰기 한글 전용 표기 전국지 『한겨레신문』 창간. 1996년에는 『한겨레』로 명칭 변경

1988년   김석범金石範의 대하소설 『화산도』 한국어 번역 출간. 일본 문학 잡지 『문학계』에 1981년부터 연재됨

1988년   서울올림픽

1988년   간노 히로오미·하야카와 요시하루早川嘉春·시부 쇼헤이·하마다 고사쿠濱田耕策·마쓰바라 다카토시松原孝俊·노마 히데키·시오다 교코鹽田今日子·이토 히데토伊藤英人 공편, 김주원金周源·서상규徐尙揆·하마노우에 미유키濱之上季 협력 『코스모스 한일사전』(白水社)

1989~1990년   우메다 히로유키梅田博之·강인선康仁善·김동준金東俊·사에구사 도시카쓰 三支壽勝 『스탠다드 한글강좌』(大修館書店) 전5권. 일본어권 최대 학습 강좌

1990년   IBM 호환 PC(DOS/V머신) 일본에서 보급 개시

1990년	한국 국립국어연구원. 문화부 소속. 원장 안병희
1990년대	인터넷의 일반화
1991년	유니코드 컨소시엄 설립. 미 캘리포니아 비영리법인
1991년	Unicode 1.0.0 공개, 한글 포함. 1992년에는 한중일 CJK 통합한자(CJK Unified Ideographs) 지정
1991년	UN 남북한 동시 가입
1992년	국립국어연구원 1999년까지 6,765만 어절을 목표로 한국어 말뭉치 구축 시작. 1400~1990년의 〈쓰여진 언어〉 대상
1992년	일본의 쇼가쿠칸小學館과 한국의 금성출판사 공동 편집 『조선어사전』 전2권 간행
1992년	북한 사회과학원 언어학연구소 편 『조선말대사전』. 전2권, 33만 어절. 약 105만 개 말뭉치에 대한 단어 출현 빈도, 기본어휘 단어의 고저도 표시
1993년	김영삼 대통령
1993년	일본에서 일본어 화자 대상 '한글'능력검정시험 개시. 한글능력검정협회. 출제는 일본어와 한국어 모두 사용
1993년	유타니 유키토시油谷幸利·가도와키 세이치門脇誠一·마쓰오 이사무松尾勇·다카시마 요시로高島淑郎 편, 쇼가쿠칸·금성출판사 공동 편집 『조선어사전』(小學館)
1994년	1969년부터 집필을 시작한 박경리朴景利의 대하소설 『토지』 완성
1995년	고베 대지진
1995년	윈도95. 32비트 PC가 서서히 일반화
1995년	전국지 『중앙일보』 가로쓰기 채택
1996년경	DVD 비디오 등장, DVD가 서서히 일반화
1990년대 후반	이 시기부터 K-POP이라는 말이 일본어권에서 널리 사용됨
1990년대 후반	인터넷이 널리 인지되어 보급되기 시작
1996년	Unicode 2.0 공개, 기존의 한글을 1만 1,172자의 새로운 영역으로 개정
1997년	한국의 3대 서점 중 하나인 종로서적이 인터넷 서점을 시작
1997년	경기도 파주시에 출판도시 조성 개시
1997년	한국 IMF 경제위기
1997년	한국어능력시험(TOPIK) 시작. 문제는 전면 한국어로 출제
1998년	『동아일보』 가로쓰기 채택
1998년	김대중 대통령. 남북 긴장완화정책인 '햇볕정책', 국내 인터넷 회선 부설 등 IT화를 추진
1998년	연세대학교 언어정보개발연구원 편 『연세한국어사전』(두산동아). 1960년 대 이후 소설 등에서 말뭉치를 구축. 사용 빈도 14회 이상의 약 5만 어절 수록
1999년	『조선일보』도 가로쓰기 채택. 2000년대 이후 주요 전국지는 모두 가로쓰기
1999년	도서 전문 인터넷 쇼핑몰 YES24. 현재는 한국 최대 온라인 서점
1999년	출판 레이아웃 소프트웨어 어도비 인디자인Adobe InDesign이 미국 등에

중화인민공화국　조선민주주의인민공화국　대한민국

헤이세이

1999년	한국 국립국어연구원 편 『표준국어대사전』(두산동아) 전3권 간행. 50만 어절, 7,300면, 1만 점의 컬러 삽화. 북한 어휘도 수록. 당시 112억 원 예산으로 제작
1999년	일본 조선어연구회가 학회 조직으로 발족
2000년대 전반	고속 브로드밴드 접속 인터넷이 서서히 일반화
2000년	김대중 대통령과 북한의 김정일 국방위원장 평양에서 회담. 6·15 남북공동선언
2001년	Apple 디지털 오디오 플레이어 iPod 발표. 음원 보급의 결정적 전제가 됨
2001년	미국 9·11 테러 사건
2002년	일본 대학입시 센터시험의 외국어 과목으로 '한국어' 도입. 제2외국어가 아닌 영어와 동등한 자격의 외국어 과목
2002년	조선어연구회 편 『조선어연구1』 부정기 간행. 제1~제3호는 구로시오출판, 제4호는 조선어연구회, 제5~제8호는 히쓰지쇼보 간행. 2019년에 제8호
2002년	한국어 학습잡지 『한국어저널』(아루쿠). 2013년 휴간까지 44호를 간행
2002년	국립국어원 『표준국어대사전』을 인터넷에 공개
2002년	출판사, 인쇄소, 디자인사무소 등이 서울에서 파주로 대거 이주 시작. 파주 출판도시 형성
2003년	노무현 대통령
2003년	일본의 4년제 대학 중 한국어 수업 개설 대학은 335개 교, 전체의 47.7%(국제문화포럼 조사)
2003년	NHK에서 방영된 한국 드라마 『겨울연가』가 대히트. 주연 배용준의 인기로 여성 시청자 사이에 '욘사마' 붐이 일어남. 일본에서 한국 드라마를 중심으로 한 제1차 한류 붐
2004년	카시오, 엑스워드 XD-H7600 발매. 두산동아의 『프라임 한일사전』, 『프라임 일한사전』 등을 수록한, 일본 최초 한국어 수록 복수언어 전자사전
2004년	한국 국립국어연구원을 국립국어원으로 개명. 문화체육관광부 소속
2004년	일본의 고등학교 중 한국어 수업 개설교는 247개교, 6,960명이 이수. 영어 이외의 최다 언어는 중국어로 481개교, 1만 7,111명(국제문화포럼 조사)
2005년	NHK에서 한국 사극 드라마 『대장금』 방영. 한류 붐이 중년 남성층으로 확대. 한국에서는 2003~2004년 방영
2005년	김진아金珍娥 강사의 NHK TV 한글 강좌 교재 22만 부 판매, 역대 최다 기록. 영어 이외의 언어에서는 동년 1위
2005년	2000년대 중반부터 한국 내 DTP 소프트웨어 Adobe InDesign이 QuarkXPress를 압도하기 시작
2006년	2005년 설립된 YouTube를 Google이 인수
2006~2008년	국제한국어교육학회 편, 민현식 외 저 『한국어교육론』(한국문화사). 전 3권. 세계의 한국어 교육 연구자들이 함께한 논문집
2007~2018년	『한국어교육론 강좌』 제1~제4권(구로시오출판). 한일 70명 이상이

중화인민공화국　헤이세이　조선민주주의인민공화국　대한민국

	기고하는 한국어학 및 한국어 교육 강좌
2007년	Apple 제1세대 iPhone 발매. 인터넷과의 친화성으로 피처폰 시대의 종언을 초래
2007년	Google, 퀄컴 등이 Android OS를 발표. 인터넷 휴대 기기가 당연한 시대로
2007년	여성 아이돌 그룹 소녀시대 데뷔. 2009년 'Gee' 등이 히트. 남싱 그룹으로는 동방신기 등이 활약
2007년	10월, 노무현 대통령과 북한의 김정일 총서기 회담
2007년	Amazon이 미국에서 Kindle 판매 개시
2008년	YouTube 한국 서비스 개시
2008년	이명박 대통령
2008년	국립국어원이 인터넷에 공개한 『표준국어대사전』 개정
2010년	Apple 초대 iPad 발매. 이후 태블릿 PC의 비중 확대. 일본 각사에서 전자서적 단말기 발매. 2010년을 전자서적 원년이라 함
2010년	일본에서 제2차 한류 붐. 제1차는 한국 드라마, 제2차는 K-POP 중심
2010년	삼성전자의 스마트폰 Galaxy S 발표. Galaxy는 2010년대 내내 iPhone과 경쟁하며 세계적인 점유 회득
2010년	한국에서 여러 종류의 스마트폰 한글 입력 시스템이 널리 일반화
2010년	『한글의 탄생』(平凡社 신서판)
2011년	3·11 동일본 대지진. 후쿠시마 원전 폭발, 대규모 방사능 오염
2011년	현대 한국문학의 일본어 번역 시리즈인 '새로운 한국 문학'이 쿠온에서 간행 시작. 제1권은 한강韓江의 『채식주의자』. 2021년 7월 현재 제23권까지 간행
2011년	파주출판도시에서 제1회 파주 북소리 페스티벌. 이후 매년 개최
2012년	Amazon이 일본판 Kindle 스토어 개설
2013년	박근혜 대통령
2013년	남성 아이돌 그룹 방탄소년단(BTS) 데뷔. K-POP이 아시아, 미국, 유럽까지 인지도를 넓히기 시작
2014년	세월호 침몰 사고
2014년	Google, Adobe와 공동 개발한 Pan-CJK 한중일 폰트 Noto Sans CJK를 오픈소스로 무료 배포. Adobe에서는 본고딕(Source Han Sans)이라는 이름으로. 산세리프의 고딕체. 한국어, 일본어, 간체중국어, 번체중국어용
2014년	한국어 초중급에서 중상급용 학습잡지 『한국어학습저널 hana』(HANA)
2014년	서울시 용산구에 국립한글박물관 개관
2016년	국립국어원이 동영상을 이용한 『한국수어사전』을 사이트에 공개
2016년	국립국어원이, 일반 사용자를 편집에 참여시켜 신조어·속어·유행어·방언까지 대거 수록한 사전인 『우리말샘』, 기초어휘 한국어 사전인 『한국어기초사전』, 11개 언어로 표기한 기초어휘 대역사전인 『국립국어원 한국어-외국어 학습사전』을 사이트에 공개
2016년	최순실 게이트 사건을 발단으로 박근혜 대통령 탄핵 운동이 전국적으로 확대. 탄핵 제도에 의해 대통령 파면

2016년	일본에서 〈한국여성문학〉 시리즈 간행 개시(書肆侃侃房). 제1권은 김인숙金仁淑의 『안녕 엘레나』(와다 게이코和田景子 역)
2017년	문재인 대통령
2017년	Adobe, Google과 공동 개발한 Pan CJK 한글꼴 또는 본문서체를 오픈소스로 공개. Google에서는 Noto Serif CJK라는 이름으로. 세리프가 있는 명조체 폰트. 한국어, 일본어, 간체중국어, 번체중국어용. 6만 5,535개의 글리프(자형). 한국에서는 Sandoll Communications도 파트너로 개발에 참여
2017년	일본에서 〈한국문학의 오쿠리모노(선물)〉 시리즈 간행 개시(晶文社). 김애란金愛蘭의 『달려라, 아비』(후루카와 아야코古川綾子 역)
2017년	일본에서 제3차 한류 붐
2018년	문재인 대통령과 김정은 위원장 남북정상회담. 판문점선언
2018년	6월 12일 싱가포르에서 미국의 도널드 트럼프 대통령과 김정은 위원장 북미정상회담
2018년	미국 음악 차트 Billboard200에서 『LOVE YOURSELF』 등 BTS의 앨범 두 장이 1위. 가사의 대부분이 한국어. 그 후 2021년 현재도 세계적 히트곡을 잇따라 발표
2018년	조남주의 소설 『82년생 김지영』(筑摩書房, 사이토 마리코斎藤眞理子 역)이 일본에서 21만 부 이상 팔려 베스트셀러에 오름. 한국에서도 130만 부 기록
2019년	봉준호奉俊昊 감독의 영화 『기생충』 칸 국제영화제 황금종려상 수상. 비영어 작품 최초 아카데미 작품상. 감독상, 각본상, 국제장편영화상도 수상
2019년	6월, 북미정상회담. 문재인, 김정은, 트럼프 세 정상이 판문점에서 회동
2019년	삼성전자 세계 스마트폰 시장 점유율 21.6%로 1위. 2위는 Huawei가 17.6%, 3위는 Apple이 13.9%, 4위는 Xiaomi가 9.2%(IDC 조사)
2020~2021년	2019년에 시작된 코로나 감염증(COVID-19)이 전 세계로 확산
2020년	지상파가 아닌 인터넷 배급사 Netflix를 통해 공개된 한국 드라마 『사랑의 불시착』이 세계적 히트. 이 시기부터 한국 드라마의 인터넷 배급이 확대
2020년	한국 서점 판매 기록 1위는 교보문고 6,942억 원, 2위는 온라인 YES24 6,130억 원, 3위는 알라딘 3,570억 원
2021년	1997년에 시작된 한국어능력시험(TOPIK)이 세계 70개국 이상에서 실시

문헌 일람

도판의 출전 및 도판을 작성하는 데 참고한 자료에는 *표시를 하였다.

• 일본어로 쓰여진 문헌(50음순)

青山秀夫(1986)「現代朝鮮語の擬声語」,『朝鮮学報』第65輯, 朝鮮学会

青山秀夫編著(1991)『朝鮮語象徴語辞典』大学書林

秋永一枝編, 金田一春彦監修(2001)『新明解日本語アクセント辞典』三省堂

阿辻哲次(1994)『漢字の文化史』日本放送出版協会

阿辻哲次(1999)『漢字の社会史 ― 東洋文明を支えた文字の三千年』PHP研究所

荒野泰典他執筆, 田中健夫・田代和生監修(1992)『宗家記録の朝鮮通信使展』朝
　　日新聞社文化企画局編, 朝日新聞社

李翊燮・李相億・蔡琬(2004)『韓国語概説』前田真彦訳, 梅田博之監修, 大修館
　　書店

飯島春敬編(1975)『書道辞典』東京堂出版

五十嵐孔一(2008)「韓国近代文典史」野間秀樹編著(2008)所収

李基文(1975)『韓国語の歴史』村山七郎監修, 藤本幸夫訳, 大修館書店

李基文(1983)『韓国語の形成』成甲書房

李鍾黙(2002)「朝鮮前期韓日文士の文学交流の様相について」桑嶋里枝訳,『朝
　　鮮学報』第182輯, 朝鮮学会

李鍾徹(1991)『萬葉の郷歌: 日韓上代歌謡表記法の比較研究』藤井茂利訳, 東方
　　書店

石和田秀幸(2001)「日韓(朝) 友好の先駆者雄誉(おうよ)上人 ― 館山大巌院の
　　ハングル石塔」千葉県日本韓国・朝鮮関係史研究会編著『千葉のなかの朝鮮』
　　明石書店

板垣竜太(2021)『北に渡った言語学者 ― 金壽卿 1918-2000』人文書院

伊丹潤編, 水尾比呂志・李禹煥解説(1975)『李朝民画』講談社

井筒俊彦(2009)『読むと書く ― 井筒俊彦エッセイ集』慶應大学出版会

伊藤亞人・大村益夫・梶村秀樹・武田幸男・高崎宗司編(2000)『朝鮮を知る事典 新訂増補版』平凡社

伊藤智ゆき(1999)「中期朝鮮語の漢字語アクセント体系」『言語研究』第116号, 日本言語学会

伊藤智ゆき(2007)『朝鮮漢字音研究』汲古書院

伊藤英人(2004)「講經と讀經 ― 正音と讀誦を巡って」,『朝鮮語研究 2』朝鮮語 研究会編, くろしお出版

伊藤英人(2007a)「名詞をめぐって」野間秀樹編著(2007) 所収

伊藤英人(2007b)「漢字音教育法」野間秀樹編著(2007) 所収

伊藤英人(2008)「文献解題: 歴史言語学 古代語及び前期中世語」野間秀樹編著 (2008) 所収

犬養隆(2000)「木簡から万葉集へ ― 日本語を書くために」平川南編(2000) 所収

犬養隆(2005)「古代の「言葉」から探る文字の道 ― 日朝の文法・発音・文字」国 立歴史民俗博物館 / 平川南編(2005) 所収

茨木のり子(1989)『ハングルへの旅』朝日新聞社

今福龍太(2009)『身体としての書物』東京外国語大学出版会

任昌淳編(1975)『韓国美術全集 11 書芸』金素雲訳, 同和出版公社*

イ・ヨンスク(1996)『「国語」という思想 ― 近代日本の言語認識』岩波書店

イリイチ, イヴァン(1995)『テクストのぶどう畑で』岡部佳世訳, 法政大学出版局

イリイチ, I・B. サンダース(1991; 2008)『ABC ― 民衆の知性のアルファベット 化』丸山真人訳, 岩波書店

上村幸雄(1989)「現代日本語 音韻」亀井孝・河野六郎・千野栄一編著(1988 – 1996) 第2巻所収

牛島徳次・香坂順一・藤堂明保編(1967;1981⁵)『中国文化叢書1 言語』大修館書 店

梅田博之(1989a)「朝鮮語」,『言語学大辞典 第2巻 世界言語編(中)』亀井孝・河 野六郎・千野栄一編著, 三省堂

梅田博之(1989b)「韓国語の片仮名表記」加藤彰彦編(1989) 所収

上野善道(1977)「日本語のアクセント」大野晋・柴田武編(1977a) 所収

上野善道(1989)「日本語のアクセント」杉藤美代子編(1989) 所収

NHK放送文化研究所編(1998)『新版 日本語発音アクセント辞典』日本放送出版協会

江守賢治(1986)『解説 字体辞典』三省堂

大黒俊二(2010)『声と文字 ヨーロッパの中世 6』岩波書店

大島正二(2003)『漢字と中国人 ― 文化史をよみとく』岩波書店

大島正二(2006)『漢字伝来』岩波書店

太田辰夫(1964;1984)『古典中国語文法』汲古書院

大友信一(1981)「中国・朝鮮資料の語彙」『講座日本語の語彙 4 中世の語彙』明治書院

大西哲彦・亀尾敦(2001)『字の匠 Historical Tour of Typography ― Adobe InDesign付属ブックレット』アドビシステムズ

大野晋・柴田武編(1977a)『岩波講座 日本語5 音韻』岩波書店

大野晋・柴田武編(1977b)『岩波講座 日本語8 文字』岩波書店

大村益夫(1998)『対訳 詩で学ぶ朝鮮の心』青丘文化社

岡井慎吾(1916)『漢字の形音義』六合館

小川環樹・木田章義注解(1997)『千字文』岩波書店

沖森卓也(2003)『日本語の誕生 ― 古代の文学と表記』吉川弘文館

沖森卓也(2010)『初めて読む日本語の歴史』ベレ出版

沖森卓也(2011)『日本の漢字 1600年の歴史』ベレ出版

沖森卓也(2017)『日本語全史』筑摩書房

小倉進平(1929)『郷歌及び吏讀の研究』京城帝国大学法文学部紀要 第一, 京城帝国大学(1974影印, ソウル亞細亞文化社)

小倉進平著, 河野六郎増訂補注(1964)『増訂補注 朝鮮語学史』刀江書院*

小栗章(2007)「日本における韓国語教育の現在 ― 大学等の調査に見る現状と課題」野間秀樹編著(2007) 所収

生越直樹(2005)「朝鮮語と漢字」村田雄二郎・C, ラマール編(2005) 所収

オング, W.-J. (1991)『声の文化と文字の文化』桜井直文他訳, 藤原書店

風間伸次郎(2008)「環韓国言語学文献解題」野間秀樹編著(2008) 所収

梶井陟(1980)『朝鮮語を考える』龍渓書舎

梶村秀樹(1977)『朝鮮史』講談社

加藤彰彦編(1989)『講座 日本語と日本語教育9 日本語の文字・表記(下)』明治
　　書院

加藤徹(2006)『漢文の素養 — 誰が日本文化を作ったのか?』光文社

金沢庄三郎(1994)『日韓古地名の研究』復刻版, 草風館

鐘江宏之(2008)『全集 日本の歴史 第3巻 律令国家と万葉びと』小学館

樺島忠夫(1977)「文字の体系と構造」大野晋・柴田武編(1977b) 所収

樺島忠夫・続木敏郎・関口泰次編(1985)『事典日本の文字』大修館書店

鎌田茂雄(1987)『朝鮮仏教史』東京大学出版会

上垣外憲一(1989)『雨森芳洲』中央公論社

亀井孝(1971)『亀井孝論文集 一 日本語学のために』吉川弘文館

亀井孝・大藤時彦・山田俊雄編(1963;1970^7)『日本語の歴史 2 文字とのめぐりあ
　　い』平凡社

亀井孝・大藤時彦・山田俊雄編(2007)『日本語の歴史1-7』平凡社*

亀井孝・河野六郎・千野栄一編著(1988‐1996)『言語学大辞典 第1巻‐第6巻』
　　三省堂

柄谷行人(1986;2001)『探究Ⅰ』講談社

柄谷行人(1994;2004)『探究Ⅱ』講談社

柄谷行人(2007)『日本精神分析』講談社

川瀬一馬(2001)『日本書誌学用語辞典』雄松堂出版

川瀬一馬著・岡崎久司編(2001)『書誌学入門』雄松堂出版

川村湊(1994)『海を渡った日本語 — 植民地の「国語」の時間』青土社

姜在彦訳注(1974)『海游録 — 朝鮮通信使の日本紀行』平凡社

姜信沆(1993)『ハングルの成立と歴史』日本語版協力 梅田博之, 大修館書店

菅野裕臣(1981a)『朝鮮語の入門』白水社

菅野裕臣(1981b)「口訣研究(一)」『東京外国語大学論集』31号, 東京外国語大
　　学

菅野裕臣(1985)「朝鮮語のローマ字転写とカタカナ表記」『基礎ハングル』第1巻第5号, 三修社

菅野裕臣(1986)「文字・発音・正書法」『基礎ハングル』第2巻第1号, 三修社

菅野裕臣(1991)「言語資料としての『海東諸国紀』」申叔舟著, 田中健夫訳注(1991)所収

菅野裕臣(2004)『朝鮮の漢字音の話』神田外語大学韓国語学科

菅野裕臣他(1988;1991²)「文字・発音概説」,『コスモス朝和辞典』白水社

菅野裕臣編(1985 – 1987)『基礎ハングル』第1巻第1 – 12号, 第2巻第1 – 12号, 三修社

菅野裕臣・早川嘉春・志部昭平・浜田耕策・松原孝俊・野間秀樹・塩田今日子・伊藤英人共編, 金周源・徐尚揆・浜之上幸 協力(1988;1991)『コスモス朝和辞典』白水社

姜漢永・田中明訳注(1982)『パンソリ』平凡社

岸田文隆(2006)「早稲田大学服部文庫所蔵の「朝鮮語訳」について―「隣語大方」との比較」『朝鮮学報』第199・200輯, 朝鮮学会

岸俊男編(1988)『日本の古代 第14巻 ことばと文字』中央公論社

岸本美緒・宮嶋博史(1998;2008)『世界の歴史12―明清と李朝の時代』中央公論新社

金禮坤(1986)「南の한글, 北の우리 글―分かち書き」『基礎ハングル』第2巻第12号, 三修社

金禮坤(1961–1962)「国語講座」月刊『新しい世代』朝鮮青年社

金禮坤(2021)『韓国語講座』朝日出版社

金仁謙著, 高島淑郎訳注(1999)『日東壮遊歌―ハングルでつづる朝鮮通信使の記録』平凡社

金宇鐘(1975)『韓国現代小説史』長璋吉訳, 龍渓書舎

金思燁(1972)『朝鮮のこころ―民族の詩と真実』講談社

金思燁(1973)『朝鮮文学史』金沢文庫

金珍娥(2007)「韓国語のローマ字表記法」野間秀樹編著(2007)所収

金珍娥(2012)「談話論からの接近」野間秀樹編著(2012)所収

金珍娥(2013)『談話論と文法論―日本語と韓国語を照らす』くろしお出版

金周源(2018)「絶滅危機に瀕するアルタイ言語の記録」髙木丈也訳, 野間秀樹編著(2018) 所収

金素雲(1978)『金素雲對譯詩集(上中下)』釜山: 亜成出版社

金台俊(1975)『朝鮮小説史』安宇植訳注, 平凡社

金東旭(1974)『朝鮮文学史』日本放送出版協会

金東昭(2003)『韓国語変遷史』栗田英二訳, 明石書店

金芳漢(1986)「韓国語の系統」『基礎ハングル』第2巻第6号, 三修社

金富軾著, 井上秀雄訳註(1980-1988)『三国史記』平凡社

金両基(1984;2005[22])『ハングルの世界』中央公論新社

金允浩(1987)『物語 朝鮮詩歌史』彩流社

木村誠・吉田光男・趙景達・馬淵貞利編(1995)『朝鮮人物事典』大和書房

木村雅彦(2002;2008)「トラヤヌス帝の碑文がかたる」『Vignette ヴィネット』01, 朗文堂*

金文京(2010)『漢文と東アジア』岩波書店

金文京・玄幸子・佐藤晴彦訳注, 鄭光解説(2002)『老乞大―朝鮮中世の中国語会話読本』平凡社

権在一(2018)「中央アジア高麗語の話しことばと書きことば」野間秀樹編著(2018) 所収

権在淑(1995)『表現が広がる これからの朝鮮語』三修社

権斗煥(2010) 第61回朝鮮学会大会公開講演「豊山洪門所蔵英・荘・正祖三代御筆札」朝鮮学会

熊木勉(2008)「文学からの接近: 詩, 何を読む」野間秀樹編著(2008) 所収

熊谷明泰(2007)「朝鮮語辞典におけるカタカナ発音表記」野間秀樹編著(2007) 所収

クリステヴァ, ジュリア(1983)『ことば, この未知なるもの―記号論への招待』谷口勇・枝川昌雄訳, 国文社

クリステヴァ, ジュリア(1999)『ポリローグ《新装復刊》』赤羽研三・足立和浩他訳, 白水社

クルマス, フロリアン(2014)『文字の言語学 ― 現代文字論入門』斎藤伸治訳, 大修館書店

呉人惠編(2011)『日本の危機言語 ― 言語・方言の多様性と独自性』北海道大学出版会

倪其心(Ni Qixin)(2003)『校勘学講義 ― 中国古典文献の読み方』橋本秀美・鈴木かおり訳, アルヒーフ発行, すずさわ書店発売

小泉保・牧野勤(1971)『英語学大系1 音韻論 I 』大修館書店

河野六郎(1955)「朝鮮語」『世界言語概説 下巻』服部四郎・市川三喜編, 研究社

河野六郎(1977)「文字の本質」大野晋・柴田武編, 河野六郎他執筆(1977), 河野六郎(1980) および河野六郎(1994) 所収

河野六郎(1979a)『河野六郎著作集 第1巻』平凡社

河野六郎(1979b)『河野六郎著作集 第2巻』平凡社

河野六郎(1980)『河野六郎著作集 第3巻』平凡社

河野六郎(1994)『文字論』三省堂

河野六郎・千野栄一・西田龍雄編著(2001)『言語学大辞典 別巻 世界文字辞典』三省堂

河野六郎・西田龍雄(1995)『文字贔屓 ― 文字のエッセンスをめぐる3つの対談』三省堂

国際文化フォーラム(2005)『日本の学校における韓国朝鮮語教育 ― 大学等と高等学校の現状と課題』財団法人 国際文化フォーラム

国立国語研究所(1997)『日本語と外国語の対照研究IV 日本語と朝鮮語 上巻 回顧と展望』国立国語研究所, くろしお出版発売

国立歴史民俗博物館 / 平川南編(2005)『古代日本 文字のきた道 ― 古代中国・朝鮮から列島へ』大修館書店

後藤斉(2008)「言語学のための文献解題」野間秀樹編著(2008) 所収

こどもくらぶ著, 野間秀樹監修(2004)『世界の文字と言葉入門③ 朝鮮半島の文字「ハングル」と言葉』小峰書店

高東昊(2007)「方言の文法的分化」野間秀樹編著(2007) 所収

小林芳規(1989)『角筆のみちびく世界 ― 日本古代・中世への照明』中央公論社

小林芳規(1998)『図説 日本の漢字』大修館書店

小林芳規(2002)「韓国における角筆文献の発見とその意義 ─ 日本古訓点との関係」『朝鮮学報』第182輯, 朝鮮学会

小林芳規(2004)『角筆文献研究導論 上巻 東アジア編』汲古書院

小林芳規(2009a)「漢文訓読史研究の課題と構想」『訓点語と訓点資料』第123輯, 訓点語学会

小林芳規(2009b)「日本の訓点・訓読の源と古代韓国語との関係」麗澤大学「日・韓訓読シンポジウム」基調講演

小林芳規・西村浩子(2001)「韓国遺存の角筆文献調査報告」『訓点語と訓点資料』第107輯, 訓点語学会

古原宏伸(1973)『画論』明徳出版社

小松英雄(2006)『日本書記史原論 補訂版』笠間書院

子安宣邦(2003)『漢字論』岩波書店

斉藤純男(2006)『日本語音声学入門 改訂版』三省堂

齋藤希史(2007)『漢文脈と日本近代 ─ もう一つのことばの世界』日本放送出版協会

三枝壽勝(1997)『韓国文学を味わう』国際交流基金アジアセンター

崎山理編(1990)『日本語の形成』三省堂

崎山理・佐藤昭裕編(1990)『アジアの諸言語と一般言語学』三省堂

佐久間鼎(1946)『ゲシタルト心理学』弘文堂

笹原宏之(2006)『日本の漢字』岩波書店

笹原宏之(2008)『訓読みのはなし ─ 漢字文化圏の中の日本語』光文社

佐藤昭(2002)『中国語語音史 ─ 中古音から現代音まで』白帝社

佐藤喜代治・遠藤好英・加藤正信・佐藤武義・飛田良文・前田富祺・村上雅孝編(1996)『漢字百科大事典』明治書院

真田信治・生越直樹・任榮哲編(2005)『在日コリアンの言語相』和泉書院

真田信治・庄司博史編(2005)『事典 日本の多言語社会』岩波書店

サピーア, エドワード(1957)『言語 ─ ことばの研究』泉井久之助訳, 紀伊國屋書店

サピア, エドワード(1998)『言語』安藤貞夫訳, 岩波書店

柴谷方良・影山太郎・田守育啓(1981)『言語の構造 ―理論と分析 音声・音韻篇』くろしお出版

芝野耕司編(1997)『JIS漢字辞典』日本規格協会

志部昭平(1972)「朝鮮の文字ハングル ―訓民正音製定と新文語の育成について」『国際文化』二一三, 国際文化振興会

志部昭平(1985)「『訓民正音』」『基礎ハングル』第1巻第3号, 三修社

志部昭平(1986a)「朝鮮語の歴史」『基礎ハングル』第1巻第12号, 三修社

志部昭平(1986b)「中期朝鮮語(1-4)」『基礎ハングル』第2巻第8-11号, 三修社

志部昭平(1987)「朝鮮語における漢字語の位置」『日本語学』6月号, 明治書院

志部昭平(1988)「陰徳記 高麗詞之事について ―文禄慶長の役における仮名書き朝鮮語資料」『朝鮮学報』第128輯, 朝鮮学会

志部昭平(1989)「漢字の用い方(韓国語との対照)」加藤彰彦編(1989) 所収

志部昭平(1990)『諺解三綱行實圖研究』汲古書院*

沈元燮(2008)「映画からの接近 ―最近の韓国映画, その多重の顔」野間秀樹編著(2008) 所収

シャルティエ, ロジェ&グリエルモ・カヴァッツロ編(2000)『読むことの歴史 ―ヨーロッパ読書史』田村毅他訳, 大修館書店

ジャン, ジョルジュ(1990)『文字の歴史』矢島文夫監修, 高橋啓訳, 創元社

庄垣内正弘(2003)「文献研究と言語学 ―ウイグル語における漢字音の再構と漢文訓読の可能性」『言語研究』第124号, 日本言語学会

庄司博史編(2015)『世界の文字事典』丸善出版

書学書道史学会編(2005)『日本・中国・朝鮮 / 書道史年表辞典』萱原書房

書物同好会編(1978)『書物同好会会報 附 冊子』桜井義之解題, (影印) 龍渓書舎

白川静(1970)『漢字 ―生い立ちとその背景』岩波書店

白川静(1984)『字統』平凡社*

白川豊(2008)「近現代文学史」野間秀樹編著(2008) 所収

白鳥庫吉(1986)『朝鮮史研究』岩波書店

申叔舟著, 田中健夫訳注(1991)『海東諸国紀』岩波書店

申明直(2008)「韓国の漫画ジャンルと近代」野間秀樹編著(2008) 所収

須賀井義教(2008)「インターネットからの接近」野間秀樹編著(2008) 所収

須賀井義教(2018)『韓国語 現代語＝古語小辞典』野間秀樹編著(2018) 所収

杉藤美代子編(1989)『講座 日本語と日本語教育2 日本語の音声・音韻(上)』明
　治書院

ソシュール, フェルヂナン・ド(1940)『言語学原論』小林英夫訳, 岩波書店・ソシ
　ュール(1928) 岡書院の改訳新版

ソシュール, フェルディナン・ド(1940;1972)『一般言語学講義』小林英夫訳, 岩
　波書店°ソシュール(1940) の改版

ソシュール, フェルディナン・ド(2003)『フェルディナン・ド・ソシュール 一般言
　語学第三回講義 エミール・コンスタンタンによる講義記録』相原奈津江・秋
　津伶訳, エディット・パルク

ソシュール, フェルディナン・ド(2007)『ソシュール 一般言語学講義 コンスタン
　タンのノート』影浦峡・田中久美子訳, 東京大学出版会

宋喆儀(2009)「反切表と伝統時代のハングル教育」油谷幸利先生還暦記念論文
　集刊行委員会編(2009) 所収

宋希璟著, 村井章介校注(1987)『老松堂日本行録』岩波書店

宋敏(1986)「韓国語と日本語のつながり」『基礎ハングル』第2巻第7号, 三修社

宋敏(1999)『韓国語と日本語のあいだ』菅野裕臣他訳, 草風館

成百仁(1990)「日本語系統論の研究と韓国語およびアルタイ諸語」崎山理編
　(1990) 所収

互盛央(2009)『フェルディナン・ド・ソシュール ―「言語学」の孤独、「一般言語
　学」の夢』作品社

武田幸男編(1985)『世界各国史17 朝鮮史』山川出版社

武田幸男編(2000)『新版 世界各国史2 朝鮮史』山川出版社*

武部良明編(1989)『講座 日本語と日本語教育8 日本語の文字・表記(上)』明治
　書院

田中克彦(1981)『ことばと国家』岩波書店

田中克彦(1989)『国家語を超えて―国際化のなかの日本語』筑摩書房

田中俊明(1985)「『三国史記』と『三国遺事』」『基礎ハングル』第1巻第7号, 三修社

多和田眞一郎(1982)「沖縄方言と朝鮮語資料」『国文学解釈と鑑賞』47-9, 至文堂

千葉県日本韓国朝鮮関係史研究会(2001)『千葉のなかの朝鮮』明石書店

チポラ, カルロ・M.(1983)『読み書きの社会史―文盲から文明へ』佐田玄治訳, 御茶の水書房

チャオ, ユアン・レン(1980)『言語学入門』橋本萬太郎訳, 岩波書店

車柱環(1990)『朝鮮の道教』三浦國雄・野崎充彦訳, 人文書院

中国語学研究会編(1969;1979⁵)『中国語学新辞典』光生館

中樞院編(1937)『吏読集成』朝鮮總督府中樞院(影印1975, 国書刊行会)

中樞院調査課編(1936)『校訂 大明律直解』朝鮮總督府中樞院

趙義成(2007)「慶尚道方言とソウル方言」野間秀樹編著(2007)所収

趙義成(2008a)「『訓民正音』からの接近」野間秀樹編著(2008)所収*

趙義成(2008b)「文献解題: 中期朝鮮語・近世朝鮮語」野間秀樹編著(2008)所収

趙義成(2009)「ハングルの誕生と変遷」『東洋文化研究』第11号, 学習院大学東洋文化研究所

趙義成(2015)『基本ハングル文法 初級から中級まで』NHK出版

趙義成訳注(2010)『訓民正音』平凡社

朝鮮語学研究室編(1991)『朝鮮語文体範例読本』東京外国語大学*

朝鮮史研究会編(1981)『新 朝鮮史入門』龍渓書舎

朝鮮史研究会編(1995)『新版 朝鮮の歴史』三省堂

鄭光(1978)「司譯院譯書の外国語の転写に就いて」『朝鮮学報』第89輯, 朝鮮学会

鄭光・北郷照夫(2006)『朝鮮吏讀辞典』ペン・エンタープライズ

鄭在永・安大鉉(2018)「漢文読法と口訣」野間秀樹編著(2018)所収

鄭熙昌(2007)「ハングル正書法と標準語」野間秀樹編著(2007)所収

月脚達彦(2008a)「歴史学からの接近」野間秀樹編著(2008)所収

月脚達彦(2008b)「朝鮮史年表」野間秀樹編著(2008) 所収

月脚達彦・伊藤英人(1999)「朝鮮語」『独立百周年(建学百二十六年) 記念東京外国語大学史』東京外国語大学

築島裕(1986)『歴史的仮名遣い』中央公論社

辻星児(1997a)「「朝鮮資料」の研究」国立国語研究所(1997) 所収

辻星児(1997b)『朝鮮語史における『捷解新語』』岡山大学文学部

鶴久(1977)「万葉仮名」大野晋・柴田武編(1977b) 所収

寺脇研(2007)『韓国映画ベスト100:「JSA」から「グエムル」まで』朝日新聞社

デリダ, ジャック(1977)『エクリチュールと差異 上』若桑毅・野村英夫・阪上脩・川久保輝興訳, 法政大学出版局

デリダ, ジャック(1983)『エクリチュールと差異 下』梶谷温子・野村英夫・三好郁朗・若桑毅・阪上脩訳, 法政大学出版局

デリダ, ジャック(1986)『根源の彼方に―グラマトロジーについて(上)(下)』足立和浩訳, 現代思潮社

デリダ, ジャック(2001)『たった一つの, 私のものではない言葉―他者の単一言語使用』守中高明訳, 岩波書店

デリダ, ジャック(2002)『有限責任会社』高橋哲哉・増田一夫・宮﨑裕助訳, 法政大学出版局

東京外国語大学アジア・アフリカ言語文化研究所編(2005:2007^2)『図説 アジア文字入門』河出書房新社*

東京外国語大学語学研究所編(1998a)『世界の言語ガイドブック1 ヨーロッパ・アメリカ地域』三省堂

東京外国語大学語学研究所編(1998b)『世界の言語ガイドブック2 アジア・アフリカ地域』三省堂

東京国立博物館・朝日新聞社編(2006)『書の至宝 日本と中国』朝日新聞社

藤堂明保(1967:1981^5)「序説」牛島徳次・香坂順一・藤堂明保編(1967:1981^5) 所収

藤堂明保(1977)「漢字概説」大野晋・柴田武編(1977b) 所収

藤堂明保編(1978)『学研 漢和大字典』学習研究社

藤堂明保・相原茂(1985)『新訂 中国語概論』大修館書店

東野治之(1994)『書の古代史』岩波書店

トゥルベツコイ, N. S.(1980)『音韻論の原理』長嶋善郎訳, 岩波書店

時枝誠記(1941;1979)『国語学原論』岩波書店

戸田浩暁(1974;1988, 1978;1988)『新釈漢文大系 64, 65 文心雕龍 上下』明治書院

礪波護・武田幸男(1997;2008)『世界の歴史6 ― 隋唐帝国と古代朝鮮』中央公論新社

ナイト, スタン(2001)『西洋書体の歴史 ― 古典時代からルネサンス へ』高宮利行訳, 慶應義塾大学出版会*

長尾雨山(1965)『中國書畫話』筑摩書房

仲尾宏(2007)『朝鮮通信使 ― 江戸日本の誠信外交』岩波書店

中島仁(2007)「外来語表記法をめぐって」野間秀樹編著(2007) 所収

中島仁(2008)「近現代韓国語辞書史」野間秀樹編著(2008) 所収

中島仁(2021)『これならわかる 韓国語文法 ― 入門から上級まで』NHK出版

中田祝夫・林史典(2000)『日本の漢字』中央公論新社

中村春作・市來津由彦・田尻祐一郎・前田勉編(2008)『訓読論 ― 東アジア漢文世界と日本語』勉誠出版

中村完(1967)「諺文文献史における英・正時代について」『朝鮮学報』第43輯, 朝鮮学会

中村完(1983)「訓民正音 ― この朝鮮文化」『朝鮮史研究会論文集』No. 20, 緑蔭書房

中村完(1986)「朝鮮人の文字生活 ― プレ・ハングルの視点から」『基礎ハングル』第2巻第2号, 三修社

中村完(1986)「朝鮮語の辞典 その史的展望」『基礎ハングル』第2巻第1号, 三修社

中村完(1995)『論文選集 訓民正音の世界』創栄出版

南豊鉉(1997)「韓国における口訣研究の回顧と展望」『訓点語と訓点資料』第100輯, 訓点語学会

南豊鉉(2007)「韓国古代口訣の種類とその変遷について」『訓点語と訓点資料』第118輯, 訓点語学会

南豊鉉(2009a)「韓国語史研究における口訣資料の寄与について」『訓点語と訓点資料』第123輯, 訓点語学会

西田龍雄(1982)『アジアの未解読文字』大修館書店

西田龍雄(1984)『漢字文明圏の思考地図』PHP研究所

西田龍雄(2002)『アジア古代文字の解読』中央公論社

西田龍雄編(1981;1986)『講座言語 第5巻 世界の文字』大修館書店

西田龍雄編(1986)『言語学を学ぶ人のために』世界思想社

西野嘉章編(1996)『東京大学コレクション(Ⅲ) 歴史の文字 ―記載・活字・活版』東京大学総合研究博物館

日本国際美術振興会・毎日新聞社編(1977)『第13回現代日本美術展』図録, 日本国際美術振興会・毎日新聞社

沼本克明(1997)『日本漢字音の歴史的研究 ―体系と表記をめぐって』汲古書院

野崎充彦(2008)「時調 ―朝鮮的叙情のかたち」野間秀樹編著(2008) 所収

野崎充彦編訳注(2000)『青邱野談』平凡社

野間秀樹(1985)「ハングルの書体」『基礎ハングル』第1巻第2号, 三修社

野間秀樹(1985)「ハングルのタイプライタ」『基礎ハングル』第1巻第7号, 三修社

野間秀樹(1988)『길 朝鮮語への道』有明学術出版社

野間秀樹(1990a)「朝鮮語の名詞分類 ―語彙論・文法論のために」『朝鮮学報』第135輯, 朝鮮学会

野間秀樹(1990b)「朝鮮語のオノマトペ ―擬声擬態語の境界画定, 音と形式, 音と意味について」『学習院大学言語共同研究所紀要』第13号, 学習院大学言語共同研究所

野間秀樹(1992)「朝鮮語のオノマトペ ―擬声擬態語と派生・単語結合・シンタックス・テクストについて」『学習院大学言語共同研究所紀要』第14号, 学習院大学言語共同研究所

野間秀樹(1998a)「朝鮮語」東京外国語大学語学研究所編(1998b) 所収

野間秀樹(1998b)「最もオノマトペが豊富な言語」『月刊言語』第27巻第5号, 5月

号, 大修館書店

野間秀樹(2000;2002)『至福の朝鮮語 改訂新版』朝日出版社

野間秀樹(2001)「オノマトペと音象徴」『月刊言語』第30巻第9号, 8月号, 大修館書店

野間秀樹(2005)「韓国と日本の韓国語研究 ― 現代韓国語の文法研究を中心に」『日本語学』第24巻第8号, 7月号, 通巻第295号, 明治書院

野間秀樹(2007)『新·至福の朝鮮語』朝日出版社*

野間秀樹(2007a)『絶妙のハングル』日本放送出版協会

野間秀樹(2007b)「試論 ― ことばを学ぶことの根拠はどこに在るのか」野間秀樹編著(2007) 所収

野間秀樹(2007c)「音声学からの接近」野間秀樹編著(2007) 所収*

野間秀樹(2007d)「音韻論からの接近」野間秀樹編著(2007) 所収

野間秀樹(2007e)「形態音韻論からの接近」野間秀樹編著(2007) 所収

野間秀樹(2008a)「言語存在論試考序説Ⅰ ― 言語はいかに在るか」野間秀樹編著(2008) 所収

野間秀樹(2008b)「言語存在論試考序説Ⅱ ― 言語を考えるために」野間秀樹編著(2008) 所収

野間秀樹(2008c)「韓国語学のための文献解題 ― 現代韓国語を見据える」野間秀樹編著(2008) 所収

野間秀樹(2008d)「音と意味の間に」『國文學』2008年10月号, 學燈社

野間秀樹(2009a)「ハングル ― 正音エクリチュール革命」『國文學』2009年2月号, 學燈社

野間秀樹(2009b)「現代朝鮮語研究の新たなる視座 ―〈言語はいかに在るか〉という問いから ― 言語研究と言語教育のために」『朝鮮学報』第212輯, 朝鮮学会

野間秀樹(2014a)『日本語とハングル』文藝春秋

野間秀樹(2014b)『韓国語をいかに学ぶか ― 日本語話者のために』平凡社

野間秀樹(2014c)「知とハングルへの序章」野間秀樹編(2014) 所収

野間秀樹(2018a)「〈対照する〉ということ ― 言語学の思考原理としての〈対照〉という方法」野間秀樹編著(2018) 所収

野間秀樹(2018b)「ハングルという文字体系を見る─言語と文字の原理論から」
　　野間秀樹編著(2018) 所収

野間秀樹(2018c)「知のかたち, 知の革命としてのハングル」『対照言語学研究』
　　第26号, 海山文化研究所

野間秀樹(2018d)「言語の対照研究, その原理論へ向けて─言語存在論を問う」
　　『社会言語科学』21巻1号, 社会言語科学会

野間秀樹(2018e)『言語存在論』東京大学出版会

野間秀樹(2021a)『史上最強の韓国語練習帖 超入門編』ナツメ社*

野間秀樹(2021b)『言語 この希望に満ちたもの─TAVnet時代を生きる』北海道
　　大学出版会

野間秀樹編(2014)『韓国・朝鮮の知を読む』クオン

野間秀樹編著(2007)『韓国語教育論講座 第1巻』くろしお出版

野間秀樹編著(2008)『韓国語教育論講座 第4巻』くろしお出版

野間秀樹編著(2012)『韓国語教育論講座 第2巻』くろしお出版

野間秀樹編著(2018)『韓国語教育論講座 第3巻』くろしお出版

野間秀樹・金珍娥(2004)『Viva! 中級韓国語』朝日出版社

野間秀樹・金珍娥(2007)『ニューエクスプレス韓国語』白水社*

野間秀樹・金珍娥・中島仁・須賀井義教(2010)『きらきら韓国語』同学社

野間秀樹・中島仁(2007)「日本における韓国語教育の歴史」野間秀樹編著(2007)
　　所収

野間秀樹・白永瑞編(2021)『韓国・朝鮮の美を読む』クオン

野間秀樹・村田寛・金珍娥(2004)『ぷち韓国語』朝日出版社

野間秀樹・村田寛・金珍娥(2007;2008)『Campus Corean! 韓国語』朝日出版社

バーク, ピーター(2009)『近世ヨーロッパの言語と社会─印刷の発明からフラ
　　ンス革命まで』原聖訳, 岩波書店

バード, イザベラ(1998)『朝鮮紀行─英国婦人の見た李朝末期』時岡敬子訳, 講
　　談社

バイイ, シャルル(1970)『一般言語学とフランス言語学』小林英夫訳, 岩波書店

朴鎭浩(2009)「韓国の点吐口訣の読法について─春日政治『西大寺本金光明最

勝王経古点の国語学的研究』との対比を通じて」『訓点語と訓点資料』第123
　　輯, 訓点語学会

朴泳濬・柴政坤・鄭珠里・崔炅鳳(2007)『ハングルの歴史』中西恭子訳, 白水社

橋口侯之介(2005)『和本入門 千年生きる書物の世界』平凡社

橋本萬太郎(1978)『言語類型地理論』弘文堂

橋本萬太郎編(1980)『世界の中の日本文字 ―その優れたシステムとはたらき』
　　弘文堂

蓮實重彦(1977)『反＝日本語論』筑摩書房

波田野節子(2009)「朝鮮近代文学者の日本留学」油谷幸利先生還暦記念論文集
　　刊行委員会編(2009) 所収

波田野節子・斎藤真理子・きむ ふな共編(2020)『韓国文学を旅する60章』明石書
　　店

服部四郎(1951)『音韻論と正書法』研究社出版

バフチン, ミハイル(1980)『ミハイル・バフチン著作集 4 言語と文化の記号論』
　　北岡誠司訳, 新時代社

バフチン, ミハイル(2002)『バフチン言語論入門』桑野隆・小林潔編訳, せりか書
　　房

濱田敦(1970)『朝鮮資料による日本語研究 正・続』岩波書店

早田輝洋(1977)「生成アクセント論」大野晋・柴田武編(1977a) 所収

早田輝洋(1999)『音調のタイポロジー』大修館書店

韓㳘(1976)『韓国通史』平木実訳, 学生社

ハングル学会主管(2008)『ハングル展 若い想像力, そして物語』大韓民国文化
　　体育観光部*

韓成求(2018)「共和国の言語 ―文化語と平壌方言」野間秀樹編著(2018) 所収

バンベニスト, エミール(1983)『一般言語学の諸問題』河村正夫・岸本通夫・木下
　　光一・高塚洋太郎・花輪光・矢島猷三訳, みすず書房

平川南編(2000)『古代日本の文字世界』大修館書店

平山久雄(1967)「中古漢語の音韻」牛島徳次・香坂順一・藤堂明保編(1967;
　　1981[5]) 所収

フェーブル, リュシアン・アンリ＝ジャン・マルタン(1985)『書物の出現 上下』筑摩書房

福井玲(1985)「中期朝鮮語のアクセント体系について」『東京大学言語学論集'85』東京大学文学部言語学研究室

福井玲(2003)「朝鮮語音韻史の諸問題」『音声研究』第7巻第1号, 日本音声学会

福井玲(2012)『韓国語音韻史の探究』三省堂

福永光司(1971)『中国文明選 第14巻 芸術論集』朝日出版社

藤井幸之助(2008)「朝鮮語＝韓国語教育のための文献リスト」野間秀樹編著(2008) 所収

藤井茂利(1996)『古代日本語の表記法研究 — 東アジアに於ける漢字の使用法比較』近代文芸社

藤本幸夫(1980)「朝鮮版『千字文』の系統 其一」『朝鮮学報』第94輯, 朝鮮学会

藤本幸夫(1986)「吏読」『基礎ハングル』第2巻第3号, 三修社

藤本幸夫(1988)「古代朝鮮の言語と文字文化」岸俊男編(1988) 所収

藤本幸夫(1990)「朝鮮童蒙書, 漢字本『類合』と『新増類合』について」崎山理・佐藤昭裕編(1990) 所収

藤本幸夫(1992)「李朝訓読攷 其一 —『牧牛子修心訣』を中心にして」『朝鮮学報』第143輯, 朝鮮学会

藤本幸夫(1997)「朝鮮語の史的研究」国立国語研究所(1997) 所収

藤本幸夫(2006)『日本現存朝鮮本研究 集部』京都大学学術出版会

藤本幸夫(2007)「朝鮮の文字文化」『月刊言語』vol. 26, no. 10. 大修館書店

藤本幸夫(2014)「朝鮮の出版文化」, 野間秀樹編(2014) 所収

藤本幸夫(2018)『日本現存朝鮮本研究 史部』大韓民国東国大学校出版部

藤本幸夫編(2014)『日韓漢文訓読研究』勉誠出版

白峰子(2004;2019)『韓国語文法辞典』大井秀明訳, 野間秀樹監修, 三修社

白斗鉉(2009)「『訓民正音』解例本の影印と『合部訓民正音』研究」第60回朝鮮学会大会招聘報告, 朝鮮学会

ベンヤミン, ヴァルター(1970)『複製技術時代の芸術 ヴァルター・ベンヤミン著作集 二』佐々木基一編集解説, 晶文社

ボルツ, ノルベルト(1999)『グーテンベルク銀河系の終焉』識名章喜・足立典子訳, 法政大学出版局

ホロドービッチ, A. A.(2009)「朝鮮語文法概要」菅野裕臣訳『韓国語学年報』第5号, 神田外語大学韓国語学会編, 神田外語大学韓国語学会

洪允杓(2009)「『千字文』類について」油谷幸利先生還暦記念論文集刊行委員会編(2009) 所収

前田英樹編・訳・著(2010)『沈黙するソシュール』講談社

前間恭作(1974)『前間恭作著作集 上巻・下巻』京都大学文学部国語学国文学研究室編, 京都大学国文学会

マクリーニー, イアン・F. &ライザ・ウルヴァートン(2010)『知はいかにして「再発明」されたか ― アレクサンドリア図書館からインターネットまで』冨永星訳, 日経BP社

マクルーハン, M. (1986)『グーテンベルクの銀河系 ― 活字人間の形成』森常治訳, みすず書房

益子幸江(2008)「音声学のための文献解題 ― 一般音声学を学ぶ人のために」野間秀樹編著(2008) 所収

町田和彦編(2011)『世界の文字を楽しむ小事典』大修館書店

町田和彦編(2021)『図説 世界の文字とことば』河出書房新社

町田健(2008)『言語世界地図』新潮社

松岡正剛(2008)『白川静 ― 漢字の世界観』平凡社

松岡正剛企画監修, 編集工学研究所構成編集(1990)『情報の歴史 象形文字から人工知能まで』NTT 出版

マルティネ, アンドレ(1972)『一般言語学要理』三宅徳嘉訳, 岩波書店

丸山圭三郎編, 富盛伸夫・前田英樹・丸山圭三郎他著(1985)『ソシュール小事典』大修館書店*

マングェル, アルベルト(1999;2013)『読書の歴史 ― あるいは読者の歴史』原田範行訳, 柏書房

水野正好(2000)「日本人と文字との出会い」平川南編(2000) 所収

三ツ井崇(2001)「植民地化朝鮮における言語支配の構造 ― 朝鮮語規範化問題

　　を中心に」一橋大学大学院博士学位論文，一橋大学大学院

三ツ井崇(2010)『朝鮮植民地支配と言語』明石書店

閔貞模(2007)「韓国における韓国語教育の現在」野間秀樹編著(2007)所収

村田雄二郎，C・ラマール編(2005)『漢字圏の近代 ― ことばと国家』東京大学出版会

森田伸子(2005)『文字の経験 ― 読むことと書くことの思想史』勁草書房

森田伸子編著(2013)『言語と教育をめぐる思想史』勁草書房

ヤーコブソン，ローマン(1973)『一般言語学』川本茂雄監修，みすず書房

ヤーコブソン，ローマン(1977)『音と意味についての六章』花輪光訳，みすず書房

ヤーコブソン，ローマン、モーリス・ハレ(1973)「音韻論と音声学」村崎恭子訳，ヤーコブソン(1973)所収

矢島文夫(1977)「文字研究の歴史(2)」大野晋・柴田武編(1977b)所収

安田章(1990)『外国資料と中世国語』三省堂

安田敏朗(1997)『帝国日本の言語編制』世織書房

安田敏朗(1998)『植民地のなかの「国語学」』三元社

山田恭子(2008a)「文学からの接近: 古典文学史 ― 時代区分とジャンルを中心に」野間秀樹編著(2008)所収

山田恭子(2008b)「古典文学史年表」野間秀樹編著(2008)所収

山本真弓編著，臼井裕之・木村護郎クリストフ(2004)『言語的近代を超えて ―〈多言語状況〉を生きるために』明石書店

油谷幸利・門脇誠一・松尾勇・髙島淑郎編，小学館・金星出版社共同編集(1993)『朝鮮語辞典』小学館

油谷幸利先生還暦記念論文集刊行委員会編(2009)『朝鮮半島のことばと社会 ― 油谷幸利先生還暦記念論文集』明石書店

尹学準著, 田中明訳詩(1992)『朝鮮の詩ごころ ―「時調」の世界』講談社

ヨーアンセン，エーリ・フィッシャ(1978)『音韻論総覧』林栄一訳，大修館書店

吉田光男(1986)「李朝実録」『基礎ハングル』第1巻第9号，三修社

吉田光男(2009)『北東アジアの歴史と朝鮮半島』放送大学教育振興会

吉田光男編(2000)『韓国朝鮮の歴史と社会』放送大学教育振興会

四方田犬彦(2007)『翻訳と雑神 Dulcinea blanca』人文書院

四方田犬彦編(2003)『アジア映画』作品社

ライオンズ, J.(1973;1986⁵)『理論言語学』國廣哲彌訳, 大修館書店

頼惟勤著, 水谷誠編(1996・2000)『中国古典を読むために』大修館書店

ラディフォギッド, ピーター(1999)『音声学概説』竹林滋・牧野武彦共訳, 大修館
　　書店

李基文[Lee Ki-Moon](1975)『韓国語の歴史』村山七郎監修, 藤本幸夫訳, 大
　　修館書店

李成市(2005)「古代朝鮮の文字文化」国立歴史民俗博物館 / 平川南編(2005)
　　所収

ロビンソン, アンドルー(2006)『文字の起源と歴史 ─ ヒエログリフ, アルファベ
　　ット, 漢字』片山陽子訳, 創元社

若松實(1979)『対訳注解 韓国の古時調』高麗書林

渡辺吉鎔・鈴木孝夫(1981)『朝鮮語のすすめ ─ 日本語からの視点』講談社

渡辺直紀(2008)「韓国・朝鮮文学研究・教育のための文献解題」野間秀樹編著
　　(2008) 所収

『月刊言語』2007年10月号,「特集 東アジアの文字文化」大修館書店

『別冊太陽』2008年10月,「韓国・朝鮮の絵画」平凡社

• 한국어로 쓰여진 문헌 (한글 자모표순)

姜信沆(1990)《增補改訂版 國語學史》普成文化社

강신항(2000)《한국의 운서》태학사

姜信沆(2003a)《수정 증보 훈민정음연구》성균관대학교 출판부

姜信沆(2003b) '正音'에 대하여,《韓國語研究1》韓國語研究會, 태학사

姜信沆 譯註(1974)《訓民正音》新丘文化社

고경희(2008)《금속활자에 담은 빛나는 한글》국립중앙박물관

高麗大學校 民族文化研究所 編(1967;1976)《韓國文化史大系Ⅳ 言語文學史
(上)》高大 民族文化研究所 出版部

高永根(1989)《國語文法의 研究》塔出版社

高永根·李賢熙 校註(1986)《周時經, 國語文法》塔出版社

高永根·成光秀·沈在箕·洪宗善 編(1992)《國語學研究百年史Ⅰ》一潮閣

과학, 백과사전출판사(1979)《조선문화어문법》과학, 백과사전출판사

과학원 언어 문학 연구소 언어학 연구실(1960)《조선어문법 1》과학원 언어
문학 연구소, (影印) 학우서방

과학원 언어 문학 연구소 사전 연구실(1962)《조선말 사전》과학원 출판사,
(影印) 학우서방

국립국어연구원(1995)《한국 어문 규정집》국립국어연구원

국립국어연구원 편(1999)《표준국어대사전》두산동아

국립국어원 엮음(2008)《알기 쉽게 풀어 쓴 훈민정음》생각의 나무

국립국어원 엮음(2021)《국립국어원 30년사》국립국어원

권재일(1998)《한국어 문법사》박이정

金科奉(1916;1983)《조선말본》새·글·집 박음, 新文館 發行, (影印) 金敏洙·
河東鎬·高永根編《歷代韓國語文法大系 第1部第8冊》塔出版社

金科奉(1934;1983)《깁더 조선말본》새·글·집 펴냄, 匯東書館 發行, (影印) 金
敏洙·河東鎬·高永根編《歷代韓國語文法大系 第1部第8冊》塔出版社

김두식(2008)《한글 글꼴의 역사》시간의 물레*

金斗鍾(1981)《韓國古印刷技術史》探究堂

金敏洙(1977;1986)《周時經 研究 (增補版)》塔出版社

김민수 편(1993)《현대의 국어 연구사》서광학술자료사

김석득(1982)《주시경 문법론》螢雪出版社

김석득(1983)《우리말 연구사》정음문화사

金尙憶 註解(1975)《龍飛御天歌》乙酉文化社

김성근(1995)《조선어어음론연구》사회과학출판사

김성도(2013)「문자의 시원과 본질에 대한 몇 가지 인식론적 성찰」인문학
연구원 HK문자연구사업단(2013) 所收

金完鎭(1980)《鄉歌解讀法研究》서울大學校出版部

金允經(1938;1985)《朝鮮文字及語學史》(1985《한결 金允經全集1 朝鮮文字及語學史》延世大學校 出版部)

金一根 編註(1959)《李朝御筆諺簡集》新興出版社 發行, 通文館 販賣*

金一根(1986)《增訂 諺簡의 研究》建國大學校出版部

김주원(2005a)「훈민정음해례본의 뒷면 글 내용과 그에 관련된 몇 문제」《國語學》第45輯, 국어학회

김주원(2005b)「훈민정음해례본의 원래 모습」《자연과 문명의 조화》제53권 제5호, 대한토목학회

김주원(2005c) 훈민정음해례본의 인류문화사적가치,《자연과 문명의 조화》제53권 제8호, 대한토목학회

김주원(2013)《훈민정음: 사진과 기록으로 읽는 한글의 역사》민음사

김주원, 권재일, 고동호, 김윤신, 전순환(2008)《사라져 가는 알타이언어를 찾아서》태학사

김진아(2019)《담화론과 문법론》역락

金鎭宇(2008)《언어와 사고》한국문화사

金赫濟 校奮(1976;1988)《懸吐釋字具解 論語集註(全)》明文堂

南廣祐 編(1960;1971)《補訂 古語辭典》一潮閣

남기심·고영근(1985;1994)《표준국어문법론》탑출판사

南星祐·鄭在永(1998) 舊譯仁王經 釋讀口訣의 表記法과 한글 轉寫,《口訣研究》第3輯, 口訣學會 編輯, 太學社

南豊鉉(1981)《借字表記法研究》檀大出版部

남풍현(1993) 중세국어의 의성의태어,《새국어생활》3-2, 국립국어연구원

南豊鉉(1999)《國語史를 위한 口訣 研究》태학사

南豊鉉(2000)《吏讀研究》태학사

南豊鉉(2009b)《古代韓國語研究》시간의 물레

노마 히데키(2002)《한국어 어휘와 문법의 상관구조》태학사

노마 히데키(2006) 단어가 문장이 될 때: 언어장 이론―형태론에서 통사론으로, 그리고 초형태통사론으로,《Whither Morphology in the New Millennium?

21세기 형태론 어디로 가는가》Ko, Young-Kun, et al. (eds.) Pagijong Press

노마 히데키(2008) 언어를 배우는 〈근거〉는 어디에 있는가 ― 한국어 교육의 시점,《한글: 한글학회 창립 100돌 기념호》겨울치, 282호, 한글학회

노마 히데키(2011)《한글의 탄생 ―〈문자〉라는 기적》김진아·김기연·박수진 옮김. 돌베개

노마 히데키(2015a)「인문언어학을 위하여 ― 언어존재론이 묻는, 살아가기 위한 언어」《연세대학교 문과대학 창립 100주년 기념 국제학술대회 발표자료집》연세대학교 문과대학

노마 히데키(2015b)「훈민정음 = 한글의 탄생을 언어의 원리론에서 보다」《세계한글작가대회 발표자료집》국제펜클럽 한국본부

노마 히데키(2016a)「언어를 살아가기 위하여 ― 언어존재론이 묻는,〈쓴다는 것〉」《제2회 세계한글작가대회 발표자료집》국제펜클럽 한국본부

노마 히데키(2016b)「언어존재론이 언어를 보다 ― 언어학과 지(知)의 언어」《제3회 경북대학교 국어국문학과 BK21플러스 사업단 국제학술대회: 언어생활과 문화》경북대학교 국어국문학과 BK21플러스 〈영남지역 문화어문학 연구인력 양성 사업단〉

노마 히데키(2017)「한글의 탄생과 불교사상의 언어 ― 언어존재론적인 시좌(視座)에서」《불교와 한글, 한국어》한국문화사

노마 히데키(2018)「〈쓰여진 언어의 영광〉― 언어의 원리론에서 한글의 탄생을 비추다」《소리×글자: 한글디자인》국립한글박물관

노마 히데키 엮음(2014)《한국의 지(知)를 읽다》김경원 옮김, 위즈덤하우스

檀國大學校附設 東洋學研究所 編(1992-1996)《韓國漢字語辭典 卷一-卷四》檀國大學校出版部

루트비히, 오토(2013)《쓰기의 역사》이기숙 옮김, 연세대학교 대학출판문화원

류현국(2017)《한글 활자의 은하계: 1945-2010: 한글 기계화의 시작과 종말 그리고 부활, 그 의미》윤디자인그룹

류현국·고미야마 히로시 외(2019)《동아시아 타이포그래퍼의 실천》윤디자인그룹

리의도(2007) 한국어 해방론,《배달말》제41호, 배달말학회

마루야마 게이자부로(2002)《존재와 언어》고동호 역, 민음사

말모이 편찬위원회 엮음(2021)《말모이, 다시 쓰는 우리말 사전》시공사

민현식(1999)《국어 정서법 연구》태학사

박기완(1983)《에스페란토로 옮긴 훈민정음 Esperantigita Hun Min Ĝong
  Um》한글학회

朴炳千(1983)《한글 궁체 연구》一志社*

朴炳千(1985)《書法論研究》一志社

박종국(1976)《훈민정음》正音社

박창원(2005)《100대 한글 문화 유산1 훈민정음》신구문화사

백낙청·임형택·정승철·최경봉(2020)《한국어, 그 파란의 역사와 생명력》
  창비

백두현(2009)《훈민정음》해례본의 텍스트 구조 연구,《國語學》第54輯, 국
  어학회

서상규(2014;2019)《한국어 기본어휘 의미 빈도 사전 개정판》한국문화사

서상규·안의정·봉미경·최정도·박종후(2013)《한국어 구어 말뭉치 연구》한
  국문화사

서상규·한영균(1999)《국어정보학 입문》태학사

서울大學校 東亞文化研究所編(1973)《國語國文學事典》新丘文化社

素谷 南豊鉉 先生 回甲 紀念 論叢 刊行委員會 엮음(1995)《國語史와 借字表
  記》太學社

손보기(1986)《세종 시대의 인쇄 출판》세종대왕기념사업회

송기중·이현희·정재영·장윤희·한재영·황문환(2003)《한국의 문자와 문자
  연구》집문당

송철의(2008)《한국어 형태음운론적 연구》태학사

申景澈(1995) 한글 母音字의 字形 變遷 考察, 素谷 南豊鉉 先生 回甲 紀念 論
  叢 刊行委員會 엮음(1995) 所收

申瞳集(1983)《申瞳集 詩選》探究堂

申昌淳(1992)《國語正書法研究》集文堂

申昌淳·池春洙·李仁燮·金重鎭(1992)《국어표기법의 전개와 검토(1)》韓國精神文化研究院

沈在箕(1975) 舊譯仁王經上 口訣에 대하여,《美術資料》第18號, 國立中央博物館

安秉禧(1976) 口訣과 漢文訓讀에 대하여,《震檀學報》第41號, 震檀學會

安秉禧(1977)《中世國語口訣의 研究》一志社

安秉禧(1992a)《國語史研究》文學과知性社

安秉禧(1992b)《國語史 資料 研究》文學과知性社

安秉禧(1997) 訓民正音解例本과 그 複製에 대하여,《震檀學報》84, 震檀學會

安秉禧(2007)《訓民正音研究》서울대학교 출판부

안휘준(1980)《한국 회화사》일지사

安輝濬(1996) 朝鮮王朝 前半期의 山水畵, 湖巖美術館編(1996) 所收

안휘준(2004)《한국 회화의 이해》시공사*

梁泰鎭 엮음(1990)《알기 쉬운 옛책 풀이》法經出版社

예술의 전당 엮음(1994)《조선시대 한글서예》윤양희·김세호·박병천 집필, 미진사*

우메다 히로유키(1983)《韓國語의 音聲學的 研究 ― 日本語와의 對照를 中心으로》螢雪出版社

劉昌惇(1964;2005[15])《李朝語辭典》延世大學校 出版部

兪昌均(1982)《訓民正音》螢雪出版社

兪昌均(1982)《東國正音》螢雪出版社

尹炳泰(1983)《韓國書誌學槪論(稿)〈改正稿〉》韓國書誌情報學會

윤석민·유승섭·권면주(2006)《쉽게 읽는 龍飛御天歌 ⅠⅡ》박이정

원유홍·서승연·송명민(2019)《타이포그래피 천일야화 한글 타이포그래피의 개념과 실제》안그라픽스

이기성·김경도(2020)《한국 출판 이야기 ― 한글 활자와 전자출판의 연대기》춘명

李基文(1961;1972)《國語史槪說》太學社

李基文(1963)《國語表記法의 歷史的 研究》韓國研究院

李基文(1998)《新訂版 國語史概說》太學社

李基文·姜信沆·金完鎭·安秉禧·南基心·李翊燮·李相億(1983)《韓國 語文의 諸
　問題》一志社

李基文·金鎭宇·李相億(1984;1986⁴)《國語音韻論》學研社

李基文·張素媛(1994)《國語史》韓國放送大學校出版部

李基白(1991)《國語音韻論》韓國放送大學校出版部

李滿益 作, 李東歡 譯註(1985)《그림으로 보는 三國遺事》민족문화문고간행
　회

李秉根·崔明玉(1997)《國語音韻論》韓國放送大學校出版部

李相伯(1957)《한글의 起源》通文館

이성미 외(2005)《조선왕실의 미술문화》대원사

李丞宰(1992)《高麗時代의 吏讀》太學社

李丞宰(1996) 高麗中期 口訣資料의 主體敬語法 先語末語尾 '-ᅥ(겨)-',《李基
　文教授停年退任紀念論叢》新丘文化社

李禹煥(1977)《李朝의 民畵 ― 構造로서의 繪畵》悅話堂

이익섭(1986)《국어학개설》학연사

이익섭·이상억·채완(1997)《한국의 언어》신구문화사

李賢熙(1994)《中世國語構文研究》新丘文化社

이현희(1996) 중세 국어 자료(한글 문헌),《국어의 시대별 변천·실태 연구 1
　―중세 국어》국립국어연구원

이현희(2003) 訓民正音 研究史, 송기중 外(2003) 所收

이현희·이호권·이종묵·강석중(1997a)《杜詩와 杜詩諺解 6》新丘文化社

이현희·이호권·이종묵·강석중(1997b)《杜詩와 杜詩諺解 7》新丘文化社

이호영(1996)《국어음성학》태학사

이호영·황효성·아비딘(2009)《바하사 찌아찌아》한국학술정보*

인문학연구원 HK문자연구사업단(2013)《문자개념 다시보기》연세대학교
　대학출판문화원

임용기·홍윤표 편(2006)《국어사 연구 어디까지 와 있는가》태학사

장윤희(2003) 吏讀 研究史, 송기중 外(2003) 所收

장윤희(2004) 釋讀口訣 및 그 資料 槪觀,《口訣研究》제12집, 口訣學會 編, 太學社

鄭光(1988)《司譯院 倭學 硏究》太學社

정광(2009a)《몽고자운 연구 — 훈민정음과 파스파 문자의 관계를 해명하기 위하여》박문사

정광(2009b) 훈민정음의 中聲과 파스파 문자의 모음자,《國語學》56輯, 국어학회

정병모(2015)《한국의 채색화》다할미디어

정병모(2017)《민화는 민화다 : 이야기로 보는 우리 민화세계》다할미디어

鄭然粲(1992)《韓國語音韻論》開文社

정재영(2003) 口訣 研究史, 송기중 外(2003) 所收

정재영(2006) 韓國의 口訣,《口訣研究》제18집, 口訣學會 編, 太學社

조남호(1996) 중세 국어 어휘,《국어의 시대별 변천·실태 연구 1 — 중세 국어》국립국어연구원

최경봉(2005)《우리말의 탄생 — 최초의 국어사전 만들기 50년의 역사》책과함께

최경봉·시정곤·박영준(2008)《한글에 대해 알아야 할 모든 것》책과함께

최명옥(2004)《국어음운론》태학사

崔範勳(1985)《韓國語發達史》通文館

최현배(1937;1961⁵)《우리말본》정음문화사

최현배(1940;1982)《고친 한글갈》정음문화사

King, Ross(2021) '다이글로시아'라는 용어의 문제점: 전근대 한국의 말하기와 글쓰기의 생태계에 대하여《漢文學報》우리한문학회

한국민족문화대백과사전 편찬부편(1991)《한국민족문화대백과사전》한국정신문화연구원

한국철학회 편(2002)《현대철학과 언어》철학과현실사

한글학회(1995)《한글 사랑 나라 사랑 1》문화체육부*

韓榮瑄 註解(1985)《書法書論》文成堂

한재영(2003) 鄕札 硏究史, 송기중 外(2003) 所收

허주잉(2013)《한자문화학》김은희 옮김, 연세대학교 대학출판문화원

허웅(1965)《國語音韻學 改稿 新版》正音社

허웅(1975)《우리 옛말본》샘 문화사

허웅(1982)《용비어천가》螢雪出版社

湖巖美術館編(1996)《朝鮮前期國寶展》三星文化財團*

洪起文(1946;1988)《正音發達史》《原本 朝鮮文法研究 正音發達史》(影印
　　1988, 大提閣 所收)

洪起文(1947)《朝鮮文法研究》서울신문사

홍윤표(1994)《近代國語 研究 I》태학사

洪允杓(2004)「한글의 創制原理와 그 運用方法의 變遷」(Formative Principles
　　and Change of Application Methods of Hangul),《映像人文学》group 6,
　　大阪大学21世紀COE プログラム

홍윤표(2005) 訓民正音의 '象形而字倣古篆'에 대하여,《國語學》第46輯, 국
　　어학회

황문환(2003) 한글 표기법 연구사, 송기중 外(2003) 所收

榴希榮(1979)《韓國語 音韻論》二友出版社

후지모토 유키오(2006)《朝鮮版《千字文》에 대하여》임용기·홍윤표 편
　　(2006) 所收

影印 世宗實錄, (1973)《朝鮮王朝實錄》國史編纂委員會, 頒布 探求堂*

● 그 외 언어로 쓰여진 문헌

北京大学东语系朝鲜语专业·延边大学朝语系朝鲜语专业 会编(1976)《朝鲜语实
　　用语法》北京: 商务印书馆

宣德五·金祥元·赵习 编著(1985)《朝鲜语简志》北京: 民族出版社

王力(1984)《中國語言學史》香港: 中國圖書刊行社

遠藤光曉·嚴翼相 編(2008)《韓漢語言研究》首爾: 學古房

Brown, Lucien & Jaehoon Yeon(eds.) (2015;2019) *The Handbook of*

Korean Linguistics, Chichester: Wiley Blackwell

Chang, Suk-Jin(1996) *Korean*, Amsterdam, Philadelphia: John Benjamins Publishing Company

Cho, Sungdai & John Whitman(2019) *Korean: A Linguistic Introduction*, Cambridge and New York: Cambridge University Press

Coulmas, Florian(1989) *The Writing Systems of the World*, Oxford: Basil Blackwell

Coulmas, Florian(2003) *Writing Systems: An Introduction to their Linguistic Analysis*, Cambridge: Cambridge University Press

Daniels, Peter T., William Bright(eds.)(1996) *The World's Writing Systems*, New York: Oxford University Press

DeFrancis John(1989) *Visible Speech: The Diverse Oneness of Writing Systems*, Honolulu: University of Hawaii Press

Gelb, I. J.(1963) *A Study of Writing*, Chicago: University of Chicago Press

Harris, Roy(2002) *Rethinking Writing*, London: Continuum

Jakobson, Roman(1990) *On Language*, Linda R. Waugh & Monique Monville-Burston (eds.) , Cambridge: Harvard University Press

Kim, Nam-Kil(1992) Korean, *International Encyclopedia of Linguistics*, Volume 2,(ed.) William Bright, New York & Oxford: Oxford University Press

Kim-Renaud, Young-Key(ed.)(1997) *The Korean Alphabet: Its History and Structure*, Honolulu: University of Hawaii Press

King, J.R.P.(1987) An Introduction to Soviet Korean, *Language Research*, Vol. 23, No. 2, Seoul: Language Research Institute, Seoul National University

King, Ross(1996) Korean Writing, In: Daniels, Peter T., William Bright (eds.)(1996)

King, Ross(2021) Editor's Preface: *Vernacular Reading in the Sinographic Cosmopolis and Beyond, Literary Sinitic and East Asia*: A Cultural

Sphere of Vernacular Reading, by Kin Bunkyō, edited by Ross King, Leiden: Brill

Ledyard, Gari Keith(1966) *The Korean Language Reform of 1446: The Origin, Background, and Early History of the Korean Alphabet*, Ph.D. Dissertation, University of California, Berkeley

Lee, Hansol H. B.(1989) *Korean Grammar*, Oxford: Oxford University Press

Lee, Ki-moon(1977) *Geschichte der koreanischen Sprache*,(hrsg.von) Bruno Lewin, Wiesbaden: Dr. Ludwig Reichert Verlag

Lee, Ki-moon & S. Robert Ramsey(2011) *A History of the Korean Language*, Cambridge and New York: Cambridge University Press

Martin, Samuel. E.(1951) Korean Phonemics, *Language*, vol. 27, no.4, Baltimore: Linguistic Society of America

Martin, Samuel. E.(1954) *Korean Morphophonemics*, Baltimore: Linguistic Society of America

Martin, Samuel. E.(1992) *A Reference Grammar of Korean*, Rutland, Vermont & Tokyo: Charles E. Tuttle Company

Ministry of Culture and Information, Republic of Korea(ed.)(1970) *A History of Korean Alphabet and Movable Types*, Seoul: Ministry of Culture and Information

Moseley, Christopher(ed.)(2010) *Atlas of the World's Languages in Danger*, 3rd edition, Paris: UNESCO Publishing

Noma, Hideki(2005a) When Words Form Sentences; Linguistic Field Theory: From Morphology through Morpho-Syntax to Supra-Morpho-Syntax. *Corpus-Based Approaches to Sentence Structures*. Usage-Based Linguistic Informatics 2. Edited by Toshihiro Takagaki et al. Amsterdam & Philadelphia: John Benjamins

Noma, Hideki(2005b) Korean, *Encyclopedia of Linguistics*, Volume 1, Philipp Strazny(ed.), New York: Fitzroy Dearborn; London: Routledge

Pulleyblank, Edwin G.(1995) *Outline of Classical Chinese Grammar*, The University of British Columbia

Ramsey, S, Robert(1987,1989) *The Languages of China*, Princeton: Princeton University Press

Ramstedt, G. J.(1939) *A Korean Grammar.* (= MSFOu 82). Helsinki: Suomalais- Ugrilaisen Seura

Rogers, Henry(2005) *Writing Systems: A Linguistic Approach*, Oxford: Blackwell Publishing

Sampson, Geoffrey(1985) *Writing Systems: A Linguistic Introduction*, Stanford: Stanford University Press

Sohn, Ho-min(1994) *Korean*, London & New York: Routledge

Umeda, Hiroyuki(1957) The Phonemic System of Modern Korean. 『言語研究』第32号, 日本言語学会

Vachek, Josef(1973) *Written Language: General Problems and Problems of English*, The Hague & Paris: Mouton

Vachek, Josef(1989) *Written Language Revisited*, Philip A. Luelsdorff (ed.), Amsterdam & Philadelphia: John Benjamins

Трубецкой,Н. С.(1987) *Избранные труды по филологии*, Москва: Про гресс*

Холодович, А. А.(1954) *Очерк грамматики корейского языка*, Москва: Издательство литературы на иностранных языках

찾아보기

용어집 및 사항 색인

ㄱ

가나假名(-표기) 가나는 한자를 바탕으로 만들어진 문자로, 만요가나萬葉假名, 가타카나片假名, 히라가나平假名가 있다. 히라가나에는 그 자형으로 인해 [ㅎ], [ㅎ], [ㅎ] 등 변체가나라 불리는 것이 있다. 만요가나의 자형은 한자와 같고, 음 읽기와 훈 읽기를 모두 쓰고 있으며, 한 글자가 반드시 한 음절이지는 않고 히라가나나 가타카나와는 본질적으로 다르다. 가나는, 한자의 〈형음의 트라이앵글 시스템〉에서 의義=의미를 제거하고 형形과 음音을 연결시켜서 새롭게 만들어진 형태를 조합함으로써, 형음의가 전혀 다른 게슈탈트를 구성하는 체계로 되어 있다. 예를 들어, 한자 '安'/an/에서 먼저 의미를 제거하고, '安'을 초서체로 쓴 'あ'에 일본어의 /a/라는 음과 연결시킨다. 그리고 그렇게 만들어진 가나 'あ', 'さ' 등과 결합하여 'あさ', 'さあ'와 같은 새로운 형을 구성하는 시스템이다. 개개의 가나가 아니라 가나의 연결로 생긴 이 새로운 게슈탈트에 전혀 새로운 의=의미가 실현되는 것이다. 가나라는 명칭은, '가짜 이름=문자'라는 뜻의 '가리나'かりな가 '간나'かんな로 변했다가 발음撥音 'ん'이 빠져 '가나'かな가 된 것으로 보인다. 8, 16, 26, 27, 70, 71, 90, 108, 109, 116, 148, 156, 157, 170, 184, 185, 187, 191, 202, 210, 216, 239, 262, 268, 341, 343, 350, 365~367, 408

가나다전화 353

가마쿠라鎌倉 시대 1185~1333년 269, 270

가로쓰기 27, 134, 138, 340, 350, 362, 363

가차假借 83, 87~89, 93~95, 305

가타카나片假名 26, 35, 36, 54, 121, 133, 244, 262, 268, 280, 282

가획加劃 『훈민정음』에서 기본이 되는 자모에 획을 더하여 자모를 파생적으로 형성하는 것.→이체異體 165, 167~169, 344

각필角筆(-문헌) 104, 120, 121, 126, 127, 129, 311

간경도감刊經都監 조선 초기 불교 경전의 번역을 주 목적으로 한 기관. 세조가 1461년에 설치하였고, 성종 대인 1471년에 폐지되었다. 283, 284

간사이關西 방언 60, 153

갈고리 161, 323

갑골甲骨(-문자) 85, 99, 126, 361, 376

갑오개혁甲午改革 1894~1895년 고종 때 김홍집金弘集 등이 주도한 근대적 개혁. 갑오경장이라고도 한다. 333, 334, 407

강약 악센트 195, 196

개모介母=개음介音 중국의 음운학에서

한 음절 안의 첫 자음(성모聲母)과 주
모음 사이에 존재하는 반모음을 가리
키는 말 189

개음절開音節(-인어) 모음으로 끝나는
음절 151, 154, 155, 272

개화기開化期 300

거란契丹문자 132, 134

거성去聲 197, 198, 423

건강健康 현재의 난징南京 268

건탁乾拓 128

게르만어 72, 377

게슈탈트Gestalt(-심리학, -의 변혁)
독일어로 〈형태〉라는 뜻. 하나로 통
합된 〈형태〉 18, 92, 99, 109, 110,
129, 137~139, 143, 158, 163, 168,
171, 174, 183~185, 311~315, 317,
324~326, 330, 340, 425

게시히테Geschichte 〈역사〉, 〈사건〉이
라는 뜻의 독일어. Geschehen(일어나
다, 생기다)의 파생어 377

격음激音 숨이 거세게 나오는 파열음. 거
센소리. 유기음有氣音. /ㅍ/, /ㅌ/, /ㅊ/,
/ㅋ/, /ㅎ/, /ㅅ/가 일반적으로 평음平
音 즉 예사소리로 분류되는데 숨이 거
세게 나온다는 점에서는 격음으로 분
류할 수도 있다. 148, 166~168, 170,
214, 215

견당사遣唐使 269

견수사遣隋使 269

결訣 167

결승結繩 236

경구개硬口蓋 입천장 앞쪽의 단단한 부
분. 그 앞에는 잇몸이 있고 뒤에는 연구
개軟口蓋가 있다. 152, 166, 169, 221

경서經書 유학의 경전. 사서오경 등.→불
교 경전 284, 286, 407

계층화 183, 184, 186

계통 관계(언어의) 46, 54, 67

고고학으로서의 서지학 359

고교 수업료 무상화 358

고딕(-계, -체) 322

고려高麗(-왕조) 117, 120, 121, 132,
162, 229, 269, 270, 273, 294, 316,
317, 319, 320

고려가요高麗歌謠 294

고려대학교 민족문화연구소 352

고려인高麗人 43

고명誥命 중국 황제가 높은 벼슬의 신하
에게 준 임명증 238

고사성어故事成語 297, 300

고어古語 352, 354, 381

고유명사固有名詞 36, 69, 71, 81, 229,
257, 354

고유어固有語 66~68, 72, 73, 76, 94,
109, 116, 117, 122~124, 260~262,
280, 292, 293, 295, 298, 301, 334,
355, 363, 364, 425

고저高低 악센트 단어의 어느 음절을 높
게 또는 낮게 발음하느냐에 따라 그 단
어의 의미를 바꿀 수 있는 시스템. 일
본어 도쿄 방언 등 많은 일본어 방언은
고저 악센트 언어이다. 15세기 한국어
역시 고저 악센트 언어였다. 한국의 한
국어학에서는 15세기 한국어의 고저
악센트를 일반적으로 〈성조〉聲調라고
부르고 있다. 단, 이는 중국어 등의 성
조와는 성격을 달리한다고 볼 수 있다.
148, 194~197, 199~202, 306

고전古篆 250, 316, 317

고전古典 297, 364, 367

고전 중국어古典中國語 16, 63, 87, 94,
102, 106, 107, 109, 111, 114, 249, 368

공학工學 360

관용적 읽기 267

광개토왕비廣開土王碑 그 그러 19대 왕인 광개토왕을 기리는 비. 광개토왕릉비, 호태왕비好太王碑라고도 한다. 한자한문으로 1,775자가 새겨져 있다. 그 아들인 장수왕長壽王이 414년에 세웠다. 중국 지린吉林 성 지안集安 시에 있다. 376

교육=배움 358

구舊 가나 표기 268

구결口訣(-학회) 한문 읽기법. 훈점訓點이나 훈점을 단 현토문을 뜻하기도 한다. 112, 113, 115~121, 124, 244, 284, 292, 301, 303, 344, 383, 384, 404

구어口語 57

구음口音 목젖을 올려 닫고, 후두에서 나오는 호흡을 구강으로만 내보내어 만드는 음. 한국어의 자음 중 /ㅁm/, /ㄴn/, 종성의 /ㅇŋ/ 이외의 자음은 기본적으로 구음이다. 한국어의 모음도 기본적으로 모두 구음이다. 일본어 도쿄 방언 マma행의 자음 /m/나 ナna행의 /n/, ㄴ과 같은 자음은 비음이지만 그 외의 자음은 구음이다. 또 도쿄 방언의 모음은 기본적으로 구음이다.→비음鼻音 169, 215, 221

구전문학口傳文學 297, 299

국가國家(-권력) 36, 41, 46, 48~51, 60, 239, 355, 356, 358, 419

국립국어연구원國立國語研究院 330~353

국립국어원國立國語院 352, 353, 395, 398

국립한글박물관 30, 287, 355

국문소설國文小說 한글로 쓰인 소설

296, 297, 367

국어國語(-학회) 46

국어강습소國語講習所 357

국어연구소國語研究所 353

국학國學(일본의) 72, 156

국한문(-혼용) 299, 334, 364

궁체宮體(-마니에리슴) 327~330, 367

권자본卷子本 127, 322, 361

글로벌화 49

글말체 〈쓰여진 언어〉에 많이 나오는 표현, 문체 56~58, 259, 407

기생妓生 294

기초어휘 67, 354, 395

기필起筆 322, 327

기호記號(-로서의 텍스트, -론적인 공간에만 존재하는 것은 아니다, -론적인 세계) 110, 112, 126, 129, 134, 135, 138, 185, 330, 336, 421

기호학파畿湖學派 조선 성리학의 한 학파. 16세기 〈주기파〉主氣派의 이이李珥, 제자 김장생金長生, 17세기 정치에서는 서인·노론파의 영수가 된 송시열宋時烈 등. 기호畿湖는 한국 서쪽의 중앙부를 일컬으며, 경기도와 충청도에 걸쳐 있다. 호湖는 한국에서 세 번째로 큰 강인 금강錦江의 별칭 286

ㄴ

나랏말 254

나무아미타불南無阿彌陀佛 306

남북조시대(중국) 439~589년 268~270

남조南朝(중국의) 268, 269, 290

내부 구조內部構造 26, 27, 63, 183~186, 202, 210, 213, 216

네트우익右翼 345

농음濃音 된소리. 경음　156, 166~168, 170, 215, 218~220

ㄷ

다시 붓으로　327

다양성(언어의)　271

다이글로시아diglossia　44

단모음單母音 반모음 등이 붙지 않은 단독 모음. 일본어 도쿄 방언의 경우에는 /a/, /e/, /i/, /u/, /o/ 5개. 현대 서울말에는 /ㅏa/, /ㅐɛ/, /ㅔe/, /ㅣi/, /ㅡɯ/, /ㅜu/, /ㅗo/, /ㅓʌ/ 8개가 있었으나, 현재는 입 모양이 넓은 /ㅐɛ/와 입 모양이 좁은 /ㅔe/ 간에 발음상의 구별이 사라지고 있다. 서울말의 비원순 모음인 /ㅓʌ/의 발음기호는 일본의 학습서와 사전에서는 원순모음의 기호를 사용하여 /ɔ/로 표기되는 경우도 많다. 147, 176, 179, 204

단모음短母音 일본어 도쿄 방언의 'おばさん'/obasan/과 'おばあさん'/oba: san/의 대립에서 보이는, /a/처럼 짧게 발음되는 단모음. 일본어는 일반적으로 이처럼 모음의 장단으로 단어의 의미를 확실히 구별한다.　152, 153

단음單音＝음절문자 시스템　181, 182

단음문자單音文字(-로드)　27, 91, 98, 133~135, 137~140, 143, 158, 159, 164, 182~185, 223, 404

단일언어 국가單一言語國家　51

단일조자법單一造字法　88

담화談話 〈말해진 언어〉의 실현체. 디스코스discourse라고도 한다. 〈쓰여진 언어〉의 실현체인 텍스트와 구별한다. 388

당唐　618~907년. 이연李淵이 세운 중국의 왕조　231, 269

당송음唐宋音　→오음吳音. 한음漢音　70, 268, 270

대나무(竹)　104, 120, 127, 361

대위법對位法적인 구조(대화의)　258

대전大篆　316

대중음악　345

대철袋綴　31, 130

도교道教　288

도쿄 방언　60, 147, 149, 151~153, 176, 193, 194, 196, 198, 388

독약법讀若法　191

독일어　58, 59, 68, 72, 76, 164, 290, 312, 377, 412

돌　128, 306, 361, 375

동국정운식 한자음 표기　306

동남방언 경상도 방언　200, 201

동북방언 함경도 방언　200, 201

동영상(-사이트)　346, 349, 354, 355, 362, 371

동자이어同字異語　88

뒤틀린 거울상 관계　258

디스플레이display　55, 361

띄어쓰기　321, 350, 353, 365

ㄹ

라틴(-어, -문자)　54, 60, 72, 97, 134, 138, 139, 153, 164, 181, 182, 257, 290, 340, 350, 377

러시아(-어, -문자)　42, 43, 61, 97, 154, 159, 206, 212, 354

러시아 구조주의　145

레이어layer(-로 베껴지는 형태) 층. 층위. 원래는 '놓는 사람', '놓는 것', '계

층', '충' 등의 뜻　104, 106, 114, 119, 126, 127, 128, 425

레점レ點(가리가네점)　일본어 한문훈독에 사용되는 역독점의 하나. 가타카나 〈レre〉의 모양과 같아서 이와 같은 이름이 붙여졌다.　105, 106

로마자(-입력)　16, 26, 35, 54, 60, 61, 66, 97, 115, 116, 138, 150~153, 155, 157, 184, 185, 190, 191, 202, 210, 212, 321, 337, 342, 346, 350, 366, 387

로지컬한 〈지〉知의 산물로서의 〈형태〉　325

류큐琉球 왕국　49, 133

리에종liaison　208

ㅁ

마음(-의 세계)　96, 97

마찰음　167

만주滿洲(-어, -문자)　61, 64, 134, 164, 298, 397

말랑말랑체體　370

말뭉치(-언어학)　350~354

말음 첨기末音添記　108, 123

말해진 언어(-와 쓰여진 언어의 상호 침투, -와 쓰여진 언어의 상호 변환)　음성에 의해 실현된 말. 문체로서의 〈입말체〉와는 구별된다. 또한 〈말해진 언어〉의 실현체인 〈담화〉(discourse)는, 〈쓰여진 언어〉의 실현체인 텍스트와 구별된다.　15, 55~60, 81, 82, 99, 100, 103, 106, 111, 124, 125, 200, 208, 239, 249, 254~256, 258, 259, 350, 360, 371, 388, 407

메소포타미아　133, 404

명明　1368~1644년. 주원장朱元璋이 건

국한 중국의 왕조　132, 237

모국어母國語　45, 46, 381

모노파もの派　317, 421

모라mora　194, 190, 201

모아쓰기　현행 한글 표기처럼 자모를 상하좌우로 조합하여 한 글자를 만드는 표기. 자모를 따로따로 나열하는 것은 풀어쓰기라고 한다. 예를 들어, '산'은 모아쓰기, 'ㅅㅏㄴ'은 풀어쓰기　151, 210, 341, 342

모양(形)　단어의 모양이란 음 차원의 말을 가리킨다.　27, 28, 84, 85, 111, 128, 159~165, 167~171, 175, 220, 254, 312~316, 320~324, 369, 425

모어母語　45~47, 49, 51, 63, 249, 254, 263, 286, 381, 419, 422

모어화자母語話者　어릴 때부터 해당 언어를 사용하며 자란 사람　36, 40, 43, 45, 52, 61, 64, 65, 68, 71, 76, 148, 154, 164, 195, 217, 300, 346, 357, 367, 416, 422, 424

모음母音(vowel)(-기호, -체계의 변화, -조화, -의 공극空隙, -의 소실)　호흡이 구강을 통하여 입술에서 나올 때, 조음기관에 의한 어떠한 방해도 받지 않고 만들어지는 음→자음子音　26, 108, 134~139, 143, 144, 147, 148, 151~156, 158, 159, 171, 176~179, 181, 183, 185, 189, 190, 193, 196, 199, 208, 216, 272, 417

모음자모母音字母(-의 생성)　26, 27, 134, 137~139, 143, 147, 174~178, 180, 181, 191, 214, 417

모음조화母音調和(vowel harmony)　단어나 형태소 등 형태적인 하나의 단위 속에서 모음의 종별種別이 선택되는 현상. 15세기 한국어는 양모음과 음모음의 대립에 의한 모음조화가 명확했다. 현대의 서울말은 용언의 활용이나 의성이태어 등에 모음조화가 보인다. 양모음을 가진 동사 '받-'[paᵗ]은 '받아'[pada]로 활용되고, 음모음을 가진 '먹-'[mʌᵏ]은 '먹어'[mʌgʌ]로 활용된다. 여기서 모음 '아'[a]와 '어'[ʌ]는 각각 양모음과 음모음의 대립에 의한 모음조화를 형성하고 있다.→양모음, 음모음 177~179

목소리 144, 253, 299, 418

목판인쇄 277

목판화 128

몽골(-어, -문자) 61, 64, 132~134, 137, 159, 162, 298, 354

묘호廟號 붕어崩御한 임금의 종묘宗廟에 붙이는 존호尊號. '세종', '세조' 등. 303

무기음無氣音 〈숨〉을 동반하지 않는 음. 한국어의 평음이나 농음은 무기음이고, 격음은 유기음이다. 168

무로마치室町 시대 1336~1573년 231, 269, 274

무성음無聲音 성대의 진동을 동반하지 않는 음. 일본어의 청음淸音처럼 맑은 음. 'か'의 자음 /k/는 무성음, 'が'의 자음 /g/는 유성음이다. 한국어에서는 /거기/[kʌgi]의 발음에 보이는 것처럼 평음 /ㄱ/는 유성음 사이에서는 유성음 [g]로 발음되고, 시간적인 휴지(pause) 직후, 즉 어두語頭 등에서는 무성음 [k]로 발음된다. 148

묵서墨書 먹으로 쓰는 행위. 먹으로 쓴 것. 118, 126

문선文選 읽기 일본의 한문훈독 방법의 하나. 글자나 단어를 먼저 음독하고 이어서 그 글자나 단어의 훈을 읽는다. 290, 291

문자文字(-란 한자를 일컫는 것이었다, -와 음의 관계, -의 원초, -의 평면, -를 만들다, -를 다루다) 17, 60, 82, 86, 92, 95, 101, 135, 137, 144, 145, 149, 158, 164, 170, 182, 183, 186, 208~211, 214, 221, 226, 242, 253, 304, 377

문자열文字列 98, 99, 101, 148, 212

문자의 원리(-로서의 형음의, -론) 97, 98, 384

문자의 의장意匠 324

문자 체계 6, 7, 15, 18, 31, 35, 57~59, 81, 97, 98, 182, 202, 222, 223, 350, 360, 408

문자 코드 360, 362

문장(sentence)(-성분) 하나 이상의 단어로 구성된 문법적 통합체. '응?'이라든지 '밥.' 등 한 단어로 이루어진 것이라도 〈말해진 언어〉나 〈쓰여진 언어〉에 상관없이 실제로 언어의 장에서 사용되는 것은 모두 문장이다. 다시 말하면 하나 이상의 단어가 발화로서 실현된 것을 문법적인 관점에서 이름 붙인 것이 문장이다. 주어와 술어가 있는 것을 문장으로 보는 견해가 적지 않지만 추천할 만한 견해는 아니다. 62, 63, 73, 85, 102, 255, 257, 260, 311, 407, 415

문장(text) 하나 이상의 문장(sentence)이 연속적으로 있는 것. 대부분은 둘 이상 연속된 것을 말하는 경우가 많다. 텍스트 257, 260, 311

문체文體(-를 창출하다) 56, 57, 77, 122, 228, 259, 288, 298~300

미학美學　231, 312, 326, 330, 371, 425

민족民族(-어 교육, -배외주의, -의상)　39, 40, 50, 146, 250, 357, 358, 415, 418, 419

민중 교화民衆敎化　287, 304

ㅂ

바이링궐ilingual　43

박拍 모라mora.　194

반모음半母音(semivowel) 좁은 모음과 음성적인 성질이 비슷하며 자음子音과 마찬가지로 음절의 주음主音이 되지 않는 음. 자음의 일종. 일본어 도쿄 방언 'ヤ'[ja]의 [j]나 'ワ'[ɰa]의 [ɰ] 등. 한국어에서는 ㅑ[ja], ㅛ[jo] 등의 [j], ㅘ[wa], ㅟ[wʌ] 등의 [w]가 반모음이다. 즉 ㅑ는 반모음 [j]와 단모음 [a]의 결합이다. 이러한 '반모음+단모음'의 조합을 이중모음이라고 부르는 경우도 있다.　138, 147, 151~154, 176, 177, 189, 215

반역反逆의 게슈탈트　326, 330

반절反切　191, 192, 200, 272, 273, 289

발음發音(-기호)　149, 152, 176, 278

발음撥音 일본어의 'ン' 음　151, 202, 220

방언方言　44, 45, 49, 51, 55, 59, 60, 95, 148, 194, 195, 201, 236, 256, 352, 354, 395

방점傍點　29, 198~201, 213, 262, 278, 306

방탄소년단　345

배임背臨 글씨본 등을 보지 않고 쓰는 서예→임서臨書　128

백서帛書　361

번역翻譯 (언어를) 다른 장소로(trans-) 옮기는(-late) 것　109, 110, 127, 261, 284, 287, 290, 292, 294, 297, 298, 347, 355, 360

번역 출판　355, 356, 417

번체자繁體字　369

범자梵字　306, 307

베이징어北京語　189, 190, 196, 272

변별적辨別的 특징 음소를 서로 구별할 수 있는 최소의 음성적 특징. 시차적視差的 특징이라고도 한다. 일본어의 /ka/ 'か'(모기)와 /ga/ 'が'(나방)의 의미를 구별하는 최소 언어음의 단위는 /k/와 /g/이며, 이는 각각 음소로 인정할 수 있다. 이 두 가지 음소를 구별하고 있는 것은 /k/는 무성음이고 /g/는 유성음이라는, 유성인가 무성인가의 대립이다. 이때, 유성이나 무성과 같은 특징을 변별적 특징이라고 한다.　168

병서竝書　165, 168

보이지 않는 것을 보이는 형태로 상형하다　163, 165

복수언어複數言語 상태　43

부수部首　87

부제학副提學　229, 232

북 디자인　370

분절分節(-음)　111, 144, 150, 155, 158, 196, 199, 204, 353

불교佛敎　67, 117, 125, 279, 283, 286, 288

불교 경전　125, 269, 283, 284

불청불탁不淸不濁　166, 277

붓(-으로 쓰여지는 형태, -에 의한 선, -의 자획, -으로 종이에 쓰다, -쓰기를 거부한)　104, 312, 317, 318, 320~325, 327, 361

브라운 말뭉치 351

비교언어학 68

비모어화자非母語話者 해당 언어 환경에 서 태어나 자라지 않은 사람 47, 71, 354, 418

비음鼻音 목젖을 내리고 후두에서 나오 는 호흡의 일부를 비강鼻腔에서도 내 보내 만드는 음. 일본어 マ(ma)행의 자음 /m/나 ナ(na)행의 자음 /n/, 또 는 'ん' 등이 비음이다. 한국어에는 /m/, /n/, /ŋ/이 있다. 169, 215, 220, 221

비틀스 346

빌보드Billboard 346

빛·소리·마음의 세계 97

빛의 세계 55, 56, 58, 90, 96, 97, 99, 144, 158

삐침 323

ㅅ

사륙변려체四六駢儷體 4자, 6자의 구句 를 기본으로 대구對句를 많이 쓰고 전 고典故를 빈번히 사용한 한문의 문체. 고문古文의 문체에 비해 화려하고 아 름다운 것으로 알려져 있다. 252

사면석탑四面石塔 306, 307, 391

사분법四分法(tetrachotomy) 188, 198 ~200, 245, 254

사서오경四書五經 284

사육신死六臣 282, 294

4침안정법四針眼訂法 4개의 구멍을 뚫어 묶어서 제본하는 방법→5침안정법五 針眼訂法 130

사회과학원 언어학연구소 351

산세리프sans serif 322, 369

산수화山水畵 274, 326, 392

삼극三極 『주역』의 천지인天地人을 가리 킴. 250, 251

삼분법三分法(trichotomy) 198, 199

3·1독립운동 1919년에 일어난 조선의 독립운동 335

삼재三才 『주역』의 천지인天地人을 가리 킴. 삼극 176

3층 구조(정음의) 212, 213

상고음上古音 주周, 진秦, 한漢나라 시대 의 중국어음 106, 383

상사象事 지사指事 84, 92

상성上聲 197, 198, 201

상소문上疏文 232~234, 238, 241, 242, 247, 251, 275, 388, 405, 418

상의象意 회의會意 84, 92

상중하점上中下點 106

상형象形(-문자) 25, 83~89, 92, 99, 100, 138, 144, 161~163, 165, 166, 245, 253

상형 트라이앵글 91, 92, 94

상호 전환相互轉換 360

새로운 시대의 용음합자 342

새로운 한국문학 347

생리적 알파벳 165

생성문법生成文法 351

서당書堂 291

서예書藝 128, 135, 185, 231, 290, 320, 326~328, 330, 344, 391

서울대학교 언어학과 52

서울말 45, 145~149, 153~155, 179, 201, 215, 388

서점書店 362, 370, 371, 412

서지학書誌學 359, 360, 392

석의釋義 한문 서적에 유학자들이 주 석을 달아 자신의 견해를 덧붙인 것. 285, 286

선線(붓에 의한) 317, 318, 320, 325

선장본線裝本 31, 127, 361

신고성順故性 25, 103, 124, 125, 164, 258, 404

설음舌音 160~162, 166, 169, 172

성각문자聖刻文字(hieroglyph) 87

성리학性理學 171, 172, 231, 245, 246, 284, 286

성모聲母 171, 188, 189, 191, 192, 198, 199

성조聲調 189~191, 193~199, 273, 278, 386

세로쓰기 27, 61, 105, 134, 138, 164, 186, 350, 362, 363

세리프 321, 322, 369

세종학당世宗學堂(-재단) 356

세포로서의 한자 243

셈Sem족 133

소비에트연방 42, 61

소설小說 60, 296, 335, 351

소전小篆 316, 317

수隋 581~619년. 양견楊堅이 세운 중국의 왕조 227, 269, 290

수사數詞 67, 68

수식어修飾語 63

수어手語사전 355

수창酬唱 시문을 지어 서로 주고받는 일. '酬'는 '갚을 수' 자로, 되돌려 주는 것을 말한다. 274

순독구결順讀口訣 한문의 어순에 따른 한국어에서의 한문훈독 114, 116~118, 120, 121

순음脣音 160~162, 166, 169, 172, 221

숭유억불崇儒抑佛 279

스마트폰 355, 368

스테가나捨て假名 202

슬라브어 인도·유럽어족에 속하는 언어 그룹 중 하나. 러시아어, 폴란드어, 체코어 등. 72

습탁濕拓 120

시간을 비스듬히 읽어나가다 125

시공간이 뒤틀린 거울상 관계 258, 259

시니피앙signifiant 의미하는 것. 일본에서는 '能記'로 번역되기도 한다. 124

시대구분(한글 발전의) 121, 333, 334, 336

시서화詩書畵(-선의 일체화, -의 일치) 231, 318, 322, 330

시조時調 292, 294, 295, 298, 304

식자율識字率 304

신라사新羅使 269

신성함(한문 텍스트의) 110

신조어新造語 354, 395

신체身體(-성) 86, 129, 245, 312, 324~328, 359, 360, 405

신체성을 얻은 정음의 아름다움〈궁체〉 327

신택syntagm 신타그마라고도 함. 103

실사實詞 언어 외의 다양한 대상을 일컫는 단어. 명사와 동사, 형용사 등이 실사이다. 내용어內容語라고도 한다. 이에 비해 언어 내에서 시스템을 형성하는 데 사용되는 단어나 형태소를 허사虛詞 또는 기능어機能語라고 한다. 영어의 관사와 전치사는 대개 허사이고, 한국어와 일본어의 조사 등도 허사의 예이다. 116, 122, 123

실크로드(비단길) 134, 417

실학자實學者 305

실현 형태實現形態 55, 57

쌍구전묵雙鉤塡墨 128

쐐기문자楔形文字 87

쓰시마 번對馬藩 307

쓰여진 언어 문자로 실현된 말. 문체로서의 〈글말체=문장체文章體〉와는 구별된다. 15, 55~60, 81, 82, 98~100, 106, 111, 118, 124, 125, 127, 200, 208, 245, 249, 254, 255, 257~259, 262, 263, 301, 305, 350, 359~362, 371, 388, 407

ㅇ

아람문자 133

아랍(-어, -서예, -문자) 54, 61, 134~139, 159, 239, 346, 354

아래아 한글 344

아메리칸 잉글리시 60

아설순치후牙舌脣齒喉 전통적인 중국 음운학에서 음성을 분류하는 카테고리 161, 165

아음牙音 160, 162, 166, 169, 172, 277

아이누어語 46

악센트 〈말해진 언어〉에서, 단어나 단어 결합체 단위로 나타나는 음의 상대적인 높낮이 유형. 어느 음절이나 모라(박)가 높은가의 문제. 일반적으로 단순한 음의 고저가 아니라, /a.me/라는 2음절이 고저高低면 '비'(雨), 저고低高면 '엿'(飴)이라는 뜻이 되는 것처럼, 음의 높낮이가 단어의 의미 실현에 상관성을 가지는 경우를 말한다. 음의 고저는 고저악센트(pitch accent) 혹은 성조(tone), 음의 강약은 강약악센트(stress accent)를 구성한다. 일본어 도쿄 방언 등은 고저악센트 언어, 중국어 베이징어 등은 성조 언어, 영어 등은 강약악센트 언어로 분류된다. 단어나 단어결합체에 관해서만 악센트라고 표현하고, 문장 전체에 대해 말하는 인토네이션과 구별한다. 언어학에서 아센트라는 용어는 영어의 accent에서 볼 수 있는 '사투리', '억양' 등의 뜻으로는 사용하지 않는다. 148, 149, 194, 198~200, 254, 278, 386

알타이 제어Altai諸語 만주어 등 퉁구스계 언어, 몽골어 등 몽골계 언어, 터키어 등 튀르크계 언어의 총칭. 한국어와 일본어도 공통된 특징을 갖고 있으나 알타이 제어 범주에는 포함시키지 않는다. 64, 177

알파벳(단음문자) 26, 27, 91, 97~99, 133, 134, 137~139, 159, 163, 186, 210, 212, 242, 289, 408

알파벳로드 132~134, 138, 404

암클 '여자들이 쓰는 글'이라는 뜻. 한글을 가리킨다. 303

앙셴망enchaînement 207, 208

야마토大和말 일본어의 고유어 65

약체구결略體口訣 한자의 해서楷書나 초서草書의 일부 모양만을 사용한 구결 115, 117, 121

양모음陽母音 15세기 한국어의 양모음에 대해서는 177면의 그림을 참조할 것. 현대 서울 방언의 8개 단모음 중 명확한 양모음은 ㅏ[a]와 ㅗ[o] 두 개이다.→음모음, 모음조화 177~180

어간語幹 단어의 음의 형태에 있어 어미 등의 접사나 부속어를 제외한 변하지 않는 부분. 로마자와 한글로 일본어의 예를 보면, /yom-u/(読む욤우)의 /yom/욤, /kak-u/(書く각우)의 /kak/각, /mi-ru/(見る미루)의 /mi/미, /tabe-ru/(食べる다베루)의 /tabe/다베, /hon-ga/(本が혼가)의 /hon/

혼 등. 가나로 표기하면 보이지 않지
만, 일본어의 '読む'나 '書く'는 어간
이 자음으로 끝나는 자음 어간 동사
'見る'나 '食べる'는 모음으로 끝나
는 모음 어간 동사이다. 한글로 표기하
면 이것이 글자상으로 뚜렷이 드러난
다. 학교문법에서 '활용형'이라고 불리
는 '書か, 書き, 書く, 書け, 書こ, 書い'
등은 어간이 접사와 결합하기 위해 만
드는 어간의 변형인데, 이를 어기語基
(base)라고 한다. 일본어의 '書く' 등
5단동사는 자음 어간이며 위와 같이
6개의 어기가 있다. 한국어의 자음 어
간의 용언은, 예컨대 '안다'(抱)/anta/
[anʔta]의 경우, 안/an/, 안으/anɯ/,
안아/ana/라는 3개의 어기가 있다. 일
본어와 마찬가지로 이들 어기의 뒤에
각각 정해진 어미류가 붙어서 방대한
변화형을 만드는 방식이다. 108, 109,
116, 123, 157

어미語尾 단어의 어간에 붙는 접사 중 단
어의 형태의 변화를 담당하는 것. 영어
단어 'lives'와 'lived'의 '-s'와 '-d'
등. 한국어에서는 '한다'의 '-ㄴ다'와
'하고'의 '-고' 등을 가리킨다. 109,
113, 114, 116, 122, 123

어순語順 62, 63, 102, 112~114, 122

어절語節 280, 350~352

어종語種 일본어, 한자어, 외래어처럼 유래
에 따라 단어를 구별한 그룹 65, 66, 73,
355

어형 변화語形變化 107

어휘語彙 65~68, 74, 76, 77, 114, 205,
272, 300, 351, 352, 363, 404

언문諺文 한글을 가리킴. 37, 233, 234,
237, 303, 333, 334

언문일치言文一致 (일본의) 글말체의 문
체를 헤이안平安 시대 이후의 문어체
에서 입말체의 문체에 가깝게 한 것.
메이지明治 시대에 후타바테이 시메이
二葉亭四迷(1864~1909) 등이 선구적
인 역할을 하였다. 256

언어(-습득론, -의 학습=교육) 45, 48

언어(-와 문자, -의 팬데믹) 28, 36, 54,
55, 59, 61, 62, 77, 81, 276, 336, 368,
371, 377, 382, 394

언어(-외적 현실, -자료체, -사실주의, -의
시간, -는 민족의 혼) 48, 49, 96, 97,
124, 350~352

언어 데이터 350

언어 말뭉치 351

언어≠민족≠국가 50

언어=민족=국가라는 환상 속의 등식 48
~50

언어와 문자는 다른(-존재이다, -평면에
있다) 54, 59

언어의 존재 양식(-과 표현 양식을 구별
하다) 55~57, 208, 361

언어의 표현 양식 57

언어장言語場(-의 거대한 변용) 언어가
실현되는 시공간을 언어장(linguistic
field)이라고 한다. 〈말해진 언어〉든 〈쓰
여진 언어〉든 언어가 실제로 〈형태〉가
되어 실현되는 시공간이 언어장이다. 말
하는 공간, 듣는 공간, 쓰는 공간, 읽는
공간, 이들이 복합된 공간이 있다. 〈말
해진 언어〉와 〈쓰여진 언어〉가 복합된
언어장도 있다. 사람이 언어와 관계를
맺는 온갖 시공간이 언어장이다. 사람
이 언어적인 행위를 시작할 때 비로소
그 시간, 그 장소가 언어장으로서 구동
한다. 즉 언어장은 항상 공간적이면서

동시에 시간적인 성격을 함께 가지고 있으며, 〈능동하는〉 사람의 존재가 결정적인 조건이다. 314, 359, 371, 376

언어저 대상 세계 96

언어존재론言語存在論 〈언어는 어떻게 존재하는가〉, 〈언어는 어떻게 실현되는 가〉라는 시좌에서 언어를 탐구하는 사고 125, 359, 360, 382, 406, 407, 423

언해諺解(-에크리튀르) 한문으로 쓰여진 에크리튀르를 한국어 에크리튀르로 번역한 것, 또는 그러한 서적의 형식. 한문의 한국어 번역 텍스트 259, 298, 301

에도江戶 시대 1603~1867년 72, 231, 268

에크리튀르(-혁명파, -사史, -의 기적) écriture 프랑스어로 〈쓰기〉, 〈쓰여진 것〉이라는 뜻 228~230, 239, 245, 247, 248, 252, 255, 263, 274, 276, 282, 294, 303, 335, 336

여진女眞 문자 132

역독逆讀 117, 119

역독점逆讀點(한국어 한문훈독의) 102, 105, 106, 116, 118, 119

연구개비음軟口蓋鼻音 306

연구개음軟口蓋音 입천장 안쪽(연구개)에 혀의 뒷부분이 닿아서 발음되는 음. k 나 ŋ과 같은 종류 160, 166, 169, 221

연면連綿 323, 327, 328

연세(-한국어 말뭉치, -대학, -대학 언어정보개발연구원) 351, 352

영남학파嶺南學派 조선 성리학의 한 학파. 15세기 정치에서 훈구파勳舊派와 대립한 사림파의 이론적 중심이었던 김종직金宗直을 영수로 하여 일어났다. 16세기 초에는 중종 치세하에 급진적 개혁을 단행한 조광조趙光祖를,

16세기에는 〈이기호발설〉理氣互發說이라는 이기이원론을 주창한 주자학자 이황李滉을 중심으로 하여 큰 학파를 형성하였다. 이이 등의 기호학파와 쌍벽을 이룬다. 영남은 문경새재의 남쪽이라는 뜻으로, 경상도를 가리킨다. 285

영어 45, 47, 52, 54, 59~61, 63, 64, 68, 76, 97, 107, 108, 134, 144, 152, 153, 164, 195, 196, 205, 228, 278, 289, 290, 345, 346, 350, 351, 354, 366, 377, 386, 419

오노마토페onomatopée(-에크리튀르) 의성어와 의태어의 총칭 74~77, 136, 164, 252~254, 292, 305, 382, 425

5단활용五段活用(일본어 학교문법에서) 215, 216

오시五時 172

오음吳音 →한음漢音. 당송음唐宋音 70, 268~270, 275

5침안정법五針眼訂法 5개의 구멍을 뚫어 묶어서 제본하는 방법. 조선의 책은 크기가 큰 것이 많아 보통 오침안정법을 쓴다. 130

오행五行 172

온라인가나다 353

외국어(-교육) 47

외래어 65~69, 72, 73, 228, 355, 363, 387, 425

용법 증식用法增殖 시스템 95

용음합자用音合字 241, 242, 244, 246, 253, 254, 325, 342, 371

우로코鱗 (서체의)세리프 321, 417

우횡서右橫書 362

운韻 중국어 음절의 첫 자음을 제외한 나머지 부분. 사성四聲도 운에 포함된다.

시를 지을 때 '운을 맞추는' 기초가 된다.→운모韻母 276, 278

ⓒ ㅍ㈚ㄱ 188㎎103 199

운문韻文 280, 425

운서韻書 한자를 그 발음의 운에 따라 분류하여 발음으로 단어를 찾도록 한 사전의 일종 275, 276, 305, 306, 389, 407

원순모음圓盾母音(rounded vowel) 입술 모양을 동그랗게 하여 발음하는 모음. 서울말에서 /ㅗ/와 /ㅜ/는 원순모음이다. 177

원자=음소, 분자=음절 244

웹툰 393

위구르(-문자) 133

위상位相(-학적인 비약, -적인 변용〈관계〉) 124, 125, 255, 257, 259, 359, 407

유기음有氣音 격렬한 〈숨〉을 동반하며 나오는 음. 한국어의 격음은 유기음. 발음기호로는 [pʰ](ㅍ), [tʰ](ㅌ), [kʰ](ㅋ), [tɕʰ](ㅊ)나 [ʦʰ]처럼 오른쪽 위에 작은 [ʰ]를 달아 표시한다. [h](ㅎ)도 유기음이다. 167, 168

유닛으로서의(-자모, -문자) 182

유불도儒佛道 279

유성음有聲音 성대의 진동을 동반하는 음. 일본어 'か'의 자음 /g/나 'だ'의 자음 /d/ 등은 유성음. 탁음濁音은 유성음이다. 일본어 도쿄 방언에서는 모음도 기본적으로 유성음이나, 종종 무성화된다. 한국어에서는 유성 자음이 어두語頭에 오는 경우는 없다. 예를 들어 /거기/[kʌgi]처럼 'ㄱ'으로 표기되는 자음의 음은 단어의 맨 앞에 오면 무성음 [k]이며 어중語中의 유성음 사이에서는 [g], 즉 유성음으로 발음

된다.→무성음, 평음 148, 161, 166, 214, 217

유음流音 167, 215

ⓕ 학儒學(유교) 279, 284~286, 288, 304

유행어流行語 354, 395

육서六書 83, 87~89, 91, 92, 94, 138, 245, 404

〈육서〉라는 증폭장치 166

육서의 원리 83, 100

음音(-이 형태를 얻는 근원, -자체를 형상화, -과 의미의 관계, -이란 무엇인가, -읽기) 113, 117, 118, 123, 143, 144, 164, 196, 199, 254, 267, 290

음각陰刻 277

음모음陰母音 15세기 한국어의 음모음에 관해서는 177면의 그림을 참조할 것. 현대 서울말의 8개 단모음 중 명확한 양모음은 ㅏ[a]와 ㅗ[o] 두 개이며, 나머지 6개의 모음은 모음조화 시에는 음모음으로 취급된다.→양모음, 모음조화 177~180

음부音符(한자의) 85, 87, 93

음성기관音聲器官(-의 형태, -의 명칭) 폐에서 입과 코에 이르는, 언어음을 발성하기 위한 사람의 기관 163, 165, 168, 169

음성학音聲學(phonetics) 언어음 자체를 다루는 학문→음운론 144, 147, 162, 166, 171, 176, 178, 220, 385, 386, 423

음소音素(-의 발견) 단어의 의미를 구별하는 언어음의 최소 단위→이음異音, 형태소 145~150, 153, 155, 156, 168, 170, 171, 179, 183, 204~206, 209, 210, 212, 215, 218, 222, 244, 245,

258, 280, 304, 325, 386

음소 교체音素交替   168, 170, 205, 206, 214, 219

음소의 평면과 음절(구조)의 평면   182, 183, 184, 186, 209, 210, 212

음양陰陽(-오행사상)   171~174, 180, 251

음운론音韻論(phonology)(-적 대립, -적 표기, -의 평면)   음소와 음소의 체계를 다루는 학문→음성학. 형태음운론   147, 149, 158, 171, 198, 206, 207, 209, 210, 212, 213, 219, 220, 223, 366, 386, 387, 417

음은 어떻게 문자가 되는가   144

음음을(-형상화하다, -을 이용해 글자로 합하다)   165, 254

음절音節(syllable)(-경계와 문자의 경계, -의 외부환경)   발음상, 또는 청각상으로 독립되어 나타나는 유운론적 단위. '언어음이에요'라는 발화는 '어', '너', '으', '미', '에', '요'라는 6개의 음절로 이루어져 있다.   26, 27, 28, 89, 90, 99, 139, 148~158, 170, 171, 179, 181, 183~190, 192~196, 198, 200~204, 207~218, 220, 222, 244, 258, 268, 272, 282, 325, 340~ 342, 355, 366, 417

음절 구조音節構造(-의 변용, -론, -론의 평면, -론적 표기)   150, 151, 154, 155, 170, 182, 185, 188, 198, 207, 209, 211, 212, 214, 215, 218, 258, 366

음절문자音節文字   26, 27, 156, 157, 181, 182, 184, 202, 223, 268

음절의 내부 구조   26, 27, 183~186, 202, 210, 213, 216

음형音形   107, 108

의부義符   85, 87, 93

의성어擬聲語   외계의 음과 동물의 울음 소리 등을 언어음으로 옮긴 단어. 의음어擬音語라고도 함.   74~76, 292

의성의태어擬聲擬態語   의성어와 의태어의 총칭. 오노마토페   74, 75, 179, 252, 254, 417

의식意識   96, 97

의태어擬態語   소리 나지 않는 사물의 모습을 마치 소리가 나는 것처럼 언어음으로 나타낸 단어   75~77, 179, 292, 305

이기二氣   음陰과 양陽   251

이두吏讀(-문)   121, 122, 124, 243, 249, 383, 404

이로하우타   268, 289

이분법二分法   188~190, 192, 198~200

이언어 중층二言語中層 텍스트   125, 126

이원조자법二元造字法   88

이중언어二重言語(-사용, -상태)   43, 249

이체異體   『훈민정음』에서 자음자모를 만든 원리 중 하나. 'ㅇ' 'ㄹ' 'ㅿ'의 형성을 이체라 부른다.→가획加劃   165, 168, 169, 344

이형태異形態   하나의 형태소가 다른 형태로 나타난 실현체. 한국어 조사 '-은'은 모음 바로 뒤에 올 때는 '-는'/nɯn/, 자음 뒤에 올 때는 '-은'/ɯn/이 된다. 이들은 서로 이형태이다. 일본어의 '雨'(비)는 '雨降り'(비내림)일 때는 /ame/, '雨漏り'(비에 젖음)일 때는 /ama/로, 다른 형태가 된다. 이것도 모두 이형태이다. 영어에서 복수를 나타내는 어미 '-s'는 'books'에서는 /s/, 'boys'에서는 /z/가 된다. 이것도 이형태이다. 205, 206, 219

인도네시아 41, 52, 354

인쇄술 17, 277, 312, 321, 324, 340, 341, 371, 392

일본한자음 69, 70, 89, 187, 191, 192, 267, 268, 270~272, 389

일이점一二點 105, 106, 118

일획법一劃法 318

임서臨書 글씨본 등을 옆에 놓고 쓰는 서예→배임背臨 128

임안臨安 현재의 항서우杭州 269

임진강臨津江 368

입력入力 342, 344, 350, 355, 360, 364

입말체〈말해진 언어〉에 자주 등장하는 표현, 문제 56, 57, 77

ㅈ

자기 증식自己增殖(-시스템, -장치로서의 한자) 86, 91~93, 405

자모字母(-의 게슈탈트) 하나의 단위가 한 음을 나타내는 유닛unit. 단음문자 하나하나의 단위. 로마자라면 a, b, c 등이 각각 자모이다. 26~29, 52, 91, 138, 148~150, 160~163, 166~168, 170, 171, 173, 174, 176, 177, 179, 181~183, 185, 205, 211~215, 220, 241·244, 273, 275, 277, 305, 306, 313, 325, 340~342, 344, 366, 367, 371

자음子音(consonant) 호흡이 구강을 통하여 입술에서 나올 때, 조음기관에 의해 모종의 방해를 받아 만들어지는 음 →모음 144

자음字音 가나 쓰기 70

자음문자 로드(알파벳로드) 137~139, 174

자음 연속 153

자음자모子音字母(-구조, -의 파생, -로드) 26~28, 133, 135, 137~139, 143, 165~167, 169, 170, 174, 181, 417

자의성恣意性(언어의 근본원리로서의) 164

자판 배열 342

자획字劃 86, 250, 268, 316, 317, 320, 322~324

작은 '쓰', 작은 '야'(-'っ', 'ゃ') 202

장모음長母音 일본어 도쿄 방언의 'おばさん'/obasan/과 'おばあさん'/oba:san/의 대립에서 보이는 /a:/와 같이 길게 발음되는 모음. 일본어 도쿄 방언에서는 모음의 장단은 단어의 의미를 구별하는 결정적인 요소이다. 한국어 서울 방언에서는 눈[nun][眼]과 눈[nu:n][雪]의 구별이 이미 거의 없어져 가고 있다. 즉 음소로서의 장모음은 거의 붕괴되었다고 볼 수 있다.→단모음 66, 194, 201, 202

장안長安 현재의 시안西安 269

재독문자再讀文字 106

재출再出(모음자모의)『훈민정음』에서 반모음 /j/를 동반하는 모음을 나타내는 자모의 생성 카테고리 177

재일 한국인·조선인 42, 43, 46, 415

전면적 단음문자(풀알파벳) 138, 140

전서篆書 250, 306, 307, 316, 317

전설모음前舌母音 176

전자서적電子書籍 359, 360

전자적인 피막皮膜 361

전주轉注 83, 87~89, 93~95, 100

선청全淸 166, 277

전탁全濁 166, 277

점엽본粘葉本 361

점토 석독구결點吐釋讀口訣 점 등의 부
호를 한자의 네 귀퉁이와 내부에 기록
하는 훈 읽기 방식 120

정보화情報化 354

정서법正書法 38, 53, 59, 60, 179, 186,
211, 212, 219, 268, 335, 339, 353

정신精神(-성性) 96, 312, 318, 320,
324~326

정음 에크리튀르 263, 284~289, 292,
294~298, 303, 334~336, 414

정음 에크리튀르 혁명(-선언, -파派)
228~230, 245, 248, 252, 263, 274,
276, 282, 294, 299, 303, 304, 307,
335, 336

정음학正音學(-의 이치) 149, 158, 159,
172

정치음正齒音 중국 음운학에서는 치음
齒音을 치두음齒頭音과 정치음으로 분
류한다. 치경경구개, 연구개에서 조음
되는 음으로 36자모 중에는 照[tɕ], 穿
[tɕʰ], 牀[dz], 審[ɕ], 禪[z] 소리가 정
치음이다. 273

제로 자모字母 213~215, 306

제자 원리制字原理 211

조선어학회朝鮮語學會(-사건, 수난)
1908년 주시경周時經 등이 결성한 국
어연구학회를 이어받아 1921년에 조
선어연구회가 결성되었고, 이는 1931년
에 조선어학회로, 그리고 1949년에는
한글학회로 개칭하였다. 한글학회는
2008년에 100주년을 맞았다. 30, 38,
336

조선통신사朝鮮通信使 231, 274, 276

조어력造語力 73, 223

조음점調音點 두 개의 조음기관이 접근
하거나 접촉하면서 음성의 통로를 좁

히고 폐쇄가 일어나는 장소. [m]의 경
우, 입술을 폐쇄하여 내는 소리이므로
조음점은 입술이 된다. 166, 168, 170

존재 양식 55~58, 127, 208, 301, 361

종성終聲(-해解) 한국어의 음절 말 자
음. '밤'의 'ㅁ'과 '박'의 'ㄱ'. 현대
한국어에서는 종성에 /ㅂ/[p], /ㄷ/
[t], /ㄱ/[k], /ㅁ/[m], /ㄴ/[n], /ㅇ/
[ŋ], /ㄹ/[l]의 7개 음이 올 수 있다.→
초성, 중성 29, 123, 155, 156, 158,
159, 170~172, 181, 182, 188, 189,
198~200, 207, 208, 211~213, 220,
221, 254, 306, 341

종성의 초성화 /pam/+/i/가 /pa/+/mi/
가 되는 것처럼 종성이 있는 음절의 바
로 다음에 모음으로 시작하는 음절이
오면 그 종성이 다음 음절의 초성으로
발음되는 것. 이 예에서는 종성 /m/가
다음 음절의 초성이 되었다. 종성의 초
성화란 이러한 음절 구조의 변용이다.
한국어에서는 철저하게 이루어지는 음
절 구조 변환을 위한 장치이다. 한편 '무
슨 일'은 '무스닐'이 아니라 'ㄴ' 삽입
이 일어나 '무슨닐'로 발음되는데, 이처
럼 〈종성의 초성화〉를 막을 수 있는 것
이 'ㄴ' 삽입 현상이다. 172, 207~209,
214, 215, 217, 218, 220, 386

종성자모終聲字母 한글에서 음절 말의
자음, 즉 종성을 나타내는 자모. '종
성'은 음 차원의 용어이고 '종성자모'
는 문자 차원의 용어이다. 170, 171,
214, 215, 220, 221, 341

좌횡서左橫書 350, 362, 363

주점朱點 빨간색으로 표시된 훈점 126

죽간竹簡 361

중국 음운학 143, 155, 158~160, 171,

188, 189, 193, 199, 200, 386

중설모음中舌母音 176

종성終聲(-해解) 민ㄴㅢㅔㅣㅁ같이 켸
이 되는 모음→초성, 종성 29, 155,
156, 158, 159, 174, 181, 188, 189,
198, 199, 212, 254, 341

증언하는 에크리튀르 337

지사指事 83~89, 92, 94, 162

직음直音(-법) 191, 278

질량을 가진(-문자, -텍스트로서의『훈
민정음』해례본) 126, 130, 311, 421

집현전集賢殿 229~232, 234, 274

찌아찌아(Cia-Cia)어語 52, 53

ㅊ

차자표기(법)借字表記(法) 한자를 사용
하여 한국어를 표기하는 것 116, 117,
121~124, 243, 244, 256, 364, 383

천지인天地人(-점, -의 게슈탈트, -을 본
뜨다) 174~176, 251, 344

천지자연天地自然 174, 248, 253

청淸 1616~1912년. 누르하치가 건국한
중국의 왕조. 1616년에 명明으로부터
독립한 후금後金이 그 전신이다. 318

초문자론超文字論 359, 360

초분절적超分節的 요소 196

초서草書(-체體) 117, 185, 231, 268,
315, 317, 319, 320

초서지학超書誌學 359, 360, 362, 368

초성初聲(-해) 한국어의 음절 첫 자음.
예를 들어, '반만' /pan-man/이라는
2음절 단어라면 /p/와 /m/가 초성, /a/
는 모두 중성, /n/는 모두 종성이다. 또
한 단어의 첫 자음이 아니라도 음절
의 첫 자음이면 초성이다.→중성, 종

성 29, 155, 156, 158~160, 170~172,
181, 188, 189, 198, 199, 207, 208, 211,
-214, 254, 277, 341

초성은 종성이 되고 종성은 초성이 된다
170

초출初出(모음자모의) 176

촉감(texture)(-을 가진 텍스트) 127,
129, 131, 311, 318

촉음促音 'やった'의 'っ'와 같은 일본어
의 폐쇄음 151, 218, 220

치두음齒頭音 중국 음운학에서는 치음齒
音을 치두음과 정치음正齒音으로 분류
한다. 잇몸에서 조음되는 마찰음과 파
찰음을 말한다. 36자모 중에는 精[ts],
淸[tsʰ], 從[dz], 心[s], 邪[z] 소리가 치
두음이다.→정치음 273

치음齒音 160, 162, 166, 169, 172

칠조七調 250, 251, 262

ㅋ

캐치볼(대화는 캐치볼이 아니다) 51

커뮤니케이션 50, 394

컴퓨터 8, 66, 67, 69, 73, 326, 342~344,
360, 363

쿠온 347

키릴문자 러시아문자 61, 138, 159,
164, 182

키보드keyboard 350

ㅌ

타이포그래피typography 324, 343,
356, 360, 364, 370, 371, 420

타자기打字機 341~343

텍스트text(-의 의장意匠, -의 중층화) 〈쓰

여진 언어〉의 실현체. 글.〈말해진 언어〉
의 실현체인 담화와 구별된다. 한 글자
로 이루어진 것도 텍스트이다. 17, 86,
94, 102, 104, 106, 108~110, 113, 118,
124~127, 129, 130, 131, 226, 241,
252, 255~257, 259, 260, 262, 311,
312, 325, 362, 366~368, 405, 407
텍스트화(통사론의 텍스트화) 104
텍스트화(형태론적인 차이를 텍스트화한
다) 108
토吐 한문에 단 훈점訓點. 문자나 기호를
사용한다. 112
토가 오쿠리가나로 사용된다 113
통사론統辭論(syntax)(-의 텍스트화)
통어론統語論이라고도 한다. 단어가
구句나 문장을 만드는 모습을 다루는
문법론의 분야. 단어와 단어의 시간
축 상의 외적 연결을 다룬다.→형태론
102~104, 106, 107, 111, 114, 257
통사법統辭法 104
투영되는 한자의 게슈탈트 109
트리아데triade 97, 99
티베트 문자 134

ㅍ
파스파 문자 132~134, 137, 139, 161
파피루스 376
판소리 296, 297, 299, 390
패러다임paradigm 103, 107, 109, 166,
167
팬그램pangram 289, 290
평성平聲 197, 198, 273, 278
평음平音 예사소리. 한국어 자음의 일종.
숨을 동반하지 않고 후두 등을 긴장시키
지 않는 자음. /ㅂ/[p], /ㄷ/[t], /ㄱ/[k],
/ㅈ/[tɕ]의 네 종류가 있다. /ㅈ/는
[tʃ]라고도 표기된다. 이 자음들은 어
중語中의 유성음 사이에 들어가면 각각
/ㅂ/[b], /ㄷ/[d], /ㄱ/k[g], /ㅈ/[dz]
와 같은 유성음으로 실현된다. '부
부'[pubu], '디딘다'[tidinda]를 예로
들 수 있다. 유성음의 /ㅈ/는 [dʒ]라
고도 표기된다. /ㅅ/[s]도 평음에 넣는
경우가 있으나, 성질로 본다면 격음으
로 분류할 수 있다.→격음, 농음 148,
156, 166~168, 170, 215, 218, 219
폐음절閉音節(-언어) 자음으로 끝나는
음절 151, 155
포스트-주시경학파 38, 73, 238, 335
폰트(-산업) 73, 360, 362, 369~371
폴리글로시아polyglossia 44
표어表語(-와 표음, -문자) 89, 90, 222,
223, 367
표음表音(-문자) 25, 54, 98, 208, 222,
350
표의문자表意文字 25, 28, 54, 83
표준어 규정 353
풀어쓰기 340~342, 393, 405
품사명 등을 고유어로 조어造語 73
풍성학려風聲鶴唳 252, 253, 305
프라하학파學派 206, 386
프랑스어 54, 63, 76, 97, 207, 208, 228,
290, 354, 412
프로소디prosody 196
프로타주frottage '문지르기'라는 뜻의
프랑스어 128
피수식어被修飾語 수식을 받는 말. '하얀
산'이라면 '산'이 피수식어이다.→수식
어 63
필筆(-사寫, -세勢, -법法) 31, 129, 130,
323, 327

ㅎ

한漢 전한 기원전 202~기원후 8년, 후한 25~220년. 류빙劉邦이 신국건 중기의 왕조. 넓게는 중국을 가리키는 말이다. 83, 106, 132, 269

학교문법 156, 215, 216

한국국제교류재단韓國國際交流財團 355

한국문학번역원韓國文學飜譯院 355

한국문화원韓國文化院 12, 355, 356, 400

한국어사韓國語史의 새로운 시대 구분 121

한국어 학습 백만 명 시대 348

한국한자음(-의 모태) 270, 271

한글 강좌 36, 348

한글구결口訣 토, 구결에 사용한 한글 115~117

한글 전용專用(-표기) 352, 362~367

한글 타이포그래피 370, 371

한글 타자기 342, 350, 363, 393

한글의 표어성表語性 367

한류 붐 345, 346, 402

한문(-훈독, -소설, -적 어휘) 11, 94, 95, 101, 102, 106, 107, 109~118, 120, 124, 125, 127, 296, 300, 383, 384, 417

한문훈독(-의 형태론ㅡ오쿠리가나, -의 통사론, -은 한문을 베끼면서 옮긴다) 102, 106, 110, 116

한시漢詩 190, 273, 292, 294

한어漢語 65~67, 69, 72, 190, 280, 282

한음漢音 70, 268~272, 275

한자구결漢字口訣 한문훈독을 위해 토, 구결로 이용한 한자 115, 116

한자음漢字音 69~71, 106, 113, 187, 191, 192, 199, 267~273, 275, 276, 278, 280, 289, 292, 304, 306

한자표기 353

한자한문 원리주의(-자, -파) 227, 236, 238~240, 245~248, 279, 286, 405

한자 혼용(-표기) 363, 364, 366, 367

한창우·철韓昌祐哲문화재단 356

해서楷書 117, 231, 306, 316, 328

행서行書 231, 316, 319, 320

향기(-가 있는 텍스트) 127, 129, 131

향찰鄕札 123, 124, 383, 404

현대 언어학 25, 144, 148, 159, 160, 166, 168, 171, 182, 188, 189, 196

현토문懸吐文 토를 단 한문 112, 115, 297, 397

형形(-음 선상의 아리아) 94, 95

형성形聲 83~89, 93, 94

형음의形音義(-트라이앵글, -의 트라이아데) 83, 91, 92, 94, 96, 97, 99, 100, 107, 111, 127, 243, 365, 366

형음의形音義 트라이앵글 시스템 ①빛의 세계의 형形=형태(게슈탈트), ②소리의 세계의 음音=언어음, ③마음의 세계에 조형되는 의義=의미, 이 세 가지가 하나로 통합되면서 기능하는 시스템. 문자의 본질적인 기제를 이룬다. 한자는 한 글자로 형을 이루고, 라틴문자 등은 문자열이 모여 형을 이룬다. ①②③은 서로 다른 평면에 있기 때문에 각각이 따로 변용할 수 있고, 언어가 달라도 같은 문자를 사용할 수 있다. 라틴문자 등 알파벳=단음문자도 단순히 하나의 자모가 하나의 음을 나타낸다는 일대일 대응의 층에서 끝나는 것이 아니다. 그래서는 언어의 음에 이르지 못하고, 의미도 실현시킬 수 없다. 단음문자에는 자모의 조합이 형태(게슈탈트)를 이루는 한 단계 위의 계층이 존재하는 것이다. 한글은 이러한 복수의 계층을 오가면서 표기하고 있는 셈이다. 한글로 'ㅅㅏㄴ'이라고 쓰는 〈풀어쓰기〉와 '산'이라고 쓰는 〈모아쓰기〉라는 2종류의 표기, 그리고 음운론, 음절구조론, 형태음운론의 3층 구조(213면 그림)의 표기를 보면, 단음문자가 가지는 이러한 본질적인 기제가 뚜렷하게 드러난다. 〈단음을 나타내는 단음문자가 어떻게 단어의 의미를 실현할 수 있는가〉라는 질문에 대한 답이 여기에 있다. 반대로 말하면, 단음문자가 〈쓰여진 언어〉로서 나타날 때는, 이미 단음의 계층을 벗어나서 언어의 음의 계층에서 움직이며 언어의 음을 나타내고 있는 것이다. 이 때문에 의義를 실현시킬 수 있는 것이다. 알파벳이 항상 단음을 나타낸다는 신앙에서 벗어날 필요가 있다. 89, 91, 92, 94~97, 144, 243

형태形態 게슈탈트. 지각상知覺上 하나로 통합된 모양 55, 91~93, 102, 103, 126, 135, 137, 143, 158, 159, 163, 164, 166, 168~170, 174, 178, 183~185, 196, 200, 204, 211, 212, 222, 245, 253, 254, 311~316, 320, 324~328, 340, 342, 366, 371, 406

형태론形態論(morphology)(-적인 패러다임, -적인 차이를 텍스트화) 단어의 내적 구조를 다루는 문법론의 분야. 단어와 단어가 연결되어 구句나 문장을 만드는 양상을 다룬다.→통사론 103, 106~109, 114, 257

형태소形態素(-분석) 의미를 실현할 수 있는 언어음의 최소 단위. '서울말을 배우겠네요'의 '서울', '말', '-을', '배우-', '-겠-', '-네-', '요'는 각각 모두 형태소이다. 98, 186, 204~206, 211, 215, 216, 219, 222, 245, 353, 365

형태음운론形態音韻論(morphophonology)(-의 평면, -적 교체, -적 표기) 형태소와 이형태를 둘러싼 음운론적 문제들을 고찰하는 학문→음운론 205~207, 211~213, 215, 219, 220, 222, 223, 242, 386, 387, 407, 417

혼종어混種語 355

화가畫家 286, 318, 392

화선지畫宣紙 128

화어和語 일본어의 고유어 65~67, 70, 72, 364

활판인쇄 문자를 볼록하게 새긴 나무 활자 또는 금속제 활자를 하나하나 배치하여 판을 짜서 인쇄하는 볼록판 인쇄. 한국과 일본의 현대 서적 인쇄에서는 대개 평판 옵셋 인쇄라고 불리는 방식이다. 최근 활판인쇄는 사라져 가고 있다. 235, 277

회례사回禮使 274

회의會意 83, 84, 86, 88, 89, 92

후설모음喉舌母音 176

후음喉音 160~162, 166, 169, 172, 221

훈訓 읽기 70, 94, 95, 109~111, 113, 116, 118, 119, 123, 290, 364

히스토리에Historie 〈역사〉, 〈이야기〉를 뜻하는 독일어 376, 377

인명 색인

ㄱ

가나자와 쇼자부로金澤庄三郎　30

가메이 다카시亀井孝　58, 133, 134, 381, 383

강신준姜信俊　258

강신항姜信沆　161, 167, 247, 302, 387, 388, 391

강희안姜希顔　230, 231, 276, 319

게이추契沖　268

게이추圭簿　274

경덕왕景德王　124

고노 로쿠로河野六郎　58, 87~89, 115, 133, 188, 270~272, 380, 381, 383~ 385, 388, 389, 394, 415, 423

고바야시 요시노리小林芳規　120, 383

공병우公炳禹　342

구로다 모모코黒田杏子　74

구텐베르크J. G. Gutenberg　235

권두환權斗煥　305

권재일權在一　338

기노시타 준안木下順庵　307

기다 아키요시木田章義　290, 390

기무라 마사히코木村雅彦　321

기자箕子　236, 237, 299

김기창金基昶　235

김두봉金枓奉　38, 73

김두식金斗植　326, 392

김만중金萬重　296

김석득金錫得　351

김수행金秀行　258

김시습金時習　296

김윤경金允經　335, 387, 389

김주원金周源　130, 387

김증金曾　276

김하수金河守　351

김홍도金弘道　291

긴흡아　391

ㄴ

나이트Stan Knight　321

남궁억南宮檍　330

남기심南基心　351

남풍현南豊鉉　120, 121, 382~384

노마 히데키野間秀樹　87, 125, 147, 167, 215, 315, 348, 361, 369, 379~382, 386, 388, 391~393

니시무라 히로코西村浩子　120, 383

ㄷ

다가이 모리오互盛央　386

다카하시 무쓰오高橋睦男　75

다케다 유키오武田幸男　283, 391, 394

단종端宗　281, 294

데라야마 슈지寺山修司　75, 421

도도 아키야스藤堂明保　85, 106, 383, 389

도쿠가와 요시노부德川慶喜　231

도쿠가와 이에야스德川家康　231

두보杜甫　292

ㅁ

마르크스Karl Marx　59, 257

마사키 유코正木ゆう子　74

마치다 가즈히코町田和彦　385

마치다 겐町田健　385

맹사성孟思誠　233

모토오리 노리나가本居宣長　72, 156,

268

무제武帝(양梁나라의)　289, 290

문세영文世榮　335

문종文宗　282, 283

ㅂ

박병천朴炳千　323, 328, 392

박승빈朴勝彬　30, 334

박팽년朴彭年　230, 276, 282, 322

백낙청白樂晴　351

ㅅ

사이토 마리코斎藤真理子　391

사이토 산키西東三鬼　75

서거정徐居正　231

서상규徐尙揆　351, 352

서재필徐載弼　37, 334

석도石濤　318

설총薛聰　122, 243, 249

성삼문成三問　230, 276, 282, 294, 298, 299, 322, 330

성종成宗　274, 283, 284, 287, 302, 333

성희안成希顔　303

세조世祖(수양대군首陽大君)　199, 200, 231, 279, 282~284, 294

세종世宗　29~31, 81, 82, 130, 131, 162, 200, 229~232, 234, 235, 239, 242, 243, 246~248, 254, 259, 267, 272~276, 279, 282~284, 287, 289, 296, 303, 304, 323, 333, 335, 337, 353, 418

소쉬르Ferdinad de Saussure　25, 124, 129, 145, 164, 385

소헌왕후昭憲王后　279

송희경宋希璟　274, 389

숙종肅宗　328

슈트라우스 David Friedrich Strauss　59

시노하라 호사쿠篠原鳳作　76

시라카와 시즈카白川静　84, 85, 383

시라카와 유타카白川豊　396

시부 쇼헤이志部昭平　287, 381, 387, 389, 390, 400, 422

시황제始皇帝　238, 275, 316

신경준申景濬　305

신동집申瞳集　337

신미信眉　283

신사임당申師任堂　286, 374

신숙주申叔舟　230, 231, 274, 276, 282, 322

신장申檣　235

쓰다 유키오津田幸男　382

ㅇ

아메노모리 호슈雨森芳州　307, 389

아비딘Abidin　53

아오야마 히데오青山秀夫　76, 382

아키나가 가즈에秋永一枝　194, 386

안견安堅　322

안병희安秉禧　31, 353, 387, 389

안상수安尙秀　343

안평대군安平大君(이용李瑢)　283, 322, 323

야마자키 안사이山崎闇斎　285

연산군燕山君　283, 302, 303, 333, 391

영조英祖　328

예종睿宗　283, 284

오가와 다마키小川環樹　290, 390

오구라 신페이小倉進平　381, 383, 384, 388, 389

오노노 이모코小野妹子　269

오에 다카오大江孝男　348

오우라 마쓰오奥山朏雄　357

와타나베 스이하渡辺水巴　76

왕희지王羲之　231, 290, 326

요사 부손与謝蕪村　75

원효元曉　122

윌킨스John Wilkins　165

유길준俞吉濬　334

유숭조柳崇祖　284

유유劉裕　268

이개李塏　230, 276, 282, 322

이광수李光洙　66, 282

이병기李秉岐　335

이사李斯　317

이상화李相和　336

이선로李善老　230

이성계李成桂　237

이암李嵓　316, 317

이우환李禹煥　317, 318, 392, 406, 420, 421

이윤재李允宰　38, 333, 336

이이李珥　285, 286, 295, 304

이익섭李翊燮　201, 380

이종묵李鍾默　274, 389, 390

이타가키 류타板垣竜太　393

이현로李賢老　276

이호영李豪榮　52, 53, 167, 386

이황李滉　285, 286, 295, 304

인현왕후仁顯王后　328

임창순任昌淳　122, 317, 319, 391

ㅈ

장지연張志淵　299

정인지鄭麟趾　29, 31, 230, 231, 248~

250, 252, 263, 264, 282, 316, 322, 388

정조正祖　305

정종宗宗　235, 283

정초鄭樵　161

조광윤趙匡胤　269

조르주Georges Jean　384

조맹부趙孟頫　231

조변안曹變安　276

조의성趙義成　167, 380, 381, 387, 388, 394

주시경周時經　37~39, 73, 238, 333~335, 339, 340, 362, 403

주원장朱元璋　132

주자朱子　286

주흥사周興嗣　289

중종中宗　283, 303

지노 에이치千野栄一　58, 133, 394, 422

지영智永　290

ㅊ

최남선崔南善　30

최만리崔萬理　232~234, 236~239, 241~248, 251, 275, 276, 279, 286, 316, 405, 418

최세진崔世珍　305

최항崔恒　230, 276

최현배崔鉉培　38, 73, 238, 332, 334, 336, 340, 362, 387, 389

칭기즈 칸　133

ㅋ·ㅌ·ㅍ

칸트Immanuel Kant　257

쿠르트네Baudouin de Courtenay　145

쿠빌라이 칸　134

쿨마스Florian Coulmas 384

탄연坦然 319, 320

태조太祖 237, 274, 283, 303

태종太宗 235, 238, 274, 283

트라야누스Trajanus 321

트루베츠코이 206, 387

파스파 134

폴리블랭크Edwin Pulleyblank 89

ㅎ

하라 세키테이原石鼎 75

하시모토 만타로橋本萬太郎 86, 385

하야시 라잔林羅山 285

하이데거Martin Heidegger 377

한강韓江 347

한용운韓龍雲 335

한재영韓在永 384

한징韓澄 38, 336

한호韓濩 291

허신許愼 83

헵번James Curtis Hepburn 66

홀로도비치 212

홍무제洪武帝 276

황기로黃耆老 319, 320

황진이黃眞伊 294, 417

황효성黃敎惺 53

후지모토 유키오藤本幸夫 324, 359,
381, 384, 389, 390, 392

후지와라노 사다이에藤原定家 268

후쿠나가 미쓰지福永光司 318, 392

히라야마 히사오平山久雄 192, 383

작품 색인

JIS한자사전 71

ㄱ

가곡원류歌曲源流 294

갓켄 한화대자전學研漢和大字典 85

개정 정음학 238, 334

겐지모노가타리源氏物語 72, 262

겨울연가 345, 346

경국대전經國大典 231, 283

경서석의經書釋義 285

경신록언해敬信錄諺解 288

경제학 비판 257

고려사高麗史 162

고친 한글갈 334

광주천자문光州千字文 291

교린수지交隣須知 307

구약성서舊約聖書 134

구역인왕경舊譯仁王經 117~119, 384

구운몽九雲夢 296

국어문법國語文法 37

국어문전음학國語文典音學 37

국조보감國朝寶鑑 302

균여전均如傳 123

금오신화金鰲新話 296

ㄴ

낙성비룡洛成飛龍 329

남계연담南溪演談 329

노동신문 363

노송당일본행록老松堂日本行錄 274

논어論語 63, 89, 101 , 105, 187

능엄경언해楞嚴經諺解 284

ㄷ

단원풍속도첩壇園風俗圖帖 291
단종애사端宗哀史 281
대장경大藏經 274
대학大學 285
대학율곡언해大學栗谷諺解 285
대학중용논어맹자언해大學中庸論語孟子
　諺解 284
독립신문 38, 39, 334
동국정운東國正韻 267, 275~278, 304~
　307, 324, 389
동국통감東國通鑑 231
동아일보 333, 363

ㅁ

만엽집萬葉集 123
몽산화상법어략록蒙山和尙法語略錄 284
몽유도원도夢遊桃原圖 322, 392

ㅂ

번역소학飜譯小學 284
법화경언해法華經諺解 284
분류두공부시언해分類杜工部詩諺解 292
　~294
불설인왕반야바라밀경佛說仁王般若波羅
　蜜經 117

ㅅ

산정언해삼강행실도刪定諺解三綱行實圖
　287

삼강행실도三綱行實圖 287, 304
삼국사기三國史記 124
삼국유사三國遺事 123, 124
시유긴모西遊見聞 334
서정抒情의 유형流刑 337
석보상절釋譜詳節 279~281, 306, 389
석봉천자문石蜂千字文 266, 290, 291
설문해자說文解字 83~85
세종장헌대왕실록世宗莊憲大王實錄 232,
　233
소학언해小學諺解 284
시경언해詩經諺解 285
시라카와 시즈카 저작집白川靜著作集
　85
신메이카이 일본어 악센트 사전 194
신찬팔도지리지新撰八道地理志 235
신판 일본어 발음 악센트 사전 194
십구사략언해十九史略諺解 130
십칠첩十七帖 315
십팔사략十八史略 236

ㅇ

어첩·상원사중창권선문御牒上元寺重創勸
　善文 199, 200
언어세계지도言語世界地圖 385
언어유형지리론言語類型地理論 86
언어존재론言語存在論 382, 403
언어학대사전 58
언해삼강행실도諺解三綱行實圖 286,
　287, 390, 400
언해삼강행실도 연구 諺解三綱行實圖研
　究 287
연세한국어사전 352
예기禮記 276
옥루연가玉樓宴歌 329

용비어천가龍飛御天歌 34, 261, 263, 280, 388, 417

우리말샘 354, 395

우리말 큰사전 36

월인석보月印釋譜 30, 142, 280, 281

월인천강지곡月印千江之曲 279~281

육서략六書略 161

음운론의 원리 207

ㅈ

자본 1-1 258

자본론 257, 258

자통字統 85

자통字通 85

자훈字訓 85

장자莊子 286

조선말대사전 351

조선어사전 335

조선어 상징어 사전 76

조선왕조실록朝鮮王朝實錄 30, 232

존재와 시간(Sein and Zeit) 377

종교론 257

주역周易 176, 236, 284

중용中庸 285

진초천자문眞草千字文 290

ㅊ·ㅋ·ㅌ

채식주의자 347

천자문千字文 289~291, 305, 390

청구영언靑丘永言 294

춘추좌씨전春秋左氏傳 85

춘향전春香傳 297

칠서언해七書諺解 284

코란(쿠란) 134

태상감응편도설언해太上感應篇圖說諺解 288

ㅎ

한국수어사전 354, 395

한국어 기본어휘 의미빈도사전 352

한국어 기초사전 354, 395

한국어학습저널 hana 348, 380

한서漢書 84, 85

한자漢字 85

해동제국기海東諸國記 231, 274, 276

해례解例(-본) 『훈민정음』해례본 24, 29~31, 130, 131, 160, 167, 172, 174, 198, 230, 232, 248, 255, 259~261, 316, 320, 323~327, 367, 368, 377, 387, 388

헤겔 법철학 비판 서설 257

홍길동전洪吉童傳 296

홍무정운洪武正韻 276

황성신문皇城新聞 299

효경언해孝經諺解 284

훈몽자회訓蒙字會 305

훈민정음訓民正音 24, 29~31, 122, 130, 131, 142, 160, 163, 166, 169, 170, 172, 174, 177, 178, 197, 199, 201, 230, 232, 245, 248, 251~255, 259~261, 263, 267, 273, 275, 276, 278, 279, 306 , 316, 320, 323, 324, 327, 328, 344, 367, 375~377, 387, 388, 400, 404, 417

훈민정음운해訓民正音韻解 305

휴머니즘에 대한 편지 377

수십 년 동안 한국어 교육과 문법 연구에 전념해 온 저자가 해박한 문자학 및 언어학 이론에 입각하여, 국내외 여러 학자의 학설을 참조하여 세계문자사에 빛나는 한글의 과학적인 창제 과정을 밝히고 600년 동안의 문헌을 증시으로 한글의 효용 가치를 실증하였다. 간단명료하고 감빨리는 필치로 일본 학계와 일반 독자층의 지적 복구를 충족시키고 매료시키면서 한글을 극찬한 명저다. 컴퓨터 시대에도 한글이 가장 적합하다고 강조한 이 저술은 아시아태평양상을 수상하였으며 한국의 전공자들이 역시 수려한 문장으로 정확하게 우리말로 옮겼다.

— 강신항/성균관대학교 명예교수

지은이는 민족주의적 맥락이 아닌 객관적이고 보편적인 관점에서 한글의 구조를 통찰하여 '소리가 글자가 되는' 놀라운 시스템을 찾아내고, 하나의 글자 체계를 뛰어넘은, '말과 소리와 글자'가 함께하는 보편적인 모습으로 한글을 그려 냈습니다.
한글의 탄생은 앎과 글쓰기 생활의 새로운 혁명이며 또한 새로운 미를 만들어 내는 형태의 혁명이라고 지은이는 선언하였습니다. 독자 여러분도 이러한 한글 탄생의 기적 같은 드라마 속으로 파고 들어가는 기쁨을 함께 누리기를 기대합니다.

— 권재일/서울대학교 명예교수·전 국립국어원 원장

이 책은 훈민정음의 성립을 한국어사 혹은 동아시아 문화사라는 한정된 범위 안에서 논하지 않고 언어학적, 문자론적 시점을 기초로 다각적인 방면에서 고찰함으로써 보편적인 의의와 가치를 찾아내고자 한다. 〈음에서 문자를 만듦〉으로써 〈한자한문 에크리튀르(쓰여진 언어)〉에 대치하는 〈정음 에크리튀르〉가 창출되어 한국어로서의 〈지〉知의 세계가 풍요로운 감성으로 형성되었다고 논의하는 저자의 고찰은 주도면밀하고 설득력이 있다.
— 우메다 히로유키梅田博之/언어학자·한국어학자·레이타쿠대학교麗澤大學校 전 총장

이렇게 행복이 가득한 책을 펴낸 일이란, 어떠한 분단이나 대립도 넘어서서 지知의 영위에 의해 동아시아가 상호 이해를 함께할 수 있게 할 수 있음을 말해 주는 참된 공헌이다.

— 니시타니 오사무西谷修/사상가·철학자, 도쿄외국어대학교 교수

이 책은 단순한 한글의 개설서·입문서가 아니다. 언어와 문자에 관한, 해박하고 심오한 사고가 에크리튀르로 표현되어 있다. (『일본경제신문』 서평)

— 가와무라 미나토川村湊/문예평론가

한글의 탄생은 동아시아 문화의 역사 속에서 일대 사건이었다. 이 책은 한글의 탄생을 이야기하면서, 일본어를 포함한 동아시아 언어사에 대해서까지 다루는 무척 흥미로운 책이다. 많은 일본인들이 이 책을 읽으며 동아시아의 문화에 대해 커다란 이해를 얻을 수 있을 것이다.

(『마이니치신문』, 『아시아 시보』에 실린 제22회 아시아태평양상 대상 수상작 강평)

— 다나카 아키히코田中明彦/도쿄대학교 교수·부총장

저자는 한글을 쓴다는 것을 "단순한 문자 쓰기가 아니라, 〈지〉知와 감성의 모든 세부를 지탱하는 일"로서 그려 낸다. 그것은 한자와 투쟁하고 식민지 시대에는 일본어와 투쟁한 "생사를 건 영위"였다. 저자를 따라가며, 새로운 문자와 텍스트가 태어나는 혁명을 함께하는 경험을 할 수 있다. (『아사히신문』 서평)